台湾研究

日据时期台湾留日学生与战后台湾政治

日据时期台湾史研究丛书

李跃乾 著

九州出版社
JIUZHOUPRESS
全国百佳图书出版单位

图书在版编目（CIP）数据

日据时期台湾留日学生与战后台湾政治 / 李跃乾著.
—北京：九州出版社，2011.4
ISBN 978-7-5108-0911-8

Ⅰ.①日… Ⅱ.①李… Ⅲ.①政治-研究-台湾省②留学生教育-研究-台湾省 Ⅳ.①D675.8②G648.9

中国版本图书馆 CIP 数据核字（2011）第 053151 号

日据时期台湾留日学生与战后台湾政治

作　　者	李跃乾　著
出版发行	九州出版社
出 版 人	徐尚定
地　　址	北京市西城区阜外大街甲 35 号（100037）
发行电话	(010)68992190/2/3/5/6
网　　址	www.jiuzhoupress.com
电子信箱	jiuzhou@jiuzhoupress.com
印　　刷	三河市东方印刷有限公司
开　　本	720 毫米×1020 毫米　16 开
印　　张	22
字　　数	336 千字
版　　次	2011 年 5 月第 1 版
印　　次	2011 年 5 月第 1 次印刷
书　　号	ISBN 978-7-5108-0911-8
定　　价	55.00 元

目　录

导　论

第一节　研究的缘起和目的

一、研究背景

2004年，我练笔写作李登辉传记时，发现一个令人困惑的问题，可以说既是政治之谜也是历史之谜。早在1993年前后，李登辉就大谈“生为台湾人的悲哀”，并声称国民党政权是所谓“外来政权”，“台独”分子的真面目基本暴露。1996年3月，尽管遭到了大陆的猛烈批判，李登辉仍然能以比较高的票当选首届所谓“民选总统”。2000年5月，李登辉领导12年的国民党丢掉了政权，虽然国民党内有大批人极力反对他，但对他12年执政情况表示满意的民众仍接近六成。① 这说明李登辉在岛内的统治基础不仅有国民党，还有另外的一些阶级、阶层或集团。在所谓国民党政权“本土化”或者说省籍矛盾问题上，李登辉是这些阶级、阶层或集团的代表人物，具有指标性的意义。

随着阅读范围的拓宽和研究的深入，我发现李登辉的成功与他早年留学日本的经历密不可分。在台湾的近现代史上，台湾的留日学生是个极其重要的社会阶层，或者叫社会阶级，影响十分巨大。日据时期50年间，大约有20万台湾青少年留学日本，当时叫“到内地求学”。其中有6万人左右受到大专以上教育。他们是台湾社会的精英或者说是领导阶层，对台湾的政治、经济、科技、文化等各方面都有根本性的影响。在政治上，二十世纪落后国家和民族的反殖民主义运动，力量常常来自海外留学知识分子。台湾留日学生在日据时期也是反日本殖民统治运动中的领导力量。在这场运动中，林献

① 台北，《中国时报》，2000年3月25日，第一版。

堂、蔡惠如等地主阶级知识分子是领袖，留日学生则是新生的中坚力量。

一些留日学生还回祖国大陆参加了抗战和光复台湾的伟大斗争。抗战时期，在大陆的台湾人抗日团体，基本上都是由留日学生领导的。台湾光复后，留日学生积极参加新台湾的建设，在各个领域尤其在政治领域作出了自己的贡献。留日学生中的极少数人，由于受到日本军国主义影响太深，走上了分裂祖国的“台独”道路，对战后直至今天的台湾政治都有很坏的影响。

20 世纪 80 年代，伴随现实生活中留学西方的高潮，大陆学者开始重视研究 1896 年之后中国人留学日本的问题。留学，是世界文化史的重要组成部分，是世界文化从过去走向今天的重要途径，也是世界文化从现在走向未来的重要媒介。留学，是中日关系史的重要组成部分，是中日关系从过去走向今天的重要渠道，也是中日关系从现在走向未来的桥梁。留学，曾给中国的社会变迁以重大影响，曾给中国的社会进步以重大推动。100 年里中国人留学日本的运动，已经成了中国近代史、中国现代史和中国当代史中的重要篇章。① 尽管如此，但大陆学者却没有去注意研究日据时期台湾留日学生的问题，不知道是因为当时台湾被日本霸占，还是因为缺乏研究资料。

蒋介石父子统治台湾时期，台湾历史文化研究受到一定的限制，研究范围限于右翼留日学生的政治活动，即属于国民党和台湾民族运动中右派的留日学生的抗日活动。20 世纪 90 年代前后，随着中国大陆“一国两制”方针的提出和台湾经济的繁荣，台湾研究在岛内外逐渐成了显学，加上岛内舆论的开放，有关日据时期留日学生的资料大量出现，大批涉及留日学生的口述历史、回忆录、文集、传记、地方志和研究论著出版，这为留日学生这个社会阶层的整体研究提供了坚实的基础。但是，岛内主流学者却受到了“台独”意识形态的和研究方法的影响，研究不够客观和宏观。他们仍然对日据时期留日学生进行单个的研究，而从不当作一个社会阶层进行整体的研究。

在导师林仁川先生的指导下，在厦门大学台湾研究院历史所周翔鹤、邓孔昭、李祖基、陈小冲等老师的帮助下，我选择了这个重要而又无人专题研究的课题作为我的博士毕业论文。

---

① 沈殿成著：《中国人留学日本百年史 1896—1996》（上册），沈阳，辽宁教育出版社，1997 年，第 1 页。

二、研究目标

全面梳理日据时期留日学生这个特殊的社会阶层的历史资料，为以后全面深入的研究奠定基础；运用社会阶层和政治文化理论，研究日据时期留日学生这个社会阶层在战后台湾政坛上的活动状况、活动规律和影响力，揭示日本政治文化对战后台湾政治的影响状况，从而发现台湾现代政治历史的规律，为祖国统一大业提供历史的借鉴。

第二节　研究对象和方法

一、研究对象及其特点

本书所研究的是日据时期（1895—1945）留日学生与战后台湾政治的关系。日据时期的留日学生包括小学生、中学生、职业学校学生、大专院校学生、军校生、函授生等等，只要是在日本各级各类学校学习一年以上或者接受日本大学函授教育者，都属本文研究对象。按照社会学上的社会阶层理论，凡是有相似的社会资源的团体都可以称为社会阶层，不论其共享的社会资源是哪一种。留日学生共同享受的社会资源是日本的学校教育，因而可以作一个独立的社会阶层来加以研究。在教育问题上，台湾和大陆完全一样，十分重视。早在明朝台湾就引进了科举制度，有功名的读书人享受很高的社会地位。① 所以留日学生也是如此，是社会领导阶层或精英阶层，也可以称为享受很高社会荣誉的“地位团体”。

台湾青少年大量去日本留学的主要原因是日本殖民者的教育歧视政策和台湾经济的发展。“1918 年前，因公学校扩充缓慢，儿童入学率低（15.7%），中等以上教育机关更不完备，有志青年不得不去日本读书。”② 因经济的发展，台湾人民产生了对教育和技术方面的要求，才有 1919 年新《教育法》的修订。③ 事实上新的《教育法》，仍不能满足台湾人民的需求，

① 林仁川著：《大陆与台湾的历史渊源》，上海，文汇出版社，1991 年，第 204 页。

② 台湾省文献委员会编：《重修台湾省通志》卷六，台北，1993 年，第 156 页。

③ ［日］矢内原忠雄著：《日本帝国主义下的台湾》，台湾，1964 年，第 108 页。

台湾学校还是只偏重日文的训练，而疏于知识的传授，再加上学校的收容力有限，于是台湾青少年纷纷渡海求学。

台湾人到日本留学还有一个基本的原因是日本的近代教育模式比旧中国的教育模式先进。例如，日本创办东京帝国大学在1877年，而中国创建京师大学堂（即后来的北京大学）是1902年，相差25年；日本公布欧美式近代化的新学制为1872年，而中国废科举兴学堂为1905年，相差33年。1896年以后，中国大陆也兴起了一股留学日本的热潮。① 这对台湾人选择学习的地方有着决定性的影响。

最早到日本留学的是1895年12月去日本明治大学普通科就读的周福全，次年春又有富豪兼著名绅士李春生的几个孙子去日本读中小学。在他们之后，留学日本的人数逐年增加，规模越来越大。

“光绪三十三年，留日学生仅63人，民国六年增至264人，民国七年已达493人，且逐年增加。”②1922年已高达2400人左右。台湾女性留学日本始自1906年，到1930年代才逐渐增多。③ 留学日本的台湾人大体上可分为三种类型：“第一种是富家子弟，他们的父兄不满于日人在台湾的教育制度，自年少的时候就送去东京入小学校，如雾峰、板桥的林家及高雄陈家的子弟莫不如此。第二种是在台湾的最高学府毕业，为着深造而赴日本留学的。……最后一种是不能考入医专和国语学校的‘狭门’，无法升学才跑到东京去的，这类居日本留学生的最大多数。”④

“几乎所有学者一致认为，教育是影响个人政治文化取向最具关键性的因素。”留日学生这个社会阶层有受过良好教育者的一般特点，即“不仅消息较通达和表达能力较流畅，他们对时间亦有不同的感觉，对个人和社会效能有强烈的意识。他们较积极地参与社区事务，对新观念、新经验和新人物，持开放的态度，他们较重视科学、较容易接受变迁。总之，他们的人格

① 沈殿成著：《中国人留学日本百年史1896—1996》（上册），沈阳，辽宁教育出版社，1997年，第20页。

② 台湾总督府文教局编：《台湾总督府学事年报》，1907年、1912年、1918年。

③ 游鉴明：《日治时期台湾学校女子体育的发展》，台湾“中研院”：《近代史研究所集刊》，2000年，第47页。

④ 叶荣钟著、李南衡编：《台湾人物群像》，台北，帕米尔书店，1985年，第237页。

特征变为更现代化。”① 他们收入高、影响力更大。他们有着与大众不同的政治态度。除此之外，由于有着被日本殖民统治的共同经历，留日学生这个社会阶层还有其本身的一些共同特征：

（一）留日学生这个社会阶层具有雄厚的经济资本。由于留学日本花费巨大，故留日学生一般要有富裕的家庭。他们大多出身于地主、商人或官绅家庭，能负担留学费用。当然，也有极少数出身贫困家庭的人去日本留学，但得到了大地主大资本家或者教会的资助。例如，林献堂资助甘得中、叶荣钟等几十个有志青年留日；基督教教会则资助林茂生、高俊明等教会家庭的子女留日。留学之后，无论留在日本还是回台湾，留日学生能够谋到收入较高的职业，如医生、官吏、教师、记者、工程师、公司职员等等，有的则运用新式技术和经营理念经营工商业或农场。总之，他们有能力保持本阶层在经济上的优势地位。

（二）留日学生这个社会阶层具有优越的可再生的文化资本，这是留日学生能够成为台湾社会领导阶层的最重要的资本。留日学生在日本接受了先进的科技、文化知识，在经济、文化、科技、政治等各领域都起到带头作用。因而他们本身也有很强的优越感。如前文所述，因为日本近代教育模式远远比旧中国先进，所以留日学生特别是留学东京帝国大学、京都帝国大学、早稻田大学、庆应大学、东京商科大学等名牌大学毕业的比较自负。“日本的高等学校及帝国大学模仿德国的制度，所以我们都有自负心理。光复初年，有人要把我的论文送到美国某大学去申请学位，我严词拒绝了，因为我觉得自日本高等学校、帝国大学毕业的程度比美国高，对美国的学位授予很轻视。”②

（三）留日学生在日本和台湾都有比较丰厚的社会关系资本。留日学生在日本留学、工作、生活多年，极少数人甚至做官多年，他们在日本有许多同学、同事、老师、上司、朋友、姻亲等，这些都是可资利用的社会关系资本。留日学生一般出身望族，在台湾也有丰厚的社会关系资本。这对台湾政治和近百年的日台关系都有相当大的影响。

---

① 赵永茂著：《台湾地方政治的变迁与特质》，台北，月旦出版社，1996 年，第 13 页。

② 卓遵宏、林秋敏访问记录：《林衡道先生访谈录》，台北，“国史馆”，1996 年，第 164 页。

（四）留日学生这个社会阶层比较深地受到了近现代日本政治文化的影响，而对中国近现代政治文化则知之甚少。日本政治文化因而通过他们影响了台湾的近现代政治。

广义的文化包括物质和精神两个层面上的东西。政治文化也可分为制度体制和思想观念两个大的方面。制度体制包括政府制度、政党制度、选举制度、官僚选拔制度、舆论监督制度等等；思想观念包括政治信仰、政治指导方针、政治思潮、治国纲领、建设计划、官场习气、官僚作风等等。战前日本政治文化的主要内容是：在政治制度上，1889 年颁布资产阶级性质的《大日本帝国宪法》，规定日本是个君主立宪国家，在政治体制上是天皇制、政党内阁、文官官僚体系三者并存的，天皇是国家和民族的象征，政党控制国会，作为精英的文官官僚则控制着行政。人民有一定程度的集会结社、游行示威、著述出版自由，1870 年就开始有争取民选议会、民定宪法的自由民权运动。在政治观念上，信奉国家神道①、大和魂、实用主义、金权政治、军国主义等等，有“和魂洋才”、“脱亚入欧”等影响深远的立国建国方针，大量引进社会主义、自由民权、无政府主义、民本主义、法西斯主义等西方近代政治思潮，积极学习欧美先进国家的政治制度和治国路线。官僚则比较守法奉公、负责尽职、廉洁自律、讲究行政效率，等等。

战后日本政治文化的主要内容则是，在美国占领军的控制指导下，颁布《日本国宪法》，在天皇制下建立民主的政党政治制度，政党内部则继续保留战前的“派阀”林立的传统，所谓“派阀”就是家族式的政治派系。人民有集会结社、游行示威、著述出版等自由。在政治观念上则信奉实用主义、民族主义、民主主义、金权政治等，也保留着一些神权政治的残余。

近现代日本政治文化的一些具体内容和特点，以及它们对台湾留日学生和日据时期台湾政治的巨大影响，概括介绍如下：

1. 1885 年，日本思想家福泽谕吉提出了著名的“脱亚入欧”观点。在此方针指导下，日本的政、学两界热衷于研究和引进近代西方的各种政治思

① 国家神道：日本民族宗教神道教同国家权力相结合，被赋予特权。它宣传以日本为中心的“神国”思想，称天皇是“现人神”，是万世一系的神圣统治者，是军国主义精神支柱之一，1945 年 12 月被禁止为国教。

潮、政治制度。因此，留日学生也在日本通过日本语言文字接受了近代西方政治思潮，了解了立宪政体等近代西方政治制度。

日本自19世纪后半期以来，主要关心欧美各国，但对亚洲邻国没有持续性的高度关注。这与明治以来，它希望“脱亚入欧”，吸收欧美技术、制度与学问，而尽量与“野蛮不文明”的亚洲诸国保持距离等基本思想有关。对亚洲各国的关心，主要出发点是因为各国政治上的不安定，或有第三国在政治、军事、经济方面介入，使日本殖民地、势力范围或安全保障受到威胁。但直到1995年，日本的政、学界都不认为亚洲各国在经济和政治发展上有学习和研究的价值。① 例如，东京大学法学部有个百年历史的学会就叫“国家学会”（日本把政治学叫“国家学”），致力于研究西洋政治制度和思想，并将它介绍到日本。西洋国家的外交、战争、政治体制和经验，成为日本政治学的主题。

在日本引进或介绍的西方近代政治思潮中，对留日学生影响深远的有自由民权、马列主义、民族自决、民主主义（日本叫民本主义）、无政府主义等。

19世纪末开始，在日本宣传社会主义的有堺利彦、山川均、荒佃胜三、幸德秋水、片山潜、河上肇等著名人物。例如，山川均主张采取缓和路线，著有《殖民地政策下的台湾》。1910年代开始，河上肇就在东京帝大宣传马克思主义。他于1907年创办《日本经济杂志》，后来还创办《社会问题研究》杂志，宣传马克思主义。他著有《资本主义经济学史的发展》、《第二贫乏物语》、《资本论入门》。1920年代社会主义思想风靡日本，1926年社会主义人民党和日本农工党相继成立，日本共产党也重建。这吸引了许多台湾留日学生。② 1927—1945年间在日本留学的林衡道回忆说，其父反对他上有马克思经济学传统的京都帝国大学，他才选上仙台东北帝国大学。但东北帝大也盛行马克思主义经济学和“国家论”。早稻田大学也素有“社会主义

---

① ［日］猪口孝著：《写给中文版序》，猪口孝著，赖郁君译：《日本经济大国的政治运作》，台北，月旦出版社，1995年。

② ［日］升味准之辅著：《日本政治史》，北京，商务印书馆，1997年，第三册第二章，《社会主义》，第640页。

大本营”之称。①

第一次世界大战结束后的1918年1月，美国总统威尔逊在巴黎和会上提出十四条和平原则，倡导民族自决权。民族自身有决定自己命运的权力。② 这对身受日本殖民压迫和歧视的台湾留日学生影响最大。

1910年代的日本民本主义运动。东京帝大政治学教授吉野作造甚是服膺西方的民主制度，在1916年1月的《中央杂志》上发表《论宪政本质并论其成功之道》，盛倡民本主义。DEMOCRACY一词应译作“民主主义”，吉野因顾虑日本的国体是君主立宪制，和主权在民的民主主义不能两立，所以把它翻译成“民本主义”。日本知识分子非常欢迎。1920年吉野作造和东京商大教授福田德三合组“黎明会”，鼓吹民本主义。民本主义乃成为日本思想界的主流，很快地就风行全日本。③

在上述西方进步思潮影响下，在祖国大陆辛亥革命、五四运动的鼓舞下，在1919年爱尔兰独立运动和朝鲜“万岁事件”的刺激下，留日学生的汉民族意识觉醒，乃积极进行非暴力的抗日活动。他们组织“应声会”、“启发会”、“新民会”、“东京台湾青年会”、“文运革新会”、“东宁学会”等民族民主运动团体。他们积极参加台湾议会设置请愿运动，参与组建“台湾文化协会”，参与组建“台湾民众党”和“台湾地方自治联盟”。

1919年秋在东京成立的“应声会”，是林呈禄、蔡培火、彭英华和中国大陆留日学生马伯援、吴有容等组织的，但很快消散。比它稍后成立的“启发会”，成员有蔡式穀、林呈禄、蔡培火、郑松筠、罗万俥、蔡玉麟、谢溪秋、谢星楼、彭英华、林仲澍、黄呈聪、黄周、吴三连、王金海、黄登洲、吕磐石、吕灵石、陈崐树、刘明朝、庄垂胜、林攀龙等，但该会有思想无主义，也无经费，不久也归于无形。

“新民会”于1920年1月11日在东京成立，以林献堂为会长，吸收了全体启发会成员，另有会员蔡先於、陈全永、李乌棕、林济川、林石树、林朝廷、郭国基、颜春风、吴清水、陈添印、黄成旺、陈福全、王敏川、林仲

---

① 卓遵宏、林秋敏访问记录：《林衡道先生访谈录》，台北，“国史馆”，1996年，150页。
② 蔡培火：《日据时期台湾民族运动》，台北，《台湾文献》，第24卷3期，第175页。
③ 梁惠锦：《台湾近代民族运动的背景》，台北，《台湾文献》，第24卷3期，第229页。

辉、施至善、吴蘅秋、苏维梁、吴镜庭、蔡珍曜、蔡伯汾、林伯殳、柯文质、蔡敦曜、陈炘、王江汉、谢春木等。该会宗旨是站在民族自决主义立场上，用合法手段谋求台湾的民权，对台湾人民进行启蒙活动。它发起台湾议会设置请愿运动和创办了《台湾青年》。后来又有许多留日学生加入“新民会”，重要的如杨肇嘉、吕阿墉、叶荣钟、高天成、朱昭阳、黄及时、张梗、陈茂源、陈金能、张大端、陈朝景等。上百名普通会员都是留日学生。为了替《台湾青年》拉稿和寻求政治上的支持，留日学生乃积极和日本政、学、新闻界的人士接触，并向其中的有识之士揭发台湾总督府的苛政。因此，组织议会设置请愿运动和创办《台湾青年》等重大政治活动，锻炼出一大批政治活动家①。

《台湾青年》后改名《台湾》，为这两个刊物撰稿和编辑的留日学生有林呈禄、彭英华、罗万俥、黄朝琴、徐庆祥、吴三连、王敏川、蔡式榖、石焕长、刘明朝、黄呈聪、林仲澍、李瑞云、陈炘、林济川、蔡玉麟、蔡敦曜、刘青云、蔡先於、郭马西、陈崐树、颜春芳、蔡珍曜、吕灵石、林仲辉、涂火、林攀龙、林伯殳、杨维命、蔡伯汾、郑松筠、谢星楼、周桃源、郭国基、柯文质、张聘三、林万金、王金海、王江汉、蔡培火等。② 这些人对日本的政治、经济、文化等都有比较深的研究。

“东京台湾青年会”，创立于台湾留日学生寄宿的宿舍“高砂寮”。它最早的活动记录在 1920 年 9 月 19 日，留日学生五百人参加。主要政治活动有：举行大会声援遭受总督府压迫的《台湾青年》杂志，要求给台湾人以日本宪法保障的言论自由；在东京支援台湾议会设置请愿运动；组织文化演讲团，利用暑假返台到各地巡回演讲。其中的代表人物有陈炘、吴三连、罗万俥、彭英华、吕灵石、谢春木、林仲辉、郭国基、黄周、连震东、温成龙、庄垂胜、张聘三、游弥坚、苏维梁、赖远辉、林九龙、吴春霖等。③ 1927 年 4 月，“东京台湾青年会”社会科学研究部在“高砂寮”成立，许乃昌、商满生、高天成、黄宗葵、林朝宗、杨云萍、周庆丰、曾霖泽、林春

① 吴三连等著：《台湾民族运动史》，台北，自立晚报社，1990 年，第 82 - 86 页。

② 吴三连等著：《台湾民族运动史》，第 548 页。

③ 吴三连等著：《台湾民族运动史》，第 88 - 94 页。

木等三十多名留日学生参加，他们和日本共产党联系，研究马克思主义。该部先后改名为社会科学研究会和台湾学术研究会，重要成员后来还有陈来旺、林乙垣、林有财、林兑、萧来福、黄宗尧、陈铨生、林裳、苏新、何火炎、李清标、何瑞麟、陈逸松、吴新荣、黄百禄、庄守、郭华洲、郑昌言等。他们在台湾共产党东京特别支部指导下活动，主张通过发动工农群众的阶级斗争使台湾得到解放。1931 年 12 月，林兑、叶秋木、赖通尧、吕江汉、张麗旭等人组织社会问题研究会，研究台湾的共产主义运动等各种问题。①

1930 年前后，不少台湾留日学生加入日本共产党指导的日本无产阶级文化联盟。他们是王白渊、林兑、张麗旭、吴坤煌、林衡权、张文环、翁廷森、张水蒼、吴逊龙、谢荣华等，主要进行文化宣传活动。②

“文运革新会”，1925 年 11 月在东京成立，会员 40 多人。该会强烈反对民族压迫和强权蔑视公理。“为图台湾民众之觉醒……乃集愤慨时弊的同志组织本会。”该会呼吁“破坏！破坏！奴隶养成所的一切学校，为喂肥压迫民族而建设的制糖会社、铁道、工厂等，一切的阻碍物应予破坏。现在是着手破坏的好时机，破坏，破坏！破坏啊！由破坏才能够实现自由平等的新社会。”该会反对和平的议会设置请愿运动。由于态度激烈，该会很快就遭到总督府镇压。③

“东宁学会”，又称“留东同乡会”，1926 年 10 月在东京神田中国青年会馆成立，中国大陆和台湾的留日学生参加。台湾留日学生有丘琮（丘念台）、郑昌英、陈尚文、翁瑞炎、翁瑞国、郑松筠、萧秀利等，主要是客家人。表面上以联谊、砥砺学问为目的，实际上致力于光复台湾的民族运动。④

“台湾文化协会”，1921 年 10 月 17 日在台北成立，领袖是蒋渭水和林献堂，以“助长台湾文化之发达为目的”，吸收大批留日学生参加。重要成

① 王诗琅译注：《台湾社会运动史——文化运动》，台北，稻乡出版社，1995 年，第 77 – 95 页。

② 王诗琅译注：《台湾社会运动史——文化运动》，第 96 页。

③ 吴三连等著：《台湾民族运动史》，第 95 页。

④ 吴三连等著：《台湾民族运动史》，第 97 页。

员47人中有留日学生蔡培火、王敏川、杨肇嘉、林茂生等20人。文化协会主要活动是创刊《会报》、设置读报社、创办“美台团”电影放映团，举办各种讲习会、演讲会和夏季学校，对台湾民众进行汉民族意识和近代民主主义教育。① 该会本是一个反抗日本殖民统治的统一战线组织，内部有社会主义派和民族主义派的对立。1927年1月3日，在台中市召开的临时大会上，信奉社会主义的王敏川、林碧梧、张信义、庄孟侯、侯朝宗、王万得等左派青年夺取文化协会领导权，林献堂、蔡培火等民族主义派退出。“新文协”主张进行阶级斗争，“以普及大众之文化为主旨，实行本会之纲领决议宣言为目的，应予实行之纲领如左：一、向上农村文化。二、增进商工智识。三、涵养自治精神。四、奖励青年求学。五、提倡女权思想运动。……”1932年12月，王敏川等“新文协”中央委员及重要会员十多人被日警逮捕，“新文协”最后被消灭。②

1921年1月开始的台湾议会设置请愿运动，其理论和法律依据都是“大日本帝国乃立宪法治国，今台湾为帝国统治之一部分，故在台湾统治上倘有需要设立特别制度，其范围亦须根据立宪政治之原则，此乃当然之理。”根据立宪政治原理，立法、行政、司法三权应当分立。所以，林献堂等请愿者向日本帝国议会要求设立民选台湾议会，分取“六三法”授予台湾总督府的特别立法权。在第一次请愿书上签署的178人，除领衔人林献堂外，大部分为东京台湾留学生。到1934年为止，请愿活动共有15次，骨干力量一直是留日学生。其中著名者有蔡培火、林呈禄、林柏寿、黄呈聪、王敏川、郑松筠、吴三连、蔡式穀、吕灵石、吕磐石、杨肇嘉、邱德金、罗万俥、叶荣钟、庄垂胜、丁瑞图、陈金能、韩石泉、王钟麟、甘得中、陈炘、陈朔方、陈启川、黄朝清、杨基先、蔡先於、石焕长、石锡勋、张深镭、何景寮、郭发等。这场历时15年的声势浩大的政治运动，由于日本殖民者的压迫而以失败告终。在请愿运动期间，为了取得斗争的胜利，留日学生深入学习和研究日本的政治和法律，特别关注日本众议院议员及地方议会议员选举，积极和日本朝野政治人物、新闻媒体接触，勇敢地举起“自由”、

① 第六章《台湾文化协会》，吴三连等著：《台湾民族运动史》，第281页。

② 第六章《台湾文化协会》，吴三连等著：《台湾民族运动史》，第337－351页。

“平等”的旗帜进行示威游行。① 这场民族民主自觉运动，是台湾人民首次运用近代政治斗争方式争取自由，不仅启发了台湾人民反抗总督府专制统治的政治意识，而且强化了留日学生对日本政治文化的了解。

1927 年 7 月 10 日正式成立的“台湾民众党”，是台湾历史上第一个合法政党。领袖人物是蒋渭水、林献堂，但主体是留日学生蔡式穀、谢春木、蔡培火、王钟麟、陈炘、罗万俥、林呈禄、叶荣钟、简来成、杨连树、黄周、黄旺成、彭英华、吴淮水、林攀龙、林履信、刘明哲、何景寮、陈其昌、邱德金、庄垂胜、李友三、王甘棠、杨金虎、蔡炳煌、陈金波等人。其纲领“本党以确立民本政治，建设合理的经济组织及改除社会制度之缺陷为纲领”。所谓民本政治，就是要求立宪政治、反对总督府专制，使立法、司法、行政三权分立，台湾人享有参政权。1929 年 7 月，日本民政党内阁成立，“台湾民众党”乃向它提出台湾政治改革建议书，列举改革要点：台湾实施完全地方自治制度；尊重言论、出版、集会之自由、准许台湾人发行日刊新闻；实施义务教育制度；改革司法制度；设置行政裁判所；严禁鸦片吸食等等。这些都是日本已有的制度。该党反对日本侵华政策。1928 年 7 月 26 日召开的中央常委会上，政治部主任王钟麟提出《对华政策反对声明》，电告日本各政党、报社，反对田中内阁破坏中国统一。② 1931 年2 月，该党被日警取缔，蔡少庭、陈天顺等 16 个干部被捕。

“台湾地方自治联盟”，1930 年 8 月 17 日在台中市正式成立，林献堂被推选为议长，重要干部也以留日学生为主：杨肇嘉、蔡培火、林履信、蔡式穀、刘明哲、李瑞云、李延旭、叶清耀、黄朝清、陈炘、林柏寿、罗万俥、韩石泉、何景寮、叶荣钟、高天成、陈朔方、陈茂堤、杨金虎等。该盟以“确立完全地方自治制”为唯一目标。该盟在全岛 24 个地方举行政治演讲会，演讲人也以留日学生为主，听众总共近 2 万人。在殖民政府高压下，1936 年 8 月，该盟召开第四次全岛大会宣布解散。③

2. 从明治维新到 1945 年战败投降，日本政治文化中始终有一股逆流，

① 第四章《台湾议会设置运动》，吴三连等著：《台湾民族运动史》，第 107 – 199 页。

② 叶荣钟著：《日据下台湾政治社会运动史（上）》，台北，晨星出版公司，2000 年，第 118 页。

③ 第八章《台湾地方自治联盟》，吴三连等著：《台湾民族运动史》，第 445 – 490 页。

这就是歧视、丑化和侵略亚洲邻国特别是中国的法西斯主义和军国主义。一小部分台湾留日学生也深受日本法西斯主义、军国主义和武士道精神的影响。

所谓日本军国主义，就是在意识形态上把天皇尊为万世一系的神，要绝对效忠。把强兵和对外侵略当成基本国策，军队控制政府和政党。其主体就是军队和战争，其实质就是侵略和扩张。为了为侵略战争寻找借口，它鼓吹所谓“大和民族优越论”、“日本至上主义”，宣传亚洲邻国为“外夷野蛮”、“劣等民族”等等，例如，它说朝鲜“野蛮”，中国人是“清国奴”、“支那人”、“猪仔”等。所谓武士道精神，就是1882年1月明治天皇颁发的《军人敕语》对军人的要求：“忠节、礼仪、武勇、侠义、质素”。1931年9月18日日军发动侵华战争以后，法西斯主义和军国主义在日本的政治文化中逐渐成为主流。“1936、7年前后，日本法学界闹了个很大的问题，军方已经介入政治，他们对东京帝大的美浓部达吉教授的宪法课开始打击，因为美浓部教授认为天皇是国家的机关之一。东北帝大宪法学教授佐藤丑次郎，主张天皇主体说，谓天皇是国家的主体，而受到重用。”① 因此，这一时期在日本留学的台湾青少年，更多地接受了日本法西斯主义、军国主义和武士道精神的影响。这一部分留日学生和他们的前辈有所不同，后来参加“台独”活动的比较多。

3. 自明治维新后，日本就有国会众议院和地方各级议会议员的选举。这种选举文化也影响了台湾留日学生。1887年，日本就起草了国会下院议员选举法。地方自治制也与国会同时兴建。1888年公布市制和町村制。1890年公布府县制和郡制。郡、县、町、村、市等各级议会的议员都实行公民直接选举。日本的地方自治选举中贿选成风，对地方上有名望的人和地主资产阶级十分有利。②

如前所述，“台湾文化协会”、“台湾民众党”和“台湾地方自治联盟”等组织一直向日本殖民政府争取台湾的完全地方自治权力，这些组织中的留

① 卓遵宏、林秋敏访问记录：《林衡道先生访谈录》，第153页。

② ［日］升味准之辅著：《日本政治史》，商务印书馆，1997年，第一册第四章，《完善体制制定宪法》。

日学生必然要学习研究日本的政治选举。

1935 年，日本总督府还开始在台湾举办所谓的自治选举。“台湾地方自治联盟”积极组织人员参加。当选民选州会议员的留日学生：台北州有黄炎生、颜钦贤。新竹州有朱盛淇。台中州有甘得中、林犹龙、林朝槐、刘清井。台南州有吕宪发、林江海、廖裕纷。1935 年当选民选市会议员的留日学生：台北市有蔡式穀、陈逸松、刘天禄；基隆市有陈汉起、蔡星谷、邱德金；新竹市有郑大明、苏惟樑；台中市有张风谟、张深镭、卢茂川、林如梅、王基良；彰化市有吴恭、杜锡奎、林文章；台南市有叶廷珪、沈荣、刘子祥、欧清石、颜春芳；高雄市有杨金虎、陈天道；屏东市则有简金钟；等等。①

总之，无论在理论上还是在实践上，留日学生在日据时期都深受日本政治选举文化的影响。

4. 明治维新后，日本逐步发展出一套通过严格考试选拔任用文官的制度，用来建立专业化、法制化、讲效率的官僚体系。这对留日学生影响很大，他们大多认为这是建立近代化国家的标准之一。按照 1887 年文官考试、试用、见习规则，帝国大学、法科大学、文科大学的毕业生，可以不经考试而被任命为试补（奏任官候补）。经文部大臣批准成立的私立学校的毕业生，须经文官高等考试合格方可出任试补。1893 年废止上述规则，制定了文官任用令和文官考试规则。1894 年开始日本文官高等试验行政科考试，但法学部学生在入学时就规定毕业后可以不经考试而直接出任文官。但从 1895 年开始，人人须经过考试。这些专业技术官僚占据行政体系中枢。

日据时期，台湾留日学生学法学人数仅次于学医者。据台湾总督府文教局所编《台湾总督府学事年报》的统计，1906 年到 1942 年度专科以上留日学生，法科约占五分之一。法科毕业生都希望进入司法界或政界，积极参加日本的高等文官考试。整个日据时期，留日学生通过高等文官考试者 100 人。司法科高考合格的有叶清耀、郑松筠、蔡式穀、陈增福、赖雨若、吕阿墉、陈茂源、王清佐、蔡先於、白福顺、黄演渥、沈荣、李瑞汉、林连宗、

---

① 吴文星著：《日据时期台湾社会领导阶层之研究》，台北，正中书局，1992 年，第 238 – 239 页。

吴鸿麒、陈庆华、欧清石等著名者，其中吕阿墉、陈茂源、黄炎生、杜新春、吴文忠等分别在东京各地法院担任司法官，其余的任律师。行政科高考合格的有刘明朝、刘茂云、朱昭阳、周耀星、黄添禄、林德钦、刘万、林旭屏、黄介骞、林益谦、张水苍、杨基铨、庄维藩、廖坤福等著名者，分别出任日本和台湾的官吏。① 这些日本殖民时代的精英人物中的大多数人，在战后却因不精通中国语言文字、不了解中国法律法令而郁郁不得志。

5. 战后日本政治学的主流仍然是研究欧美的议会政治、政治史、政治思想史。学者以欧美民主政治架构来评论日本政治。所以，从 1960 到 1970 年代初，政治学的研究主流是以欧美为中心的政治或思想史。② 在政坛上则出现自民党一党独大，社会党、公明党、民社党、共产党、新自由俱乐部、社民联等多党竞争的政党政治格局。自民党内部又分成几个“派阀”，自民党的国会议员分属于不同的“派阀”，“派阀”是分配官职的单位。另外，日本政坛出现了仇视中国的新右翼势力。战后日本政治文化主要通过李登辉一类掌权的留日学生对台湾的政治产生了作用。例如，1988 年李登辉当上国民党主席后，就按照自民党的模式改造国民党，允许国民党内的次级团体“集思会”、“一心会”等发展，导致了国民党的分裂。

另外，在 19 世纪末到日军发动侵华战争之前，日本还是有一定的言论、著作、刊行、集会、结社的自由。民间报刊甚至可以和官方报纸对抗。

综上所述，在日据时期，台湾留日学生领导政治运动的目标是在民族自决的基础上实行和日本一样的政治制度。所以说，这个社会阶层深受日本政治文化影响，而对中国近现代政治情况则不太了解。在战后的政治活动中，他们常会比较中日政治文化的优劣，往往倾向于赞同日本的政治文化，这就必然会与大陆籍的国民党官员产生矛盾。

把中日政治文化进行比较的人很多。高雄市议员陈浴沂，庆应大学毕业，在议会里，习惯按日本方式的依法办理，不喜欢国民党政府和官僚的办事方法。他曾提过三个提案，一是成立工会，建议准许组织工会；二是建议

---

① 吴文星著：《日据时期台湾社会领导阶层之研究》，第 129 页。

② ［日］猪口孝著、赖郁君译：《日本经济大国的政治运作》，月旦出版社，1995 年，第 9 页。

民众受教育机会要平等，三为成立夜校。① 省议员黄运金把临时省议会和日据时期的所谓“民意机构”进行比较，认为临时省议会在某种程度上还不如日据时期的“民意机构”。他批评说，在临时省议会受到严厉批评的省府官员反而升官愈快；而在日据时期，日本台湾总督府的行政机关如果受到“民意机关”的批评，“则其主管或主办人员不受免职亦必受调动之处分。”② 李登辉受日本政治文化影响最深。李光耀说，李登辉是用日本的思考模式和日本人的历史观来思考问题。③

关于台湾留日学生的人数问题。由于资料所限，留日学生具体人数不可考。根据《台湾总督府学事年报》的统计，到1945年日本投降时，台湾留日学生将近一万人，但这个统计数字偏低。1939年黄朝琴的报告中，列出台湾留日大专毕业的超过五万人；战后，根据杨杏庭的统计，约六万余人。④至于其中的女性留日学生，估计超过1000人。“1922年，台籍女留学生仅有20人，1941年达832人。”⑤

总之，留日学生这个数量庞大的社会阶层是台湾社会的精英，影响着现代台湾社会发展的基本趋势。近现代台湾社会，留学欧美的台湾青少年不到百人，仅相当于通过司法行政考试的留日学生的人数，总体规模远远小于留日学生。留日学生所学专业中，医学最多，其次是法科、商学、经济等。这些现代化的专业人才，构成了台湾社会有力的中产阶层，成为社会领导阶层的主体。⑥

二、研究理论和方法

本书综合运用社会学的社会阶层理论、政治学上的政治文化，以及派系

---

① 许雪姬、方惠芳、吴美慧：《高雄市二二八相关人物访问纪录》（下），台北，“中研院”，1995年，第194页。

② 欧素英编注：《地方自治与选举——战后台湾民主运动史料汇编（五）》，台北，“国史馆”，2001，第736页。

③ 杜圣聪：《中共正在看李登辉会否修理帮他造势的日本右翼》，台北，《新新闻》1996年9月15日。

④ 吴文星：《日治时期台湾教育史料及其研究评介》，张炎宪、陈美蓉、黎中光编：《台湾史与台湾史料》（二）。

⑤ 《台湾总督府民政事务成绩提要》第44篇（1941年度），第275页。

⑥ 台湾省文献委员会编：《台湾近代史》（政治篇），台北，1995年，第206页。

政治理论，对日据时期留日学生这个社会阶层在战后台湾政坛上的活动及影响进行了深入研究。

社会学的社会阶层理论（Social strata）：凡有相似的社会资源的团体都可以称为社会阶层，不论其共享的社会资源是哪一种。地位团体（Status groups），代表有共同典型生活风格的一群人；生活风格涉及特定的团体副文化与社会荣誉，这些荣誉可能是正面的，也可能是负面的，也就构成了社会地位的基础。此种生活风格往往又构成了认同、交往与通婚的基础。①

法国当代社会学家布迪厄还提出了文化阶级理论：在建构阶级与阶层过程中，文化同样起到决定性作用。即教育程度、生活方式、阶级惯习、消费模式、兴趣爱好等文化因素被视为社会分层的独立性变量。尽管和身份一样，财富曾经是，现在仍然是决定社会阶级的主要因素，但进入20世纪尤其是20世纪中后叶以来，决定阶级的因素却变得极为多元化，任何单一因素都已无法作为划分阶级的唯一依据了。为了建构阶级，他导入了“资本总量”概念。资本总量是“经济资本、文化资本以及社会关系资本这些实际可资利用的手段和权力的综合体。”在这三种资本形态中，布迪厄重点关注的是经济资本和文化资本。他认为尽管社会关系资本也做出了一定的贡献，但相对来说仅对结构起到辅助的作用，不是决定行动者社会地位的决定因素。经济资本和文化资本在资本总量中所占比例即资本结构，是反映同一阶级内部各不同集团和阶层之差异、决定其社会位置的分类指标。②

政治学上的政治文化理论：政治学家西德尼·维巴（Sidney Verba）把政治文化定义为“由得自经验的信念、表意符号和价值观组成的体系，这个体系规定了政治行为所由发生的主观环境”。所谓政治文化，就是一个民族关于政治系统的信念、象征、价值，就是人们如何看待政府的合适角色以及政府应如何组织的信念、符号和价值观，就是一个民族关于政治生活的心

---

① 王振寰、瞿海源主编：《社会学与台湾社会》，台北，巨流图书公司，2002年，第192页。

② 朱伟珏：《文化视域中的阶级与阶层——布迪厄的阶级理论》，《社会科学辑刊》，2006年第6期，第83页。马尔科姆·沃特斯著：《现代社会学理论》，北京，华夏出版社，2000年。

理学。政治文化分为主流文化和亚文化、精英与大众文化。精英与大众有着非常不同的政治态度，他们更愿意参加投票、组织团体、参与公职竞选。向个人灌输政治系统流行价值的重大机构场所有：家庭、学校、伙伴群体、大众传媒、政府等等，其中学校是最重要的。①

政治学上的“派系”概念，指的是以二元联盟（dyadic alliance）为基本构成单元，为追求公部门或准公部门资源的取得及分配，所建立起来的一套多重人际网络。派系的目的是交换恩惠和及时提供所需，其内容由结盟双方来认定。派系是一种非正式团体。派系的行动与目标具有集体性。派系间的斗争法则有无毁灭性、阴狠性、防御性、平衡性、无意识形态性、唯利是图性等。②

日据时期的留日学生有着共同的社会资源——日本学校教育，或者说有着相同的文化资本，有着崇高的社会地位，都深受日本政治文化影响，因而是一个典型的社会阶层。无论在战前还是战后，他们在政治上都非常积极，并在政治斗争中取得了很大的成功。这跟他们的资本总量雄厚有关。

三、文献与研究回顾

由于留日学生人数众多，影响很大，他们的活动遍及政治、经济、文化各个领域，并且在这些领域起着领导作用。日据时期到现在的台湾历史资料和研究专著中，几乎都有关于他们的材料或论述，加上留日学生自己的回忆录或口述历史，真是十分丰富。

现有的关于日据时期留日学生的研究，基本上可以分为两大类：第一，对留日学生这个社会阶层进行个案研究，第二，把留日学生这个社会阶层的全部或其中的某一部分进行整体研究。本文属于第二类。

第一，1980 年代以来，对留日学生这个社会群体进行个案研究的台湾或国外学者比较多，研究成果也比较丰富，其中比较出名的台湾学者主要

① ［美］迈克尔·罗斯金等著、林震等译：《政治科学》，华夏出版社，2001 年，第 129－146 页。

② 陈明通：《派系政治与陈仪治台论》，赖泽涵主编：《台湾光复初期历史》，台湾“中研院”，1993 年，第 223 页。

有：张炎宪①、庄永明②、黄富三③、许雪姬④、苏进强⑤、应大伟⑥、吉田庄人⑦、施懿琳⑧、李筱峰⑨、施明雄⑩、黄有兴⑪、黄天横⑫、褚填正⑬、刘少玲⑭等等。台湾这些学者主要的研究对象是一些比较出名的留日学生，例如林茂生、陈炘、黄朝琴、连震东、蔡培火、陈友钦、宋斐如、黄国书、林顶立、吴新荣、张文环、林桂端、陈金波、魏火曜、廖文毅、刘明、朱昭阳、朱江淮等。这些出名的留日学生从日据时期到战后的政治活动，涉及日据时期的非暴力抗日民族运动、台湾光复、“二二八事件”、“台独”活动、台湾地方自治选举等重大政治事件，范围很广。台湾或国外学者关于这些留日学生的研究成果，为作者的研究提供了丰富的材料和坚实的基础。但是，上述台湾或国外学者的研究都是以留日学生单个人的政治活动为主线，主要采用个人传记的形式来研究留日学生个人一生的政治活动或者在某个政治事

---

① 张炎宪、黎光中、胡慧玲：《永不止息的等待——陈炘遗属访问录》；张炎宪、高淑媛：《一位老台共的心路历程—庄春火访问记录》；张炎宪、曾秋美：《一个时代的游侠：刘明——刘心心口述历史记录》；张炎宪、陈美蓉、黎中光编：《台湾史与台湾史料》；张炎宪：《日据时代台湾政治社会运动史研究的回顾与展望》，台北，《思与言》，1985年5月第23卷第1期。张炎宪：《日治时代台湾史的研究定位》，《台湾史田野研究通讯》，1993年3月第26期专栏“日治时代台湾史研究的回顾与展望”。张炎宪：《〈前锋〉杂志创刊号》，《台湾史料研究》，1997年，第10号。

② 庄永明：《台湾名人小札（一）》。

③ 黄富三、许雪姬等：《口述历史》第4期；黄富三：《“二二八事件处理委员会”与二二八事件》，赖泽涵主编：《台湾光复初期历史》，台北，“中研院”中山人文社会科学研究所，1993年11月初版。

④ 许雪姬等：《高雄市二二八相关人物访问纪录》（上中下）；许雪姬：《台湾光复初期的民变：以嘉义三二事件为例》，同前引赖泽涵主编：《台湾光复初期历史》。

⑤ 苏进强：《风骨嶙峋的长者——蔡培火传》。

⑥ 应大伟：《台湾人档案（之一）》。

⑦ 吉田庄人著、彤云译：《从人物看台湾百年史》。

⑧ 施懿琳：《吴新荣传》。

⑨ 李筱峰：《近30年来台湾地区大学历史研究所中有关台湾史研究成果之分析》，《台湾风物》第34卷2期。

⑩ 施明雄著：《台湾人受难史》。

⑪ 黄有兴：《日据时期台湾考铨制度略述》，台北，《台湾文献》，第39卷第1期。

⑫ 黄天横：《日据时期台湾籍人考中日本高等考试行政科名录》，《台湾文献》，第44卷第2、3期。

⑬ 褚填正：《林桂端律师二二八受难前在台事略（1943—1947）》，《台北文献》，2004年，第147期。

⑭ 刘少玲、卞凤奎译：《日治时期台湾人物志》（一）（二），《台北文献》，2004年，第149期、150期。

件中的活动，因而只见树木不见森林，无法看出留日学生整个群体在台湾政治中发挥的巨大作用，更无法了解日本政治文化通过这个社会群体对台湾社会的影响。

第二，把留日学生这个社会阶层或其中的一部分当成一个整体进行研究，研究他们留学日本的背景原因、家庭出身、学习状况、专业情况、男女比例等，以及他们与台湾经济、科技、教育、美术、音乐、文化、政治等等之间的关系，评估他们对现代台湾社会的积极贡献或消极影响。台湾或国外学者这些研究也为作者的研究提供了丰富的材料和借鉴。但是，上述研究中以研究日据时期留日学生的政治活动居多，而对留日学生在战后台湾政治中的活动研究较少，更很少去研究日本政治文化是如何通过留日学生这个社会阶层影响台湾政治的。台湾或国外学者把留日学生这个社会阶层或其中的一部分当成整体进行研究的虽然相对较少，但都是些分量比较重的专著，为后来的研究提供了有关留日学生的重要史料、基本数据等等。这些学者主要有陈三郎①、吴文星②、陈明通③、Claude Geoffroy④、钟才⑤、黄英哲⑥、何义麟⑦、许芳庭⑧、许维德⑨、王宏仁⑩等。

其中，陈三郎的硕士论文利用《总督府学事年报》、《台湾学事一览》、

① 陈三郎：《日据时期台湾留日学生之研究》，台北，政治大学1981年硕士论文。

② 吴文星：《日据时期台湾社会领导阶层之研究》；吴文星：《日治时期台湾教育史料及其研究评介》；吴文星：《日治时期台湾的教育与社会流动》，《台湾文献》，2000年，第51卷第2期。

③ 陈明通：《派系政治与陈仪治台论》；吴乃德、陈明通：《政权转移和精英流动：台湾地方政治精英的历史形成》，同前引赖泽涵主编：《台湾光复初期历史》。

④ Claude Geoffroy著、黄发典译：《台湾独立运动——起源及1945年以后的发展》，台北，前卫出版社，1997年。

⑤ 钟才：《战后台湾留日学生的独立建国运动史》，台北，《台湾史料研究》，1994年，第4号。

⑥ 黄英哲：《〈新新〉总目——自创刊号（1945年11月20日）至第二卷第一期（1947年1月5日）》，台北，《台湾史料研究》，1995年，第5号。

⑦ 何义麟：《战后初期台湾报纸之保存现况与史料价值》，《台湾史料研究》，1996年，第8号；何义麟：《战后初期台湾出版事业发展之传承与移植（1945—1950）——杂志目录初编后之考察》，《台湾史料研究》，1997年，第10号。

⑧ 许芳庭：《战后初期台湾妇女团体与妇运议题》，《台湾史料研究》，2000年，第15号。

⑨ 许维德：《发自异域的另类声响——战后海外"台独"运动相关刊物初探》，《台湾史料研究》，2001年，第17号。

⑩ 王宏仁：《战后初期（1945—1949）台湾各阶级之经济活动》，《台湾风物》，1997年，第47卷第1期。

《台湾教育会杂志》等资料，将台湾留日学生的年别、性别、校别、出身地域别做了统计，明确了留日学生的性质、人数和他们对文化的贡献。但他对参加社会主义社团的留日学生及其社会政治运动没有研究，也缺乏对留学生的类型、兴趣取向、政治活动及事业遭遇的个案分析。

研究留日学生概况的还有吴文星的《日治时期台湾的教育与社会流动》一文。该文研究了日据时期台湾留日学生的人数、台湾青少年留日的背景原因、专业比例、总体规模。该文认为，日据后期，留学返台的社会精英渐取代只接受台湾殖民教育的社会精英，而成为社会领导阶层主体。他的《日据时期台湾社会领导阶层之研究》专著，搜集了大批留日学生背景、留学状况等资料，把留日学生划成日据时期社会领导阶层之一，研究了他们与抗日、殖民教育、殖民政治、社会文化变迁、同化政策等重大社会政治活动之间的关系。很显然，吴文星研究的是留日学生在日据时期的活动，对他们在战后的政治活动却只字未提。

陈明通研究了战后初期留日学生的政治派系以及它们和大陆国民党内各派系的互动关系问题，揭示了战后初期台湾政坛派系斗争内幕。这只看到了留日学生与大陆籍政客的现实利害冲突，没有揭示他们之间在政治理论政治观点上的矛盾，显然不够深入。

Claude Geoffroy 的专著、钟才的论文及许维德的论文都是研究留日学生“台独”活动的。黄英哲、何义麟研究的是战后初期留日学生创办报纸杂志的文化活动。

王宏仁主要研究了战后初期留日学生的经济地位和政治态度，认为失业导致了许多留日学生对长官公署不满。这个结论过于单一了。

综上所述，现有的留日学生研究只研究了他们单个的或一部分人的政治活动，还不能说明日本政治文化影响台湾政治的根本问题。把留日学生作为一个社会阶层，全面地研究他们在战后台湾政治上的重大活动、作用和影响，进而揭示日本政治文化在战后台湾政治中的重大影响，仍然是个全新的课题。本书填补了这个空白。

第三节　研究创新和局限

一、研究创新

研究对象创新。现有的关于留日学生对战后台湾政治影响的研究，多从微观角度出发，侧重于对留日学生个体或小部分的活动进行研究。本书首次运用社会阶层和政治文化理论将留日学生当成一个整体进行宏观地研究。

本书结论的突破。首次把留日学生这个社会阶层作为一个整体进行研究；首次全面地考查了他们对战后台湾政治的重大作用。由于有着雄厚的经济资本和优越的文化资本，留日学生这个社会阶层始终非常积极地参加政治活动。在台湾光复、“二二八事件”、政治选举、“台独”活动、政党轮替、台日关系等战后台湾所有重大的政治事件和政治运动中，他们都处在台湾地方势力的领导地位上。由于他们在留学日本时深受日本政治文化影响，因而，日本政治文化通过他们实现了对战后台湾政治的影响。

具体章节的观点创新：第一章首次研究了留日学生对台湾接收计划和实际接收工作的贡献，揭示了留日学生民族意识高涨与他们留日背景之间的联系。第二章首次提出“二二八事件”是留日学生领导的和大陆籍国民党官僚争夺台湾政坛权力的政治运动。第三章首次揭示战后“台独”头目和骨干分子背后的日本军国主义因素。第四章首次宏观研究1950年到1980年间留日学生参加的重要选举，得出了自己的结论：留日学生对选举的态度深受日本的选举文化影响；留日学生当选比率高的原因是因为这个社会阶层资本总量最大。第五章首次宏观研究了留日学生这个社会阶层对台湾政党轮替的影响，揭示了其中受日本政党政治文化影响的因素。

从本书的研究中，我们还可以得出这样一个比较重要的历史教训：教育、科学、文化的强大才是真正的强大。在祖国统一大业中，我们要首先使自己的教育、科学、文化先进和强大起来，并使台湾青少年自愿地积极地到祖国大陆接受我们先进的教育，这才是根本大计。

二、研究局限

资料方面的局限。有关日据时期留日学生的资料可以说汗牛充栋，由于主客观条件的限制，不能完全搜集，只能搜集到厦门大学图书馆和厦门大学台湾研究院图书室收藏的一些重要资料。缺乏日本各大专学校的同学录、国民党调查局档案等重要的第一手资料，缺乏到台湾等地的田野调查，更缺乏有关留日学生在海外活动情况的日文、英文资料。

作者研究方法和能力的限制。由于台湾历史文化研究是个比较陌生的领域，本书涉及的资料太广泛，有些研究对象十分敏感，作者花费了近三年的时间和精力阅读基本书目和搜集史料，故对书中的研究理论和方法思考十分不够，有的地方研究得还很不深入和细致，有的结论还值得推敲。在导师林仁川先生多次严格认真地和具体地指导下，通过深入学习社会学、政治学理论、日本政治史，作者才基本上克服了这个缺点，但仍对留日学生在战后的政治活动和政治态度缺乏一个定量分析研究，缺乏精密性。尤其是还不能够深挖日本哲学对留日学生世界观和方法论的影响，未能完全达到导师林仁川先生的希望和要求；主要原因是论文研究的对象太多、容量太大，研究经费和资料受限，而写作时间只有三年，等等。在未来的工作和研究过程中，作者会遵照导师的指示，继续把这个有意义的研究课题加以深化完善。

第一章　台湾光复前后的留日学生

台湾光复是中华民族的伟大节日。留日学生谢南光、宋斐如认为台湾光复不仅是民族革命，也具有社会革命的意义。也就是说台湾光复不仅是中华民族驱逐日本殖民者的伟大胜利，也给台湾社会各阶级带来巨大的影响。由于拥有雄厚的经济资本、文化资本和社会关系资本，在台湾人所有的社会阶层里，留日学生对抗日和光复台湾的工作贡献最大。在大陆的留日学生领导台湾人在大陆的抗日革命团体，宣传台湾人民要求回归祖国的主张和决心，参与接收台湾计划的制订。在台湾岛内的留日学生则维持治安组织起来迎接光复。

第一节　光复前后留日学生活动概况

在台湾所有社会阶层里，留日学生这个社会阶层的资本总量最大，因此活动能量也最大，在台湾光复前后所有重大政治活动中起着领导作用。在大陆领导台湾抗日团体的留日学生，如谢南光、李友邦、宋斐如、丘念台、黄朝琴、游弥坚、连震东、蔡培火等人，都是1920年代在日本留学者，在日本接受了民本主义、社会主义和民族自决等日本政治文化中进步思潮的影响，因而具有很强的民族意识。这些人参与了国民政府接收台湾计划的制订，参与了实际的接收工作。在岛内领导欢迎国民政府活动的留日学生，如陈炘、林呈禄、罗万俥、陈逸松、黄朝清、王金海、林攀龙、杜聪明、叶荣钟等等，也基本上都是1920年代在日本留学者，他们也接受了社会主义、民本主义、民族自决等思潮的影响，并在日据时期参加反对日本殖民统治的民族运动。上述两股政治势力在台湾光复后胜利会合。其各项活动概述如下：

一、留日学生参与台湾光复工作

在台湾光复工作中，留日学生主要做了三大工作：宣传台湾光复的伟大意义；参与国民政府制订的台湾接收计划工作；参加实际的接收工作。

（一）留日学生宣传台湾光复的伟大意义

1943年的开罗会议之后，国民政府开始准备接收台湾。在大陆参加抗日斗争的留日学生积极地参与了这个工作，这主要表现在两个方面：加强宣传工作，向国内外宣传台湾是中国不可分割的一部分，台湾要回到祖国怀抱；参与制订国民政府接收台湾的计划，提供了许多宝贵意见。这些工作表明了台湾人民的基本立场和态度，对台湾回归祖国意义重大。

留日学生主要依靠台湾革命同盟会、台湾义勇队和国民党台湾党部三大组织完成上述任务的。台湾革命同盟会1941年2月10日在重庆成立,[①] 其总会领导核心采主席委员制。其主要领导谢南光、李友邦、宋斐如三常委都是留日学生。12个执行委员中郭天乙、谢挣强、林啸鲲、牛光祖、林海涛，5个候补执委中的庄泽民、张大江、吕伯镛，以及监委廖建策，都是留日学生。[②] 总之，27位执委、监委、候补执监委中，在资料可考的24人中，半数出身日本大专院校，9人毕业于祖国中上学校，3人来自台湾岛内学校。[③] 该会主要是由留日学生领导的。

台湾义勇队也是由李友邦领导的，1939年春正式成立，总部设在金华，从事“对敌政治、医务诊疗、生产报国、宣慰军民”的任务。

留日学生还担任国民党中央直属台湾省党部的领导工作。1943年4月1日，省党部成立，翁俊明任主任委员，林忠任书记长，执行委员丘念台、郭天乙、谢东闵、陈邦基、陈栋、杨万定、廖启祥。丘念台负责国民党中央设立的粤南工作团，该团工作最有成效。郭天乙则负责闽南工作团。台湾省党

① 李云汉：《抗战期间台湾革命同盟会的组织与活动》，《抗战与台湾光复史料辑要》，台北，第24页。

② 李云汉：《抗战与台湾光复史料辑要》，第196页。

③ 吕芳上：《抗战时期在大陆的台湾抗日团体及其活动》，《抗战与台湾光复史料辑要》，第3页。

部内设有“台湾建设设计研究委员会”，刘启光等担任研究委员。① 1945年8月后，省党部改组为台湾省执行委员会，李翼中为主任委员，委员11人，其中有丘念台、郭天乙、蔡继琨、刘兼善、蔡培火等留日学生。②

台湾革命同盟会的宣传工作做得最好，而其负责人几乎都是留日学生。原因是他们拥有优越的文化资本。他们的宣传形式主要有四种：召开会议、发表谈话和文章，用电台广播，创办报纸杂志，编发丛书。宣传的内容主要为台湾光复的意义、台湾的历史和现状、台湾的地位。

1. 通过会议宣传台湾光复的意义。会议又分记者招待会和纪念会等。在重庆召开的记者招待会上，李友邦、林啸鲲、宋蕉农等人多次向记者报告台湾的情况和形势，呼吁全国人民关注台湾光复问题。1942年4月5日，台湾革命同盟会在重庆举办“光复台湾宣传大会”，国民党军委会政治部、中央秘书处、立法院、司法院等党政机构都派代表出席，上千人参加，盛况空前。这一天被定为“台湾日”，是光复台湾宣传浪潮的起点。当晚中央电台播出特别节目，林啸鲲等作了专题演讲。重庆和福建各大报纸同时刊出“台湾光复运动专刊”。留日学生在这些报刊上发表的重要文章，计有：《重庆益世报》上的宋斐如《台湾农民的惨痛》、《重庆时事新报》上的李友邦《收复台湾与远东和平》和林海涛《六十年来台湾抗日血债录（1874—1939）》、福建《中央日报》上的谢南光《收复台湾与保卫祖国》等，都以光复旧物还我河山为主旨。③

当讨论战后台湾的出路时，美国的《时代》、《生活》、《幸福》等杂志，于1942年8月发表名为《太平洋关系》的长文，把台湾列为太平洋防御带的一环，把战后台湾列为国际共管的区域。11月份，该文被重庆《中央日报》翻译转载。为了批判国际反华势力的这一谬论，台湾革命同盟会在1943年4月17日这一天举办“四一七国耻纪念日大会”，发表宣言：坚决反对所谓台湾“国际共管”，主张台湾回归祖国。该宣言郑重指出：台湾

---

① 黄敦涵编著：《翁俊明烈士编年传记》，台北，正中书局，1977年，第105页。

② 张兆焕：《台湾省党务概况》，陈鸣钟、陈兴唐主编：《台湾光复和光复后五年省情》（上），南京出版社，1989年，第305页。

③ 吕芳上：《抗战时期在大陆的台湾抗日团体及其活动》，《抗战与台湾光复史料辑要》，第5页。

土地自古就是中国领土，台湾人民百分之九十五以上为中国人，战后台湾一定要回归祖国。该宣言呼吁全世界有识之士应一致主张台湾归还中国。只有这样，才能真正地实现世界和平。① 同年11月28日台湾革命同盟会第三届代表大会宣言重复这一主张。

2. 通过报纸杂志、丛书等介绍台湾情况，宣传留日学生战后建设台湾的计划和主张。报刊有台湾革命同盟会的《新台湾》、《台湾民声报》，以及台湾义勇队的《台湾先锋》、《台湾青年》等。② 丛书方面，台湾革命同盟会编印过《台湾问题言论集》、台湾新丛书。台湾省党部自1943年6月到1945年5月编印的10辑《台湾问题参考资料》。这其中以《新台湾》、《台湾民声报》最重要，本文重点介绍其内容。

《新台湾》为台湾革命同盟会机关报，1943年4月15日创立，谢南光任主笔，林啸鲲任主编。其发刊词提出：为着建设新台湾，首先要干掉日本帝国主义的统治。③

1945年4月16日，《台湾民声报》半月刊在重庆发行，主编连震东，截至10月7日总共发行10期，④ 主要撰稿人为连震东、谢挣强、林忠、刘启光、谢南光等留日学生。该报文章的重要内容之一是留日学生关于收复台湾的建议。这时，国民政府已于3月核定《台湾接管计划纲要》，且相继拟定教育、警政、金融等分项接管计划草案，又着手研拟《台湾省行政长官公署组织大纲》，并于9月4日正式公布。但是，留日学生对上述计划和组织大纲仍有不满之处，他们便借助《台湾民声报》继续发表自己的主张。该报创刊号说，“我们吁请中国的领导们正视台湾民众所追求的理想和目标。自从开罗会议以来，台湾问题已引起相当多的讨论以及瞩目，然大部分的讨论均过分重视关于丰饶的自然资源之研究及调查，而忽略了台湾人民的特性和想法。”这节文章大声呼吁要把台湾人民看作同胞，而非看作敌人。

---

① 吕芳上：《抗战时期在大陆的台湾抗日团体及其活动》，《抗战与台湾光复史料辑要》，第7页。

② 吕芳上：《抗战时期在大陆的台湾抗日团体及其活动》，《抗战与台湾光复史料辑要》，第12页。

③ 李云汉：《抗战期间台湾革命同盟会的组织与活动》，第24页。

④ 李云汉：《抗战与台湾光复史料辑要》，第65页。

对于有些人主张战后台湾实行军政、训政，谢挣强在该报第一期上发表《宪政实施与台湾》予以批驳，他认为这是昧于台湾现实的说法。他希望准备前去接收台湾的要员们能更进一步研究，并了解台湾的情况及台湾人民的性格，避免让台湾同胞大失所望。谢南光在该报6月份发表的文章则提出：台湾接收后应执行三种政策目标：（1）在政治上，应立即通过省宪……；（2）在经济上，实行民生主义，节制资本，平均地权……；（3）在社会上，规定男女平等及民族地位平等，并停止偏见。①

对于台湾行政长官公署组织大纲赋予行政长官过大的职权，连震东在该报上发表《台湾人的政治理想和对做官的观念》一文提出了严厉批评：给人一种有如日本当年“六三法”给予总督过大权限的错觉。

3. 利用广播电台对台湾和日本进行宣传工作。这项工作也主要由留日学生负责。谢挣强担任国民党中央广播电台的闽南语广播员；李友邦指导闽浙地区的“对敌广播班”；谢南光指导永安地区的广播宣传。这些广播的内容都是分析抗战形势，说明日寇必败的原因，宣传战后建设三民主义新台湾的计划。

留日学生领导的宣传活动，促使国民政府和中国人民注意台湾、研究台湾，进而收复台湾，也号召了居留大陆的台湾志士加入抗张复台的行列，意义重大。

（二）留日学生参与制订台湾光复计划

1944年4月17日，“台湾调查委员会”在中央设计局内成立，陈仪、沈仲九、王芸生、钱宗起、夏涛声、周一鹗、葛敬恩等人组成。留日学生林忠、李友邦、丘念台、谢南光、黄朝琴、游弥坚、谢挣强、连震东、刘启光、宋斐如等人先后被邀请参加工作。9月25日，蒋介石批准该会委员名额11人，其中有黄朝琴、游弥坚、丘念台、谢南光、李友邦5人。该委员会起草了《台湾接管计划纲要》，翻译台湾法令，研究具体问题。② 留日学生的贡献主要是搜集台湾情报和提出他们自己的接收建议。由于留日学生比

① 陈俐甫、夏荣和译：《台湾人民与中国国民党1937—1945》，《台湾风物》，第40卷2期，第39页。

② 《台湾调查委员会卅三年度工作报告》，《台湾光复和光复后五年省情》（上），第3－11页。

较了解日本的法律、法令和台湾的实际情况，因而他们的建议对于接收工作十分重要。

1. 搜集台湾情报和翻译台湾的法律、法规。台湾革命同盟会一成立，就派人了解台湾岛内的形势，搜集太平洋战争爆发后台湾岛内的政治、经济、军事情报。这是最重要的。除此之外，留日学生还帮助国民政府搜集有关日本和台湾的文字材料。① 1944 年 9 月 30 日，黄朝琴致函陈仪，专门谈搜集台湾资料的问题。他认为应到中央大学、复旦大学、中央图书馆、中央银行经济研究所、外交部等单位搜集台湾资料，还要请台湾党部、台湾义勇队访问台湾人获得资料。②

2. 从 1941 年 2 月 10 日台湾革命同盟会组建到 1945 年 9 月 4 日《台湾省行政长官公署组织大纲》正式颁布，在这四年半的时间里，李友邦、丘念台、谢南光、黄朝琴、游弥坚、刘启光、谢挣强、连震东、林忠等，这些台湾革命同盟会和台湾调查委员会里面的留日学生，对国民政府接收台湾的准备工作提供了大量重要建议，其主要内容可概括如下：

（1）要接收台湾，国民政府首先要了解台湾的基本情况，了解台湾的特殊性。这是他们在 1944 年 7 月 13 日和 21 日中央设计局台湾调查委员会座谈会上提出的，对台湾接收计划的制订影响甚大。

台湾的基本情况及其特殊性：首先是台湾人。台湾人口有六百五十万，其中 78% 是闽南人，客家人占 15%，日本人 37 万，高山族约 15 万。台湾人民民族思想特别浓厚。“台湾人受教育的已占 95% 以上，而且民族意识很强。”③ 台湾人唯一缺乏的是国民党的党化教育思想教育。其次是台湾的经济、政治情况。台湾离开祖国 50 年，政治、经济、建设以及风土习惯和国内相差很远。台湾在政治组织、经济制度、文化教育程度等都超过大陆各省的水平。行政方面，台湾的人事制度上了轨道，司法制度在民刑事方面尚属公平。经济方面，台湾已达高等工业化的地步；台湾土地、户口情况清楚。生活方面，台湾人的生活有许多地方是良风美俗。④

---

① 《抗战与台湾光复史料辑要》，第 212 页。

② 《台湾光复和光复后五年省情》（上），第 33 页。

③ 《台湾光复和光复后五年省情》（上），第 43 页。

④ 《台湾调查委员会座谈会记录》，《台湾光复和光复后五年省情》（上），第 14、17、27 页。

所以，台湾光复以后，国民政府要注意保留和利用上述好的方面，只革除不合国情的各项弊端。

（2）关于台湾的建制及治理方式，恢复建省并迅速建立省府、军警，以及国民党三青团的领导机构，确定战后接管台湾的大政方针，准备收复台湾的各项工作。

黄朝琴主张“台湾是从前的一省，所以收复必须改省，……希台湾收复以后五六年内，以维持现状为目的……原有的总督府，只须名称的取消，改为省政府，原来的总督府的机构不予更动，内地各省政府的机关太多，于台湾人不习惯。”谢南光认为黄朝琴提出了台湾同志的共同要求，他还提出，国民党治理台湾要“因地制宜”，把国民党党纲、总理遗教等和全国各地的具体情况结合起来，制定具体办法。①

1943年6月29日，台湾革命同盟会向国民政府建议：建立台湾省政府筹备处及军管区，准备收复及收复后的复员工作；建立统一领导台湾革命工作的机构，使党政军各种工作同时并进。同年9月2日，台湾革命同盟会致蒋介石《台湾党政意见六项函》提出：“一加强台湾党务工作配合抗战。二胜利匪遥应速以筹备台湾省政府，以统治台湾之施政方针。三台湾已开始征兵数定在42万，必须暂定名义以资号召。四筹备台湾青年团区团部。”②

（3）留日学生建议国民政府多多训练接管台湾的台湾人才。他们建议，国民政府应指定训练机关训练政工和军事干部，以担任台湾建省、建军工作。1943年9月21日，台湾革命同盟会上函蒋介石，请在福建省省训团设立“台湾行政干部训练班”，为台湾训练警察、建设干部、政工干部。这个训练班首期一年300人，进行三民主义教育，了解台湾的政治、经济、文化等情况。③

（4）留日学生建议早给台湾人民以国民待遇，并还要有些特殊的照顾。在政治上，台湾人有参加中央民意机构等权利，在经济上应受到保护，在文化教育上特殊对待，在干部政策上，国民政府应多重用台湾的人才。“加强

① 《台湾光复和光复后五年省情》（上），第21页。
② 《抗战与台湾光复史料辑要》，第219页。
③ 《抗战与台湾光复史料辑要》，第222页。

台湾党务工作配合抗战。”“台胞应有参政员之资格。”“释放台胞与发还台人之产业。”“台湾受过小学教育的三百余万，中等教育的有三十万人，大学及专门教育的五万人，不能说无人才可用，只在用之得法。台湾人受日本教育，对于国文素养尚差，故在考试方面，将来应以10年为期，实行特别考选制度，由考试院划定为特别考选区，准予以日文应试，因为由中学改授国文至大学毕业，需时10年，10年以后，即可撤销。”①“光复后暂准用日文应高等考试，尽量给台胞工作机会。”②

（5）留日学生建议国民政府应多向台湾人民宣传战后对台政策，努力争取台湾民心，这实际上是个重要而艰难的工作。谢南光认为，自抗战开始到1944年7月，国民政府并未正式宣布台湾收复后的政策。因此，台湾人也就不明了国民政府的政策，对国民政府的隔膜依然存在。谢挣强认为，收复台湾方式不外两种：日本无条件投降交还；海战以后，盟军攻占。无论哪种方式收复台湾，国民政府都要做两项准备，其中之一就是要派人至台湾深入宣传主义，争取台湾民心，以防将来世界采取民主方式投票决定归属。

上述留日学生关于接管台湾的建议，直接影响了国民党接收台湾的计划和政策。比如，黄朝琴扩大台湾首长权力的意见影响了行政长官公署制度的设立。林衡道曾经说：“台湾调查委员会和台干班的台籍人士，如谢南光、李万居、黄朝琴、连震东、谢东闵、刘启光等人，……他们对台湾的认识还停留在‘工业日本，农业台湾’的时代，不知台湾已经工业化，……而这种错误认知更严重误导了中央政府的政策，使得中央政府在接收台湾时，一切政策都行不通，唯一行得通的是陈仪坚持的统制经济。”③

这个评价并不公平，谢南光等对台湾的认识基本上是正确的，也非常重视台湾人的利益，只是他们的有些意见并未引起国民党高层足够的重视。例如任用台湾人才问题等。

（三）留日学生参与实际的光复工作

战后初期，参与台湾接收工作的留日学生人数很多。从日本台湾总督府

① 《抗战与台湾光复史料辑要》，第220页。

② 黄朝琴：《朝琴回忆录》，第168页。

③ 《林衡道先生访谈录》，第286页。

到最基层的村庄的接收工作，都有留日学生参加。留日学生在接收工作中的作用主要表现在担任接收官员和接收科技、文化单位两大方面。下面选择有代表性的留日学生加以论述：

1. 担任接收官员的留日学生主要有黄朝琴、林忠、王民宁、陈汉平、苏绍文、连震东、游弥坚、林忠、丘念台、黄国书、刘启光、林顶立、陈友钦等人。① 他们的主要工作是担任翻译、遣俘安民、接收机关、恢复秩序等。

台湾接收工作比较迅速顺利，跟接收官员因懂日语而容易与日俘、日侨沟通有很大关系。大陆籍的一些重要接收官员如陈仪、柯远芬、彭孟缉等人是留日的，但数量远远不够，需要发挥台湾留日学生的作用。台湾省行政长官公署与警备总司令部于1945年9月28日在重庆成立前进指挥所，先行赴台。全所官兵71人10月5日乘飞机到达台湾松山机场。10月8日，前进指挥所副主任范诵尧和日军参谋长谏山春树首次会谈，林忠担任翻译。②

在遣送日俘工作中，黄国书是台湾省警备司令部高参室主任兼铁道管理委员。他奉命整顿混乱的铁路，仅用两周时间就使铁路恢复通车，保障了遣俘工作的顺利进行。③ 苏绍文任警备总部处长兼桃园新竹防卫司令，负责接收台北县日军的投降。④ 王民宁对遣俘、安民不遗余力。陈汉平任高雄港口运输司令，负责遣返日俘。⑤ 林顶立为保密局台湾站站长兼省警备司令部别动队司令。

在行政接收工作中，担任州厅（县处）级以上官员的都是从大陆回来的，只有黄朝琴、游弥坚、林忠、连震东四人；担任州厅（县级）以下行政官员的留日学生，则为原日本殖民政府的官员，数量比较多。

黄朝琴是外交部驻台特派员，负责行政长官公署外事活动和接收台北市政府。游弥坚，1945年9月被财政部任命为台湾区财政金融特派员，主持财

① 台湾“行政院”研究“二二八事件”小组：《柯远芬暨彭孟缉回忆录》，第33页。
② 《台湾光复和光复后五年省情》（上），第139页。
③ 台省文献委员会编：《重修台湾省通志》，卷八，职官志，第2册第5章。
④ 《中华》，1978年1月，第507页。
⑤ 台北，《传记文学》，第60卷第4期，第99页。

政金融机构的接收事宜。① 林忠，由于在大陆时就负责对日本及台湾广播，故被任命为接收台湾全省电台专员兼台湾广播电台台长。他编写了《国语广播教本》，在电台播放。② 连震东是台北州接管主任委员，负责接收台北州。③

州厅级接管主委虽然只有连震东和黄朝琴两个留日学生，但各州厅机关科室人员和下面的郡守、区长、街长却有许多。以台北市台北州和高雄州为例说明。11 月 1 日，黄朝琴就任台北市长后，“市府人事以就地取材为原则，除一、二机要人员外，尽量选用省籍优秀干部，所有基层人员，务使各安其位。”主任秘书吴春潮、秘书杨基铨、交际科长陈翔冰、文书科长陈步青、民政局长黄启瑞、参事兼财政局长刘万、工务局长刘亚才等④都是留日学生。

台北州，潘光楷接收七星郡并代理郡守。李梅树被推举为代理三峡街长。陈金波接收宜兰市并任市长。在高雄州，接管委员会主委谢东闵也大批起用留日学生。他任命吴海水任凤山郡守、林石城任屏东郡守、戴炎辉任潮州郡守、孔德兴任屏东市长。⑤ 他们协助谢东闵接收高雄州，顺利完成遣送日俘、日侨工作。“陈浴沂，庆应大学毕业，舅舅陈万被任命为高雄州主任秘书。谢东闵也想任命陈裕沂为课长。”⑥

2. 留日学生接收科技文化单位。去台湾接收的军政人员多，文化、科技人才少。文化资本雄厚的留日学生，乃积极协助公署各主管处接管医学、农林、化学、交通、电力、教育等科技、文化单位，保护科学仪器设备，恢复生产、生活和教育秩序。

留日学医者占留日学生总数的五分之二，所以，在医学方面的接收工作中，留日学生的力量也最强。见下表：

除了上述之外，还有庆应医学部毕业的陈拱北、1940 年获得庆应大学

---

① 张炎宪等：《台湾近代名人志》第 1 册，第 154 页。

② 《林忠口述记录》，台省文献委员会编：《二二八事件文献补录》，第 138 页。

③ 台湾省文献委员会编：《重修台湾省通志》卷八，职官志，第 2 册，第 494 页。

④ 黄朝琴：《朝琴回忆录》，第 137、138 页。

⑤ 许雪姬等：《高雄市二二八相关人物访问记录》（下），台北，“中研院”近代史所，1995 年，第 161 页。

⑥ 许雪姬等：《高雄市二二八相关人物访问纪录》（下），第 192 页。

医学博士的王金茂、张善等人参与医学方面的接收工作。

参与省公署农林处接收工作的留日学生：徐庆钟、林国谦、徐水泉、黄溪旺等人。汤雨霖，北海道大学毕业，任农林处养蚕所所长。公署粮食局三个事务所被留日学生接收并任所长：郭国钧，东京农业大学毕业，台北事务所所长。林鸿鸣，爱知县立安城农林学校毕业，任台南事务所所长。林嘉雄，东京日本学校毕业，任台东事务所所长。

表1-1 光复前后留日学生参与接收和担任领导的医疗单位

姓名	籍贯	留学学校	接收前后担任院长的医院
杜聪明	淡水	京都帝大	台大医学院院长
魏炳炎	台北	东京帝国大学	嘉义医院院长
郭章垣	嘉义	庆应大学医学科	宜兰医院院长
李祐吉	南投	熊本医科大学	台中医院院长
颜秋山	台中	昭和医学专门学校	台东医院院长
吴金銮	苗栗	九州帝国大学医学	省立锡口（台北）疗养院院长
蔡锡琴	台中	庆应大学医学部	新竹医院院长
陈万居	彰化	同主大学医学解剖学科	澎湖医院院长

资料来源：刘宁颜总编纂：《重修台湾省通志》卷八，职官志，第二册，台湾省文献委员会，1993年。

化工、物理等方面单位的接收也基本都是留日学生。化学方面：陈尚文、陈发清、刘盛烈、林赞生、林挺生、杨庆丰、杨祖馨、廖学义；地质方面：林朝、颜沧涛、颜沧波；机械方面：胡均发、王超英、黄龙泉；建筑：刘阿才；物理：梁子健；交通：吴水柳；电气，杨进顺、周克彬、蔡瑞唐、周春传、萧炯昌、傅庆腾、陈定国、朱江淮。①

在教育文化单位接收中，刘明哲、陈澄波被陈仪聘为台湾省学产管理委员会委员。该会负责接收和保管与教育有关的财团学校财产。② 蔡继琨接收并担任长官公署教育处交响乐团团长。杜聪明、林茂生为台湾大学接收委员。林茂生、陈绍馨、黄得时负责接收台湾大学文政学部和预科。林茂生兼任"台湾大学先修班"（专修班）主任，"当时，台北高等学校、台北帝大

① 朱江淮：《朱江淮回忆录》（下），朱江淮文教基金会，2003年，第623、624页。

② 《台湾光复和光复后五年省情》（上），第369页。

预科、台北医专等学校的低年级学生，以及从日本的高等学校归台的台湾人学生，须先进入台湾大学专修班，研读两年，始得正式进入台湾大学。”①洪炎秋、林朝棨、张深切三人接收台中师范学校。洪炎秋任校长，张深切任教务主任。②

在中学接收方面，吴剑青参与接收基隆中学。③ 林茂生接收淡水中学，并任校长。④ 高雄商业职业学校和高雄中学，谢东闵找林东淦和陈启清分任两校校长。接收高雄中学的是陈启清，并任第一任校长。⑤ 此时高雄中学只有两个台籍教师，一个是邱金昌，毕业于京都两洋中学，另一个毕业于日本物理学校。⑥ 东京美术学校毕业的廖继春接收台南一中，并代理校长。⑦ 戴明福，广岛师范学校毕业，1945 年 12 月 26 日奉台东县接管委员会之命接收台东中学，1946 年 2 月后任校长。⑧

台湾基督长老教会的学校也被留日学生接收。1945 年 10 月 4 日，台湾基督长老教会北部大会选派林茂生、杜聪明、廖温义、陈开明、李超然、郑苍国、郑进丁、李延旭、徐春卿、陈溪圳等为淡水中学、淡水高等女学校、宫前女学校等三校理事，去办理接收并经营。后来，台湾基督长老教会南部大会选刘振芳、卢万德、蔡爱仁、陈朝景等为长荣中学校及长荣女中的董事。⑨

文化方面，陈逸松在台北市组织“台湾演剧公司”接办日本人的大世界、国际、台湾、新世界等多家戏院、电影院，董事长是李万居，董事有廖文毅、陈逸松等人，罗万俥负责与日人交涉赔偿费用，但半年之后，被省党部收归党营。

---

① 林彦卿著：《战后日记——终战から二二八事件までの台湾社会》，第 49 页。

② 黄富三、许雪姬等：《口述历史》第 4 期，台北，“中研院”近代史所，第 237 页。

③ 《台湾省立基隆高级中学创校 70 周年纪念特刊》，1997 年，第 18 页。

④ 《陈颖奇口述》，“行政院”研究“二二八事件”小组：《附录二，重要口述历史（一）》，1992 年。

⑤ 许雪姬等：《高雄市二二八事件相关人物访问纪录》（下），第 149 页。

⑥ 许雪姬等：《高雄市二二八事件相关人物访问纪录》（上），第 395 页。

⑦ 台北，《传记文学》，第 54 卷 2 期。

⑧ 《台东县史》，第 155 页。

⑨ 黄武东：《黄武东回忆录——台湾长老教会发展史》，台北，前卫出版社，1988 年，第 158 页。

二、留日学生组织欢迎国民政府活动和参加三次大典

台湾回归祖国的形势明朗后，台湾人民都欢迎台湾光复。为了表明自己的民族感情和政治态度，台湾社会的上层则更加主动地参加欢迎国民政府的活动。留日学生欢迎台湾光复的活动分为两种：有组织的和分散的自发的。前者以陈炘等人的“欢迎国民政府筹备委员会”为代表，后者则全岛各地都有。除了欢迎活动之外，留日学生还代表台湾人民参加光复初的三次大典。

（一）欢迎国民政府筹备委员会及其活动

该会由陈炘在台北首先发起，在台中筹办。1945 年 9 月 10 日，首次筹备委员会会议在台湾信托公司台中支店召开。常任委员有陈炘、黄朝清、张焕珪、王金海、叶荣钟、杨景山、庄垂胜、张星建、张聘三等。另外的重要人员还有林烈堂、林阶堂、林庆、林汤盘、杨贵、林培英、陈逊章、巫永昌、巫永福、林资彬、林攀龙、林澄坡、林少聪、林根生、郭顶顺、陈茂堤、白福顺、林垂拱、张焕三、张冬芳、黄登洲、黄三木、黄再添、黄栋、吴天赏、张风谟、何永、何赤诚、张深鑐、杨基先、李石樵等等。这些人大多数是日据时期“台湾民众党”和“地方自治联盟”的成员。林献堂被推出作象征性的领导。叶荣钟被推为总干事。

该会的活动主要有推行蒋介石提倡的“新生活运动”、组织青年服务队维持治安、组织欢迎国民政府三大类，而以欢迎活动为主。

该会组织的欢迎活动最成功最热烈。筹备会在各地的委员制造、分发国旗，教民众练习国歌，先是“卿云歌”，后改之。“台中火车站建设个欢迎牌楼。”在台北市的林献堂、林茂生、廖文毅、谢有用等筹备欢迎之事。①高雄市的王清佐等人分发小国旗和教唱国歌，准备迎接国军。在云林，谢有用在西螺、虎尾、土库、北港等地演讲，主要是“我们都是汉民族，现在要回到祖国的怀抱”。② 嘉义市欢迎国民政府筹备委员会的主任委员是黄逢

---

① 《谢有用先生访问纪录》，《口述历史》第 35 期，台北，“中研院”近代史所，第 183 页。

② 许雪姬等：《高雄市二二八相关人物访问纪录》（上），第 139 页。

时，副主任委员是陈澄波。他们组织了嘉义的欢迎活动。① 彰化市欢迎委员会主席石锡勋，负责组织本地的欢迎活动。在鹿港，丁瑞彬发起组织筹备会欢迎光复。② 明治中学毕业的保正施性瑟带领民众上街欢迎光复。③ 高雄市的杨金虎组织各处的年轻人手持国旗到新滨码头迎接国军。④ 等。

除上述有组织的欢迎活动外，各地留日学生分散的欢迎活动也很多，不能完全统计记述，此处仅举数例。台北市的施江南购买许多彩气球分发给欢迎欢迎陈仪的民众。⑤ 曾维成自撰欢迎国军歌曲，组织群众到高雄市广场欢迎连谋市长。⑥ 嘉义北港的许壬子捐建了一座欢迎门，欢迎祖国人员。⑦

留日学生在各地分散的活动，当然没有欢迎国民政府筹备委员会的活动有力，但也表达了自己回归祖国时激动欢快的心情。

欢迎国民政府筹备委员会维护着台湾的政治秩序，实际上代表着台湾人民对台湾光复的基本态度，政治意义是十分明显的。"在台湾政治的真空时期欢迎国民政府筹备会这个民间团体，确也发生一点政治的作用，它虽然没有一丝权力，但因为它是过去民族解放运动的领导人物的集团。他们过去的活动，犹鲜明地印在民众心目中，他们出来主持这个工作，自是顺理成章，无人敢予异议。"⑧

（二）留日学生代表台湾人民参加三次大典

光复初期，台湾人民在政治生活中有三件大事：中华民国政府 1945 年 9 月 9 日在南京举行的中国战区受降典礼；10 月 10 日的中华民国国庆节；10 月 25 日中国战区台湾省受降典礼。能够参加这三大政治活动的都是台湾的代表人物，其中以留日学生为主。

参加南京受降典礼的台湾代表是由国民政府指定的。"1945 年 9 月 6

---

① 陈朝海：《陈澄波生平简表》，《台湾史料研究》，1999 年第 14 期。

② 吴文星：《鹿港镇志人物篇》，鹿港镇公所，2000 年，第 33 页。

③ 吴文星：《鹿港镇志人物篇》，第 5 页。

④ 《高雄市二二八相关人物访问纪录》（下），第 99 页。

⑤ 吴文星：《鹿港镇志》，第 96 页。

⑥ 《高雄市二二八相关人物访问纪录》（下），第 159 页。

⑦ 《高总成访问纪录》，"行政院"研究"二二八事件"小组：《附录二，重要口述历史（二）》。

⑧ 叶荣钟：《台湾人物群像》，第 280 页。

日，蒋介石命何应钦转告，林献堂、林呈禄、罗万俥、陈炘、蔡培火、苏维樑等六人代表台湾同胞赴大陆，消息传来全台振奋。”这6人中仅有林献堂不是留日学生。

参加“双十节”筹备工作和出席大会的台湾代表比较多，但也以留日学生为主。“台湾庆祝国庆筹备会”于1945年10月7日成立，主席团成员是林献堂、黄朝琴、林茂生、杜聪明、林呈禄、葛敬恩、林文奎。10月25日，坐在受降典礼主席台上的有林茂生、陈炘、林献堂、杜聪明、罗万俥、陈逸松、林呈禄等。这其中林献堂、林茂生、林呈禄、杜聪明等人为主席团成员，林茂生为主席团主席。当日下午在台北市公会堂举行六千多人的“台湾光复庆祝大会”，林献堂、林茂生、林呈禄、杜聪明为主席团成员。林茂生为主席团主席。①

从上述三大政治活动中，我们可以看出台湾民众的领袖人物：林献堂、黄朝琴、林茂生、杜聪明、林呈禄、蔡培火、陈炘、罗万俥、苏维樑、陈逸松等10多人。他们对台湾光复表现了极大的政治热情，号召台湾人民在国民政府领导下努力建设新台湾。在“双十”大会上，黄朝琴、林茂生等人发言劝勉全台同胞要团结一致，在国民政府与陈仪领导下，努力工作，建设三民主义新台湾。② 在10月25日的受降典礼上，林茂生在演讲中说，“一、何以必须光复？有失陷也，失陷之因在乎无自觉，无团结，敌人乘间而入，敌人现当在目前窥伺。二、光复之事业已完成否？不然，光复之事业是自今日始，建设协力，光复之最终阶段，在乎回复完全之自由，回复中国完全之自由，光复尚未成功，同志须当努力。”③

三、留日学生自发维护社会秩序和救援岛外台胞

维护社会秩序和进行社会救济，需要非常雄厚的政治经济实力和社会声望，要完成这样一个艰巨的任务非留日学生这个社会阶层莫属。他们利用在日据时期开展民族运动的人员、组织和政治威望，以及自己的财力，出色地

① 李筱峰：《林茂生陈炘和他们的时代》，第132页。

② 《台湾省通志稿》卷十，光复志，台湾省文献委员会，1973年，第31页。

③ 《民报》，1945年10月26日，2版。

完成了任务。

（一）留日学生自发维护社会秩序

1945 年8 月15 日到10 月5 日之间，即日本投降到国民党派军队进驻台湾这段时间，台湾的政治处于真空状态。资本总量雄厚的留日学生实际上成了台湾社会的领导者，在台湾各地主动组织欢迎国民政府筹备委员会等团体。这些团体维护了社会秩序。

1. 接收前台湾的社会秩序。1945 年 8 月 15 日到 10 月 5 日前进指挥所抵台的 50 多天中，台湾出现政治真空。台湾社会的安定存在着两大隐患，一个是在台湾约有 40 万日军武力未损，其动向堪忧。二是台湾人报复日本人、盗窃财物等破坏社会治安的行为。

日本投降后，台湾人民对警察的干涉管理已经置诸不理，农村甚至有伤害警察的事情发生。① 还有一些人想主办过去日本人的厂矿、瓜分财产，殴打日人。偷窃工矿企业器材、原料的行为也比较普遍。②

“随着政权转移，担任台湾省主席、副主席的人选传言接连不断，再加上国民政府的接收工作迟迟未能顺利进行，民众情绪不安，各地渐有暴动发生。”③ “然而旧政解纽，新政未孚，当此青黄不接之秋，事在左右为难之际，地方不无蒙昧兄弟，伺隙为非，乘势逞凶，扰乱社会秩序，侵害个人自由，甚至毁坏公共建筑物品，譬如盗伐防风林、保安林，窃取桥梁资材等，层见叠出，日有所闻，此不可长之恶风而堪慨叹之事实也。”彰化当时治安不好，地痞流氓组织奉仕团，横行乡里。④

2. 留日学生维护治安的团体、活动及效果

留日学生维护社会治安的重大活动有两项：和前台湾总督安藤利吉洽谈治安问题；在各地组织各种社会团体维持治安。8 月 20 日，林犹龙、蓝国城和林献堂、许丙往访前总督安藤利吉、参谋长谏山春树等，查探安藤能否

---

① 《前进指挥所副主任范诵尧与日谏山春树参谋长第一次谈话记录》，《台湾光复和光复后五年省情》（上），第 140 页。

② 资源委员会经济研究室编：《台湾工矿事业考察报告》，《台湾光复和光复后五年省情》（下），第 9 页。

③ 吴新荣：《吴新荣回忆录》，自立晚报社文化出版部，1991 年，第 190 页。

④ 张炎宪等：《台湾近代名人志》第 1 册，第 201 –204 页。

控制军人行动，是否需要台人协助等，安藤答以继续负责维持治安，并希望林献堂等人协助。①

留日学生组建的治安团体很多，比较著名的有欢迎国民政府筹备委员会、“三青团”、台湾治安维持青年团、义勇纠察队等几种。台湾治安维持青年团，1945 年 8 月 15 日，林献堂、陈逸松、黄朝生、蓝敏等在台北市建立，主要工作是维持治安。在该团成立过程中，陈招治和陈翠玉两女士出力很大。所有的口号、标语都是由陈招治拟定的。② 义勇纠察队，1945 年 10 月 29 日成立，刘明担任队长。

欢迎国民政府筹备委员会在台湾各地都有分支机构，活动范围大。1945 年 9 月，它刚成立不久，就发布了治安通告，派人到城乡张贴。该通告呼吁各地人民保全公共建筑物，不要盗窃毁坏防风林、保安林、桥梁木材等公共建筑物品。该通告甚至把治安问题上升到民族大义的高度，希望台湾民众不要无颜面对即将到来的祖国同胞。“况新政府莅临在即，倘闻情究办，不但关系者难辞其责，即吾省民亦将无颜以见祖国同胞矣。”“愿我兄弟顾念先人勋劳，明白光复大义，而今而后，知过必改，弃恶习从良风，庶几新台湾建设之成效可期，而大国民之襟度无亏也。”③ 该会还在全岛推行蒋介石提倡的“新生活运动”，呼吁各地方的青年知识分子组织青年服务队，维护地方治安。④

义勇纠察队成立时有队员 500 人，台北市的自治团体。它维持治安、卫生、取缔商人阻碍交通、维持车站秩序、搜查隐藏的日人兵器及火药等。该纠察队活动范围在台北县市。⑤ 另外全省各地纷纷出现类似的治安自卫队。中部地区有中部“治安协力会”，由台中州内的 200 名志愿者组成，以鼓吹自卫精神、协助维持地方治安为目的。

“三青团”在台湾各地的分团都负责维持治安。“于是大家就自动地在

---

① 张炎宪等：《台湾近代名人志》第 4 册，第 66 页。

② 许雪姬等：《蓝敏先生访问纪录》，台北，“中研院”近代史所，1995 年，第 79 页。

③ 叶荣钟：《台湾人物群像》，第 283 页。

④ 李筱峰：《林茂生陈炘和他们的时代》，玉山社出版公司，第 140 页。

⑤ 刘明口述、陈柔缙整理：《敢说延大毕业的，会被机关枪打头壳——刘明谈二二八后消失的“延平大学”》，《新新闻》，1992 年 3 月 29 日至 4 月 4 日。

各街庄组织了三民主义青年团，自动担当各地的治安工作。"① 例如，"三青团"高雄分团，在书记长王清佐的带领下，宣传三民主义，维持治安。② 再如，"三青团"彰化分团强迫解散了当地地痞流氓组织的奉仕团，安宁地方。③

除了以上所述的比较大和知名的治安团体外，全台各地还有留日学生组织的各类治安小团体。如高雄市，杨金虎组织的促进会。高雄炼油厂的留日学生组织保护厂子的自卫队，简奢兑任队长，杨凯雄、周石为副队长。简奢兑是早稻田中学毕业，杨凯雄、周石也是留日学生。④ 在台南，吴新荣组织的"里门青年同志会"和庄松林组织的"台南新青年会"等也维护治安。⑤

在全台各地留日学生和其他势力的一起努力下，台湾的大局很平稳。一是日军没有发生问题，二是台湾人民自觉遵守了秩序。"那时大家很高兴光复了，要回归祖国，所以每个人都很守秩序，治安良好，少有小偷。"林衡哲称这两个月是"台湾治安史上的黄金时代"，"台湾文化上的黄金时代"。⑥

（二）留日学生救援岛外台胞

1. 岛外台胞的困难处境。战后，被日军征调而滞留在岛外的台湾人约有30万人，其中在日本的10多万，南洋各地有5万至6万人，大陆各地有7.5万人，颠沛流离，亟待救济，其家人也非常担忧。1946年6月，滞留日本的台湾青年和日警发生枪战，死伤十几个人，此即"涩谷事件"。该事件说明在日本的台湾人处境很困难。再如，上海市党政接收委员会颁发的命令对台湾人不利，"朝鲜、台湾人民原在日本统治之下，在我国未有明文承认其为中华民国国民以前，自应暂以敌侨待遇，其财产应视同敌产。"其后，它又公布朝鲜台湾人民产业处理办法，要求朝鲜台湾人拿出没有帮助过日寇的证明，才能发还其产业。所以，许多台胞财产被封，返乡无望，生活困

---

① 吴浊流著、林衡哲编：《无花果——台湾七十年的回想》，前卫出版社，1988年，第160页。

② 《高雄市二二八相关人物访问纪录》（下），第54页。

③ 《磺溪老人——石锡勋》，台北，《八十年代》周刊，1985年10月3日。

④ 许雪姬等：《高雄市二二八事件相关人物访谈录》（中），第14页。

⑤ 《吴新荣回忆录》，第190页。

⑥ 吴浊流著、林衡哲编：《无花果——台湾七十年的回想》，前卫出版社，第242、244页。

难。一直到 1946 年 3 月 21 日行政院会议通过处理朝鲜、台湾公私财产五项原则，台湾人才享受国民待遇，私产可以发还。

2. 岛内留日学生的救援活动。在岛内，主要是陈炘、林茂生、叶荣钟、廖文毅等人积极进行救援活动。他们一面组织社会团体凝聚力量，一面向行政长官公署陈情。10 月 15 日，林献堂接到东京台湾同乡会长高天成来电，谓被日军征用的台湾青年，多数在日本解队，生活无着，急需救济。林献堂随即召集台中市内人士成立“台湾省海外侨胞救援会”，发起募捐。16 日，该会向葛敬恩秘书长吁请设法救援。23 日，罗万俥、陈炘、黄朝清跟随林献堂等去见葛敬恩，再次请长官公署火速救援岛外台胞。

10 月 28 日，省外台胞送还促进会在台北市成立，林献堂任会长，陈炘和林茂生任副会长，廖文毅担任总务部主任。该会派代表赴日本联络解决，并呼吁全岛各地以街、庄为单位组织分会。各地分会的有两项主要任务，一是调查本地滞留岛外者的姓名、住址等情况，并迅速邮寄到总会；二是募集救济金和救济物资。① 30 日，林献堂写信给外交部特派员黄朝琴，请他“请政府致电驻日联军总部，促其分拨专轮或利用日本开向南洋运载日侨船便，将滞日台胞运回……”。

11 月 6 日，《民报》刊登《促进海外难归台胞/上呈救援策于长官》的建议。16 日，林茂生在台湾广播电台演讲《在日台胞救济办法》。林茂生、张鸿图、廖文毅三人去日本设一个救济台胞的总联络处，联络各地台胞，编制人名表册；要和联合国善后救济总署和联军总司令部联系，请他们帮助；设法解决在日台胞的暂时生活问题；安排归台计划。②

12 月 22 日，林犹龙、林忠、叶荣钟跟随林献堂去见陈仪，但因陈仪开会见面未果。次日，陈仪告诉他们，长官公署已经电告各地政府嘱其勿虐待台胞，待遣送日军完毕，即接各地台胞回台。③

除了上述大团体中留日学生的活动之外，还有些小团体和个人也积极工作。施江南与李瑞汉、吴金链、阮朝日等人在台北组织“台湾海外青年复

---

① 台北，《民报》，1945 年 10 月 29 日。
② 台北，《民报》，1945 年 11 月 18 日，1 版。
③ 张炎宪等：《台湾近代名人志》第 1 册，林献堂篇。

员促进委员会”，将海外台籍兵接回基隆，再送到医院救治，并教他们学国语。① 时任台湾通运公司基隆分公司经理丁瑞铁，兼码头货物装卸主任，积极协助遣送日侨归国和海外台胞返台事宜。②

3. 日本、中国大陆等地留日学生的救援活动。日本、中国大陆等地负责组织台胞返乡的主要是各地的同乡会会长，而这些会长基本上都是留日学生，如高天成、丘念台、杨肇嘉、吴三连、高玉树等人。

1945 年 9 月 16 日，高天成、甘文芳等人在东京成立台湾同乡会，保护并遣送台湾同胞返乡，随后又成立东京华侨联合会。③ 11 月，高玉树在东京被推为华侨总会会长，办理侨民自治、护侨和遣送侨胞工作。④

在中国东北地区，台湾同乡会负责人基本是原伪满洲国的官员，也都是留日学生，如郭松根、徐水德、吴金川等。⑤ 负责东北地区台胞回乡工作的有郭松根、吴三连、张芳燮等人。郭松根，伪满洲国医师，旅东北台湾人同乡会负责人。⑥ 吴三连是天津台湾同乡会会长。广东、海南的台胞返乡工作则是丘念台负责。上海则由台湾重建协会上海分会领导人杨肇嘉负责。⑦ 平津台湾同乡会长洪炎秋也负责平津地区台胞遣返工作。⑧ 在青岛，日本圣峰中学毕业的池朝金组织台湾人旅青同乡会，协助同乡返台。

岛外台湾人的返乡，有利于台湾社会的稳定和经济的恢复发展。在这场浩大的返乡活动中，留日学生起到了积极的推动作用。

四、留日学生掀起创办社会团体的热潮

如导论中所述，早在日据时期，留日学生就有创办社会团体的传统。这也是日本政治文化影响的结果。明治维新后期到“大正民主时期”，即 19 世纪末到 1931 年以前，日本社会有一定的集会结社和出版的自由。在留日

---

① 吴文星：《鹿港镇志》，第 96 页。
② 吴文星：《鹿港镇志人物篇》，第 35 页。
③ 林献堂：《灌园日记》（六），第 72 页。
④ 黄富三：《台北市历届市长议长口述历史》，第 18 页。
⑤ 许雪姬等：《日治时期在“满洲”的台湾人》，第 232 页。
⑥ 许雪姬等：《日治时期在“满洲”的台湾人》，第 32 页。
⑦ 许雪姬：《柯台山先生访问纪录》，第 67 页。
⑧ 《中华》，1978 年，第三期，第 325 页。

学生看来，在祖国政府的统治之下，创办社会团体应该更自由，因而他们的热情很高。

留日学生创办的或者以留日学生为主的团体，按照性质可以分为三大类：政治团体、文化团体、职业团体。它们都是留日学生关心台湾建设的活动阵地。因职业团体和本文主题关系较少，这里不作论述。

（一）留日学生创办的政治团体

战后留日学生建立的大小政治团体很多，这里只论述主要的几个。台湾政治经济研究会，1945 年 9 月成立。台湾建设协进会 1945 年 10 月 26 日在台北市成立，翌年 2 月 11 日改称台湾政治研究会。台湾民众联盟，1945 年 10 月 30 在台北市创设，1946 年 1 月 6 日改称台湾民众协会，4 月 7 日再改为台湾省政治建设协会。“三青团”台湾区团的筹建始于国军上校张士德。1945 年 9 月 1 日，他和厦门黄市长率士兵等一百人抵台，随后就开始在各地建立“三青团”。① 台湾重建协会各地支会，1946 年上半年在各地筹办。

1. 这些团体成立的背景及宗旨都是关心台湾的政治建设。台湾政治经济研究会的目的就是研究台湾的政治经济。台湾建设协进会是杜聪明、黄纯青、林熊祥发起，他们“乃有感于战后台湾一切有关金融、食粮、治安等问题亟待解决与研究者甚多，特发起该组织，广集民意，协助政府，重建台湾。”宗旨是“本三民主义之精神，协助政府推行政令”。② 台湾省政治建设协会的宗旨先是“拥护蒋主席、实现三民主义、研究政治经济社会诸问题、推进新生活运动、协力建设模范新台湾等。”后改为“设立党员养成所或研究机关，而受党的领导下，协助政府建设台湾的团体”。③

“三青团”本身就是个政治组织，留日学生急于在台湾组织区团的目的“为了防止国军来台前日人有破坏行动，要把青年组织起来，监视日军行动保护国家财产安全。”④

2. 这些政治团体的领导权都掌握在留日学生手里。台湾政治经济研究

① 《廖德雄先生访问纪录》，《口述历史》第 4 期，第 59 页。

② 《台湾省通志稿》卷十，光复志，台湾省文献委员会，1952 年，第 42 页。

③ 蒋渭川：《二二八事件与台湾省政治建设协会之关系》，台湾省文献委员会：《二二八事件文献续录》，第 535 页。

④ 《陈逸松回忆录》，前卫出版社，1994 年，第 300 页。

会会长是陈逸松，主要成员有陈炘、苏新、王井泉、颜永贤、王白渊等人。台湾建设协进会会长林献堂，副会长林熊征。16 名干事为陈炘、林茂生、林熊祥、罗万俥、林呈禄、杜聪明、刘明朝、黄纯青、陈逢源、陈逸松、陈启川、廖文毅、黄朝清、颜春和、苏维樑、郑鸿源。① 正副会长和 16 名干事中，只有林献堂、郑鸿源、黄纯青、陈逢源不是留日学生。

台湾省政治建设协会主要成员有廖进平、黄朝生、张邦杰、宋斐如、吕伯雄、陈旺成、张信义、刘启光、郑明禄、简吉、蒋渭川、王万得、潘钦信等。总会骨干过半数是留日学生，各地分会也是留日学生主导，如台中分会理事长是巫永昌，林连宗等人为理事。②

“三青团”台湾区团长是李友邦，各地分团大权也都掌握在留日学生手里。台北分团筹委会主任是陈逸松，主要成员有林日高、潘钦信、萧来福、王添灯、黄启瑞、苏新、王万得、谢娥等人。新竹分团主任郭绍宗，成员陈旺成等人。嘉义分团成员有陈复志、刘传来、陈澄波、潘木枝、卢炳钦、王甘棠、许世贤、张振通等人。③ 基隆市分团主任李清波，杨金波、蔡炳煌、钟浩东等参加，杨金波任文化部长，蔡炳煌任卫生部长。④

台中分团主任张信义，书记王文辉，总务股长叶荣钟，股员吕赫若、钟逸人。⑤ 林碧梧、石锡勋、庄守、林连宗、巫永福、林朝业、杨逵等都是台中分团的骨干。林朝业是员林区队长，林连宗任第一区队长。⑥

台南市分团主要人物是庄垂胜、韩石泉、吴新荣等人。台南市政府成立之前，庄孟侯、吴新荣等人已开始筹备“三青团”台南分团，庄孟侯后来任筹备处主任。分团书记由苏宝藏担任，分团总务股长是黄百禄。⑦

1947 年 1 月成立的高雄分团第一届干事会，干事中包括王清佐、黄联登、苏泰山、卢新发、彭清靠、陈启川等，而以王清佐为干事长。⑧

---

① 《陈逸松回忆录》，前卫出版社，1994 年，第 300 页。
② 《陈逸松回忆录》，第 301 页。
③ 《陈秀英口述》，台湾省文献委员会编：《二二八事件文献续录》，第 711 页。
④ 《杨金波访问纪录》，应大伟：《台湾人档案（之一）》，第 54 页。
⑤ 林献堂：《灌园日记》（一），第 69 页。
⑥ 《林信贞口述》，台湾省文献委员会编：《二二八事件文献辑录》，第 328 页。
⑦ 谢国兴：《府城绅士——辛文炳和他的志业》，南天书局出版社，2000 年，第 109 页。
⑧ 许雪姬等：《高雄市二二八相关人物访问纪录》（下），第 290 页。

屏东分团组织员是叶秋木。① 花莲分团主任是郑品聪，主要成员有黄福寿、许锡谦等。②

台湾重建协会总会领导人是柯台山，本在大陆抗日，1946 年初回台湾。在柯台山的活动下，各县市的留日学生纷纷成立支会筹备会。3 月 23 日召开的台中支会筹备委会，推举委员张焕珪、张鼎生、黄朝清、蔡先於、林连宗等 30 多人。5 月 3 日成立的嘉义支会，负责人是刘传来。7 月 18 日成立的台南支会，韩石泉、刘明哲、庄孟侯、黄百禄等 12 人为筹备委员。③

3. 这些政治团体的主要活动和影响。

第一，积极发展组织，筹办各地分支机构，创办报纸杂志，批评监督政府，宣传自己的政治主张。台湾建设协进会在短期内成立新竹、台中、台南、高雄各地分会。“三青团”的组织发展最快。这时，国民党尚未派人员至台，台湾的进步分子与热血青年均参加“三青团”。日据时期的“农民组合”、“工友会”、“台湾文化协会”等组织的成员纷纷加入“三青团”。

台湾政治经济研究会于 1945 年 10 月 25 日创办《政经报》，由苏新、王白渊等人任编辑。11 月 25 日该杂志就猛烈批评公署的人事政策。“‘人事坏了，人事坏了！’失望新政府仍然举用奸党，留用日籍官吏。”这些奸党包括日据时期的官吏、警察、御用绅士、官选协议会员、日本官吏。该杂志还提出了自己的选用人才的主张。④

“三青团”台湾区团筹备处于 1945 年 11 月 12 日创办了《台湾青年》半月刊。“三青团”花莲分团于 1946 年 6 月创办《青年周报》，8 月改名为《青年报》，由许锡谦主编。

台湾重建协会于 1947 年 3 月 1 日在台北创办《重建日报》，由苏泰楷编辑。

第二，参加各地的接收工作，这主要表现在各地“三青团”分团身上。

陈逸松主持的“三青团”台北事务所事实上等于一个地方政府，过问

---

① 李筱峰：《二二八消失的台湾精英》，台北，自立晚报社文化出版部，1990 年，第 272 页。

② 《黄福寿访问纪录》，“行政院”研究“二二八事件”小组：《附录二重要口述历史（一）》。

③ 《柯台山先生访问纪录》，第 71 页。

④ 苏新：《论人事问题》，《政经报》第一卷第三期。

台北市的各种事务。① 嘉义分团接收日产的工作最积极。“陈复志以三青团名义，向日产处理委员会副主任兼处理组组长唐智申请拨用青年戏院、青年书店、青年印刷厂、青年餐厅，唐照拨，但拒绝他申请的青年茶室、青年酒家。”② 各地的“三青团”组织无数的服务团，擅自接管房屋，甚至强行接管台湾银行金库。陈仪派葛敬恩和台湾省党部主委李翼中商议解散“三青团”。李翼中怕影响不好，乃电中央团部，速派干员来台主持。1945 年 12 月 8 日，“三青团”中央直属台湾区团筹备处主任、少将李友邦率台湾义勇队返台。③

第三，召开各种会议研究和议论台湾的经济政治问题。台湾政治经济研究会多次召开座谈会，研究台湾政治经济问题。④ 1946 年 6 月 1 日，重建协会邀请各界人士在台北中山堂二楼举行一场“台湾经济建设座谈会”，与会人士陈逢源、陈逸松、刘明、徐庆钟、萧苑室、朱江淮、颜朝邦等均发表意见。他们一致认为台湾经济萧条的症结在于：战前台湾经济政策是帝国主义的资本主义的，战后台湾经济政策是封建主义的。⑤

第四，组织游行示威活动。1946 年 5 月 4 日，该会组织游行，至长官公署向陈仪抗议。⑥

上述政治团体的活动影响很大，必然会引起长官公署的不满。例如，“台湾建设协进会”1947 年“二二八事变”后夭折。⑦“三青团”也于 1947 年 9 月被解散。其主任李友邦改任国民党台湾省党部副主任委员，1951 年 11 月 18 日被国民党当局以“匪谍”罪逮捕。

（二）留日学生创办的科学、文化团体

台湾光复后，留日学生参加台湾科学文化建设的热情高涨，纷纷创办科

---

① 陈逸松：《台湾光复的时候——陈逸松回忆录》，《自立晚报》，1992 年 11 月 25 日。

② 《唐智口述》，“行政院”研究“二二八事件”小组：《附录二重要口述历史（一）》。《李晓芳访问纪录》，“行政院”研究“二二八事件”小组：《附录二重要口述历史（二）》。

③ 王小波：《李友邦与义勇队初探》，台北，《台湾史研究会论文集》第 2 集，第 174 页。

④ 苏新：《永远的望乡》，台北，时报文化出版公司，1994 年，第 401 页。

⑤ 《柯台山先生访问纪录》，第 71 – 72 页。

⑥ 应大伟：《台湾人档案（之一）》，第 23 页。

⑦ 许雪姬：《二二八事件中的林献堂》，20 世纪台湾历史与人物学术讨论会论文，2001 年 10 月 23、24 日召开，第 11 – 12 页。

学文化团体，团结知识分子的力量，更好地为科学文化的发展服务。

留日学生创办的科学、文化团体很多，这里只论述四个重要的。台湾省科学振兴会，1945 年 10 月 26 日在台北市成立，有数百人参加。台湾文化协进会，1945 年 10 月 29 日在“台湾信托会社”召开发起人大会。① 1946 年 6 月 16 日在台北中山堂正式成立。台湾人文科学会，1945 年 10 月 14 日在台北成立。台湾新生教育会，1945 年 10 月 12 日在台北成立。台湾省科学振兴会和台湾文化协进会规模和影响最大。

1. 三个文化科学文化团体的宗旨都是为了发展台湾的科学文化，用三民主义改造台湾文化；团结科学文化工作者，为建设新台湾服务。

台湾省科学振兴会改组前后的宗旨分别为“图科学技术者团结，研究学术，并协力建设新生台湾。”“研究科学普及一般科学知识，协助国家振兴科学”。台湾文化协进会是“发扬三民主义，改造精神文化”，“以联合热心文化教育之同志及团体协助政府宣扬三民主义、传播民主思想、改造台湾文化、推行国语国文为宗旨”。② 日据时期，台湾人文科学研究深受日本殖民政府压迫。③ 光复初，人文科学工作者乃积极创办台湾人文科学会。该会“以图台湾人文科学的发展，以学术之理论与实践贡献新台湾之建设为宗旨。”工作重点是：“研究编辑台湾史；调查台湾语问题；谋与祖国之学术团体联络。”

台湾新生教育会是为了团结教育工作者，贯彻三民主义教育。工作大纲是：普及三民主义；熟悉国语；研究国文、国史之教授；草拟《过渡期台湾教育临时办法大纲》，建议省政府采纳实施。④

2. 这些科学文化团体得到了官方的支持，但其领导人和骨干成员都是留日学生。台湾省科学振兴会成立时，前进指挥所官员苏绍文、福建省政府顾问黄澄渊、林献堂、黄纯青等参加。杜聪明为会长，王超英、施江南为副会长，颜朝邦为总干事，其他委员几十名。该会的基础是 1930 年 10 月就成立的台湾理工学会。会长是杜聪明，朱江淮等为理事，会员为各大专院校毕

---

① 台北，《民报》，1945 年 10 月 30 日，1 版。

② 台北，《台湾文化》第一卷第一期，1946 年 9 月 15 日。

③ 台北，《民报》，1945 年 10 月 15 日和 11 月 13 日。

④ 台北，《民报》，1945 年 10 月 13 日。

业生，大都为留学日本返台的理工科及医科的人士。

台湾文化协进会理事长游弥坚，常务理事吴克刚、陈兼善、林呈禄、黄启瑞。理事16名——林献堂、林茂生、罗万俥、范寿康、刘克明、林紫贵、邵冲霄、杨云萍、陈逸松、陈绍馨、徐春卿、林忠、连震东、许乃昌、王白渊、苏新。总干事许乃昌、总务主任沈相成、教育主任王白渊、宣传主任苏新、研究主任陈绍馨、编辑主任杨云萍。

台湾人文科学会委员长林茂生，骨干成员杨云萍、石朝桂、黄得时、吴守礼、陈绍馨等为会员。

台湾新生教育会成立时，前进指挥所官员林忠，以及林茂生、刘克明等人应邀参加。会上选举杜聪明为会长，副会长为潘贯、叶士蛹。

3. 这些文化团体的工作及其特点。

第一，建立分支机构，吸收会员。台湾省科学振兴会建立台中、台南、屏东、花莲四个分会，公开接受科技工作者前来登记。凡大学、专门学校、中等学校毕业生或熟练工，都可登记。除了当时在台科技人员外，很多留日学生归台，突然增加许多新会员。最先加入的是徐庆钟为会长的“农业同志会”600余人，其次是在日本组成的“在日理工学会”433人，随后加入者为“台湾技术人会”。结果，登记的台湾省科学振兴会会员很多，理工部1567人，医药部408人，农林部2835人。① 台湾人文科学会等团体也积极募集会员。

第二，举办演讲会。1945年11月18日，台湾文化协进会筹备会在台北剧场举办首场演讲会，林茂生、陈逢源、廖文毅任主讲。② 林茂生讲题《台湾文化之革命》。台湾文化协进会会员黄朝琴、游弥坚、刘启光、连震东等人在全岛巡回演讲，主题是日本殖民统治的奴化教育问题，希望台湾人民不要受奴化教育污染。③

第三，创办机关刊物，宣传和贯彻本团体的主张。台湾文化协进会有两种杂志：一是《内外要闻》，翻译国内外重要新闻，对象是不懂中文的青年

① 朱江淮：《朱江淮回忆录》（下），第618页。
② 台北，《民报》，1945年11月19日，2版。
③ 吴浊流著：《台湾连翘》，前卫出版社，1988年，第196页。

学生，1946 年 11 月 11 日创刊。另一种是 1946 年 9 月 15 日创刊的《台湾文化》，内容有文学、社会科学和区域研究。该刊于 1946 年 11 月 1 日出版“纪念鲁迅逝世十周年”专刊。①

第四，创办教育机构，教育台湾人民。台湾省科学振兴会创办延平学院。该会的刘明、林献堂、杨肇嘉、蔡培火、杜聪明、吴三连、丘念台、游弥坚、黄朝琴、朱江淮、林子畏、王民宁、周延寿、朱朝阳、宋进英、颜沧海、赖森林、陈友谅等，组织“实行委员会”。它与台湾商工学校、开南商业学校、开南工业学校协商。最后，三方决定由周延寿出面向长官公署教育处申请，由他接收三校并任校长。

1946 年 9 月，延平学院开始招生。它是半工半读的夜校，设经济、法律两科。借用商工学校教室上课。教师有留日学生李登辉、邱永汉、洪逊欣、谢国城、吴金川、高汤盘、曹钦源等。校董是林献堂、朱昭阳、蔡培火、杨肇嘉、杜聪明、丘念台、吴三连等，董事长林献堂。校长朱昭阳，东京帝国大学毕业，高等文官考试及格，日本专卖局总局主计课长，高等官二级，日据时台湾人出任行政官的最高峰。② 副校长宋进英。③

台湾科学文化团体几乎包容了全部台湾知识分子的精华。例如台湾文化协会的发起人就有林茂生、陈炘、游弥坚、吴克刚、范寿康、徐春卿、李万居、李纯青、刘克明、林熊征、林熊祥、罗万俥、林呈禄、廖文毅、陈逢源、张聘三、陈逸松、苏维樑、刘明朝、李禶生、吴成、孙万枝等。他们的工作热情十分高涨，工作特点是去日本殖民地化，加强中国化和强调科学化。

五、留日学生与战后初期的台湾舆论

光复之初，留日学生创办报纸杂志的积极性和创办社会团体的一样高，其思想根源仍然在于日本的政治文化。如导论中所述，19 世纪末到 1931 年日军发动侵华战争之前，日本有一定的言论、著作、刊行等等自由。民间报

---

① 张炎宪等：《台湾近代名人志》第 1 册，第 222 页。

② 朱江淮：《朱江淮回忆录》（下），第 669－671 页。

③ 李清如：《二二八受难平反延平复校有希望》，《新新闻》，1998 年 6 月 7 日－13 日。

刊甚至可以和官方报刊对抗。对祖国大陆政治现实不甚了解的留日学生当然会认为，在祖国政府的统治下，言论出版自然应该更加自由。

（一）留日学生掌握的报纸

台湾光复后，日据时期的出版特许和检查制度取消，代之以登记制度。民间因新获言论自由，激发对政治和社会文化的参与热情，民营报纸纷纷设立。创办民营报纸的主要力量是经济资本和文化资本都强大的留日学生。

表1-2　1947年3月以前的台湾的报纸

报刊名称	发行机关或人	地点	社长	主持人	创刊日
民报	吴春霖	台北	林茂生	陈旺成	1945.10.10
兴台新报	兴台新报社	台南	沈瑞庆		1945.10.22
台湾新生报	公署宣传委员会	台北	李万居	阮朝日、吴金链	1945.10.25
光复新报	光复新报社	屏东	曾国雄	黄金殿	1945.11
艺华	黄宗葵	台北			1945.11
鲲身报三日刊	该报社	台南	高怀清		1945.12.1
人民导报	郑明禄	台北	宋斐如	王添灯	1946.1.1
民声报	该报社	台中	许庚南	徐沧州	1946.1.1
东台日报	该报社	花莲	陈笃光	吴万恭	1946.2.1
工商经济新报	该报社	台南	汪文取		1946.2.15
中华日报	国民党中宣部	台南	卢冠群		1946.2.21
台湾经济日报	该报社	台北	谢汉儒		1946.3.1
大明报（晚报）	该报社	台北	林子畏	邓进益	1946.5
中华民报	卓辉	台中			1945.11
国是日报（晚报）	省党部宣传处	台北	林紫贵		1946.5.1
工商日报	该报社	台北	林梦林	张荧	1946.5.1
和平日报（台湾版）	国防部宣传处	台中	李上根	黄少谷	1946.5.5
台湾日报	该报社	台中	张兆焕		1946.6
大同日报	该报社	台北	任先志		1946.6
国声报	该报社	高雄	王天赏		1946.6
自强报	驻台中的70军	基隆	周庄伯	顾培根	1946.8.6
自由日报（晚报）	该报社	台中	陈茂林	黄悟尘	1946.12.1
国声日报		台北	汤秉衡		1946.9

续表

报刊名称	发行机关或人	地点	社长	主持人	创刊日
自由报		台北			1946.9
新竹新报		新竹			1946 年底
民力报		台南			1946 年底
雄声报		高雄			1946 年底
台声报		花莲			1946 年底
澎湖民报		澎湖			1946 年底
中外日报	该报社	台北	林宗贤	郑文蔚	1947.2.1
重建日报	重建协会	台北	柯台山	苏泰楷	1947.3.1
国民新报		台中			

资料来源：洪桂己：《台湾报业史的研究》，台北市文献委员会，1968 年，第 108－109 页。

上表中所列的报纸，影响最大的是官报《台湾新生报》和民间的《民报》，而这两大报纸的编辑大权都掌握在留日学生手里。

日本投降后，《台湾新报》有两个月的过渡期，大部分日籍职员去职，留下台籍职员撑着，10 月 10 日庆祝专刊发行了汉文版，10 月 24 日陈仪上任，才派李万居接收报社，改名《台湾新生报》，分中、日文两版，王白渊任编译部主任，总编辑是吴金链，总经理则是阮朝日。主要人物林呈禄退为顾问。① 吴金链，原《兴南新闻》政治部次长兼论说委员，《台湾新报》编辑。光复后任《台湾新生报》日文版总编辑，该版人员为原《台湾新报》留用人员，中文版人员则新进的多，薪水高一倍，新旧人员相互有隔阂。日文版揭露多是批判时政及揭露社会上的不公平现象。②

《民报》则完全掌握在留日学生的手中。社长林茂生，总编辑许乃昌，总主笔陈旺成。其他主要人员也是前《兴南新闻》社中的留日学生。

林茂生办报动机，“我致力于利用《民报》，作为教育大陆人的一个方法，但徒劳无功。他们不但拒绝接受我们正确角度的建设意见，而且还以负面的、仇视的态度，回应这些有事实根据的公平的评论，好像他们被蛇咬到

① 张炎宪等：《台湾近代名人志》第 1 册，第 80 页。

② 李筱峰：《二二八消失的台湾精英》，第 145 页。

一般。”① 在他的编辑方针指引下，该报成为台湾人民利益的代言人，使《台湾新生报》的发行量由17万份下降到5.6万份甚或三分之一而已。② 它的销路为各民营报纸之冠。③

另一个有影响的报纸《人民导报》也掌握在留日学生手中。它的出资者是和蒋时钦、王白渊、吕赫若都很熟悉的蓝敏。④ 1945年12月中旬苏新、宋斐如、白克、马锐筹、夏邦俊、郑明禄、谢爽秋等人创办《人民导报》，宋斐如为社长，苏新为总编辑。⑤《人民导报》另一主要撰稿人是陈文彬，东京法政大学哲学系毕业。⑥

除了上述几大报纸外，其他报纸中也大量雇用留日学生。如《和平日报》社主任廖朝锵，中央大学毕业；⑦ 嘉义分社社长钟逸人，留学东京外语学校；东石分局长张荣宗，日本大学毕业。⑧ 高雄市的《台湾新报》南部分社，是陈天阶和谢有用负责接收的，随后陈天阶任主任，谢有用任记者。陈天阶，中央大学毕业，曾做过市长黄仲图的秘书。高雄市独立经营的有首任市长连谋办的《国声报》，不久连谋离职去南洋，乃由王天赏接任社长。⑨

留日学生掌握舆论大权的另一个途径就是参与和领导新闻行业公会。台湾省记者公会1946年4月20日成立，理事：叶明勋、宋斐如、林茂生、陈旺成、苏新、许乃昌、卢冠群、林紫贵、李万居、孙万枝、王白渊、黄得时、白克、王焕鼎、谢爽秋、王正、马锐筹等等；监事：吴春霖、黎烈文、林忠、杨雅堂、林炳康等人。⑩ 这22个理、监事中就有留日学生宋斐如等12人，占半数以上。

---

① 林宗义：《林茂生与二二八》，陈芳明编：《二二八事件学术论文集》，前卫出版社，1989年。

② GeorgeKerr著、陈荣成译：《被出卖的台湾》，台北，前卫出版社，1991年，第215页。

③ 陈国祥、祝萍：《台湾报业演进40年》，《自立晚报》，1987年10月。吴浊流：《台湾连翘》，第173页。

④ 许雪姬：《蓝敏先生访问纪录》，第81页。

⑤ 苏新著：《未归的台共斗魂——苏新自传与文集》，时报文化出版社，1993年，第63页。

⑥ 苏新著：《未归的台共斗魂——苏新自传与文集》，第23页。

⑦ 《高雄市二二八相关人物访问纪录》（上），第156页。

⑧ 《张秋梧访问记录》，“行政院”研究“二二八事件”小组：《附录二重要口述历史（二）》。

⑨ 《高雄市二二八相关人物访问纪录》（下），第138页。

⑩ 台北，《民报》，1946年4月21日，2版。

各县市记者公会权力也掌握在留日学生手中。基隆市新闻记者公会由李瑞标发起组织，并由他自认理事长。李瑞标，1917 年生，近畿大学毕业。1947 年 1 月 6 日成立的高雄市记者公会，理事陈明春（民报分社主任）、邱金山（新生报）、廖朝锵（和平）、王天赏（国声报）、黄光军（光复新报）、陈查（国声报）、张添财（兴台日报）。监事周生必、颜阿参、李言。理事长王天赏、常务理事廖朝锵、张添财，常务监事李言。①

（二）留日学生创办或编辑的杂志

战后台湾知识分子"建设三民主义的新台湾"热情最高，纷纷创办刊物表达自己的政见，其中的主力仍然是留日学生。

表 1－3　留日学生创办或编辑的杂志

杂志名称	发行人（地）	编辑	创刊日期	备注
《一阳周报》	杨逵	杨逵	1945. 8	运动刊物
《人民公报》	台湾人民协会	谢雪红	1945. 8	运动刊物
《台湾民主评论》	台北		1945. 10. 1	
《前锋》月刊	台湾留学国内学友会，理事长廖文毅	廖文毅、林金波等	1945. 10. 25	
《政经报》半月刊	政治经济研究会	陈逸松、苏新、王白渊、颜永贤、胡锦荣	1945. 10. 25	
《民生》旬刊	谢增德、谢金俊		1945. 10. 25	
《时潮》		吴漫沙	1945. 10. 25	
《新青年》半月刊	郭启贤	方庆清	1945. 10	
《大同》	钟龙云，台北	刘文硕	1945. 11. 12	
《新风》月刊	王清焜、吴漫沙	王清焜	1945. 11. 15	共出 2 期
《台湾青年》半月刊	三青团台湾区团筹备处，李友邦		1945. 11. 12	共出 10 期
《新新》月刊	吴享霖、新竹	黄金穗	1945. 11. 20	共出 8 期
《现代周刊》	长官公署宣传委员会	吴克刚	1945. 12. 10	
《台湾月刊》	上海台湾革新协会	王钟麟	1946. 1	
《台湾杂志》月刊	台北文化运动委员会	林知命	1946. 1	
《中华》月刊	陈国柱	龙瑛宗	1946. 1. 20	共出 2 期

① 《民报》，1947 年 1 月 13 日。

续表

杂志名称	发行人（地）	编辑	创刊日期	备注
《台湾画报》	国民党台湾省党部	蓝荫鼎、林紫贵	1946. 1. 30	
《新台湾周刊》	省党部	林紫贵	1946. 2	
《青年周报》	花莲三青团	许锡谦	1946. 6	
《台湾之声》	台湾广播电台	林忠	1946. 6. 1	
《台湾评论》	台湾评论杂志社	李纯青	1946. 7	
《自由报》周刊	王添灯	蔡庆荣	1946. 8	
《台湾文化》	台湾文化协进会	游弥坚	1946. 9	
《大公经济特报》	大公企业	陈炘	1946. 10. 22	
《内外要闻》	台湾文化协进会		1946. 11. 11	
《台湾海员》	吴国信	林衡道	1946. 12	
《文化交流》	杨逵		1947. 1	
《台湾杂志》	连震东		1947. 1. 1	

资料来源：庄惠惇：《战后初期台湾的杂志文化》，《台湾风物》第49卷第1期。何义麟：《战后初期台湾出版事业发展之传承与移植1945—1950》，《台湾史料研究》第10期，1997年。

这些留日学生创办或编辑的杂志，其内容的基本特点和报纸一样，即“创造新文化”、“去日本化”、“中国化”。[①] 所谓中国化，如《大同》杂志邀请林茂生、黄得时、陈澄波等人撰稿。杂志内容大多以汉诗对联为主。

六、留日学生领导的政治派系

如上所述，在接收过程中，在创办社团和报纸杂志的热潮中，从大陆来的政治势力和台湾本土政治势力迅速结合重组。台湾政坛形成了许多全省性的政治派系：国民党中央的派系、陈仪的班底派系及台湾本土派系。其中台湾本土派系基本上都是由留日学生领导的。本文只论述和留日学生有关的台湾本土派系。

台湾本土派系分成三大派：半山派、台中派和阿海派，下面又分成更小的派系。半山派有8个小派系：游弥坚系、黄朝琴系、刘启光系、李万居系、连震东系、王民宁系、李友邦系、客家系。可以看出，8个派系有7个

① 庄惠惇：《战后初期台湾的杂志文化》，《台湾风物》第49卷1期，1999年，第73页。

掌握在留日学生手里，另外一个是李万居领导。而李万居系的主要力量也是留日学生，例如，台湾光复会是李系的势力之一，1946年成立，李万居任会长，留日学生陈棋升、林界、陈浴沂任副会长。可见，战后台湾政坛本省籍的政治势力基本上都在留日学生的领导之下。①

表1-4　光复初留日学生所领导的政治派系

系属名称	主要结合本省势力对象	拥有势力范围
游弥坚系	黄启瑞、周延寿、黄介骞、蔡培火、林挺生、苏维梁、许乃昌、黄华、刘明、苏新、吕赫若、孙万枝、郑水源、骆水源、蓝荫鼎等	台北市议会及部分人民团体
刘启光系	林汤盘、刘传来、陈逢源、尤明哲、黄宗焜、郭秋煌、黄尧、何义、刘朝四、陈皆兴、黄及时、庄泗川、何传、张聪明等	省议会及华南银行
黄朝琴系	赖森林、刘阔才、黄运金、王开运、王云龙、陈文石、梁许春菊、黄逢平、陈启清、林水土、李仙子、陈有辉、许金德等	省议会及第一银行
李万居系	郭雨新、蔡水胜、许振绪、吴开关、陈玉亭、陈益胜等	台北市议会及《公论报》
王民宁系	林宗贤、林子畏、陈炳俊等	台北县政府
连震东系	张暮年、林永生、林坤钟、辜振甫、辜伟甫、陈启川、陈启峰等	省议会及《中华日报》
李友邦系	王添灯、林连宗、王清佐、黄联登、陈建文、李瑞成、曾溪水、江国深等	“三青团”台湾区团
客家系	黄国书、丘念台、刘兼善、吴鸿森、徐言、翁钤	新竹县

资料来源：转引自陈明通：《派系政治与陈仪治台论》，赖泽涵主编：《台湾光复初期历史》，第251页。

台中派，以林献堂为首，主要成员陈炘、杨肇嘉、吴三连、罗万俥、何景寮、林呈禄、陈庆华、林犹龙，次要成员刘明朝、杨基先、林云龙、黄朝清、叶荣钟、张聘三、庄垂胜、黄千里等，政治经济势力主要集中在台中、彰化银行、台湾信托。这一派除领袖林献堂外，骨干都是留日学生。1950年7月台湾实行地方自治，地方派系随之变化，林献堂不满土地政策去日

① 前引庄惠惇：《战后初期台湾的杂志文化》，第56页。

本，杨肇嘉、罗万俥老迈，台中派没落。①

阿海派，由于半山、台中两派先后形成后，另外的政治精英被统称为阿海派，阿海派又有两个大派系蒋渭川系和许丙系。蒋渭川系主要人物是彭德、颜艮昌、张邦杰、吴国信、林日高、谢娥、林衡道，次要成员为林水木、周百炼等。

许丙系，主要人物是许丙，次要成员陈清汾、黄添樑，再次为王超英、黄金时、黄成金、杜聪明、黄联发、陈清池、杨基振等人。该派在“二二八事件”后演变成林顶立派，在省参议会和临时省议会得到蔡鸿文的支持。②

上述政治派系在“二二八事变”后也可粗划分三派：半山派——黄朝琴、连震东、黄国书、游弥坚、刘启光、王民宁、李万居等。台中派——林献堂、杨肇嘉、罗万俥等为代表的地方士绅。阿海派——台籍人士蒋渭川、许丙代表的势力。1951 年前后到 1953 年四大公司民营后，地方派系整合为半山派系、杨肇嘉派系、林顶立派系、蒋渭川派系。半山派系包括原先游弥坚、黄朝琴、刘启光、李万居、连震东、王民宁、李友邦、客家等 8 个小派系的势力，以彰化、第一、华南三大银行、四大公司为阵地；杨肇嘉派系就是原来的台中派系；林顶立派系吸收了原许丙派系的成员，还包括中小企业主。黄朝琴和林顶立两派以省议会为对抗场所，黄派有李万居、郭雨新等三分之一议员，林派议员人数三分之二，但知识水平较低。③

陈仪政府和留日学生领导的派系之间的互动关系：陈仪的基本策略是利用“半山派”，排斥“台中派”，打击“阿海派”。这些派系左右着光复初期的台湾政坛，对以后台湾政治也有很大影响。

第二节　留日学生在台湾光复前后活跃的原因

广大留日学生，一听说日本投降，台湾即将回归祖国，心情都十分激动。黄朝琴听到日军投降消息时，正在兰州，比别人更加兴奋。“依据《波

① 前引书《林衡道先生访谈记录》，第 306 页。

② 前引书《派系政治与陈仪治台论》，第 253 页。《吴三连回忆录》，第 155 页。

③ 前引书《林衡道先生访谈记录》，第 95、103 页。《派系政治与陈仪治台论》，第 246 页。

茨坦宣言》，台湾将重归祖国版图，故我当时的心情，实较在场的任何人更为兴奋，而思乡之情，亦不禁油然而生。”① 在上海的杨肇嘉，8 月 11 日凌晨接到电话说日本要接受《波茨坦宣言》，“高兴得不能再入睡！《波茨坦宣言》，其中最主要的一项是说将台湾收归祖国。这一项对台湾人民太重要了！台湾人被日本统治 50 年，所朝思夕想的就是这一点。”所以留日学生在短时间内爆发了极大的政治热情。他们组织欢迎祖国军政人员的团体和活动，维持治安，参加各项庆祝胜利和光复的典礼。他们还掀起了一股创办社会团体和报纸杂志的热潮，关心台湾的经济、文化、政治建设。在他们的影响下，台湾社会出现了短暂的“百家争鸣，百花齐放”的局面。留日学生热烈欢迎光复并能起到领导作用的原因，分析如下：

一、民族解放是绝大多数留日学生的宿愿

许多留日学生在日据时期就进行非武力抗日民族运动，他们奋斗的短期目标是民族自决和日本式的立宪政治，长期目标就是汉民族的复兴。在台湾光复的伟大节日里，他们当然十分高兴。“各地方的旧同志，远自台南、高雄，三三五五接踵而来。无论新知旧雨，见面时莫不笑逐颜开，他们都是怀着满腔希望和一股热烈如火的兴奋心情，讨论今后应如何来建设我们的新台湾。”② 如在导论中所述，日据时期参加民族运动的留日学生，都是在日本接收了马列主义、民族自决和民本主义思想影响的。他们的留学时间和政治经历列表分析如下：

表 1 –5　到大陆参加抗战光复的留日学生的代表人物

姓名	出生年	留学时间	留学学校	简历
谢南光	1902 –		东京高师	台湾文化协会会员、台湾民众党
李友邦	1905 –	1927 年前后	早稻田大学	在大陆抗日
宋斐如		1935 – 1937	东京帝国大学	在大陆抗日，《人民导报》社长
郭天乙			中央大学	在大陆抗日
谢挣强			庆应大学	在大陆抗日

① 黄朝琴：《朝琴回忆录》，第 88 页。

② 叶荣钟：《台湾人物群像》，第 280 页。

续表

姓名	出生年	留学时间	留学学校	简历
林啸鲲			早稻田大学	在大陆抗日
牛光祖			东京音乐学校	在大陆抗日
林海涛			东京帝大	在大陆抗日
庄泽民			东京帝大	
吕伯镛		1920 年代	日本医专	
王民宁	1903 –	1929 年毕业	陆军士官学校	
连震东	1903 –	1929 年毕业	庆应大学	
林忠	1914 –		京都帝大医学	
丘念台	1894 –	1919 – 1929	中学、东京帝大	组织东宁会，在大陆参加抗日
蔡继琨			东京艺术大学	
蔡培火	1889 –	1915 – 1920	东京高等师范学校	台湾文化协会专务理事，民族运动右翼代表人物之一
黄朝琴	1897 –	1916 – 1923	中学、早稻田大学政治经济学	参加民族运动，在大陆参加抗日
游弥坚	1897 –	1927 年毕业	日本大学政经科	东京台湾青年会干部，台湾文化协会
林顶立	1908 –	1931 年毕业	明治大学	军统台湾站站长
黄国书	1906 –		炮兵专校	在大陆参加抗日
苏绍文	1902 –	1929 年毕业	陆军士官学校	
陈友钦				
陈汉平	1905 –	1923 –	庆应大学	黄埔军校教官
陈复志	1911 –		东京大成中学	到大陆参加抗战
洪炎秋	1902 –	1918 – 1920	中学	在大陆教书

资料来源：王诗琅译注：《台湾社会运动史——文化运动》，台北，稻乡出版社，1995 年。吴三连等著：《台湾民族运动史》，台北，自立晚报社，1990 年。台湾省文献委员会编：《抗战与台湾光复史料辑要》。

表 1 – 6　光复初在岛内政坛上活跃的留日学生

姓名	出卒年	留学时间	留学学校	简历
陈炘	1893 –	1921 年毕业	庆应大学理财科	台湾文化协会、民众党
林茂生	1887 –	1903 – 1916	东京帝大	台湾文化协会理事，总督府评议员
林犹龙	1902 – 1955	1911 – 1926	小学、中学、东京商科大学	台湾文化协会

续表

姓名	出卒年	留学时间	留学学校	简历
杜聪明	1893 –	1915 – 1922	京都帝大	关心中国革命，参加国民党
林呈禄	1896 –	1914 –	明治大学法科	台湾文化协会理事、民族运动先觉、皇民奉公会文化部长
罗万俥	1898 –	1916 – 1920	明治大学	台湾文化协会
苏维梁	1895 –		中央大学法学	台湾自治联盟
陈逸松	1907 –	1920 –	东京帝大法学	在日本接受了社会主义
杨肇嘉	1892 – 1976	1908 – 1926	早大政经	台湾文化协会理事、地方自治联盟首要人物
吴三连	1899 –	1925 年毕业	东京商科大学	台湾文化协会骨干
蔡先於	1893 – 1950	1918 – 1921	明治大学法科	新民会成员、台湾文化协会理事
蔡式穀	1881 –		明治大学法科	律师、台湾文化协会理事
黄朝清	1895 –	1919 年毕业	东京慈惠医专	台湾地方自治联盟理事
叶荣钟		1927 –	中央大学	台湾文化协会、地方自治联盟
王金海		1924 年毕业	早大	台湾文化协会
庄垂胜		1924 年毕业	明大政治经济学	台湾文化协会
林连宗	1905 –		中央大学法科	
林朝棨	1910 –		东北帝大博士	
杨逵	1905 –	1924 – 1927	日本大学	研究无产阶级文学
杨阿寿	1895 –		日本大学齿科	
谢有用	1920 –		高中、专修大学	接收台湾新报南部分社
王清佐	1902 –		中央大学法学	高考司法科合格
黄逢时			日本帝大博士	
陈澄波	1895 –	1924 – 1929	东京美术学校	
石锡勋	1900 –	1923 –	东京医专	台湾文化协会创会理事
丁瑞彬	1898 –	1924 年毕业	明治大学	
施江南	1902 –	1924 – 1930	京都帝大医学部内科博士	在台北创办四方医院，1940 年当选台北议员，皇民奉公会中央本部参事
林石城	1912 –		中央大学法学	文化协会成员
戴炎辉	1909 –		东京大学法学博士	高考司法科合格，律师，皇民奉公会高雄州支部总务班主事

续表

姓名	出卒年	留学时间	留学学校	简历
杨金虎	1898 -	1900 年毕业	日本医大	
曾维成			东京圣书学院	台湾文化协会成员
高天成	1903 -	1915 - 1938	中学、东京帝大医学博士	东京台湾青年会干部
李瑞汉	1906 -	1926 年前后	中央大学法科	律师
吴金链	1913 -	1934 年毕业	东京文化学院	《兴南新闻》政治部长，《台湾新生报》日文编辑
阮朝日	1900 -	1923 - 1926	高轮中学	
郭松根	1903 -		京都帝大	东北同乡会长
张信义	1906 -		日本大学肄业	台湾文化协会会员，左派
刘明哲	1892 -	1916 年毕业	早大	1922 年受绅章，地方自治联盟常务理事
刘明朝	1895 -		东京帝大政治科	1933 年高考合格，总督府官员
刘明	1901 -	1919 - 1928	东京高等工业学校	
吴新荣	1907 -	1925 - 1932	中学、东京医专	台湾学术研究会，左翼
陈启川	1899 -		庆应大学	
陈金波	1895 -		东京帝大医学	
叶秋木	1907 -	1930 年前后	中央大学法学肄业	社会问题研究会，因抗日被遣送回台
韩石泉	1897 -	1935 - 1940	熊本医大	台湾文化协会理事、民众党中央委员
庄垂胜	1897 -		明治大学政经科	启发会、新民会
黄百禄	1902 -		中央大学法学	台湾学术研究会，左翼
朱江淮	1904 -	1920 -	中学、京都帝大	
张深切	1904 -	1917 - 1923	青山学院中学部	左派作家，研究无产阶级文学
巫永福	1913 -		明治大学	
王白渊	1902 -	1925 - 1931	东京美术学校	左派作家
苏新	1907 -	1924 -	东京外语大学	1927 年组织马克思主义小组，有陈来旺、林添进、何火炎等人
萧来福	1907 -		中学	台湾学术研究会、文协左派
杨云萍	1906 -	1927 前后	日本大学	社会科学研究部

续表

姓名	出卒年	留学时间	留学学校	简历
杨景山	1906 -	1932 年毕业	早大政经科	
陈绍馨	1906 - 1966	1927 - 1932	东京帝大法文学部	
许乃昌	1907 -	1926 年前后	日本大学	社会科学研究部，最早向岛内介绍马克思主义
周百炼	1908 -		长崎医科大学	光复初发起台湾医师公会
吕赫若	1914 - 1947		东京音乐学校	留学时深受社会主义影响
陈招治			上野音乐学校	台北三高女教师

资料来源：叶荣钟：《台湾人物群像》。应大伟：《台湾人档案（之一）》。李筱峰：《二二八消失的台湾精英》。苏新：《未归的台共斗魂》。王诗琅译注：《台湾社会运动史——文化运动》，台北，稻乡出版社，1995 年。吴三连等著：《台湾民族运动史》，台北，自立晚报社，1990 年。

表 1 - 5 和表 1 - 6 中的留日学生，集中了日据时期的“新民会”、“台湾青年会”、“台湾文化协会”、“台湾民众党”、“台湾地方自治联盟”、“台湾农民组合”等团体的重要成员，都是台湾的政治活跃分子。他们基本上都是在 1910 以前出生的。这一代人有三个特点：第一，在成长过程中就耳闻目睹日本殖民统治的残暴和血腥。1895 年，日本侵略者开始对台湾人民进行殖民征服，大规模武装镇压直到 1915 年左右才基本停止。但是，1930 年仍然爆发了著名的“雾社事件”，日军血腥屠杀上千高山族同胞。

第二，这一代人一般都在 1931 年以前到日本留学，这一时期特别是 1926 年以前的所谓“大正民主时期”，日本的进步思潮风行。他们在日本受到了马列主义、民族自决及民本主义等思潮的影响，参加或目睹了台湾议会设置请愿活动等民族运动，民族意识觉醒。他们中间的有识之士，把台湾取得彻底解放的希望寄托在祖国的强大上。因此，他们到大陆参加建设或者抗战。

第三，这些台湾政治上的代表人物，虽然在民族主义立场上和大陆官僚一致，但在政治上却存在着不可避免的矛盾。由于两岸阻隔 50 年，留日学生又长期接受日本政治文化的影响，对中国近现代政治情况却了解不多，因而在接收过程中就与大陆籍的官僚产生了一定的矛盾。这对战后台湾政治的发展有很大影响。

林献堂、林呈禄、罗万俥、陈炘、蔡培火、苏维樑等六人参加1945年9月9日南京受降典礼时，暴露了留日学生不了解中国政治的问题。9月8日台湾代表就到了南京，“但日军第十方面军参谋长谏山春树却说他们不参加也无所谓，结果他们没有参加受降典礼。次日，陈炘等人拜会何应钦时，何不悦。”① 这六个人实际上是代表台湾人民是来分享中国人民抗战胜利的伟大成果。但是，他们没能深刻理解参加南京受降典礼的伟大意义，没能完全理解大陆人民对于抗战胜利的心情，也因此轻信了日本人的话。

再如，留日学生认为大陆籍接收官员政治思想落后。参与台南州接收的庄维藩批评台南州接管委员会主委韩联和没有近代法治思想。庄维藩是东京帝大政治科毕业，高等文官考试行政科合格，1942年任新营郡守，日据时期台湾人做到奏任官的仅有29人，他是其中之一。

在“台籍汉奸”问题上，留日学生也有不同观点。1946年1月，台湾全省进行汉奸总检举，2月21日，林熊征、陈炘、辜振甫等10多个著名绅士以汉奸嫌疑被捕入狱。10月21日，国民政府公布《战争罪犯审判条例》，将一些台湾人当成战犯，其中被起诉者173名，26人被判死刑。② 留日学生反对把台湾人当汉奸的原因有二。其一，在法律上，台湾人和日本人合作，责任不在台湾人。丘念台、吴三连都是这样认识的。吴三连认为“既然台湾人变成日本国民并非台人的责任，则汉奸的指控，应有商榷余地。”他陈情国民党中央救援被指为汉奸和奸商的台人。③ 其二，台湾行政长官公署没有区别对待日据时期的抗日志士和“御用绅士”。林熊征、林熊祥兄弟，板桥人，台湾最大地主，都是日本东京皇家学习院学生。④ 他们和许丙、辜振甫等人在日据时期和台湾总督府合作，是台湾人所说的“御用绅士”。陈炘等人则是抗日志士。⑤

在丘念台、吴三连等人的陈情下，国民政府于1946年11月才正式通令

① ［日］吉田庄人著、彤云译《从人物看台湾百年史》，台湾，武陵出版社，1998年，第96页。

② 谢国兴：《府城绅士——辛文炳和他的志业》，第39页。

③ 张炎宪等：《台湾近代名人志》第1册，吴三连篇。

④ 陈三井、许雪姬等：《林衡道先生访问纪录》，台北，“中研院”近代史所，1992年，第78页。

⑤ 张炎宪等：《台湾近代名人志》第3册，第163页。

各省战争期间被日人征用的台胞不能以汉奸治罪。① 被抓捕的陈炘等一些重要人物也陆续释放。

二、在各种组织和活动中成为领导者的原因

在光复初期的重大政治活动中，无论是参加接收计划制订和三次大典，还是组织社团创办报纸杂志，代表人物都是留日学生。根本原因是留日学生这个社会阶层有着雄厚的经济资本、文化资本和社会关系资本。下面以黄朝琴、林茂生、杜聪明、陈炘等九个代表性人物为例，来分析留日学生这个社会阶层成为台湾社会领导者的原因。

黄朝琴，台南盐水镇人，参加台湾文化协会并任《台湾民报》编辑，认识当时中国驻日公使馆代办庄景珂，而时常到公使馆担任招待外宾等临时事务或翻译工作，开启替国民政府做事之门，1923 年赴美国伊利诺斯大学留学，1925 年加入国民党，1926 年获政治学硕士，1927 年秋由美国抵达上海，1928 年 1 月任外交部侨务局科员，之后，历任特派员、秘书、科长、驻旧金山和加尔各答总领事等职务。1944 年 4 月，他入中央训练团党政高级班二期受训，试拟《台湾收复后之工作计划》，颇受国民党当局重视。1945 年 8 月，他接收台北市政府，并担任市长。由于蒋介石接受了陈仪建议，“中、中、交、农”四大银行没有去台湾，仍以台湾银行管理金融。② 1946 年 10 月，台湾行政长官公署接收与改组台湾商业银行，由他代表南部资本家担任台湾工商银行筹备处主任委员，负责把接收的“台湾商工银行”改组为官民合营的“台湾工商银行”，并担任首届董事长。③

林茂生，屏东东港基督长老教世家出身，1903 年赴日就读于京都同志社中学，次年考入京都第三高等学校，后考入东京帝国大学，主修东方哲学，1916 年毕业，成为台湾第一位文学士。返台后他任教于长荣中学。1921 年台湾文化协会举办讲习会，他任西洋历史讲师。1927 年，他入哥伦比亚大学，1929 年获得哲学博士学位，为台湾第一个获得博士学位的人。

---

① 丘念台著：《岭海微飚》，台北，中华日报社出版，1976 年，第 252 页。

② 葛敬恩：《接收台湾纪略》，台省文献委员会编：《二二八事件文献续录》，台北，第 674 页。

③ 前引《朝琴回忆录》，第 138 页。

回台后，他任教台南高等工业学校，日据时代作过“皇民奉公会”的动员部长。战后，他出任台湾大学先修班主任、文学院院长。他创办了影响极大的《民报》，成为舆论界的领袖人物。

杜聪明，台北淡水人，1915 年赴京都帝大研究内科学，1922 年 12 月 16 日获博士学位，台湾首位博士。台湾医学界代表人物。1920 受聘总督府医学校讲师，1937 年被任命为台北帝国大学教授。他是日据时期台湾人中级别最高的官员。“直到 1945 年 9 月，总督府各级官吏中，敕任官 161 人，台湾人仅有台北帝大教授杜聪明一人。”1945 年，他参加日本投降签字仪式，被聘出任台大医学院院长、热带研究所所长、台湾省戒烟所所长等职。1947 年，他任“二二八事件处理委员会”委员，台湾省府委员。1954 年，他创立私立高雄医学院并任院长，提倡“药学至上，研究第一”。

林呈禄，台湾文化协会领导人之一，从 1920 年到 1945 年，始终担任《台湾青年》、《台湾》、《台湾民报》、《台湾新民报》、《兴南新闻》编辑、主笔，台湾民族运动的理论家，台湾议会期成同盟会负责人，1924 年在“治警事件”中被判刑 3 个月。1941 年到 1945 年，他出任台湾总督府评议会员。

蔡培火，云林北港人，留学东京时结识日本开明派政治人物，台湾文化协会专务理事，《台湾青年》、《台湾民报》编辑，致力于推动文化启蒙运动，以提倡罗马字台湾白话文而著名，与蒋渭水并列“南蔡北蒋”两大宣传运动家。1924 年在“治警事件”中被判刑 4 个月。1930 年参与组建台湾地方自治联盟，抗战后期到大陆参加国民党，任台湾省党部执委。1948 年当选“立委”，1950 年 3 月任“政务委员”，连任 15 年。①

陈炘，“在日本留学时，陈炘就是同学会会长。”② 他集合台湾民族资本创立大东信托株式会社。1944 年，大东信托株式会社被殖民当局强行与其他信托业合并成立“台湾信托株式会社”，陈炘仍任专务取缔役（总经理）。1945 年 11 月，行政长官公署派员监理，但业务仍由陈炘主持进行。1946 年

---

① 张炎宪等：《台湾近代名人志》第 2 册，第 99 页。

② 《谢绮兰口述》，“行政院”研究“二二八事件”小组：《附录二重要口述历史（一）》，1992 年。

8 月，台湾信托公司第四届股东大会召开，由董事长陈炘主持。① 12 月，陈炘到大陆考察信托业情况，为改革台湾信托做准备。② 1946 年 12 月 1 日，台湾信托公司筹备处成立，陈任主任委员。次年 3 月 1 日正式成立，陈炘出任董事长。

陈炘出面组织的欢迎国民政府筹备委员会，之所以能够迅速成为全岛性的组织，并有效地组织了全岛性的欢迎活动，是因为它利用了台湾信托、“台湾地方自治联盟”和“皇民奉公会”等政治、经济组织的力量。陈炘是“台湾地方自治联盟”和“皇民奉公会”的重要领导之一，又主持台湾信托。台湾信托公司在基隆、新竹、台中、台南、高雄、屏东等全岛重要城市都有支店，因此欢迎国民政府筹备委员会的活动通过台湾信托的分支机构，迅速在全岛各重要城市展开。“……民众庆祝大会的动员，已取得日本方面的谅解，通过各皇民奉公班动员。”③

在南京参加受降典礼时，何应钦要求陈炘筹设公司，以协助台湾的复兴重建工作。④ 日本宣布投降后，台湾大小企业家关心江浙财团来台湾取代日本资本家的垄断地位。担心“也是与日本治下的时候一样，会受着种种的束缚。”⑤

1945 年底开始筹备，总资本额五千万元，董事长陈炘，参加投资列为董、监事者，包括林献堂、巫永昌、施江南、陈逢源、林呈禄、李茂炎、吴见草、李朝北、黄朝清、谢国城、谢敏初、杨凯旋、巫永福、黄再寿、侯全成、郑鸿源、杨宗城、苏维梁等。经营范围：打捞业；渔业；水产业；造船；工业；贸易。⑥

罗万俥，1898 年生，1920 年明治大学法学部肄业，《台湾新民报》专务兼营业局长，参与议会设置请愿运动、台湾地方自治联盟领导工作。1947 年台湾人寿保险公司改组成立，罗万俥出任董事长。1948 年，他以第二高

---

① 台北，《民报》，1946 年 8 月 21 日晨刊，2 版。

② 台北，《民报》，1946 年 12 月 13 日，4 版。

③ 李筱峰：《林茂生陈炘和他们的时代》，第 140 页。

④ 《陈盘谷口述》，“行政院”研究“二二八事件”小组：《附录二重要口述历史（一）》，1992 年。

⑤ 台北，《政经报》第一卷第五期，1945 年 12 月 25 日。

⑥ 台北，《民报》，1946 年 8 月 25 日，2 版。

票当选“立委”，兼任国民党台湾省党部执行委员。1952 年，他兼任台湾银行常务董事。1955 年 8 月，他就任彰化商业银行董事长。①

苏维樑，1895 年生，新竹人，中央大学法科毕业，中药商，台湾文化协会、台湾地方自治联盟领导人之一。1935 年，他当选民选新竹市会议员。

陈逸松，宜兰罗东人，1907 年生，1920 年到金川中学和东京帝大法学部留学。他是东京帝大左翼团体“新人会”的成员，也是“社会科学研究会”委员，向往社会主义。1933 年，他回台在大稻埕开设法律事务所。1935 年，他当选台北市会议员。1941 年，他赞助张文环创办《台湾文学》。1945 年，他在台北市筹组三民主义青年团，组织“台湾政治经济研究会”，发行《政经报》。1946 年，他当选国民参政员，在台北组织“台湾政治同盟”。②

类似上述九人的留日学生还有很多，他们既有很强的资本总量，又积极参加政治团体政治活动，积累了丰富的政治经验，理应是台湾社会的领导阶层。

综上所述，1945 年抗战胜利后，留日学生民族情绪和政治热情都十分高涨。在国民政府接收台湾的过程中，在大陆参加抗日的台湾留日学生代表人物李友邦、黄朝琴、宋斐如、游弥坚、丘念台、连震东等人参与了接收计划的制订，提出了许多重要意见。但是，在制订计划时，他们只是配角，他们许多重要意见并没有被国民政府和台湾行政长官陈仪所接受，例如，多用台湾人才，在教育上行政上从日语到汉语的过渡期要长一些，等等。

在岛内的留日学生也积极欢迎台湾光复，协助国民政府的接收工作。他们做了三个方面的工作：协助接收；维护治安；参加光复典礼等政治活动。在接收过程中，留日学生成立了自己的社会团体、创办了自己的报纸杂志、实际上控制了舆论、教育和卫生系统的大权。所以，可以说，台湾行政长官公署和军队接收了台湾的军政机构、房产物资等硬件；而留日学生则在实际上接收了文化和教育等软件的大权，接收了台湾的民心。留日学生控制了舆论大权，运用他们熟悉的立宪政治、社会主义、民本政治等理论猛烈批评台

① 叶荣钟：《台湾人物群像》，第 185 页。
② 陈逸松：《陈逸松回忆录》，第 100 页。

湾行政长官公署的各项政策，对“二二八事件”的发生有很大影响。这对战后台湾政治产生了重大影响。

在留日学生领导的“半山派”、“台中派”和“阿海派”等政治派系中，“台中派”不受陈仪信任。例如，在丘念台组织“台湾光复致敬团”时，陈仪不许林献堂任团长，不许陈炘做团员①。这导致“台中派”对台湾行政长官公署不满。

总之，在短暂的接收过程结束后，台湾行政长官公署和留日学生之间的矛盾逐渐暴露和激化，双方主要是争夺台湾政坛的政治权力。资本总量雄厚的留日学生不满足于自己现有的政治地位，必然起来斗争。

① 丘念台著：《岭海微飙》，中华日报社，1962 年，第 260 – 262 页。

第二章　留日学生与二二八事件

二二八事件是台湾现代史上的大事件，影响深远。台湾研究该事件的专家赖泽涵认为，“二二八事件”就其历史观点来分析，可以分为狭义和广义两种看法：（1）狭义的“二二八”：从 1947 年 2 月 27 日乱事开始到 1947 年 3 月 12—14 日，已经无真正的乱事，表面看起来平静了。（2）广义的“二二八”：从 1947 年 2 月 27 日直到 1990 年代，“二二八事件”根本从没有解决。①

1980 年代以来，有关二二八事件的报道、追述、评论、研究论著等大量发表印行，数量达到一百多种。这些文章书籍基本上都把事件的原因背景归纳为政治的、经济的、社会的和文化的。关于事件的性质，迄今为止有五种说法。第一种是中国共产党的观点：台湾人民是反帝爱国的，二二八事件是中国革命的一部分。第二种是国民党的观点：50 年的日本教育误导了台湾民众，使他们起来暴动，另外中共干部和野心分子也起到了推动作用。第三种是美国国务院“中国白皮书”的诠释：经济恶化和国民党的吏治腐败，造成了二二八起事，而国民党军队则以极高的人命代价平定了这个暴动。第四种是 1991 年台湾省文献委员会的观点：它是几个世纪以来，伴随改朝换代所发生的大规模城市暴动。② 第五种是“台独”势力的观点：这是反对国民党压迫的暴动，彭明敏甚至说，国民党屠杀两万以上的本土精英目的不止是要恢复秩序，还要根本消灭国民党统治的反对者。陈水扁说，二二八事件是台湾民众反抗所谓“外来政权”的运动。③

---

① 赖泽涵：《由禁忌到立碑——台湾“二二八事件”的研究及其问题》，《二二八事件文献续录》，第 683 页。

② 台湾省文献委员会：《二二八事件文献辑录》，台北，台省文献委员会编印，1991 年，第 5 - 8 页。

③ 台北，《自由时报》，2007 年 2 月 28 日，第 1 版。

通过发掘历史资料，深入研究留日学生这一社会阶层在这一重大历史事件中的作用，作者得出了与上述五种观点不同的结论：二二八事件是留日学生领导的一场和国民党争夺政治权力的运动。接收任务完成后，台湾政治上的主要矛盾是行政长官公署的独裁统治和台湾人民争取民主自治的矛盾，而这集中体现在留日学生和大陆籍国民党官僚争夺台湾省政治权力的斗争上。陈仪为代表的大陆籍官僚，以“彼等不识国语国文不明白国家法令”为由不让台湾知识精英进入台省权力高层，自己垄断权力。[①] 这样的判断和任人标准必然引起台湾知识分子的强烈反对。留日学生反对最为激烈，因为日本殖民统治的结果集中体现在这个社会阶层身上，一方面，他们在日本学到了近代化的科学文化和民主政治知识，野心勃勃，在日据时期就积极参加政治斗争；另一方面又深受日本殖民文化影响，对中国语言文化和政治现实知之甚少，前途受到影响。所以，遇到反抗政治现实的事变，他们必然会站在斗争的最前线。留日学生这个阶层的领导作用和重要性贯穿在整个事变的过程中。事变前，这个阶层主要通过舆论批评时政引导台湾社会。事变中，无论有组织的活动，还是自发的反抗活动，这个阶层都是领导者。事变后，这个阶层同时是被镇压和被安抚的主要对象。下面分述他们在三个阶段的领导作用。

第一节　事变前留日学生领导的活动

如第一章所述，在台湾光复后，经济资本雄厚、文化资本优越的留日学生对自己的政治地位不满，对国民党对台湾的统治有许多不满。于是，他们批评行政长官公署的体制、经济文化和人事政策、腐败等。留日学生表达自己主张和批评时政的方式主要有：舆论批评，请愿抗议，学校教育，在参议会里进行斗争，以及向国民党中央反映情况等。

一、留日学生对光复后台湾政局的意见

如前所述，抗战胜利后，留日学生对台湾回归祖国是万分高兴，认为台

---

① 原载1946年12月9日上海《侨声报》，李祖基编《二二八事件报刊资料汇编》，海峡学术出版社，2007年，第199页。

湾从此可以和大陆一起建设一个新中国了。但是，到 1945 年底和 1946 年上半年台湾接收工作基本完成后，留日学生的情绪和意见发生很大的变化，对时局悲观消极起来。他们的不满可以分为两个大方面。

（一）政治上，反对台湾行政长官公署制度

留日学生认为台湾光复后的基本形势是：台湾的现代化之民受国民党落后的政治统治，台湾被隔离 50 多年，在文化上制度上和大陆已经有很大的差别矛盾。“盖现代化之民而施国内落后之政，久离隔之族而接 50 年未习之风，自多衲凿摇惑。”①“台湾受日帝统治 51 年，制度、习俗与祖国颇多差异，接收工作及接收后之行政，完全忽略如上情形。”②

因此，光复已经数月，政府与人民的互信仍然没有建立，在精神上也存在着一个台湾海峡。③ 台湾人民原有感谢光复的心情，反而转变成对国民政府不满了。黄朝琴等人非常忧虑，认为“此种情形，如不及时化解，势将导致严重的后果。”④

留日学生反对高度集权的台湾行政长官公署制度，反对公署的特权和腐败，要求实行和内地一样的省政府制度。此点第一章已有论述，连震东就批评过长官公署制度。“特殊化之行政长官制度等于日本台湾总督之变相，使人民误认中国政府仍视台湾为殖民地。”“军纪之败坏，时常掠取人民财物及殴打贫民。”⑤

“不料祖国政府所施于台湾者依然为种种之束缚与层层之剥削，对于台湾接管，完全抄袭旧日日本治台方法，颁布所谓台湾省行政长官公署组织大纲，以行政、财政、立法、军事之大权，集中于长官一人之身，形成新殖民地总督之变相。而陈仪长官到任以来，首先留用日籍警察官吏，继续统治台湾人民，引起普遍失望。”继而凭借特殊地位滥用权力：干涉司法，台湾法院非得长官同意，不得检举贪污；统制印刷纸张，借以摧残台胞言论与文

---

① 陈鸣钟、陈兴唐主编：《台湾光复和光复后五年省情》（下），第 588 页。

② 卓遵宏、林秋敏访问记录：《林衡道先生访谈录》，第 67 页。

③ 陈文达：《台湾光复和光复后五年省情》（上），第 88－89 页。

④ 前引《朝琴回忆录》，第 154 页。

⑤ 《二二八惨案台胞慰问团呈于右任关于处理台湾事变意见书》，《台湾光复和光复后五年省情》，（下），第 590 页。

化；包庇部属利用台银专卖局贸易公司等机关，营私舞弊，造成贪污穷奢极欲之风气。①

很显然，留日学生批评台湾行政长官公署所使用的政治标准，就是他们所熟悉的日本立宪政治、民本主义。

公署的人事制度和政策，最受留日学生诟病。不仅没有做官的留日学生不满，就是从大陆回去的留日学生也不满。例如黄朝琴，对自己被降级任命为台北市长就不满。② 他们认为外省人占据要津，本省人居不重要之地位。如各处处长无本省人，副处长仅一人，各县、市长本省人仅一二人，专卖局、贸易局及重要业务机关等组织无本省人。

表 2－1　行政长官公署内主管级以上职员省籍分配（1946 年）

职　位	本省数量（人）及比例（%）		外省数量（人）及比例（%）		合计（人）
处长	0	0	8	100	8
副处长	1	33.3	2	66.7	3
科长	0	0	31	100	31
股长	9	8.4	98	91.6	107
专员	11	12.1	80	87.9	91
合计	22	7.4	274	92.6	296

资料来源：《派系政治与陈仪治台论》，《台湾光复初期历史》271 页；《民报》，1946 年 11 月 8 日，第 3 版。

从表上可以看出，台湾人在行政长官公署担任主管级以上职务者竟不到 10%。与此形成鲜明对比的是台湾人才济济。光复前夕台湾有 2508 人在岛内受过高等教育，五到六万名留日大专院校毕业生，近百位留学欧美的学生。③ 由于这些人不懂中国语言文字，不会处理中国式公文，故而得不到陈仪政府的重用。"台湾没有政治人才"这使台胞最受刺激。④

（二）经济上，由资本主义经济倒退到封建经济

留日学生运用他们在日本所学的马克思主义的"社会五阶段论"方法，

① 《台湾光复和光复后五年省情》，(下)，第 586 页。

② 戴国辉、叶芸芸著：《爱憎二二八》，台北，远流出版社，1992 年，第 77 页。

③ 吴文星：《台湾社会领导阶层之研究》，台北，正中书局，1992 年，第 114－124 页。

④ 陈芳明编：《台湾战后史资料选——二二八事件专辑》，台北，二二八和平日促进会印行，1991 年，第 17 页。

把光复后台湾经济的性质定性为封建主义的，因而是全盘否定了公署的经济制度和政策。如第一章所述，1946 年 6 月，陈逸松、刘明、徐庆钟、萧苑室、朱江淮、颜朝邦等人认为：战前台湾经济政策是帝国主义的资本主义的，战后台湾经济政策是封建主义的。①

留日学生把经济停滞人民生活困苦的原因归结为行政长官公署的经济体制和政策。他们认为公署紊乱金融，拒绝国家银行在台开业，滥发台币，妄定汇率，包办汇兑，造成严重的通货膨胀与金融恐慌；厉行日用必需品如烟酒等的专卖，增加台胞正常税收之外的不合理负担；专用党羽，包办贸易局及 22 个贸易公司，统治台湾全部进出口贸易，剥夺人民生计；颁布特殊法令，限制人民经商旅行的自由，滥拘人民数千，监禁于火烧岛红头屿各处。"致接管 16 个月以来，生产停顿，商业破产，物价暴腾，以台湾产米之区，米价之高，竟居全国第一。"②"台湾遍地粮荒，物情骚然；日寇留下的公私工厂大多未复工，失业严重。"③ "接管时因人事调配不当，生产机构停滞，……失业人数剧增，……人民生活极为艰苦。"④

政治经济之外，在文化上，长期受到日本"脱亚入欧"文化教育的留日学生也轻视中国文化，"以为祖国文化，大多无可取之处"。⑤

留日学生作为台湾社会的主流阶层领导阶层，其意识必然也是社会的主流意识。在这种严重不满的社会主流意识引导下，社会各阶层特别是青年学生必然会起来反抗。

二、留日学生的反抗活动

面对台湾政局的种种黑暗，留日学生展开了积极地反抗活动。他们的反抗活动可分为舆论批评、请愿抗议、参议会斗争、学校教育、各种聚会会议上的批评、向国民党中央反映等六大种类，分别论述如下。

---

① 许雪姬：《柯台山先生访问纪录》，第 71－72 页。

② 《台湾光复和光复后五年省情》（下），第 586 页。

③ 卓遵宏、林秋敏访问记录：《林衡道先生访问纪录》，"中研院"近代史所，1992 年，第 67、68 页。

④ 前引《朝琴回忆录》，第 154 页。

⑤ 陈达夫：《日人统治下之台湾教育》，《台湾光复和光复后五年省情》（上），第 354 页。

（一）留日学生的舆论批评

如第一章所述，光复初期，留日学生创办和编辑了大量报纸杂志。这些报纸杂志以文化重建为课题，介绍中国语文，促成民众对祖国文化的了解。它们对去除台湾社会的日本殖民化贡献很大。但是，它们对台湾时政的严厉批评也对“二二八事件”的发生有着重大影响。陈仪承认二二八事件的远因是“实由台人受日本奴化太深，思想中毒，平时御用绅士未受惩治，报纸恶性诋毁未予严格取缔。”可见，报刊影响是事件发生的三大远因之一。①杨亮功在向国民党中央报告事变原因时也指出：“在舆论上则采取放任主义，一年以来，行政当局未能注意应付环境方面，开罪过多，以是全台十余家报纸之舆论，几无日不有批评政府诽谤政府甚至不依事实任情谩骂恶意丑诋，掌管公署以言论自由均置之不理。台胞初级教育甚为普及，能阅报者占绝大多数，此等攻击政府之舆论，为其从来未所见，初则引为怪事，继则信为正确，而渐起轻视政府不信任政府之心理矣。”②

批评时政最烈影响最大的是林茂生的《民报》。《民报》要求在台湾贯彻三民主义，以继承孙中山的《民报》的革命精神自许。总编辑许乃昌的政治主张是台湾完全实施地方自治。③ 它对陈仪主持下的台湾现实，痛下针砭。它存活了一年五个月，但其300多篇社论，代表着留日学生的改革呼声，其主要内容可概括为三部分：

首先，它报道和批评台湾的政治弊端：1. 贪污情形；2. 大陆人垄断权位；3. 裙带关系；4. 外行领导内行；5. 法治不彰。

其次，报道批评经济民生：1. 官僚资本主义。在经济上和政治上的垄断一样，全面统治。日本留下的237家公私企业、600多个单位，都归长官公署所属各处局所设的27家公司来经营。对此，《民报》呼吁“扫除官僚资本化”；2. 经济萧条、民生凋敝；3. 经济榨取；4. 受大陆经济之累，如它分析台湾米荒米价高的原因是受全国性的“钞币洪水的影响”。

再次，报道和严厉批评社会：1. 治安恶化；2. 退化中的社会；3. 族群

---

① 《陈仪报告二二八事件情形致吴鼎昌等电》，《台湾光复和光复后五年省情》（下），第596页。

② 《杨亮功何汉文调查报告》，台湾省文献委员会编：《二二八事件文献续录》，第128页。

③ 《民报》，1946年11月2日，第1版。

隔阂与文化冲突。①

《人民导报》编辑苏新是个社会主义者，了解了国共合作的一些情况，也看到了《新华日报》、《民主》等进步报刊。他的编辑方针就是采用反对国民党的稿件。社长宋斐如因此受到警备司令部及省党部的几次警告。5月初，陈仪逼迫宋斐如辞掉社长职务。后聘请王添灯当社长。但苏新继续刊登反对言论，如从6月23日到27日连载上海《周报》刊登的大陆民主党派反对国民党发动内战的文章《十五天能和平吗?》。

《人民导报》因刊登高雄地主勾结警察迫害农民事件而被起诉，社长王添灯被判刑1年。该报工作人员不服，在报纸上掀起论战，《民报》及其他报纸都纷纷声援。国民党省党部准备封闭和逮捕该报编辑人员，丘念台夜里叫他的秘书林宪找苏新，让他设法疏通。苏新和主笔陈文彬去找省党部主委李翼中、宣传处长林紫贵，以及宣传委员会主委夏涛声。最后，苏新被撤职，编辑部改组，两个编辑吴某、郭玉荣和两个记者吴克泰、吕赫若退出。②

其他报纸也像《民报》一样关心批评时政。省参议员王添灯和林日高揭露资源委员会将15万吨白糖无偿地运去上海，致使台糖公司缺乏再生产资金。为了报道这起事件在省参议会的斗争情况，《民报》、《人民导报》、《大明报》、《自由报》采取统一战线，统一用稿，加倍发行，引起很大轰动。

1947年2月初，高雄市的《国声报》严厉批评高雄中学代校长李钟渊，随后学生也罢课，导致李钟渊去职，由大阪帝大工学部毕业的廖行贵接任校长。③

留日学生创办的杂志也积极批评时事政治。这样的杂志有《台湾杂志》、《台湾评论》、《前锋》、《政经报》、《新新》、《台湾月刊》等，它们的时事评论文章在杂志中所占的比例分别是38.5%、32.6%、30.5%、29.4%、26.6%、26.3%。另外还有宣导性的文章，比例也很高。④

---

① 陈芳明：《二二八前夜台湾的改革要求——以〈民报〉社论为中心》。

② 《未归的台共斗魂——苏新自传与文集》，第63－65页。

③ 台省文献委员会编：《二二八事件文献补录》，第422页。

④ 同前引庄惠惇：《战后初期台湾的杂志文化》，第63页。

这些杂志议论的时政主要内容是批评公署各项政策、要求实行宪政。1945 年 12 月 25 日，《中华民国宪法》公布，两天后，《前锋》杂志就主办座谈会，邀请林茂生等著名人物参加。在这个座谈会上，林茂生说，"往后在这条轨道上，我们的国家是否能顺利运行，是全靠我们人民的对宪法的认识以及实行宪法的努力而定的，我很希望大家抱着这个观念来努力，来选举适当的人才，为地方为国家贡献。"①1947 年 1 月 1 日出版的《前锋》社论《新人，新生，与新年》评论政治说："政治的推行更用不着述——由米的统制，煤炭的'半专卖'，苛捐杂税的征收等等。'左营事件'继之以'新营事件'，又再继之以'员林事件'，清查团检举的贸易局与及专卖局事件，一切的一切都不堪回想。锦绣河山到处疮痍，战后的复兴迟而难期。"②《政经报》前两期完全拥护国民党，转载《三民主义解说》等。第三期开始发表一些文章批评时政。这些文章批评陈仪利用日人官吏、启用过去汉奸"奸党"、物价政策金融政策，反对江浙财阀的进出台湾等。③《政经报》的灵魂人物是苏新。④《自由报》周刊基调以台湾地方自治为主。刊登国共《双十谈判纪要》，以及孙中山和蒋介石的语录。1947 年元旦号，该周刊发表苏新《台湾一年来社会情况的变化》。因批评时政，接受过一次警告和一次停刊命令，曾改名《台北自由报》、《青年自由报》。⑤

《新新》因缺钱而只出了八期。1946 年 10 月 17 日第七期有王白渊用日文写的政治短文《献给青年诸君》说："日本这国家在今天是四等国，国民却属一等国民；反观中国，今天它已列为一等国了，国民却连四等国民都不如。""我们若肯面对现实看问题，的确还看不到实现民主政治所具备的社会条件…，例如政治机构缺乏纵与横的有机联系；人事制度之混杂不清；政务之缓慢与繁琐；中央与地方之间的不统一；不明确的岁出岁入之费额；贪污之事横行于官场；公私不分；民意机关无决议权；官僚式的公文政治

---

① 《前锋》，1946 年，第 3 期。
② 《前锋》，1947 年，第 14 期。
③ 《未归的台共斗魂——苏新自传与文集》，第 61 页。
④ 张炎宪：《台湾近代名人志》第 4 册，第 262 页。
⑤ 《未归的台共斗魂——苏新自传与文集》，第 66 页。

等等。”①

《台湾评论》也刊登李纯青的通讯《老百姓赞扬新四军》。②

结果，3月13日警总以“思想反动、言论荒谬、诋毁政府、煽动暴乱之主要力量”为由，封闭报馆和逮捕记者。《民报》、《人民导报》、《大明报》、《中外日报》、《重建日报》、《和平日报》，以及所有定期刊物全数被封。报社负责人及总编辑全数被捕。③ 军法处追究《自由报》报社人员最急。王白渊被捕，苏新逃往上海。林茂生、宋斐如、王添灯等被杀。④

（二）留日学生的请愿抗议活动

首先是杨肇嘉对行政长官公署制度的抗议活动。杨肇嘉对台湾设置行政长官公署严重不满，认为它和殖民统治时期的总督府一样，是对台湾人的不公。1946年7月18日，杨肇嘉率领闽台建设协进会上海分会、台湾重建协会上海分会、福建旅沪同乡会、上海兴安会馆、上海三山会馆、台湾政治建设协会六团体的代表到南京请愿，要求撤废台湾行政长官公署条例，改设省政府；禁止台湾银行发行台币，以防垄断金融；取消台湾专卖统制及官营贸易企业制度等。9月25日他被捕入狱37天，最后被审判战犯军事法庭作不起诉处理。⑤

其次是留日学生李东辉、邱文泽、廖德雄、周金波、刘英昌、陈炳基等人先后组织发动的学生的示威活动。

光复初有大批留日学生滞留日本，根据长官公署教育处规定，专科以上学校理、工、农、医各科学生可以继续留在日本学习，其他都要回台。1946年3月15日前到教育处登记并插到各学校学习的留日学生就有819人，随后还有6月底截止的一期登记，又有429人分到各校学习。⑥ 大批滞留在日本的留日学生生活困难，回台湾后又无法马上入学，因此对台湾行政长官公

---

① 庄惠惇：《战后初期台湾的杂志文化》，《台湾风物》49卷1期，1999年，第65页。

② 苏新：《未归的台共斗魂——苏新自传与文集》，第65页。

③ 《台湾旅京沪七团体关于台湾事件报告书》，台省文献委员会编：《二二八事件文献补录》，第693页。

④ 苏新：《未归的台共斗魂——苏新自传与文集》，第70页。

⑤ 《杨肇嘉回忆录》，台北，三民书局，1967年，第354、361页。

⑥ 《台湾省行政长官公署教育处报告》，《台湾光复和光复后五年省情》（下），第369、399页。

署严重不满。“据闻在二二八前后，有三万多名留学日本的留学生回台后，都无法入学，不管在语言和文字上均不能沟通，很难在台湾求得一官半职。许多人甚至打算前往日本，以谋生存。”①

彭明敏回忆刘庆瑞时，对留日学生回台后的处境也有生动描述。刘庆瑞，1923 年 2 月生，台中市南屯人，考入以自由闻名的京都第三高等学校，因成绩优异被保送到东京帝大法学部。战后，“怀着满腔的热情和希望，回到祖国的怀抱。可是他回来看到光复后台湾的现实，不免有些失望。”他在极恶劣的情绪之下，于 1946 年，跟其他大约 30 名的留日学生，转入台大法学院补修学分。②

据陈火桐回忆，当时台湾大学政经系一、二、三年级共有 97 位从日本各大学回台的台湾人，他们对教育当局不满，以李东辉、邱文泽为首的学生公然在报纸上批评台湾的教育制度，并组请愿团向林茂生、连震东、黄朝琴、游弥坚等人陈情。最后让请愿的学生进台大就读，才化解了一场纷争。陈火桐，1943 年留学东京法政大学，1946 年 10 月进入台大政经系。③

1946 年 5 月 4 日，台湾各地举办纪念五四的活动，留日学生乘机发动示威游行。台北商校学生自治会会长廖德雄联合台湾商工、台北工业、成功中学、延平学院、台北商业学校等校学生游行。游行结束时，廖进平、吕伯雄携带抗议书面呈陈仪。④ 基隆中学校长吴剑青联合基隆市水产学校、家政女校、商业专修学校，发起台湾首次五四学生运动，一同为反对贪官污吏、争取自由游行。东京帝大毕业的基隆中学英文教师张国雄也是积极分子。⑤日本大学齿科毕业的周金波，时任三青团基隆分会文化部长，动员基隆市的学生及外岛管训回来的“友仔”敲锣打鼓，共约千余人，游行至派出所、市警局示威。⑥

1946 年 12 月 12 日，台北学生举行反美游行，早晨先在中山堂开会，

---

① 《柯台山口述》，第 74 页。

② 彭明敏：《追念刘庆瑞教授》，《传记文学》，第 1 卷，第 4 期。

③ 应大伟：《台湾人档案（一）》，陈火桐传，第 151 页。

④ 黄福三：《廖德雄先生访问纪录》，《口述历史》第 4 期，第 60 页。

⑤ 《戒严时期台北政案口述历史》，第 275 页。

⑥ 应大伟：《台湾人档案（一）》，第 54 页。

参与的政治团体和群众很多，大会由学生大会发展成市民大会。大会主持人为三青团的刘英昌，请林茂生演讲。后吕伯雄、郭国基等抢着要讲。事后，警备司令部密令逮捕游行组织者刘英昌和陈炳基。李友邦通知二人逃匿。①

（三）留日学生在参议会里的斗争

在省县市各级参议会里，留日学生对行政专制、军纪不良、官吏贪污、省籍歧视、治安日坏、粮荒严重等敏感问题，提出尖锐质询。这些质询通过报纸传到社会上，对民心影响也十分巨大。

首先，省参议员颜钦贤和郭国基对公署官员的两次重要质询活动，斗争十分激烈。

颜钦贤声援游行示威的学生。5 月 4 日在基隆参加游行者遭当地警察特务的殴打逮捕，基隆市省参议员颜钦贤便通过陈逸松找到学生联盟领导干部之一的吴克泰，要求吴动员学生到省参议会抗议，要求政府查办放人。5 月 11 日，颜钦贤突然在省参议会提出紧急动议，要求警务处长与基隆警察局长出席参议会，说明学生五四游行遭殴事件，接着由秘书长连震东宣读台北市各学校学生代表递交有关该事件的请愿书。省参议会乃派颜钦贤、林日高、刘传来、林连宗等往基隆调查，据其结果再决定参议会的态度。②

郭国基对陈仪和范寿康的批评，影响很大。他向陈仪力争台湾为失土重光，并非军事上的占领地，实应早日结束军政，撤销行政长官公署成立省政府，实施地方自治尽量起用台湾本省人。陈仪则以“台湾无政治人才”回应，并说“骂官的人，都是爱做官的人”。郭国基则说“你既知台湾无政治人才，理应大量栽培之；我郭国基虽骂官，但绝不做官”，这成为郭不竞选县市长的初衷。③

《民报》刊载，4 月 29 日，公署教育处长范寿康在台省地方行政干部训练团演讲时称，台胞抱有独立思想，排挤外省员工，有以台治台的观念，对于本省诸工作报旁观态度，以及完全奴化等语。④

5 月 1 日，省参议会开议第一天，郭国基提出质询，认为范寿康辱没本

---

① 蓝博洲：《沉尸流亡二二八》，台北，时报文化出版公司，1993 年，第 80 页。

② 同前引蓝博洲：《沉尸流亡二二八》，第 51 页。

③ 郑梓：《本土精英与议会政治》，台湾，1985 年，第 36 页。

④ 同前引郑梓《本土精英与议会政治》，第 32 页。

省同胞名誉。大会决议派郭国基、苏维樑两人调查真相。5 月 7 日郭国基提出了驳斥范寿康的调查报告，其要点是：（1）关于本省人是否有独立思想问题，郭国基认为，本省人始终心向祖国。郑成功是本省人忠贞明证。日据时期，台湾人不断革命，心归祖国，保存本国文化。（2）关于排斥来台外省人问题，郭国基认为本省人排斥的是贪污腐败的外省人，而拥护纯良的公务员。（3）关于台人治台的主张，郭国基认为台湾为中华民国领土，台人是中华民国国民，自治自强是合理要求。（4）郭国基批驳了所谓“台胞完全奴化”的观点，认为台人在历次革命运动中都对国家尽忠、对民族尽孝。（5）关于台胞对于施政态度冷漠问题，郭国基认为政治大权多操在外省人手中，本省人无法发挥政治意识；本省人关心国家关心政治。同日，刘传来、韩石泉两位参议员为顾全大局，提出临时动议，将此事归诸于范处长国语发言不准，引起误会，让他将讲话内容发表在报上，以消除误会。这些批评都被记者报道。①

其次，各县市参议会里的留日学生都有激烈批评时政的现象，此处举两例。

高雄市议会。军统出身的高雄市长连谋，曾带一些福建惠安同乡到高雄做官。1946 年 4 月 16 日上午，郭国基在市议会激烈批评连谋说，“当今高雄市政府，已成惠安的殖民地了。”引起轩然大波。②

台中县议会。不满选举风纪的庄垂胜，向监察委员刘文岛说，“此次‘国大代表’、‘立法委员’选举的时候，发现了一个人替一里一村投票的情形，一个人投下几十张、几百张选票，像这种情形，不加取缔，不谋改进，将来说八月十五是中秋，月亮会圆，谁也不会再相信了。”③

（四）留日学生通过学校教育反抗公署当局

日据时期，留日学生在教育和医疗行业的势力最大。据吴文星研究，“直到 1945 年 9 月，总督府各级官吏中，敕任官 161 人，台人仅有台北帝大教授杜聪明一人；奏任官 2120 人，台人仅 29 人，含行政、司法高等官、教

---

① 韩石泉：《六十回忆》，台北，1966 年，第 68、69 页。

② 张炎宪：《台湾近代名人志》第 4 册，第 178 页。

③ 张炎宪：《台湾近代名人志》第 4 册，第 147 页。

师、校长、公立医院院长等；判任官 21198 人，台人仅 3726 人，以公学校教师为主。”①

光复后，由于到台湾接收的教育干部人数太少，匆促接收，专业人员有限。不得不依靠既有的教师和教干。1945 年 10 月 9 日，台省教育处长赵乃传率领首批工作人员 12 人赴台接收。11 月 19 日第二批工作人员程蕴良等 17 人到台湾，各级校长陆续派定。② 几十名大陆来的教育官员对于台湾教育来说真是杯水车薪，根本不可能左右台湾的教育形势。“光复之初，罗东鲜少外省教师前来任教，大都是日据时期留下来的台籍教员。”③ 所以，台湾的教师还是以日据时期留下来的为主，里面有大批留日学生。他们深深地影响着整个教育。例如，台北市的建国中学，校长陈文彬，原为日本法政大学教授，网罗不少东京帝大等名校毕业的留日高材生至建中任教，建中遂成颇有号召力的名校。④ 1946 年高明柏上的开南商工，“有一位日本东京驹泽大学毕业，教哲学的台大讲师陈炯泽，也在开南兼课，启发我对社会主义经济的初步理解。”⑤

留日学生创办的延平学院是最典型的例子。

留日学生创办延平学院的目的“正是要给这混乱、昏昧的社会一线光明，我们要当荒野暗夜中的荧光”，“要救济台湾人的失学者”。⑥ 从这个办学目的来看，校长朱昭阳对当局的不满十分明显。他不满的思想根源是日本政治文化的深刻影响。他评价台湾光复说，“只是走了一个有效率、重法纪的异族近代化的殖民统治者，来了一个贪污枉法、同族的封建式殖民统治者。”⑦ 这是根据“大和民族优越论”得出的结论，充满着偏见，是一种日本军国主义者的腔调。

---

① 吴文星：《日据时期台湾社会领导阶层之研究》，台北，正中书局，1992 年，第 202 页。

② 陈三井：《台湾光复的序曲：复台准备与接收》，《抗战与台湾光复史料辑要》，第 97 页。

③ 《张杨纯女士访问记录》，“行政院”研究“二二八事件”小组：《附录二——重要口述历史（二)》。

④ 戴国辉、叶芸芸著：《爱憎二二八》，台北，远流出版社，1992 年，第 2 页。

⑤ 许雪姬、吕芳上等：《高明柏先生访问纪录》，《戒严时期台北地区政治案件口述历史》，第 21 页。

⑥ 朱昭阳口述、吴君莹记录、林忠胜撰述：《朱昭阳回忆录》，台北，前卫出版社，1994 年，第 66 页。

⑦ 《朱昭阳回忆录》，第 91 页。

延平学院的专任教师多出身东京帝国大学。延平学院的学生廖天欣回忆说，由于教师思想较为自由、开放，延平学院内反国民政府的风气很盛，利用传单、演讲批评政府的情形随处可见。校长朱昭阳还撰写《中美商约之评论》一书，批评行政长官公署的经贸政策，把台湾经济衰退的原因都归结于政策不当。这种校风对学生影响很大。①

所以，二二八事变时，延平学院的学生主动参加抗议游行。其学生叶纪东被通缉。事后，该校以藏有武器和“兴华共和国”旗帜被勒令停办。②

（五）在各种聚会、会议上批评时政

留日学生在各种各样的演讲会、集会、聚会上发表自己的政治主张，批评时政，往往更无顾忌更具迷惑性，因而其影响力甚至超过公开的报道宣传。此类情况很多，本文仅举例说明。廖文毅在岛上公开演讲旅行，讲述有关“实施宪法疑问”，宣传人民有批评政府之权。③ 为了欢迎刚从大陆回台的柯台山，林茂生等台北各界人士于1946年3月20日在蓬莱阁召开大会。数百人参加，王添灯致欢迎辞。之后，陈逢源、黄朝生、张晴川、陈春金等发言，激烈批评政治、经济、社会等各方面的状况。第一批回台的人对政府批评更加严厉。④

1946年9月7日谢南光返台，11日台北市长游弥坚在中山堂举办欢迎会。谢南光发表题为《为民主政治而奋斗》的演讲，刊登于次日各大报纸上。13日，即谢南光离台的前一天，“台湾省政治协会”、“台湾省文化协进会”、记者公会、教育会、妇女会五团体为他举办盛大的演讲会，听众约两千人，挤满了中山堂，演讲内容通过广播电台转播，题目是《民主政治与民主风度》。在这两次演讲中，谢南光都批评陈仪政府没有贯彻三民主义实行真正的民主，要求实行普选，否则永远不能消除政治腐败。这引起台湾民众强烈反响，他们纷纷要求谢南光回台湾争取民主。⑤

---

① 《廖天欣访问记录》，“行政院”研究“二二八事件”小组：《附录二——重要口述历史（一）》。

② 《朱华阳访问纪录》，《戒严时期台北地区政治案件口述历史（三）》，第931页。

③ 钟逸人：《炼狱余生录》，第106页。

④ 同前引许雪姬：《柯台山先生访问纪录》，第66页。

⑤ 何义麟：《被遗忘的半山——谢南光（下）》，《台湾史料研究》，1994年，第4号。

1945年10月参与接收并任第一任宜兰市长的陈金波，目睹台湾官僚贪污腐化，政治热情由高昂转消极。1946年10月，在宜兰中山国小光复节演讲中，他严厉批评行公署的施政，认为它不能治理好台湾。①

除了上述五种反抗方式之外，留日学生还通过各种渠道向国民党中央反映台湾的情况。林衡道向国民党中央清查团的刘文岛建议："肃清贪污渎职；党与政府的一切措施，都该充分顾及当地人民的习俗及生活感情；工厂开放民营；解决粮食问题。"② 1946年12月南京召开"制宪国大"，蓝敏请求自己的公公徐永昌部长接见台湾代表，徐永昌便很客气地请颜钦贤、陈启清、刘明朝、连震东、李万居到公馆来，仔细聆听他们说明光复后对台湾的意见。③

总之，事变之前，台湾已经是山雨欲来风满楼了，二二八事变只不过是以上这些反抗斗争的继续和激化而已。

第二节　事变中留日学生领导的活动

在事变中，留日学生非常积极地参加活动，在各地各项活动中基本上处于领导地位。他们的活动分为两类：一类是参加"二二八事件处理委员会"等组织的活动的，这些人有当地的官僚、三青团员、民意代表、士绅等，在政治上起领导作用。这类人的活动最容易被官方掌握，留下记录。一类是自发自由活动的，多为对现实不满或抱有理想者，这些人的活动很多，也具有破坏性，但不容易留下记录。下面分类记述之。

一、参加各地"处委会"留日学生的活动

事变中，17个城市成立"二二八事件处理委员会或分会"（以下简称"处委会"），成为这场严重的政治纷争的主角。参加各地"处委会"的社会阶层很多，但以留日学生势力最大。事变中，"处委会"实际上是政治领导

---

① 范燕秋：《日治时期宜兰地区政治运动领导者——陈金波医师》，台北，《宜兰文献》，1995年第16期，第74页。

② 卓遵宏、林秋敏访问记录：《林衡道先生访谈记录》，第68页。

③ 同前引许雪姬：《蓝敏先生访问纪录》，第113页。

者，它决定了事变的过程必然是台湾社会精英和国民党既斗争又妥协，事变的目的是争夺台湾人的政治利益。“处委会有一份名单以优秀的台人来接掌部分要职，如‘林茂生当台大校长、吴鸿麒当台湾高等法院院长、施江南当台大医院院长、林旭屏当专卖局长等’”,① “我们的口号是改进台湾政治。中华民国万岁。国民政府万岁。蒋主席万岁。”②

（一）留日学生争夺各县市“处委会”领导权

事变发生后，情况十分混乱，对现实不满和具有文化资本的留日学生都蠢蠢欲动。例如，2 月 27 日晚，陈逸松、王井泉、王育霖在台北市山水亭喝酒，听说发生事件，出来察看骚扰情况。王育霖判断“很可能发展成大型政治斗争，吾等出头的日子，很快就会到来亦未可知。”③ 3—5 日，全省各县市“处委会”纷纷成立后，行政长官公署权力已经被架空，因此，对“处委会”提出的要求均答应。各地“处委会”实际上成了各地的政府，其负责人实际上也成了各地政府的领导人。因而，留日学生纷纷争夺全省各地“处委会”的领导权。

留日学生争夺“处委会”领导权的方式主要有下列几种：

第一，依靠政府官员、省议员、县市参议员等既有的政治优势控制当地的“处委会”。台北市、新竹县、彰化市、高雄市等属于这一类，“处委会”主任委员都由县市参议长兼任。

台北市“处委会”担负整合民意并与官方进行交涉的重任，一度几乎取代公署成为实际行政单位。因此，它里面的夺权斗争最激烈。2 月 28 日到 3 月 3 日，台北市“缉私血案调查委员会”和“处委会”的权力实际上掌握在周延寿、黄朝琴、游弥坚等人手里，并由他们代表群众与陈仪交涉。围绕这个权力的斗争十分激烈。3 月 1 日的“缉烟血案调查委员会”成立大会上，黄朝琴、连震东等被骂为走狗，“是替政府说话的，不要理他”。黄朝琴在会上转告陈仪的意见，要大家冷静处置，反对提出“反对外省人”

---

① 《黄纪男先生访问纪录》，《口述历史》第四期，“中研院”近代史研究所，1993 年，第 86 页。

② 《处理委员会发出告全国同胞书》，《台湾新生报》，台北，1947 年 3 月 7 日，第 1 版。

③ 王育德：《吾兄王育霖之死》，同前引《二二八事件文献补录》，第 780 页。

的口号。会议中一二十人反对黄朝琴和周延寿主持会议。①

3 月 2 日以后，“处委会”改组和扩大过程中，陈逸松和蒋渭川等争夺“处委会”的控制权，其背后有派系斗争的背景，蒋渭川受公署支持。3 月 5 日，“处委会”改由陈逸松任主席。他是唯一在台北市的国民参政员，也是应陈仪之邀出面协助处理事变的。② 在陈逸松主持下，通过“处委会”组织大纲和八项政治改革主张。王添灯则掌握了最重要的宣传大权。“处委会”内部的分歧和斗争，被行政长官公署和军方利用。③

台中市的“处委会”，始终存在着留日学生和谢雪红争夺权力的斗争。3 月 4 日下午，台中地区“处委会”成立，庄垂胜主持，谢雪红报告各地情况。庄垂胜命吴振武指挥“治安队”，以牵制谢雪红的“作战本部”。3 月 11 日晚，“处委会”委员庄垂胜、黄朝清、叶荣钟、巫永昌、谢雪红等举行最后一次会议。大部分主张解散，但谢雪红反对。黄国书曾和台中“处委会”的主要人物秘密接触，商议反谢雪红对策。因此当二七部队退至埔里后，“处委会”就自动交出武器，向 21 师投降。④

第二，依靠三青团的势力控制“处委会”。台南市的韩石泉、嘉义市的陈复志、屏东市的叶秋木、花莲县的许锡谦都是当地三青团的负责人。例如，三青团嘉义分团与嘉义市参议会于3 月 3 日正式成立“嘉义二二八事件处理委员会”，并组织嘉义防卫司令部。陈复志被推为主任委员、防卫司令、嘉义市长。⑤

第三，依靠社会地位和声望控制当地的“处委会”，如宜兰的郭章垣、澎湖的许整景等。台北县宜兰镇成立“处委会”，郭章垣任主任委员。黄再寿、陈金波、游如川为副主任委员。宜兰火车站站长林坤担任交通组委员，叶风鼓担任保安委员兼组长，苏耀邦担任总务组委员。⑥ 郭章垣是宜兰医院

① 同前引《朝琴回忆录》，第 273、274 页。

② 陈翠莲：《派系斗争与权谋政治——二二八悲剧的另一面》，第 277 页。

③ 黄富三：《“二二八事件处理委员会”与二二八事件》，赖泽涵主编：《台湾光复初期历史》，第 146 页。

④ 《陈明忠先生口述》，同前引《二二八事件文献续录》，第 714 页。

⑤ 张炎宪《陈复志》、《嘉义驿前二二八》，台北，吴三连史料基金会，1995 年，第 18 页。

⑥ 《林金春访问记录》，“行政院”研究“二二八事件”小组：《附录二——重要口述历史(一)》，台北，1992 年。

院长，“宜兰处理委员会成立后，由于地方派系摆不平，郭先生为人耿直、年轻又无派系色彩，敢作敢当，遂被推为主任委员。”① 许整景，京都帝大医科毕业，时任澎湖要塞司令部军医处主任。②

表 2－2　留日学生控制的各县市处理委员会一览表

县市	成立时间	主任委员	骨干成员	备注
全省性	3月6日		陈逸松、连震东、林连宗、黄国书、周延寿、黄朝琴、苏维梁、郭国基、王添灯	占17个常委的53%
台北市	2月28日		周延寿、黄朝琴、游弥坚、陈逸松、连震东、黄国书、颜钦贤、杜聪明、林忠、刘明朝、彭德、丁瑞彬、刘阔才、林璧辉、林连宗	
基隆市			郭守义、杨阿寿、杨金波	
新竹县		黄运金	朱盛淇、刘梓胜等	
屏东县	3月4日	张吉甫	副议长叶秋木、黄联登等	叶秋木掌实权
嘉义市	3月3日	陈复志		
彰化市		吴蘅秋	吕世明、苏振辉、陈满盈	
台中市	3月4日	庄垂胜	林连宗、黄朝清、吴振武、李碧锵、叶荣钟、张焕珪、庄垂胜、巫永昌、张深镛	
台中县		陈水潭	林碧梧、罗安、王金海、黄栋、巫永胜、张水苍	
台南市		韩石泉	汤德章、黄百禄、庄孟侯、陈天顺、翁金护、沈荣	
高雄市	3月5日	彭清靠	谢有用	
花莲县			黄福寿、许锡谦等	许锡谦掌权
澎湖县	3月5日	许整景		无事发生

资料来源：《柯远芬暨彭孟缉回忆录》。台湾省文献委员会编：《二二八事件文献续录》，台北，1994年，第784页。《游礼欉口述》，同前引《二二八事件文献辑录》，第110页。杨亮功何汉文：《二二八事变调查报告》，台湾省文献委员会编：《二二八事件文献续录》，台北，第120页。同前引《高雄市二二八相关人物访问记录》（上），第45页。《台湾新生报》，1947年3月6日，彰化讯。《苏振辉口述》，同前引《二二八事件文献续录》，第786页。《情形简表》，台湾省文献委员会编：《二二八事件文献辑录》，台北，1991年。谢碧连：《二二八事件在台南市与汤德章律师之遇难》，《台南文化》第42期，1996年，第47页。

① 郭胜华：《二二八血泪忆从头——家父郭章垣殉难始末》，《走出二二八的阴影》。

② 许雪姬：《许整景先生访问纪录》，《口述历史》第3期，第296页。

（二）“处委会”里留日学生领导的各项重大活动

1. 事变发生后，官民矛盾十分紧张，公署失去人民信任，3月1日前后，公署就退居幕后活动。① “处委会”代替公署起草处理事件和政治改革的办法或大纲。而这些影响事件发展进程代表着事件性质的重要文件，都是由留日学生主持制定的。第一次的事件处理六项决议是周延寿主持制定的。2月28日下午2时，市内烟贩代表5人请台北市议会出面调处，市参议长周延寿乃召开紧急会议，期能解决冲突。② 市议员、省参议会议长黄朝琴、市长游弥坚参加。会议制定六项决议：立即解除戒严令；依法严办凶手；抚恤死伤者；由市参议会及市参议员、参政员、“国大代表”组织本案调查委员会，办理本案；公务员在市内取缔专卖品时，不得携枪；因本案被捕之市民应即开释。③ 这六项决议的要害是留日学生要掌握处理惨案的主动权，因为参议员、参政员和“国代”以留日学生为主。

在陈逸松主持下，3月5日下午的“处委会”会议通过组织大纲和《政治根本改革草案》。陈逸松和李万居起草的这个组织大纲“以处理事变与改革政治为宗旨”。④

“处委会”两个最重要的文件，即3月4日的八项决议和著名的“三十二条处理大纲”，由王添灯主持，苏新、潘钦信、蔡庆荣、萧来福等留日学生在幕后草拟的。王添灯派人找苏新帮忙。《自由报》的苏新、蔡庆荣、萧来福、潘钦信等就组织了“对策委员会”，蔡庆荣任秘书。主要任务是阻止“处委会”的妥协行为，利用王添灯的地位进行公开宣传，在全省人民面前揭露公署罪行，推动各地斗争。该会替王添灯起草演讲稿和广播稿。⑤

3月4日，“处委会”决议计有八项，其中最重要的两项：一是请求柯远芬参谋长遵守3日的诺言，全面禁止士兵武装出门；二是扩大“处委会”为全省性组织，即通告全省各县市参议会，以参议会为主体，组织事件

---

① 《朝琴回忆录》，第253页。

② 林木顺：《台湾二月革命》，第15页。

③ 《台湾新生报》，1947年2月28日。

④ 《陈逸松访问记录》，同前引陈翠莲《派系斗争与权谋政治》，“行政院”研究“二二八事件小组”：《附录二——重要口述历史（一）》，第474页。

⑤ 同前引《未归的台共斗魂——苏新自传与文集》，第69页。

“处委会”，并选派代表参加台北市的全省性“处委会”。①

上述所有重要文件的内容可归纳为两大类，一是关于处理缉烟血案具体问题的，一是关于政治改革的。政治改革的内容又可归纳为三点：在政治体制上，建立高度地方自治制度；在经济体制上，撤销专卖局贸易局以及本省人参与公营事业经营等；在军政作风上，改良政风军纪等。这些要求不仅超出国民党政府所能接受的程度，更直接危及了公署军政官员的政治经济利益，必然遭到强烈反对。

2. “处委会”里面的留日学生在官民之间起着中介作用，负责听取民意并和官方谈判。它既依靠群众向官方施加压力要求改革，但又不敢彻底背叛官方，始终和官方保持联系。3 月 6 日以前，“处委会”减缓了官民矛盾。3 月 5 日，台北市秩序已完全恢复，商店开业，交通恢复，学生复课，治安也明显转好，忠义服务队队员有时也惩处一、二个违法的台湾人。② 3 月 6 日后，“处委会”提出了政治改革大纲，则激化了官民矛盾，导致“处委会”和公署关系决裂。由陈仪取名并认可的“处委会”，其性质也由合法组织变成非法组织。③

2 月 28 日和 3 月 1 日、2 日、3 日、7 日、8 日“处委会”代表六次会见陈仪，协商解决问题的方案。这六批代表都以留日学生为主。第一次，黄朝琴率领台北市议员去公署向陈仪提出六项建议，陈仪表示接受。④ 会见结束后，周延寿、黄朝琴、谢娥，和警总参谋长柯远芬去电台广播，以息纷争。黄朝琴、周延寿都劝告民众信任代表们与当局交涉，静候合理解决。⑤ 但群众并不信任黄朝琴等人，骂他们为“走狗”，黄的住宅也被捣毁。⑥

第二次，黄朝琴、周延寿、王添灯、林忠等去见陈仪，请求解除临时戒严，开释被捕人员，组织官民合组的“事变处委会”，从宽处理。下午 5

---

① 《台湾新生报》，1947 年 3 月 5 日。

② 黄富三：《“二二八事件处理委员会”与二二八事件》，赖泽涵主编：《台湾光复初期历史》，第 146 页。

③ 同前引黄富三《“二二八事件处理委员会”与二二八事件》，赖泽涵主编：《台湾光复初期历史》，第 138 页。

④ 《二二八事件的经过》，《台湾新生报》，1947 年 3 月 3 日。

⑤ 《谢娥女士谈二二八》，第 392 页。

⑥ 《二二八官方机密史料》，第 10 页。

时，陈仪首次向全省广播，同意组织“处委会”处理事件。① 第三次，3 月 2 日中午 12 时，“处委会”全体委员往见陈仪，请求从宽处理民众示威案件，陈仪同意。② 第四次，3 月 3 日刘明朝、林忠、王添灯及民众代表共 20 多人代表“处委会”，赴公署见陈仪。第五次，3 月 7 日傍晚，黄朝琴、王添灯、吴国信等 15 人将《三十二条处理大纲》及十项要求面呈陈仪，遭到断然拒绝。第六次，3 月 8 日，“处委会”委员分别去见陈仪和柯远芬，但陈仪拒绝见黄朝琴等人。游弥坚急召蒋渭川、周延寿、吴春霖、王添灯、刘明、刘明朝、刘启光等十多人在市长办公室商议补救措施。黄朝琴、连震东、黄国书等人则集结部分“处委会”委员在中山堂开会协商善后办法。随后，“处委会”态度全变，发表声明，推翻昨日通过的决议案，并呼吁复学复工。但是，3 月 10 日，“处委会”就被陈仪宣布为非法组织，予以取缔。③

代表“处委会”和军方接触的也是留日学生为主。3 月 4 日，黄朝琴、颜钦贤、张晴川三人代表“处委会”会见柯远芬参谋长，要求禁止部队再出现街头，部队外出购买食品，不必带武器等。④ 次日，杜聪明、林忠、张晴川等三人再次代表“处委会”赴警备总司令部会见柯远芬，询问嘉义、竹东、罗东、台东等地军民冲突情况。柯远芬许诺，以后各地军队外出时，禁止携带武器。⑤

屏东市，3 月 4 日，叶秋木到机场要求空军及驻军投降，但为刘连长所拒。叶秋木和黄联登等 4 人又去宪兵队谈判。⑥ 彰化市。市长王一麐作“处委会”和长官公署的联络工作，“处委会”一直和上级有联系。“处委会”也和去台中的黄国书中将联系。3 月 11 日“处委会”解散。持枪市民 30 多人因避国军逃到八卦山，经吕世明、苏振辉多次劝导，始于 12 日中午将枪支交回警局。⑦ 3 月 6 日，高雄市议长彭清靠、市长黄仲图、李佛续、涂光

---

① 同前引《柯远芬暨彭孟缉回忆录》，第 15 – 16 页。

② 《台湾新生报》，1947 年 3 月 3 日。

③ 赖泽涵等：《二二八事件研究报告》，第 212 页。

④ 唐贤龙：《台湾事变内幕记》，邓孔昭：《二二八事件资料集》，第 78 页。

⑤ 唐贤龙：《台湾事变内幕记》，邓孔昭：《二二八事件资料集》，第 83 页。

⑥ 陈兴唐主编：《台湾二二八事件档案史料》（下卷），第 551 页。

⑦ 《彰化市二二八事件经过报告书》，陈兴唐主编：《台湾二二八事件档案史料》（下卷），第 434 页。

明、范沧榕、曾丰明、林界到高雄要塞司令部与彭孟缉司令谈判。① 7 人中只有李续佛、林界 2 人不是留日学生。

台南市，市长卓高煊恳请韩石泉出面维持和平，韩石泉乃出面疏导民众，提出四大处理原则：不扩大；不流血；不否认现有行政机构；政治问题用政治方法解决。他与市参议长黄百禄、侯全成、许丙丁、李国泽等人，奔走呼吁各界冷静维持大局。台南市因而牺牲最少。

嘉义市，民众武装与国军对峙最久、战事最激烈、双方伤亡最大、最后被枪决的人数也最多。② 双方谈判也最多，都是留日学生陈复志、陈汉平、刘传能等人主持。3 月 3 日上午“处委会”派参议员来宪兵队洽谈，希望军警退出市区，和平解决，但没有谈妥。3 月 4 日，“处委会”与退守嘉义中学山仔顶后的军警谈判，陈复志坚持军警交出武器，营长罗迪光拒绝。军警又退守飞机场。3 月 5 日，陈复志给飞机场打电话，谓陈汉平来嘉宣慰，要求和谈。警备总部派来的陈汉平代替“处委会”向飞机场的军方提出四个条件：军队仿照台北办法集中驻扎或回营房受“处委会”管理；缴械；清查放枪伤害台人的士兵；“处委会”供应军队粮秣。3 月 6 日，罗营长与陈汉平、刘传来、陈复志的谈判没有达成进一步协议。与此同时，刘传能也奉陈汉平之命到机场和孙志俊市长谈判。3 月 7 日，“处委会”恢复飞机场水电供应，刘传能送来大米蔬菜等。3 月 8 日，刘传能陪军方代表孙志俊入嘉义市与陈复志等谈判，但无结果。3 月 9 日，“处委会”再派人到飞机场协商，仍无结果。3 月 10 日，“处委会”又向军方提出国军驻守营内等 7 个议和条件，遭到孙市长和罗营长的拒绝。3 月 11 日，“处委会”决定到机场谈判。潘木枝、陈复志、柯麟、刘传来、林文树、王钟麟、陈澄波、邱鸳鸯 8 人去了飞机场，全部被捕。③

嘉义市“处委会”始终想以和平的方式解决问题，但它既不能控制蜂拥四起的民众武装，又想让军警缴械，结果导致 7 次谈判都失败。

3. “处委会”里面的留日学生掌握着宣传大权，负责向岛内外说明事

---

① 许雪姬等：《高雄市二二八相关人员访问记录》（下），第 72 页。

② 许雪姬：《台湾光复初期的民变：以嘉义三二事件为例》，前引《台湾光复初期历史》，第 169 页。

③ 许雪姬：《台湾光复初期的民变：以嘉义三二事件为例》，第 178 – 184 页。

件进程、目的和真相，它促进了事件的发展。省广播电台长林忠、文书股总干事陈亭卿、工程师陈嘉滨都是留日学生。① 事变发生后，电台迅速失控。电台广播严重地影响着整个事件的发展进程。

“处委会”宣传组长王添灯掌握了宣传大权。王添灯，早稻田大学函授生，做总督府官员时，“却直言敢谏，不卑不亢。日人亦不以此为忤，反倒虚心领教，有过必改。”他参选省参议员时就要“为建设民主政治而奋斗，民主统一国家才能实现”。② 他将“处委会”与陈仪交涉的事情每天晚上放送给民众。如前所述，他的发言稿广播稿多是苏新、潘钦信等人所写。为了扩大宣传，除了广播外，还要控制一家报馆。王添灯向《中外日报》社长林宗贤交涉，派苏新去当临时总编辑，控制了它。苏新 3 月 6 日、7 日写了社论，其中一篇《警告处理委员会的委员们!》。

3 月 6 日，王添灯向中外广播有关“二二八事件”真相全文，以消除各方疑虑。他说明“处委会”的目标是“肃清贪官污吏，争取本省政治的改革，不是要排斥外省同胞参与改善本省政治。”3 月 7 日傍晚，陈仪断然拒绝接见“处委会”代表黄朝琴等人，双方矛盾激化。王添灯到电台要广播，刘启光劝阻未果。③ 王添灯乃播出：“处委会”使命完了，只有全体省民力量才能解决此次事件并达成合理要求，希望全体省民继续奋斗。④

嘉义市广播电台 3 月 3 日就被“处委会”控制，并通过它向全台各地募集“志愿军”。结果嘉义市的民众武装最多，斗争形势最复杂。⑤

4. 社会秩序失去控制，对经济资本雄厚的留日学生最不利，所以，他们在“处委会”里面还争取各地的治安大权。

3 月 3 日台北市“处委会”决议“民众不可乱打外省同胞。”还决议组织由学生负责的自卫队。下午四时，“处委会”治安组在台北市警察局召开台北市临时治安委员会，委员黄朝生等 9 人，市长游弥坚、警察局长陈松坚、民众代表许德辉、刘明，学生代表 20 多人参加。决议组织“忠义服务

① 许雪姬：《徐水德先生访问纪录》，《满洲的台人》，第 246 页。
② 王添灯：《我的政见》，《人民导报》，1946 年 4 月 12 – 13 日。
③ 赖泽涵：《林忠先生访问纪录》，《口述历史》第 3 期，第 33 页。
④ 前引林木顺：《台湾二月革命》，第 34 页。
⑤ 前引许雪姬：《台湾光复初期的民变：以嘉义三二事件为例》，第 176 页。

队”，以许德辉为队长。[①] 它吸收的成员主要是地痞流氓及部分学生、青年，组成后，取代军警执勤，极为活跃。其中有一些留日学生。廖德雄还担任副队长，负责警察、粮食两组。傅少墩（中央大学肄业、曾任日军少尉）、潘家泽（庆应大学肄业）、及蔡天赐（明治学院肄业）三人代表台大法商学院政治经济分院参加该队。[②] 台北师范学院的陈水木，熊本外语学校肄业，也参加忠义服务队。[③] 台北市忠义服务队，隶属于林顶立任总队长的台湾忠义服务队总队。因此，台北市的治安大权并不完全掌握在“处委会”手里。[④]

台北县，宜兰郭章垣请军警和各机构负责人相互签名宣誓，尽力维护和平秩序。[⑤] 基隆市“处委会”要求四个里联合而成“联合里”组织起来自卫，并造册上缴。[⑥] 苗栗县，刘阔才是 200 多人的治安队的队长。东京城西中学毕业的罗坤春组织铜锣治安队。[⑦]

台中市“处委会”控制的台中师范学校治安队 400 多人，负责台中市的治安，由吴振武统领。3 月 5 日前后，经过谢雪红、吴振武和厂方代表李碧锵的协商，吴振武的治安队接管了空军第三航空厂陆军警卫队的步枪，库存的武器仍由厂中官兵保管。这避免了台中市民武装与三厂军人的流血冲突。避难于台中师范的两百多名外省籍人士家族也得以保护。在庄垂胜等人的疏导下，台中市区的形势比较安定。[⑧] 吴振武，东京高等师范学校体育科和海军馆山炮术学校毕业，日军海军大尉。日军投降后，他被推举为“海南岛三亚地区台湾兵遣送部长”，拒绝日军司令官要他回日本的邀请，带领 3 万人回台湾。[⑨]

高雄市“处委会”“维持法律和秩序，还要磋商改革，以供台北的中央

---

① 行政长官公署要《事件纪要》、《事件日志》，台省文献委员会编：《二二八事件文献续录》，第 515 页。

② 许雪姬等：《高雄市二二八相关人物访问纪录》（下），第 329 页。

③ 许雪姬等：《高雄市二二八相关人物访问纪录》（上），第 205 页。

④ 前引黄富三：《“二二八事件处理委员会”与二二八事件》，第 144 页。

⑤ 前引赖泽涵等：《二二八研究报告》，第 141 页。

⑥ 《杨金波访问纪录》，《二二八事件文献续录》，第 120 页。

⑦ 蓝博洲：《沉尸流亡二二八》，第 139 页。

⑧ 前引张炎宪：《台湾近代名人志》第 4 册，台北，自立晚报社，第 214 页。

⑨ 应大伟：《台湾人档案（之一）》，台北，创意力文化公司，1995 年，第 166 – 170 页。

委员会作参考。”① 台南市，3 月 2 日晚，长荣中学教员李国泽率领工学院学生及流氓数百人包围宪兵队，不准宪兵出巡，竟谓治安由学生维持。② 3 月 4 日，议长黄百禄亲自请汤德章出来任治安组长，维持秩序。③ 汤德章，1905 年生，在中央大学法科留学 2 年，高等文官考试司法科合格，做过警察，律师。④ 屏东市：3 月 4 日下午成立“处委会”屏东分会，在青年团成立治安本部，3 月 5 日上午再成立屏东司令部，叶秋木领导队伍进攻宪兵队，胁迫空军及驻军缴械未成。⑤

除了上述“处委会”里面的留日学生在进行有组织的活动外，身为军政官员的留日学生游弥坚、黄国书、刘启光、王民宁、苏绍文、林顶立、陈汉平等人也奉上级命令到处活动，竭力安抚台湾人，并积极为军事镇压而作准备。2 月 28 日台北市长游弥坚参加陈仪召开的会议。随后，游弥坚去劝导聚集的群众。⑥ 刘启光主张以武力彻底镇压，而警总参谋长柯远芬、调查室主任陈达元、军统台湾站长林顶立则主张“以民众的力量对抗民众的力量”。⑦ 林顶立号召台胞拥护国民党政府，调停奔走，又创办《全民日报》以团结民心。

3 月 3 日，警总暗中部署兵力，划定台北、基隆两个警戒区；并划定新竹、台中两个防卫区，由苏绍文、黄国书分任防卫司令，嘉义以南由彭孟缉负责防范。苏绍文率部队恢复桃园秩序后，进驻新竹。3 月 4 日，苏绍文下令戒严，军队控制了桃竹苗一带，恢复秩序，保护库存的大量武器弹药。3 月 9 日，王民宁接任公署警务处长，以便降低“省籍意识”的抗争，同时协助平定事变。台湾警备司令部少将高参陈汉平，奉蒋介石之命竭力抚慰台胞。⑧

---

① 《彭明敏口述记录》，前引《二二八事件文献补录》，第 153 页。

② 前引《柯远芬暨彭孟缉回忆录》，第 20 页。

③ 《蔡丁赞访问纪录》，“行政院”研究“二二八事件”小组：《附录二重要口述历史(二)》，台北，1992 年。

④ 前引《二二八事件文献续录》，第 705 页。

⑤ 李筱峰：《二二八消失的台湾精英》，台北，自立晚报社文化出版部，1990 年，第 272 页。

⑥ 柯远芬：《事变十日记》，李敖编著《二二八研究》。

⑦ 前引黄富三：《“二二八事件处理委员会”与二二八事件》，前引《台湾光复初期历史》，第 140 页。

⑧ 陈纯莹：《光复初期台湾警政的接收与重建》，前引《台湾光复初期历史》，第 46 页。

二、事变中在各地自发活动的留日学生

事变中，社会处于无序状态，人活动的自由度很大，每个人的表现也不相同，留日学生这个社会阶层也不例外。按照对公署和事件的态度，我把事变中留日学生的自发活动分为两大类：一是和公署合作帮助平息事件的活动，一是激烈反对公署并试图扩大事态的活动。和公署合作者，一般是做官或民意代表的留日学生。激烈反对公署者一般是1931年以后特别是1940年代初在日本留学的人，他们深受日本军国主义影响，有的还参加过日军，鄙视中国官僚和军警，认为中国军队不堪一击。这些人在现实中也不得志或失业。

（一）留日学生有利于平息事件的自发活动

为事件平息而努力的留日学生很多，有李连春、林茂生、陈炘、杨肇嘉、陈重光、朱江淮等代表人物。这类活动大致上可分成坚守岗位、向官方提出善意的建议、维持治安、劝阻他人过火行为等几种情况。

1. 提建议者。2月28日，谢娥和粮食调剂委员会总干事李连春向柯远芬参谋长报告说，有群众试图扩大事态。柯远芬乃打电话给陈仪，陈仪已经得到同样报告，并命令警务处严加防范，并令军人不要外出，以免引起军民冲突。① 谢娥，东京女子医学专门学校毕业。3月4日，林茂生在"处理委员会"，发表简短的意见，督促他们要公平，要有建设性。② 同日，应长官公署顾问李择一之邀，陈炘、蒋渭川、林梧村及学生代表共30多人赴长官公署会见陈仪，提出：事件乃过去一年失政所致；政治改革具体办法由"处委会"研究；陈仪要和一般民众接近。③ 陈炘反对陈仪把事变说成"造反"，曾制止其向大陆搬救兵。④

2. 劝阻他人过火行为者。3月4日，三青团花莲分团总干事许锡谦在花岗山召开市民大会，收听收音机的青年很激动，黄福寿劝他们不要盲动，认

---

① 《柯远芬暨彭孟缉回忆录》，第12、19页。

② 杨亮功、何汉文：《二二八事变调查报告》。

③ 《台湾新生报》，1947年3月5日。

④ 同前引《陈盘谷口述》，第3页。

为国军有力量。许锡谦率青年学生接收武器，但未鼓动打杀外省人。① 嘉义农校代理校长蔡鹏飞，劝阻学生闹事，主张和平解决保护外省人。蔡鹏飞，京都帝大农林经济系毕业。② 高雄市，黄顺兴因熟悉大陆军政情况应邀参加市三青团团部会议，反对动员青年参战，而做过日本士官的团组织长邓某却坚决主张参战，还想回归日本统治。会议最后接受了黄顺兴的建议。③ 早稻田大学毕业的林祺瑞起来阻止三青团黄占岸鼓动的青年学生进攻军队。④ 彰化员林镇副镇长兼“处委会”副主委林朝业劝阻青年暴乱。⑤ 花莲市的黄进财，东京美术学校毕业，1947 年担任首届市民代表会主席。事件发生时任当地“处委会”副主委，他在会议中以“煮豆燃豆萁”力劝青年不要暴动。地方绅士许聪敏、林桂兴等人赞扬他血浓于水的民族大义。花莲的局势因此得到了稳定。⑥

3. 坚守岗位者。台电公司的副处长朱江淮、柯文德、蔡瑞唐等人，他们照料公司，保护不能正常上班的代总经理黄辉、协理柳德玉、机电处长孙运璇三位外省籍高官，保护财产保证供电。⑦ 台中师范学校校长洪炎秋坐镇学校，管束学生，不让参加事变。

4. 自发起来维持治安者。3 月 1 日，台北县参政员林宗贤等人组织“服务队”，劝阻民众殴打外省人。3 月 3 日，台南县斗六眼科医生陈篡地号召青年学生退伍军人组织“斗六治安维持会”，以镇长吴景徽为会长。⑧ 台南市北门区的吴新荣召集地方精英杨木水、郑春河等 11 人组织“北门区时局对策临时委员会”，保卫乡土维持治安。⑨

（二）留日学生激烈反对公署的自发活动

1. 在报刊电台参议员教师等重要岗位上擅自行动者。2 月 28 日下午，

---

① 附录二《黄福寿访问纪录》，前引书《附录二重要口述历史（二）》。

② 《蔡鹏飞口述记录》，前引《二二八事件文献补录》。

③ 黄顺兴：《走不完的路——黄顺兴自述》，台北，自立晚报社，1990 年，第 89 页。

④ 《林祺瑞访问记录》，前引《附录二重要口述历史（二）》。

⑤ 《林朝业口述》，《二二八事件文献补录》。

⑥ 蔡慧玉：《保正、保甲书记、街庄役场——口述历史之二》，《台湾风物》44 卷 2 期，第 69 页。

⑦ 朱江淮：《朱江淮回忆录》（上），台北，朱江淮文教基金会，2003 年，第 152 页。

⑧ 前引《情形简表》，前引《二二八事件文献辑录》。

⑨ 《吴新荣回忆录》，台北，前卫出版社，1989 年，第 133 页。

电台台长林忠、文书股总干事陈亭卿、工程师陈嘉滨迫于群众压力，让一中年男子向全台湾广播昨晚缉烟事件并大肆抨击政府的贪污腐败。① 次日“电台开始播出强烈的排华言论，群众对此大加喝彩。”“南部某闻人以极富有煽动性的语调广播：‘自人类的历史，割去支那，于人类毫无损失。’”②

事件发生后，《台湾新生报》编辑趁机恢复了日文版，以后连续数日都有大幅报道二二八事件的各地消息。③《人民导报》社长宋斐如，把自己的汽车拨给记者使用，以采访基隆台北等各地之事。④《台湾新生报》台南分社记者杨炽昌等人擅自在台南出版日文版号外。⑤ 板桥镇省参议员林宗贤命令《中外日报》攻击陈仪政策不当。⑥

东京帝大毕业的林旭屏原是专卖局副局长，外省籍的局长躲起来了，林旭屏就应大家之邀做局长。⑦

台北市参议员黄朝生，“勒令各公私立医院，不得为受伤外省人医治。阴谋组织伪新华民国政府”。省参议员林连宗“强力接收台湾高等法院第一分院，并自认院长”。台北市律师公会会长李瑞汉召集律师公会会员开会，检讨时局，提出改革建议，要求“司法独立”和“起用本省人”。李瑞汉、李瑞峰“强迫接收法院”。省参议员颜钦贤到公署工矿处，要求接收煤矿。⑧

淡水中学校长陈能通“发表荒谬言论，煽动学生响应台北，招致流氓及青年学生在校内举办军事训练班，由训导主任黄阿统主持反动组织。”⑨ 新竹某中学美术教师范倬造鼓动学生起来活动。⑩ 屏东市，庄迎率众前往市

---

① 许雪姬：《徐水德先生访问纪录》，《满洲的台湾人》，第 246 页。

② 前引《林衡道先生访谈录》，第 251、252 页。

③ 前引《高雄市二二八相关人物访问纪录》（上），第 141 页。

④ 《宋洪涛口述》，“行政院”研究“二二八事变”小组：《附录二，重要口述历史（一）》。

⑤ 前引《附录二，重要口述历史（二）》。

⑥ 前引《台湾二月革命》，前引邓孔昭书，第 130 页。

⑦ 前引陈翠莲《陈逸松先生访问记录》，《派系斗争与权谋政治》，第 474 页。

⑧ 前引《二二八消失的台湾精英》，第 124 页。《陈仪呈蒋主席 3 月 13 日呈》之附件，“中研院”近代史研究所：《二二八事件资料选辑（二）》，1992 年，第 175－177 页。

⑨ 《台湾二二八事变基隆区绥靖报告书》，“中研院”近代史所编《二二八事件资料辑（三）》，第 372 页。

⑩ 谢里法：《出土台湾人物志》，第 309 页。

政府，要求市长龚履端做三件事：缴出印信；缴出军警的武器弹药；集中外省人。①

2. 参加暴动或军事活动者，此类留日学生以参加过日军的为多，担任头目的则多是日本军校毕业，深受日本军国主义影响。他们的行动激化矛盾刺激事件发展。

事变后，原日军空军人员出来组织航空大队，一位大专生当选队长。黄华昌当选副队长。黄华昌，1929 年生，日本大津、熊谷飞行学校毕业。3 月 5 日左右，从广播得知嘉义的民兵被国军围剿，黄华昌等人想夺取松山机场飞机援助嘉义民众武装，但计划失败。② 3 月 4 日，李中志呼吁成立学生军，但因当天下大雨未组成。③

钟谦顺爬货车从台北去新竹市，和叶炎雾带人去新竹监狱，做过日军少佐的钟，沉着冷静，猛地击倒一个卫兵，吓跑其他的。他们打开监狱放跑犯人。④ 叶炎雾，1934 年前后在日本大学留学。回家后，钟谦顺在镇里的会议上，提议组织防卫团来治安和对抗大陆来的军队。他叫户籍科长按照户口簿召集曾受训的原日军人员和中学毕业生。自卫大队分四个中队，选当过少尉和伍长的当中小队长。队伍共八百多人。⑤

台中二七部队里面的主要领导钟逸人、顾大郎、吴崇雄、黄信卿等人，都是留日学生。钟逸人任队长，黄信卿任参谋长。⑥ 吴崇雄，东京大学医学院毕业；⑦ 黄信卿，留学早稻田大学，原日本关东军陆军少尉。⑧ 二七部队下分埔里队（黄信卿为首）、中商队（何集淮、蔡伯勋）、中师队（吕焕章）、警备队（黄金岛）、建国工艺学校学生队（李炳崑），大约二百多人。黄金岛在日本读中学，参加过日军，非常鄙视国军。⑨ 3 月 16 日，国军 21

① 《屏东政坛耆黄振三谈二二八》，《台湾时报》，1993 年 2 月 28 日。

② 《黄华昌先生访问纪录》，许雪姬、吕芳上、黄克吾：《戒严时期台北地区政治案件口述历史》第一辑，“中研院”近代史所，1999 年，第 520 页。

③ 同前引《高雄市二二八事件相关人物访问纪录》（下），第 330 页。

④ 前引《炼狱余生录》，第 98 页。

⑤ 前引《炼狱余生录》，第 104－106 页。

⑥ 《钟逸人口述》，前引《二二八事件文献辑录》，第 405 页。

⑦ 《访古瑞云谈谢雪红与二二八事件》，前引《附录二重要口述历史（一）》，第 4 页。

⑧ 《钟逸人口述》，前引《二二八事件文献辑录》，第 405 页。

⑨ 《黄金岛口述》，前引《附录二重要口述历史（二）》。

师进攻埔里，黄金岛带队于乌牛栏溪迎战，阵亡2人。①

顾大郎率领一队伍到“中部地区治安委员会作战本部”报到，并主动要求去支援攻打虎尾飞机场的战斗。②

嘉义地区攻打飞机场的民众武装很多，但其中的领导人物也多是留日学生。如汤守仁、嘉义中学的陈显富、罗金城、许壬辰等人。汤守仁，嘉义高山族，1924年生，曾被其日本长官送到陆军士官学校受训，做过日军中尉，他带高山族部队参与攻打。罗金城做过日军曹长，《和平日报》业务经理；北港许壬辰、许祯兴分别是东京拓殖大学和日本大学毕业。许壬辰北港日军柔道教练。二许都是嘉义的警察，鄙视大陆军警文化低气焰高。许壬辰许祯兴在北港招了一批年轻人参加包围飞机场。③ 三青团朴子区队长张荣宗纠集青年抗争，被国军伏击而死。④

彰化县溪湖镇“青年自卫队”队长林才寿，到糖厂保警队借了一卡车武器，并率队支援台中。⑤ 他1942年开始在日本航校学习三年，在日军中服役半年，任兵长。高雄市民众接收军警武器，在高雄中学成立“指挥总部”，涂光明任总指挥。⑥

3. 参加游行示威、开会串联等活动者。事变发生后，台大法商学院专修科学生（留日学生插班生）率先召开大会，并派代表至延平学院，由陈炳基、叶纪东等人商讨对策。3月2日，台大、延平学院、师范学院等学校学生数百人，举行大会，张贴标语。⑦

3月3日上午，“处委会”在台北中山会堂开会。钟谦顺挤在人群中，对民间代表发言不满，便匿名发言：请愿团要向有关当局提出抗议，国军对同胞不人道，使用国际协定上明文禁止的软鼻子弹；其次，请愿书内不要签代表人名，只签群众一同即可。⑧

---

① 林木顺：《台湾二月革命》，前引邓孔昭书，第148页。

② 谢雪红、杨克煌：《我的半生记》，第156页。

③ 《访钟逸人谈二七部队》，前引《附录二重要口述历史（一）》，第4页。

④ 《张秋梧访问记录》，前引《附录二重要口述历史（二）》。

⑤ 《访林才寿谈二二八时的溪湖》，《附录二重要口述历史（二）》。

⑥ 前引《附录二重要口述历史（二）》，第118页。

⑦ 前引《柯远芬暨彭孟缉回忆录》，第17页。

⑧ 前引《炼狱余生录》，第92页。

蓝敏每天都到台北观察情况。第三天，她听到黄朝琴在广播里呼吁：台人放下一切武器，72 小时后一切都可解决。蓝敏随即到所有熟人家里宣传自己的主张：绝不能交出武器，黄朝琴的讲话是个骗局。①

3 月 6 日，留日学生徐水德、高汤盘、陈亭卿等率领从东北回来的 30 多人，在中山堂开会。徐水德当会议主席，陈亭卿当司仪，讨论台湾管理的问题。徐水德还和欧阳余庆、黄炎生一同去见陈仪。陈仪对他们说，自己在台湾是失败者，他不知道台湾青年这么多留外的，都听流氓跟御用绅士的话。② 李培灿，东京电气学校毕业，台北市延平区大有里里长。他陪同计划武力抗争的学生和原台籍日本兵去见蒋渭川，表示反对“处委会”与陈仪谈判。③

台北县。留日学生吴琳、许焰灶等人，和其他学生及海外回台的青年前往宜兰机场，接收空军仓库的枪械，组织保安队、治安队，沿街游行示威，并高唱日本军歌。许氏是前日本陆军中尉，为自南洋归台之青年中军阶最高者。④

在台中，3 月 2 日晚，钟逸人杨逵等印刷传单，到街上散发。钟逸人又去高农的宿舍，向学生们说这件事，然后再去一中、中商向住宿舍的学生宣传。⑤ 张冬芳把台中的大专学生组织起来，成立了“学生大队”，下分台大队、师范学院队、农学院队、工学院队、延平学院队。⑥

总之，“处委会”的有组织的活动是以留日学生为首的，“处委会”之外的自发活动，如嘉义、台中等地区比较激烈的军事斗争，也基本上是以留日学生为首的。整个事件过程都是留日学生这个阶层在领导。

第三节　事变后的留日学生

事变后，留日学生这个社会阶层既是被镇压的主要对象，又是被安抚的

---

① 前引许雪姬：《蓝敏先生访问纪录》，第 116 页。

② 许雪姬：《徐水德先生访问纪录》，前引《日治时期在“满洲”的台湾人》，第 246 页。

③ 应大伟：《台湾人档案（之一）》，第 246 – 250 页。

④ 《林金春口述历史访问纪录》，《附录二重要口述历史（二）》。

⑤ 前引《访钟逸人谈二七部队》，第 3 页。陈芳明：《杨逵的文学生涯》，第 179 页。

⑥ 《廖天欣先生访问纪录》，《附录二重要口述历史（二）》，第 963 – 964 页。

主要对象，也充分说明了留日学生这个社会阶层在事变中的领导作用。

如上所述，事变中，留日学生这个社会阶层最活跃、掌握的权力最多，因而也要负最大的责任。陈仪于3月13日呈报蒋介石所列举的主犯名单20人，中间有2名日本人，中国人只有18人。其中留日学生就多达11人：王添灯、陈炘、林茂生、宋斐如、阮朝日、吴金錬、黄朝生、林连宗、施江南、李瑞汉、李瑞峰，比例高达61%。该名单旁边还有潦草写的7人：白成枝、蒋渭川、陈屋、林日高、王万得、张晴川、吕伯雄。① 如果把这25人合起来计算，留日学生的比例也高达52%。从中我们可以看出留日学生在事变中作用和地位。所以，在事变前后被捕被杀的各阶层人员中，留日学生也就最多。

一、善后工作中的留日学生

参加事变善后工作的留日学生，以各地“处委会”的居多。他们积极与国民党中央和行政长官公署配合，努力平息各地事变。主要工作有：向国民党中央和政府主席蒋介石解释事变原因，呼吁宽大处理；迎接国军帮助恢复秩序，接受政府的安抚。

（一）解释事变原因呼吁宽大处理

1. 留日学生黄朝琴、丘念台、杨肇嘉等分析汇报事变的性质及发生发展的原因。其中以黄朝琴的分析最典型周全。3月16日，事件刚刚平息，黄朝琴以议长身份对中央社记者谈话：“二二八事件发生之初，民众要求不外政治改革，登用省人，别无他意。”事变后来的发展变化，直至提出42条改革建议，是受了“奸人”的煽动利用。早在3月6日他就上电蒋介石，其中说“台北民众暴动实缘省署施政有失民心，积怨所致”；“外传托治及独立，并非事实，拥护中央热忱如故，对陈长官个人感情尚佳，事发之初，民众基于公愤，作无计划之暴动”。② 导致省民暴动的原因很多：在政治上，行政长官公署是变相的总督府，行政长官公署任用的台湾人才太少。在经济

① 前引黄富三：《“二二八事件处理委员会”与二二八事件》，《台湾光复初期历史》，第158页。

② 《黄朝琴呈蒋主席三月鱼电》，大溪档案，第70页。

上，台湾银行、专卖局、贸易局等制度妨害经济发展；日产处理不公正等。① 在心理上，本省同胞因长期受日人压迫统治，于政治多缺乏了解，而且回到祖国，望治之心倍加急切，遇对政府措施有所不满时，即发生精神上的激动，导致行为上的错误。②

2. 呼吁国民党中央迅速并宽大处理，这是留日学生的共识和一致要求。3 月 6 日，黄朝琴恳请蒋介石“速决治台方针，简派大员来台处理，以免事件扩大，贻笑外人。”③ 3 月 16 日，黄朝琴再次通过中央社记者呼吁，“中央与地方当局宽大处理。”④ 全体省参政员托中央社致电蒋主席，呼吁“速派大员来台协同处理本案，勿用武力弹压，以免事态扩大。”⑤

丘念台致电国民党监察院长于右任，解释事变根本原因，要求速派党国元老去台湾协助安抚，了解实际情况。他还希望中央政府对事件宽大处置，以消灭挑拨离间省民与中央政府关系的借口。⑥

杨肇嘉、陈重光等人于 3 月 10 日从上海到南京，分别向国民政府、监察院、立法院、内政部等有关单位，提出迅速敉平台乱的呼吁和具体愿望。当日晚国防部长白崇禧就宴请他们，并转达蒋介石处理事变的指示方针。白崇禧要求杨肇嘉一行先回台说明。但当杨肇嘉他们一下飞机，就被软禁在台北宾馆。⑦

除了向当局建议总的处理方针之外，留日学生还关心具体的司法审判工作，积极营救因事变被捕的人员。连震东曾设法营救庆应大学校友郭章垣。⑧ 1947 年 6 月 20 日，在台湾省参议会第一届第三次大会上，郑品聪、丁瑞彬、杨陶、苏维梁、韩石泉等留日学生，附议陈文石提出的临时动议，请中央对二二八事变有关人犯宽大处理。省参议会第 11 次大会决议，请政

---

① 《二二八官方机密史料》，第 109－111 页。
② 《朝琴回忆录》，第 277 页。
③ 《黄朝琴呈蒋主席三月鱼电》，大溪档案，第 70 页。
④ 《朝琴回忆录》，第 276 页。
⑤ 《二二八官方机密史料》，第 109－111 页。
⑥ 《台湾光复和光复后五年省情》（下），第 588 页。
⑦ 《杨肇嘉回忆录》，第 366 页。
⑧ 《连震东曾设法营救二二八受难者》，《台湾时报》，1992 年 2 月 21 日。

府商同军法及司法机关迅速宽大处理在押人犯。①

1948年7月14日，陈绍平、林忠、谢挣强、陈天顺、黄及时、连震东、游弥坚、吕世明、张吉甫、王民宁、吴三连、刘传来、杨金虎等联合向司法部门提出妥善处理事变的意见书：安慰抚恤被捕被杀台籍名士官绅的家属；从速处理在押人员，不要以叛国或共产党名义久押。②

（二）参与并接受国民党安抚的留日学生

事变后，国民党不得不对台湾人民作出一些让步，答应事变中提出的部分改革要求。国民党做了一系列安抚台湾民心的工作，其中的重点是拉拢收买台湾的知识分子，具体措施就是把他们的代表人物网罗进省政府和省文献馆等新设立的机构里。这也表明了留日学生在整个事变中的重要地位。

1. 参与安抚工作的留日学生很多，此处以蔡培火、陈启川、庄垂胜等为例说明。总的来说，在国军进军过程中，留日学生和民众基本上未采取对抗行动，而在各地欢迎的却很多。当风闻国军来台中时，“黄朝清等处委会人士乃宣布解散该会及治安队，但谢雪红力主武装。”③ 3月13日，国军21师进驻台中，黄朝清、洪炎秋、庄垂胜、蔡志昌等跟随林献堂欢迎。④ 高雄市，陈启川等10余人帮助军方审查被抓的人。⑤ 关于被捕的人，彭孟缉都问陈启川是好人坏人，如果陈启川说是好人，他就马上释放。陈启川说被捕的人中坏人非常少。⑥

事变后，台湾省党部派出四个慰问团慰问各地。蔡培火和吕伯扬奉派到四县三市慰问并考察该县市党部的党务工作。5月1日从台南市开始，经台南县、台中市、台中县、彰化市、台东县、花莲县。全程费时36天，计开党员及各界座谈会18次，民众演讲会22次，主要解答三个问题：国内和平问题，本省粮荒问题，县市长是否提早实施民选问题。⑦

2. 如前所述，留日学生在事变前及事变中极其活跃，实际上起着领导

---

① 《二二八事件文献补录》，第191页。
② 《二二八事件文献续录》，第201页。
③ 林木顺：《台湾二月革命》，邓孔昭：《二二八事件资料集》，第139页。
④ 林木顺：《台湾二月革命》，邓孔昭：《二二八事件资料集》，第146、147页。
⑤ 《高雄市二二八相关人物访问纪录》（下），第226页。
⑥ 《高雄市二二八相关人物访问纪录》（下），第104、105页。
⑦ 蔡培火：《慰问纪要》，《二二八事件文献续录》，第536页。

作用。事变后，国民党政府为了安抚他们，提拔其中一批代表人物到省政府和省文献馆等机关里做官。著名的有丘念台、黄朝琴、杜聪明、刘明朝、徐庆钟、李连春、林熊祥、张文环等人。

3 月 17 日，白崇禧来台宣抚，告诉林献堂、丘念台善后工作的办法。白崇禧说政府拟将台湾行政长官公署改为省政府，请林献堂推荐省府委员。林献堂先后与黄朝琴、杜聪明、刘明朝商议名单。① 4 月 22 日，台湾省政府成立，下设“省府委员会”为其执行机关，29 日任命委员 14 席，其中台籍为林献堂、杜聪明、刘兼善、南志信、丘念台、游弥坚、陈启清、李连春 8 人。② 8 人中 6 人是留日学生，比例达 75%。刘兼善，早大毕业。陈启清，明大法科毕业。李连春，神户商业学校毕业。徐庆钟，留学日本的农学博士。

台湾省主席魏道明于 1948 年 6 月设立省通志馆，馆长林献堂，副馆长林忠，另设顾问委员会，黄纯青为主委，林熊祥为副主委兼总编纂。张文环、谢国城、孙万枝、徐坤泉、刘枝万等。后聘杨云萍、陈绍馨、黄得时等为顾问。这些人几乎都是留日学生。各县市的文献委员会也是以留日学生为主。例如，1952 年 11 月 12 日成立的台南县文献委员会，吴新荣、卢嘉兴、江家锦、石旸睢、赖建铭、高文瑞、洪波浪等参加。吴新荣担任委员兼编辑组长。③

二、被杀、被捕、逃亡、消极的留日学生

事变前后，许多留日学生被捕被杀被撤职、逃亡失踪、政治上消极，有的甚至从此走上了分裂中国的“台独”道路。这些人的数量之多，也说明留日学生这个社会阶层对全台各地的活动负有领导责任。

（一）逃亡或者政治上消极的留日学生

1. 躲藏逃亡的留日学生，比较出名的有陈逸松、刘明、苏新、萧来福、张文环、廖文奎、廖文毅、钟谦顺、邱永汉、陈文彬等人，遍布全台各地。

---

① 《二二八事件中的林献堂》，第 39 页。

② 张炎宪等：《第一位台湾省议会议长——黄朝琴》，第 165 页。

③ 前引《林衡道先生访问记录》，第 103 页。

廖氏兄弟是事变前夕就逃到上海的。台南的邱永汉则于1948年逃往香港，参加了廖文毅的台湾再解放联盟。① 陈逸松、刘明也躲藏起来，直到白崇禧来台，陈逸松向他解释说明，陈刘二人才敢露面。② 新竹中学美术教师范文龙（倬造），4月混入日侨集中营避难，10月与日侨同被遣回日本，改名石山治彦。1955年12月又被日本遣回中国大陆。③ 张文环事变时逃进深山躲藏。他将藏书资料烧毁，终生不再创作了。④ 嘉义北港的许壬子许壬申在事变时逃亡。⑤ 屏东的蔡清霖，日本医学院毕业，在其姐夫曾丰明被杀后，极端不满公署的统治，和弟弟等人移民日本。⑥ 陈浴沂被释放后就回大陆和香港经商。⑦ 陈文彬逃到大陆。

2. 政治上消极的留日学生，以各县市参议员地方绅士为主，著名的有彭清靠、郭国基、吴新荣、苏东启、刘明、陈金波等等。这些人对以后的台湾政治都有极大影响，有的人终生与国民党作斗争。例如，事件后，高雄市议长彭清靠，对政治极端灰心，以做中国人为耻。其子彭明敏后来走上"台独"道路，与此有很大关联。⑧

庄垂胜被台中宪兵拘押一周，在狱中作诗："自幸一门三世，无负国家民族；虽沦披发左衽，未忘礼乐衣冠。"最后被以煽动群众叛乱为由免去公职，后归隐经营大同农场。⑨ "如果不取消我的所谓思想不正确的不名誉记录，我决不会再担任任何公职。"⑩ 事变时，郭国基在台东考察农业，但却因政治恩怨被罗致入网，经210天后才被无罪释放，出狱后即退出国民党。⑪ 苏东启辞去长官公署秘书处交际科次长职务，回云林县参选县议员，

① 邱永汉：《我的青春·台湾，我的青春·香港》，台北，不二出版社，1996年。

② 《二二八事变研究——二二八事变中的党政关系》，第162页。

③ 谢里法：《出土台湾人物志》，第309页。

④ 张炎宪：《台湾近代名人志》第一册，第263页；张文环《难忘当年事》，《台湾文艺》2卷9期，81期。

⑤ 《高总成访问纪录》，《附录二重要口述历史（二）》。

⑥ 《高雄市二二八相关人物访问纪录》（上），第45页。

⑦ 《高雄市二二八相关人物访问纪录》（上），第185页。

⑧ 彭明敏著：《自由的滋味——彭明敏回忆录》，第80页。

⑨ 吴文星：《鹿港镇志》，鹿港镇公所，2000年，第60页。

⑩ 张炎宪：《台湾近代名人志》第4册，第148页。

⑪ 张炎宪：《台湾近代名人志》第4册，第178页。

一连四任，不畏强权，号称苏大炮。苏东启 1923 年生于北港富家，留学中央大学，曾潜回大陆参加抗战。①

蒋渭川出任台湾省政府民政厅长时，刘明等人故意出钱在报纸上登广告，以二二八事件的牺牲者，例如林茂生、陈炘等人的名义祝贺他。

在外省籍市长的陪同下，原宜兰市长陈金波出面和由苏澳登陆的国军交涉。军方最后表明“和平进驻”，但仍逮捕杀害一些精英。陈金波躲避在市郊旧宅，乃断绝从政念头。

事变后，各级参议会议员出席会议不踊跃，1947 年 6 月召开的省参议会会期中，签到的人数只是议会成员的三分之二，因为死亡、流亡、失踪等原因，最具批判力的代表都不见了。② 事变前台南县参议会议员积极批评时政；事变后召开的第四次大会，与会议员显著减少，只有一件提案，7 件临时提议。有 3 件是致电蒋介石、白崇禧、陈仪的，为他们宽大为怀及迅速镇定处理，表达致敬之意。吴新荣参加了第六、七、八次会议，却不愿提案与质询。③

鹿港的辜本，冈山医学专门学校毕业，1946 年首届民选镇长，事变时去职，不再关心政治。④ 廖行贵，1934 年大阪帝大工学部毕业，曾在伪满洲国交通部任职，事变后被开除高雄工业学校校长职务。⑤ 事变后，陈天阶辞去台湾新生报南部分社主任职务。⑥

（二）被杀被捕的留日学生

事变中被杀民众以青年学生最多，一般群众次之，社会中坚又次之，真正流氓则被编入别动队。台籍士绅被杀者 45 名，其中留日学生占大多数。被杀的原因在前文已经有论述，此处不再赘述。被杀被捕的名单见表 2－3 和表 2－4。另外还有失踪和受惊而死的留日学生，这里有三例，⑦ 台大法商

---

① 《云林县发展史》，人物传记，第 111 页。

② 张炎宪等：《第一位台湾省议会议长——黄朝琴》，第 165 页。

③ 《吴新荣回忆录》，第 266 页。

④ 吴文星：《鹿港镇志》，第 12 页。

⑤ 许雪姬：《日治时期在“满洲”的台湾人》，第 41 页。

⑥ 《高雄市二二八相关人物访问纪录》（上），第 137 页。

⑦ 《陈逊章先生访问记录》，许雪姬等：《大台中地区二二八相关人物访问记录》。

学院学生代表潘家泽。① 李润宇，1917年生，东京第二高等学校毕业，事变时失踪。② 吴天赏，青山学院英文系毕业，台湾新生报台中分社主任，事变后被通缉，惊吓而死。据作者不完全统计，被杀留日学生如下表：

表2-3　二二八牺牲的留日学生名单

姓名	籍贯	生卒年	留学学校	简历
林茂生	屏东东港	1887-	东京帝大东哲学	台大教授
陈炘	台中大甲	1893-	庆大理财科	金融家
宋斐如			东京帝大	人民导报社负责人
吴鸿麒	桃园中坜	1898-	日本大学法科	台北高等法院推事
李瑞汉	竹南	1906-	中央大学法科	台北律师公会会长
李瑞峰	竹南	1908-	中央大学法科	律师
施江南	鹿港	1902-	京都帝大医学部	四方医院院长
阮朝日	屏东	1900-	福岛高等商校	新生报总经理
吴金链	台北市	1913-	东京文化学院	新生报日文版总编辑
林旭屏	台南东石郡	1904-	东京帝大法学部	公卖局职员
郭章垣	嘉义	1914-	庆应大学	宜兰医院院长
王育霖	台南市	1919-	东京帝大法学	新竹检察官
王添灯	台北		早大函授生	省议员、自由报社长
林连宗	彰化市	1905-	中央大学法科	国代、省参议员
张荣宗	嘉义朴子	1908-	日本大学	朴子镇副镇长
陈复志	嘉义	1911-	神田大成中学	三青团嘉义分团主任
陈澄波	嘉义	1895-	东京美术学校	嘉义市参议员
潘木枝	嘉义市	1902-	东京医学专校	嘉义市参议员
卢炳钦	嘉义市	1913-	东京齿科专校	嘉义市参议员
汤德章	台南南化	1905-	日本大学	台南名律师
王石定	高雄市	1912-	早大商业部	高雄市参议员
曾丰明	高雄市	1922-	无线电学校	国军军官
范沧榕	高雄市		东京齿科部	牙医
王炳川	高雄盐埕			

① 《高雄市二二八相关人物访问纪录》（下），第26页。

② 《高雄市二二八相关人物访问纪录》（上），第388页。

续表

姓名	籍贯	生卒年	留学学校	简历
洪景川	高雄盐埕	1921 –	早稻田大学	盐埕区公所职员
叶秋木	屏东市	1908 –	中央大学	屏东市参议会副议长
顾大郎	台中市			
张宗仁	花莲			花莲中学校长
张果仁	花莲			花莲中学教员
许秋棕				高雄市首届参议员
黄朝生				台北参议员
许锡谦				三青团花莲分团总干事
陈能通			京都帝大物理学博士	淡水中学校长
涂光明				高雄市政府日产清查室主任
林桂端				律师
李登芳	嘉义		神户大同机械学校	台南市警察
苏宪章				新生报嘉义分社主任
苏耀邦				宜兰农校校长
黄阿纯				淡水中学教员
卢园				淡水中学教师
黄赐	高雄			高雄市议会议长
柯麟				嘉义市参议员
邱金山	高雄			新生报高雄分社主任
李仁贵				台北市参议员
王孚国				大明报总编
陈文彪				建国中学校长
李言	高雄			国声报编辑
陈金能	东港		中央大学法学	律师
吕见发	高雄			
吕见利	高雄			
曾老师				高雄中学化学教师
骆好清	高雄	1898 –	早大电机科	台电职员，在路上被误杀
郭国清	屏东县			里港分局长
陈野口	高雄			工业学校老师

续表

姓名	籍贯	生卒年	留学学校	简历
王金星	屏东	1904 -	中央大学法学部	乡长
郭守义	基隆	1926 -	昭和医专	基隆除委会委员

资料来源：许雪姬等：《大台中地区二二八相关人物访问记录》。许雪姬等：《高雄市二二八相关人物访问纪录》（上）、（中）、（下）。台湾省文献委员会编：《二二八事件文献辑录》，台北，1991 年。

据作者不完全的统计，被捕留日学生如下表：

表 2－4　被捕的留日学生名单

姓名	籍贯	留学学校	简历
郭国基		明治大学法学部	省参议员
林宗贤	板桥	京都帝大法学部	国民参政员，中外日报董事长
简柽堉			台北市参议员
朱昭阳	板桥	东京帝大经济学	延平学校校长
陈文彬		法政大学	建国学校校长
蔡天赐	高雄市	明治学院肄业	台大学生
陈水木	高雄市	熊本外语学校肄业	师范学院学生
陈亭卿	台中县	广岛修道中学	台湾广播电台文书股总干事
陈万福			台中县参议员
林连城			台中市参议员
庄垂胜	鹿港	明治大学	台中市图书馆长
陈华宗	台南	立正大学	台南市参议员
蔡丁赞	台南	昭和医专	台南市参议员
吴新荣	台南	东京医学专门学校	台南县参议员
杨炽昌	台南	东京文化学院	台湾新生报台南分社记者
林宗栋	台南	日本士官学校	台南二中
沈乃霖	台南	昭和医专	医生
郭万枝			高雄市参议员
郑松筠		明治大学法科	花莲地方法院检察官
杨逵			
巫永昌	南投	名古屋帝大医学部	医生、处委会委员
赖耿松			花莲地方法院推事

续表

姓名	籍贯	留学学校	简历
庄孟侯			三青团台南分团总干事
黄师樵			新竹县图书馆长
丁瑞鱼	鹿港	日本医学专门学校	医生
钟逸人		东京外语学校	和平日报嘉义分社主任
蔡铁城			和平日报记者
林克绳			台中市消防队副队长
郑四川			台南工学院教师
杨金虎	台南	日本医科大学	高雄市参议员
王清佐	屏东	中央大学法科	高雄市参议员
邱道得	高雄市		高雄市参议员
谢有用	高雄市	高中、专修大学	高雄市参议员，记者
陈浴沂	高雄市	庆应大学	高雄市参议员
潘家钦	高雄市	庆应大学	经商
廖朝锵		中央大学	和平日报社主任
陈水印	高雄市	日本医科大学	高雄市参议员，医生
王天赏	高雄市	东京目白英语学校	国声报社长兼发行人
朱再发			前镇区长
杨老师			高雄商业学校化学老师
王源赶	台南市	日本大学附属第三中学	高雄市警察
蔡清元			国文教师
廖老师			数学老师
许国雄	高雄市	九州久留米医科大学	医生、教师
许舜雄	高雄市	东京高等师范学校	学生
曾维成	高雄市	东京圣书学院	
孙医师	高雄市	日本东北大学	高雄医院医生
柯贤明	高雄市	日本大专	左营炼油厂机械主管
李堃州	高雄市	东京品川养成所机械科	左营炼油厂职员，工人代表
郭荣林	高雄市		左营炼油厂职员
杨凯雄	高雄市		左营炼油厂员工
简奢兑	高雄市	早稻田中学毕业	左营炼油厂职员

续表

姓名	籍贯	留学学校	简历
林金发	高雄市	两洋中学	
林朝宗			屏东区长
陈棋荣			医生
周南光			医生
卢荣阶			医生
王登山			医生
周金波			

资料来源：许雪姬等：《大台中地区二二八相关人物访问记录》。许雪姬等：《高雄市二二八相关人物访问纪录》（上）、（中）、（下）。台湾省文献委员会编：《二二八事件文献辑录》，台北，1991 年。戴国辉、叶芸芸著：《爱憎二二八》。

综上所述，事变前，文化资本优越的留日学生已经对台湾行政公署严重不满，对台湾时局估计过于悲观，并通过各种形式的舆论来影响和引导社会。可以说，留日学生在思想政治上领导着台湾社会各阶层尤其是青年学生。事变过程中，留日学生基本上掌握了各地“处委会”的权力，在官民之间起中介作用，主导着事件的发展方向，决定着事变的性质。在各地自发地激烈地反抗国民党统治的也基本上以留日学生为首，例如台中、嘉义等地区。所谓事变的性质就是以留日学生为核心的台湾社会精英领导的政治斗争，目标是争夺台湾省的领导权。既然是争权夺利，已经身居高位的留日学生，如游弥坚、黄朝琴、丘念台、黄国书、连震东、刘启光、王民宁、林顶立等人则必然参加平息事变的各项工作。

如导论中所述，在台湾社会各阶级阶层中，留日学生在日本留学时接受了社会主义、民本主义、日本军国主义等思潮的影响，在日据时期就组织或参加抗日民族运动，具有丰富的政治斗争经验。他们用立宪政治的标准来批评行政长官公署的施政，如杨肇嘉、林茂生、阮朝日等人，结论必然是令人失望。他们不了解大陆国共斗争的基本情况，用社会主义思想来批评国民党，如苏新、许乃昌、王白渊、李纯青等人，结果必然适得其反。受到日本军国主义教育的部分留日学生，特别是曾经参加日军的留日学生，如钟谦顺、黄金岛、许壬辰、许祯兴等人，轻视甚至鄙视中国和中国军队，必然疯狂进攻中国军警，导致双方仇隙加深。这些都在某种程度上反应了中日政治文化的矛盾。

事变也发展出留日学生的政治行为模式：和大陆籍的官僚既合作又斗争，既利用民意压迫大陆籍官僚在政治上让步，又利用大陆籍官僚压迫台湾普通群众，使民众的力量不至于危害社会秩序。1990 年代，李登辉就充分利用这个政治行为模式达到了自己的目的。

事变后，留日学生这个社会阶层发生更大的分化：一部分代表人物如黄朝琴等积极向各方解释说明事变原因，对国民党中央的态度和处理办法有一定的影响；一部分留日学生的代表人物接受了国民党对他们的安抚，到"政府"和文献馆等机构做官；受到打击和迫害的这部分留日学生则在政治上趋于消极，少数人甚至走上与国民党对抗的道路，希望推翻国民党的统治。所以说，二二八事变是战后台湾政治上的一个分水岭。

第三章　留日学生与战后“台独”运动

在台湾近现代历史上，留日学生曾经参加过两种形式和性质完全不同的“台独”运动：其一是日据时期，台湾的抗日志士们掀起的针对日本帝国主义的独立运动，其目的是先从日本殖民统治下独立然后再回归祖国，因而它获得祖国革命团体和人民的支持。其二是台湾光复后，一小部分留日学生投靠美日等西方反华势力，谋求台湾脱离祖国的独立运动。① 在战后的“台独”运动中，留日学生则完全处于领袖地位。

关于战后“台独”活动的研究甚多，有许多传记、回忆录、研究论文和专著，战后“台独”活动的基本情况已经比较清楚。但既有的研究有如下几个缺点：站在“台独”立场进行研究，带有很强的主观色彩，如施明雄的《台湾人受难史》；个案研究，如黄纪男的《泣血梦回录》，张炎宪等人所著的《台湾近代名人志》等；单纯研究“台独”活动或观点，没有深挖其背后的思想根源，如 Claude Geoffroy 的《台湾独立运动——起源及 1945 年以后的发展》等。大陆学者徐博东的《透视台湾民进党》和林劲的《“台独”研究论集》等专著，深刻地研究了 1990 年代一直到目前台湾岛内外的“台独”活动，揭示了它们的活动规律、基本特点和发展趋势等等，为本文的写作奠定了坚实的基础。但是，上述研究都尚未揭示战后“台独”活动背后隐藏的日本政治文化背景，因而也没能从源头上说明问题。本文首次运用社会阶层理论对战后“台独”骨干力量进行宏观研究，揭示了他们思想深处的日本军国主义。本书概述了彭明敏、李登辉、辛文炳、何既明、张德水等人 1990 年代以后在岛内的“台独”活动。本书将从宏观角度评估留日学生的“台独”活动和理论对台湾政坛的影响。

---

① 王晓波：《台湾意识的历史考察》，海峡学术出版社，2001 年，第 246 页。

第一节　留日学生“台独”活动概况

从1945年8月日本投降，一直到现在，台湾岛内外的“台独”活动基本上都是由留日学生为代表或者领导的。这些人是辜振甫、廖文毅、史明、王育德、高俊明、黄彰辉、彭明敏、李登辉等，下面概述其活动。

一、以辜振甫为主的战后首例“台独”案

1945年8月日本投降后，日军少佐中宫悟郎、牧野泽夫等阴谋假“台湾人自治”之名，继续控制台湾。他们拟定了所谓“台湾自治草案”，网罗台湾绅士出面主持，内定辜振甫任总务部长、许丙任顾问、林熊祥任副委员长，同时拟定由日本人主持的自治协会。8月16日、17日，中宫悟郎首先邀请熟悉的辜振甫到台北市末广町木材会馆协商，希望辜振甫邀请其他人参加，辜振甫竟予答应。很快，前总督安藤利吉制止了他们的“台独”活动。① 1946年2月，林、辜、许等人被捕。第二年7月22日，台湾省战犯军事法庭判辜振甫、许丙、林熊祥有罪。

关于该案有几种说法：

许丙父子的说法：“拘捕理由有四种说法，一为半山建议检举曾经协助日本政府者；二为公署根据检举密函拘捕；三为日据时代参加民族运动者所写的密函；四为陈仪因曾欠林熊祥债而报复。”②

日本人的说法：“是台湾那几个绅士想趁机独立并要求日本人协助独立。”③ “受过日本教育的人了解中国的腐败混乱，害怕重庆政府统治，谋求独立或自治。还有杨逵。台湾军司令部安藤正少佐的记述中，吴新荣以林茂生为中心，开始推动台湾独立运动。”④

---

① 《台湾新生报》，1947年7月30日。

② 许伯埏著：《许丙许伯埏回忆录》，“中研院”近代史研究所，1996年（日文），第302页。

③ 苏瑶崇：《最后的台湾总督府（1944—1946年终战资料集）》，台北，晨星出版社，2004年，第26页。

④ ［日］近藤正己：《总力战——台湾：日本殖民地崩坏の研究》，东京刀水书房，1998年，第666页。

辜振甫的说法：是他发现并制止了中宫悟郎、牧泽义夫的“台独”阴谋。① 1947 年 7 月 22 日，辜振甫的辩护律师陈墩树也基本上是这样为他辩护的。②

事实真相似乎已不可考，但仔细分析上述几种说法，我们还是可以得出几点结论：第一，确有日军参谋中宫悟郎等两人图谋勾结台湾绅士谋求“台独”的事实，只是参加人员的主观意图有争议，这是四种说法都没有否认的。第二，许丙父子的说法都是推测之言，辜振甫单独会见谏山春树的说法也不可查对。第三，辜振甫所谓阻止日军阴谋的活动，都只有和他利害一致的许丙、简朗山、林熊祥能证明。

因此案被判刑的 3 个人，辜振甫和林熊祥 2 人是留日学生。日军拟邀请的其他人员也基本上是留日学生，从中可见留日学生在战后台湾政坛上的分量了。

二、廖文毅小集团的“台独”活动

廖文毅、黄纪男等小集团的“台独”活动从 1948 年 2 月 28 日在九龙成立的“台湾再解放联盟”开始。1950 年 1 月廖文毅经菲律宾偷渡日本。5 月，他纠合吴振南等人在京都成立“台湾民主独立党”，自任主席。1955 年 9 月 1 日，他在东京组建“台湾共和国临时议会”，任名誉会长。1956 年 2 月 28 日，“台湾共和国临时政府”在东京成立，他当选“大统领”，1963 年 2 月又连任。1960 年 1 月，“台湾独立统一战线”在横滨成立，廖文毅担任总裁。

“台湾民主独立党”的党员才 30 人左右。中央委员有杨逸民、蓝家贞、邱永汉等 20 多人。副主席吴振南。只有日本关西和香港两个支部。

廖文毅集团“台独”活动的重点在“外交”，即积极争取美日等国反华势力的庇护，因而，其“台独”活动也得到了美日反华势力的帮助。

1947 年 7 月，魏德迈访华，廖文毅、黄纪男向其递交《处理台湾问题

---

① 黄天才、黄肇珩著：《劲寒梅香——辜振甫人生纪实》，第 81 – 100 页。

② 前引王晓波：《台湾意识的历史考察》，第 256 页。

意见书》，要求公民投票决定台湾前途。[①] 9 月底，廖文奎、黄纪男通过金陵大学校长贝斯的引见，在南京会见美国驻华大使司徒雷登，得到了司徒大使的安慰。[②]

1948 年 4 月黄纪男赴日宣传“台独”，把《台湾独立宣言》交合众社发表。[③] 他会见了首相芦田均，要求日本政府支持台湾独立。芦田均回答，同情台湾人的遭遇，但日本是个受麦克阿瑟将军管辖的战败国，无法帮助台湾人。[④] 1949 年 6 月 15 日，黄纪男奉廖文毅之命潜回高雄。他组织“再解放联盟台湾支部”，自认支部长，廖史豪为副。成员有钟谦顺、温炎煋、许朝卿母子、蔡绣鸾、许剑雄等人。主要活动是游说杨肇嘉、吴三连、名牧师黄武东等名流。黄纪男等人的活动得到美国新闻处人员柯乔治、奥斯本（Osborn）的协助。许朝卿去找奥斯本，由他告知香港美国副领事谢伟志（Mr. Service），再转给廖文毅。1950 年 5 月 14 日，黄纪男在中坜被捕，随后，廖史豪、许朝卿等也相继被捕。

1955 年，在陈智雄活动下，廖文毅获准以“台湾民主独立党”主席身份参加万隆会议，国际声望达到极致。陈智雄，1950 年加入廖文毅的“临时政府”，负责与东南亚各国联系。[⑤]

1958 年 8 月下旬，廖史豪、黄纪男出狱后，通过日本驻台湾单位与廖文毅取得联系，成立“台湾民主独立党台湾地下工作委员会”，先后吸收廖温进、钟谦顺、林奉恩、陈火桐、廖庆顺、临南增、郭振坤、郑瓜飑、陈嘉炘、许朝卿等人参加。廖文毅寄到台湾的《台湾民本主义》等“台独”书刊，都由日本大使馆人员转交廖史豪母子。1962 年 1 月廖史豪、黄纪男再次被捕。[⑥]

岛内受廖文毅影响而秘密从事“台独”活动的还有台东县金峰乡教师赖红炎、李繁章、徐永福、宋二郎等人。从 1951 年起，赖红炎等人就密谋

① 黄纪男：《泣血梦回录》，第 169 页。
② 《新潮流》，1986 年 5 月。
③ 《黄纪男》，应大伟：《台湾人档案（之一）》，第 139 – 149 页。
④ 黄纪男：《泣血梦回录》，第 201 – 202 页。
⑤ 施明雄著：《台湾人受难史》，台北，前卫出版社，1998 年，第 138 页。
⑥ 《许朝卿》，应大伟：《台湾人档案（之一）》，第 127 页。

建立“台湾或高砂共和国”，以排湾族的葛良拜为总统。1965 年 8 月，赖红炎被警总逮捕，其阴谋破产。①

1963 年廖文毅的“台独”组织分裂。1965 年 5 月 14 日，廖文毅突然宣布放弃他从事了 18 年的所谓“台独”事业，回到台湾。②

三、史明的“台独”活动

史明 1949 年回台湾从事“台独”活动。他主张武力“台独”。1949 年他联络一些“二二八”受难者，1952 年在台北秘密成立“台湾独立武装队”，准备谋刺蒋介石，因枪支被国民党发现而逃到日本，在日本加入了“台湾青年独立联盟”。1965 年辜宽敏出任“台湾青年独立联盟”中央委员会主席，史明便离开该联盟。因为该联盟的重要干部王育德反对史明的主张。同时，他对该联盟的斗争策略也相当不以为然，认为该联盟“心存依赖美、日支持，而我认为万事要靠自己，并要有所行动”。③

1967 年，史明自行创立“独立台湾会”，出版《独立台湾》月刊。该会成员 70 人左右，是个阴谋暴力小集团，奉行所谓“主战场在岛内”的方针，与岛内反对国民党的人士密切联系，从事破坏铁路等基础设施的活动。但是，由于国民党力量太强，于是史明致力于用所谓“台湾民族主义”武装“台独”分子。1974 年史明等人秘密组织暗杀蒋经国活动，实际动手行刺的是郑评。结果，郑评被枪毙。“独立台湾会”发行的《独立台湾》杂志，以论战为主，影响力不如《台湾青年》，但凡有台湾留学生的地方就有它流通，故影响了一些人。例如，受该杂志的影响，1970 年代在法国留学的卢修一就加入了“独立台湾会”。④

1981 年后史明出版不定期刊《台湾大众》，并协助出版《美丽岛》周刊，另有《台湾独立的理论与实际》。1993 年，史明回到台湾，继续打着

---

① 《台东县史》，人物篇，第 364 页。

② 张炎宪：《台湾近代名人志》第 1 册，第 280 - 290 页；1954 年 5 月 15 日全台各大报纸，枝伯仔《廖文毅为何投降》，台北，《第一线》第 6 期，1986 年 2 月 22 日。

③ 编辑部：《当年他曾经想暗杀蒋介石》，《新新闻》，1991 年 5 月 13 - 19 日。

④ Claude Geoffroy：《台湾独立运动——起源及 1945 年以后的发展》，前卫出版社，1997 年，第 112 页。

“劳苦大众出头天”的旗号宣传其“台独”观点。

史明和他的“独台会”的“台独”活动，影响了一些青年人，例如卢修一、柯泗滨、李应元、许信良等。许信良受史明的影响较大。1991 年 5 月 9 日，岛内还爆发了所谓“独立台湾会”案件，调查局逮捕调查陈正然、廖伟程、王秀惠、林银福四人，他们是“独台会”成员，涉嫌叛乱。该案引发学生运动，得到民进党的支持，“行政院长”郝柏村最后被迫让步，陈正然等四人于 5 月 17 日交保获释。调查局逮捕“独台会”的四人，该案还引起李登辉对郝柏村和调查局长吴东明的严重不满。①

四、王育德的“台独”活动

王育德，“二二八事件”后逃到香港，1949 年由香港转到日本。1960 年 2 月，明治大学讲师王育德和东京大学留学生黄昭堂、廖建龙等 6 人组织“台湾青年社”，鼓吹台湾独立。4 月 10 日，他们发行日文版双月刊《台湾青年》第 1 期。

该刊对“台独”和所谓“自治”具有相当影响。该刊号称继承 1920 年林呈禄、谢春木等人创刊于日本的《台湾青年》的原始精神，标榜所谓“以阐扬抵抗传统为务，从事文化宣传与启蒙工作”、“延续追求台湾人自由和幸福的精神”。而事实上则和日据时期台湾革命青年反抗殖民统治的革命精神完全相反。该刊的日文版，阅读对象包括在日台人，日本政、学两界，争取他们支持“台独”。

1961 年 2 月杂志周年庆，全刊报道“二二八事件”，极力宣扬国民党的血腥屠杀，在海外台湾人中引起极大震撼。许多台湾人，包括在海外的“台独”头目张灿鍙与蔡同荣，都在该期刊出后与它联系，但大多数学生还是不愿看它。②

1963 年，王育德重组“台湾青年会”，每逢“二二八”纪念即发起游行，并在各校园里从事宣传工作。1964 年《台湾青年》刊出彭明敏的“自

---

① 邱明辉：《国民党宣布我是叛乱第一司令》，《新新闻》，1991 年 5 月 13 - 19 日。

② 许维德：《发自异域的另类声响——战后海外“台独”运动相关刊物初探》，《台湾史料研究》，2001 年，第 17 号。

救宣言”，并流传到美国。同年，王育德出版了《台湾——苦闷的历史》，是“台独”的所谓“经典著作”。1965年廖文毅“政府”结束，“台湾青年会”第二次改组，成立“台湾青年独立联盟”，该组织首次达到初具规模的程度，资源与编制都有增加，并与其他海外“台独”组织建立联络网。辜宽敏是“青年联盟”转型的关键，另外还有黄昭堂、许世楷等人都加入王育德一伙，为开拓所谓“台湾国际地位”的研究而努力。《台湾青年》在美、日等国的台湾留学生中有一定影响，郑白财就是在美国阅读了它之后，谋刺蒋经国。1985年，王育德死在《台湾青年》的岗位上。

五、高俊明、黄彰辉等人在岛内外的“台独”活动

高俊明最主要的“台独”活动就是促成了台湾基督长老教会的三次“台独”声明。长老教会在台湾有100多年的历史，有几十万教徒，影响很大，其政治主张特别值得关注。因而，高俊明在教会内部的“台独”活动，危害很大。

1971年10月25日，中华人民共和国取代“中华民国”进入联合国，引起了岛内外“台独”势力的恐惧。12月29日，台湾基督长老教会总会议长刘华义、总干事长高俊明发表《台湾基督长老教会致海外教会公函与声明》，附带《台湾基督长老教会国是声明与建议》。他们把声明的英文稿发到美国国务院、罗马教廷、日内瓦普世教协、世界长老教会联盟，以及英、美、德、日、加、印、菲等国的基督教协会，并陆续获得美国国务院和罗马教廷等的支持。①

第二次声明是发表于1975年11月28日的《我们的呼吁》。因为警备总司令部屡屡派人到台北圣经公会，没收新翻译的闽南语《圣经》，所以高俊明打着抗议当局违反宗教自由与使用母语权力的旗号，而发表“台独”声明。

最重要的一次声明则是1977年8月16日的《台湾基督长老教会人权宣言》，当时美国政府已决定和中华人民共和国进行关系正常化的谈判。该宣言向国民党政权呼吁“台独”。“政府于此国际危急之际，面对现实，采取

① 黄武东著：《黄武东回忆录——台湾长老教会发展史》，前卫出版社，1988年，第342页。

有效措施，使台湾成为一个新而独立的国家”。“那是40年来，台湾岛内第一次公开提出台湾独立的主张。”①高俊明还把《人权宣言》通知美国国会，众议员李奇立即提出决议案以示支持。

“美丽岛事件”后，高俊明因藏匿施明德而被捕入狱四年。这使得台湾的政教冲突达到最高峰。和廖文毅等其他“台独”分子一样，高俊明也是极力谋求外来势力的庇护，并以此为荣。“我始终主张台湾教会应该重新加入‘普世教协’，不应该孤立于国际社会。”在狱中时，“甚至英国、美国、加拿大、德国、日本、韩国等教会，都曾派代表特地到台湾来探访我们。其中，让我最感动的就是天主教的教宗若望保禄二世，他特地派在台湾的代表到监狱探访我。”②

1984年8月15日高俊明出狱，更加频繁地发表各种各样的声明宣传自己的“台独”主张。③ 1989年4月，高俊明从19年的总干事位子上退休，更加积极参加所谓“新台湾、新国家”的重建运动。④

在美国响应高俊明“台独声明”的主要人物是黄彰辉、林宗义、宋泉盛、黄武东4人。他们在美国的台湾人中发起了所谓的“台湾人民自决运动”。1973年3月19日在纽约的黄彰辉等4人，邀请美、加等国代表21名，齐集华府，制定“自决运动”的方针，草拟《台湾人民自决运动宣言》。次日，他们在全国记者俱乐部举行新闻记者招待会，宣读该宣言，并宣称将动员海外台湾同胞来支持“台湾人民自决运动”，“以争取台湾人民决定自己命运的神圣权利和自由”。⑤

1978年底，卡特宣布中美外交正常化，“自决运动”组织与美国国会议员李奇联系。于是，1979年6月，经李奇国会办公室的安排，美国国会参众两院外交委员会及国务院邀请长老会代表王再兴、谢禧明两牧师，台美协会彭明敏及“自决运动”组织的魏瑞明，参加《与台湾关系法案》国会立

---

① 《忧国忧民宗教家高俊明》，林衡哲编著：《二十世纪台湾代表性人物（一）》，第211页。

② 黄旭初：《台湾的天空——名人开讲选集（2）》，月旦出版公司，1993年，第202－203页。

③ 台湾省文献委员会编：《台湾近代史（文化篇）》，1995年，第251页。

④ 《忧国忧民宗教家高俊明》，林衡哲编著：《二十世纪台湾代表性人物（一）》，第215－217页。

⑤ 前引《黄武东回忆录》，第348、349页。

法的听证会。①

1984 年 11 月 15 日，黄彰辉牧师在纽约拜会 1984 年诺贝尔和平得主托杜主教（BISHOP DESMOND TUTU），双方就南非和台湾的现状交换意见。托杜说“如果南非先进入联合国，会支持台湾进入联合国。”②

六、彭明敏的“台独”活动

彭明敏“台独”活动可归纳如下：

1. 彭明敏组建、参加和领导“台独”组织，主要活动和目标是争取美日等国支持“台独”，后来并希望用选举取得执政大权。

1964 年，彭明敏与其学生魏廷朝、谢聪敏形成了一个“台独”小组织。该组织于 9 月 20 日前后秘密散发《台湾人民自救运动宣言》传单，鼓吹“台独”。③ 彭明敏因此当年被判刑 8 年，但第二年就获特赦。在驻台美国人的帮助下，1969 年他逃到瑞典，次年到美国，创办“台湾研究所”，组建“台美协会”，任会长。彭明敏的出逃，振奋了海外的“台独”分子，也促进了他们的整合。此乃因为许多“台独”小组织的核心分子是彭明敏的学生所致。1970 年 1 月 1 日，包括台湾在内的 5 个地域“台独”小组织统合成“台湾独立联盟”，总部设在纽约。1972 年 4 月彭明敏被推为“台独联盟”总部主席。④

1982 年 2 月 13 日至 14 日，彭明敏在洛杉矶参与筹组“台湾人公共事务会”（FAPA）。该会宗旨“配合岛内民主力量，促进台湾的自由民主；宣扬台湾人民追求民主、自由的决心，造成有利于台湾住民自决和自立的国际环境；维护和增进海外台湾人社会之权益。”创会之初，彭明敏任 FAPA 名誉会长。该会在美国国会举办系列活动，讨论台湾政治及人权状况等。会员发展到八百人。⑤ 1985 年 10 月，彭明敏任第三任会长。1986 年 5 月 22 日，

---

① 前引《黄武东回忆录》，第 352 页。

② 陈荣儒编著：《FAPA 与国会外交（1982—1995）》，前卫出版社，2004 年，第 24 页。

③ 彭明敏：《自由的滋味》，李敖出版社，1995 年，附录。

④ 戴天昭著、李明峻译：《台湾国际政治史》（完整版），台北，前卫出版社，2002 年，第 726 页。

⑤ 陈荣儒编著：《FAPA 与国会外交（1982—1995）》，前卫出版社，2004 年，第 5、59 页。

众议院亚太小组就《与台湾关系法》执行情形以及台湾的政治和人权状况举行听证会，彭明敏出席作证。① 1989 年，彭明敏脱离 FAPA，组织“亚太民主协会”，并任会长。

彭明敏“台独”活动的顶峰是代表民进党参选 1996 年的“总统”大选。他一直关注民进党。1986 年 10 月 4 日，民进党海外组织即在洛杉矶成立，彭明敏担任当天成立大会的名誉主席，发表专题演讲《新党面临的挑战》，教导民进党在新的政治态势下观念上、作法上必须有调整适应。②

为了控制派系复杂的民进党，1995 年彭明敏参加民进党，通过党内初选，代表民进党参选“总统”，其副手是谢长廷。他们和国民党李登辉连战配、新党林洋港郝柏村配、独立候选人陈履安王清峰竞选首位民选“总统”。在参选过程中，他竭力宣传“台独”主张。1995 年 12 月 12 日，他表示，要将选战主轴定位为“台湾和中共代理人的战争”，次日又改为“终结外来政权”。12 月 21 日，“彭谢竞选总部”成立，叶菊兰担任竞选总干事。民进党主席许信良认为应以“大和解”为民进党的竞选主轴，但叶菊兰坚持以“要独立、反统一、爱和平”为竞选主轴。1996 年 2 月 24 日，彭明敏发表所谓《新台湾自救宣言》。③ 最后，彭明敏提出的竞选主轴是“和平尊严、台湾总统”。④

选举失败后，为了牵制民进党内部以许信良为代表的主张两岸交流、“强本西进”的力量，督促民进党落实“台独”纲领，监督民进党不要和国民党联合“组阁”，彭明敏筹组“建国会”并担任会长，成为民进党次级团体领导，成为“台独”教父。彭明敏通过“建国会”控制民进党，在体制外协助李登辉实现“台独”势力掌权的所谓“政党轮替”。

2. 彭明敏致力于研究、宣传所谓“台独”理论，妄图消灭台湾人的中国情结或者说对中国的认同，积极建立所谓“台湾的主体性”，实现台湾人对“台湾国”的认同。这是彭明敏一生最关注的任务，他认为，只有台湾

---

① 陈荣儒编著：《FAPA 与国会外交（1982—1995）》，前卫出版社，2004 年，第 40 页。

② 陈世宏、周琇环编注：《组党运动——战后台湾民主运动史料汇编（二）》，第 598 页。

③ 沈国屏、庄胜鸿：《弃彭保李的魅影让彭明敏绑手绑脚》，《新新闻》，1996 年 3 月 24－30 日，第 45 页。

④ 《新新闻》，1996 年 1－2 月。

人认同台湾才能真正实现“台独”梦想。

1976年，彭明敏和黄昭堂在东京出版了《台湾的法律地位》，以国际法检点台湾历史，否认中国对台湾拥有主权，由此，它把“台独”活动“合法化”了。

1992年11月，彭明敏重回台湾。在岛内，他主要通过环岛演讲、接受媒体采访、办基金会、出版书籍、发表竞选演说等方式宣传“台独”观点。彭明敏还乡后遍访各地，鼓吹“确立台湾的主体性”，强调“台湾要为台湾而活，不要成为其他目的的工具”，呼吁建立“台湾命运共同体”。他认为尽管台湾的民主化已具雏形，但仍须克服过去历史遗留下的积弊与陋习，面对未来的变局，以迎接新时代的挑战。“如果我们不努力从事政治、经济、社会、文化的重整，设计以台湾为主体性的基础结构”，台湾就没有希望。①

1995年，他出版《彭明敏看台湾》一书，围剿他所谓的“中国情结”。“台湾民主能否落实推展，台湾人民能否生存发展，全系于为政者和人民能否以理智和良知将中国情结彻底扬弃，完全认同台湾，一致团结，全力建设新的社会、新的海洋文化。”②

“彭明敏文教基金会”1994年3月正式成立，号称主要研究国际政治，而实际上就是宣传彭明敏的“台独”观点，争取日美反华势力支持“台独”。③ 号称研究环保、文化、教育、青少年问题等，“共同思考台湾的未来，探讨台湾所面临的新课题，”实际上是向各界群众和青年学生宣传“台独”。

第一届董事会成员有陈水扁、谢长廷、张俊宏、李鸿禧、吴丰山、辜宽敏、吴澧培等20人。首任执行长由陈永兴担任。其主要活动及其主题概括如下：1994年3月14日在台北举办“台湾与日本——过去、现在与未来”学术活动；1995到1996年，围绕“‘总统’大选，政治改造”举办各种造势活动。1998年3月、5月、6月分别在台北、台中、高雄举办“新文化、新社会、新台湾人”研讨会。1998年设立“鲸鱼网站”，教育台湾青年，举

① 李俊达：《我们最关心的是国家认同——彭明敏文教基金会的过去、现在和未来》，《台湾史料研究》，2002年，第18号。

② 彭明敏文教基金会编：《彭明敏看台湾》，台北，远流出版公司，1995年。

③ 《新新闻》，1994年3月6－12日。

办各种研习会教育青年。

所有这些活动，都围绕所谓“台湾研究，国家认同”一个中心。彭明敏蛊惑青年说，台湾社会最大的危机是“认同问题”。所谓的认同：包括国家认同、社会的认同、历史的认同、文化的认同、土地的认同、语言的认同等。很多人，尤其是年轻一代，不知道自己是哪国人？为什么住在这个地方？这种认同的混乱和迷思就是台湾社会最大的危机。①

七、杨基铨、辛文炳、张德水、何既明的“台独”活动

在李登辉统治时期，“台独”活动十分猖獗。一些留日学生纷纷跳出来搞“台独”活动。他们共同的思想：反中国，反国民党，想要追寻一个台湾人自己的国家。② 这里举几个典型例子。

杨基铨，高等文官考试行政科及格，台湾总督府殖产局官员，1941 年为宜兰郡守，成为日据时期最年轻的文官。台湾光复后他任“经济部次长”、土地银行、华南银行董事长等职。1997 年，他创办“国际文化基金会”，自任董事长。“要以文宣或研讨会方式，使国人及政府当局重新认识我们所居住、我们生活所寄托的这块土地——台湾。”终极目的则在建立“一个主权独立、有民主、有自由、有尊严，在国际上能顶天立地昂首阔步的台湾共和国。”他利用该基金会举办研讨会，在报刊上发表文章，呼吁“台独”。③

辛文炳，1950 年以后，依靠经济实力当选台南市“议员”、“议长”、“市长”、“立委”，1996 年被李登辉聘为“国策顾问”。辛文炳认为台湾是“外来政权的非法占领”，“中华民国在金、马”才属合法，在台湾则是不能代表台湾人民与主权的外来政权。1998 年 12 月，为了表示不能认同“中华民国在台湾”的说法，他也为了公开宣扬“台湾主权独立”的主张，遂主动辞去“国策顾问”职务。为了将“台湾应该走出去”的信念落实，辛文

① 李俊达：《我们最关心的是国家认同——彭明敏文教基金会的过去、现在与未来》，《台湾史料研究》，2002 年，第 18 号。

② 陈柔缙：《最贴近李登辉心灵的人谈李登辉——台湾欧吉桑有力!》，《新新闻》，2001 年 7 月 26 日 - 8 月 1 日，第 751 期。

③ 《杨基铨回忆录》，台北，前卫出版社，1996 年。

炳除了极力支持台湾加入联合国的活动外，在过世前不久，特地花巨资购买台南的版画家林智信耗时20年完成的台湾《迎妈祖》版画一套，赠送给其母校明治大学，要让更多国际人士有机会认识台湾文化。①

张德水，1946年后历任嘉义市长、“行政院”经合会专员等职。退休后，他从事“台独”活动，出版《激动！台湾的历史》一书，篡改台湾历史，鼓吹“台独”。书中把中国人称为“支那人”。②

医生何既明退休后创办“南海基金会”，从事“台独”活动。

八、李登辉的“台独”活动

李登辉，1943年考入京都帝国大学农业部农林经济科，1944年参加日军炮兵，1946年回台湾插入台湾大学，1953年任台湾省合作金库研究员，1954年任农林厅技正，1972年任“行政院政务委员”，1978年6月任台北市长，1981年任台湾省府主席，1984年任第七任“副总统”，1988年1月继任国民党代理主席和“总统”，兼任“国家安全会议主席”。1996年5月，他当选第九任“总统”，兼任“国家统一委员会”第四届主任委员和“宪政”研讨委员会主任委员。2000年5月以后，他担任台湾综合研究院名誉董事长。

1988年，李登辉掌握了台湾的党政大权，其“台独”活动逐渐从地下走向公开，影响非常之大。据徐博东先生研究，在1991年即李登辉统治的初期，海外“台独”组织的活动重心已完成向岛内的转移，海内外“台独”势力业已合流。他们在组织上加强了整合，统一了行动；他们钻进民进党并把它转变成“台独”党，以政党面目进行活动；他们有统一的斗争纲领，长期的就是“独立建国”，短期的就是和国民党争夺“修宪”主导权。③ 总之，从此后，岛内的“台独”活动愈演愈烈。这是李登辉纵容和支持的结果。2000年，在他的谋划和帮助下，民进党以微弱多数掌权。

① 谢国兴访问：《辛文炳回忆录》，《府城绅士——辛文炳和他的志业》，第246－249页。

② 张德水：《激动！台湾的历史》，前卫出版社。

③ 《1991年“台独”问题综述》，徐博东：《大陆学者眼中的民进党》，台北，海峡学术出版社，2003年。

第二节 留日学生的所谓“台独”理论及其危害

由于在日本受到了良好的教育或者说具有优越的文化资本，从事“台独”活动的留日学生都有能力编造和宣传所谓“台独”理论。他们编造的“台独”理论和他们在日本接受的政治文化密切相关。史明在早稻田大学政治科留学时读了许多社会主义和无政府主义的作品。所以他的“台独”理论主张阶级论和暴力斗争。在日本读中学时，高俊明就研读日本新兴宗教“创价学会”、“生长之家”出版的刊物。最终，他在内村鉴二所著的《求安录》中发现了他的真理：耶稣基督才是人类的救世主。受了日本宗教影响，他就披着宗教外衣进行“台独”活动。彭明敏在日本学的是国际法，他就从国际法的角度制造“台独”谬论。留日学生危害比较大的“台独”理论介绍如下：

一、廖文毅的所谓“台独”理论

廖文毅的所谓“台湾民族混血论”：“台湾人不是汉民族，而是高山族、西班牙人、荷兰人、日本人、汉人的混血种。”① 廖文毅提出这个连他自己都不相信的观点，完全是为了实现其“台独”政治野心，目的是想割断台湾和大陆的血脉联系，抹煞95%的台湾人是汉族人的基本事实，这当然不会成功。但是，值得指出的是，廖文毅开创了一个先例：“台独”势力千方百计抹煞台湾和大陆的一切关系和联系。

所谓“台湾自决论”。廖文毅解释的理由是“经由这次民变，已经证明了中国无能统治台湾，现在台湾人民生活的痛苦已经到了极点，中国局势日益趋于紊乱，中国政治决不能在短期内走上轨道，因此等到中国时局澄清的时候，台湾人民料必饿死半数以上。台湾有台湾自身的特殊条件，现在台湾人民唯一的出路，只有争取自决权，暂时脱离中国。”

---

① 《台湾民本主义》，台湾民报社，东京，1956年。Claude Geoffroy：《台湾独立运动——起源及1945年以后的发展》。

所谓“联合国托治论”。廖文毅知道自己不得人心，只能寻庇于美国，寄希望于所谓“联合国托治”。“台湾的归属问题，应在对日和约会议重新讨论，但必须尊重台湾人的意志，应举行公民投票来决定。但在举行公民投票以前，应准许台湾人先脱离中国，而暂时置于‘联合国托治理事会’管理之下。”

所谓“公民投票”决定台湾前途论。“托治期限结束的三个月以前，应举行公民投票，以决定仍属中国，或脱离中国，或属他国或完全独立。公民投票时，联合国应组织代表团来监察。倘或公民投票的结果，要仍属中国的时候，必须与中国政府签约，在宪法上保障台湾为一自治领，台湾必须有独自建军的权利，中国军队不得驻屯台湾。”①

廖文毅的“公民投票自决论”成为后来“台独”势力的一个“政治图腾”。

二、史明的所谓“台独”理论

史明的所谓“台湾民族论”的基本内容是“台湾人，因和中国人具有同一的血缘关系，所以在种族上是同属‘汉族’，这点无可否认，然而，台湾在另一方面，和中国大陆相隔绝的地理条件下，……到了日本统治的末期，台湾社会和台湾人已经超越了和中国人的血缘关系，而在和中国不同范畴的社会基础上，即在不同甚至对立的‘经济生活和政治命运’的因素上，发展为单独、单一的‘台湾民族’。”

史明的政治理念：他主张对“台独”分子进行理念和组织方法的训练，因为没有理念就会失败。“国民党有三民主义，共产党有共产主义，中国人有中国民族主义，台湾人要反体制，若没有理念如何革命？……他们是中国民族，我们是台湾民族，台湾人想建立独立国家，建立国民经济而非殖民地被剥削的经济，想要发展固有的文化，这就是我们的中心理念，在此理念下，大家结合才是组织，有此理念才能组织别人。”史明主张“台独”要走群众路线，“中产阶级想要领导下层的人，中产阶级应与下层的人同甘共

① 柯乔治：《被出卖的台湾》，前引王晓波书，第308－310页。戴天昭：《台湾国际政治史》，第312页。

苦，人家把你推上来，你才是领导人，台湾的中产阶级对这点都还未觉醒。”①

三、李登辉的所谓“生命共同体”和“两国论”

李登辉“台独”活动的中心，是提出所谓“两国论”，破坏海峡两岸关系的发展。“两国论”的提出有一个过程，这也是李登辉逐步暴露其“台独”真面目的过程。李登辉是个暗藏的“台独”分子，1990年代初，他当上“总统”和国民党主席之后，就积极推动“台独”活动合法化。前文论述史明时已经指出，李登辉对“行政院长”郝柏村抓“台独”案件很不满意，使国民党对“台独”的态度逐渐转变。“台湾作为一个国家”、“台独”的禁忌，1992年初就被打破。②

1993年12月，政权稳固之后的李登辉提出“生命共同体”治国理念，制造分离意识。这是脱胎于彭明敏等人提出的所谓“台湾人的命运共同体”口号。③ 1994年4月14日，李登辉接受《自由时报》访问时说“现阶段是‘中华民国在台湾’与‘中华人民共和国在大陆’，我们应该尽量忘记一个中国、两个中国这种字眼。”④李登辉在和司马辽太郎谈话时，毫不掩饰他建国的信念和内心的期待，要带领台湾人民“出埃及”。他甚至指责国民党政府是“外来政权”，“中国一词也混淆不清。”⑤

李登辉说“国民政府是外来政权”，公开了其“台独”真面目，为何他还能在后来的选举中当选“总统”？原来，“外来政权”之说，并不是他的发明，不少留日学生早有此说。1950年代，失意的林顶立常和郭秋煌、朱昭阳、许鹤年等人在一起谈论时政，认为国民政府欺负台湾人，是“外来政权”，甚至郑成功政权也是“外来政权”，还不如荷兰人好。可见，“外来政权”说有一定的社会基础。许鹤年，日本大学肄业，伪满洲国专卖署

---

① 史明：《民族形成与台湾民族》，《台湾四百年史》，东京，1992年，第221页。

② 黄旭初：《台湾的天空——名人开讲选集（2）》，月旦出版社，1993年，第83页。

③ 前引戴天昭：《台湾国际政治史》，第799页。

④ “行政院新闻局”编：《李“总统”登辉先生八十三年言论选集》，“新闻局”，1995年，第350页。

⑤ 台北，《自立晚报》，1994年5月14日。

官员。①

1999年7月9日，李登辉接受“德国之声”记者访问，回答有关台湾独立问题时正式提出所谓“两国论”。“1991年修宪以来，已将两岸关系定位在国家与国家，至少是特殊的国与国的关系，而非‘一个合法政府，一个叛乱团体’，或‘一个中央政府，一个地方政府’的‘一个中国’的内部关系。”“我国政府统治的正当性就只有来自台湾人民的授权，与中国人民无关。”② 李登辉的讲话，打断了两岸的政治谈判进程，使海协会和海基会接触、交流、对话的基础被破坏了。当年10月海协会会长汪道涵访问台湾的计划被迫取消。③

李登辉的“两国论”不仅破坏了两岸之间的政治谈判进程，也为他扶植的民进党政权定下了执政基调。

四、彭明敏的“台独”观点及其影响

彭明敏号称“台独”理论家，因其精通国际法，他的“台独”观点更务实、更具蛊惑性、影响范围更广。1990年代以后岛内的“台独”势力猖獗，很大程度上受其影响。其“台独”观点中的主要几点归纳如下：

1. 所谓“一中一台论”。彭明敏认为台湾和中国没有多少关系，中国是中国，台湾是台湾。

早在1964年9月的《台湾人民自救运动宣言》一文里，他就鼓吹“世界必须承认一个中国和一个台湾。”1971年10月27日，彭明敏在《纽约时报》发表《台湾的将来》短文，批评说：台湾属于中国是个新神话。“事实上，台湾与中国的关系在1895年以前非常暧昧，二者几乎仅止于名义上的关系。”“以台湾做主体，中国是次要的，这个观念就是‘一中一台’。”④

2. 所谓“台湾地位未定论”。“更何况自1945年以来，台湾的法律地位仍属未定。”⑤

① 许雪姬：《日治时期在“满洲”的台湾人》，第417、419页。

② 《新新闻》，1999年7月15－21日。

③ 前引戴天昭：《台湾国际政治史》，第883页。

④ 前引黄旭初：《台湾的天空——名人开讲选集（2）》，月旦出版社，1993年，第26－28页。

⑤ 前引黄旭初：《台湾的天空——名人开讲选集（2）》，第27页。

这个“台湾地位未定论”是“台独”分子奉为圭臬的“金字招牌”，始作俑者是美国的反华势力，完全是美国推行世界霸权的产物。众所周知，《开罗宣言》、《波茨坦公告》等国际文件已明确把台湾归还中国。但是，随着国民党在大陆的节节败退，1948 年底开始，美国政府内部出现了“台湾地位未定”的议论。国务院政策规划局长乔治·肯楠及其副手保罗·尼兹，以及主管远东事务的副国务卿鲁斯克等人，都曾提出这个论调。1950 年 6 月 25 日朝鲜战争爆发后，27 日美国总统杜鲁门发表声明，命令第七舰队进驻台湾海峡，还声称“台湾未来地位的决定必须俟太平洋安全的恢复、对日和约的签订或经由联合国的考虑。”杜鲁门抹煞了盟国战时协议和美国自己的承诺。① 所以，“台湾地位未定论”毫无事实和法律依据。

3. 所谓“以命运共同体为认同基础的现代国家论”。彭明敏受到雷南（E. RENAN）“命运共同体”理论的启发，首先提出以“台湾国”为一切基础的理论。“中国人必须学习从政治和法律中区别民族的血统和文化。”②“在现代社会中‘国家’之‘认同’的基础，常建立在后天的共同利益或命运上。”他以美国的德裔人以德国文化为荣为例，说明“文化认同和政治、法律的认同完全是两回事情嘛！”③

无可否认，在所有留日学生提出的形形色色的“台独”理论中，彭明敏的“台独”观点最具欺骗性，危害也最烈。其原因是：

彭明敏是国际法权威，在学理上具有迷惑性。他的“命运共同体”论调与廖文毅等人否认台湾人汉族血统的“台湾民族主义理论”比较，更能令人接受。

彭明敏竭力欺骗拉拢外省人支持“台独”。“99% 的外省人的老百姓，他们有什么特殊的利益可以保护？”“民主制度才是人人平等，这才是任何人，包括外省人、台湾人唯一的保障，就是‘民主化’。但是，几十年来一贯的，嘴巴说不可以分化省籍，但最想利用、故意分化省籍来统治的就是国

① 林博文：《“台湾地位未定论”的来龙去脉》，《中国时报》，2000 年 5 月 29 日。

② 前引戴天昭：《台湾国际政治史》，第 925 页。

③ 前引黄旭初：《台湾的天空——名人开讲选集（2）》，第 26 - 28 页。

民党。”①

彭明敏的作风相对“民主”，善于运用伪装迂回战术。在美国时，他伪装成“自决派”的，“主要原因是当时人在外国，‘在外国说台湾要独立，我们马上遇到的问题是，美国议会问说，你台湾为什么要独立？你在美国，怎知道台湾人要独立？’”回台湾后他就转变成“台独”核心。“我住在台湾，我可以说，我要台湾独立，所以我过去说台湾人要自决。”②

据许信良回忆，1990年代中前期，民进党内“台独”势力坐大，主要受两股势力影响，一是从岛外归来的所谓“台独”理论家，当然以彭明敏为代表，一是基督教长老会。一时间，“台独”观点主导了台湾舆论潮流，甚至连国民党也无法抗拒和反驳。③ 可见彭明敏等人“台独”观点的影响力。

第三节　留日学生领导或参加“台独”的原因

上述“台独”头目和骨干分子的世界观、人生观和价值观，基本上都日本化了。这导致他们对民族、宗教、伦理、历史、政治、外交、审美等各个方面的看法，也几乎和日本人一样。李登辉十分信仰日本哲学家西田几多郎“场所的哲学”，据此提出了所谓“生为台湾人的悲哀”。李登辉的历史观来源于日本军国主义和战后的新右翼政治势力，他反对日本就侵略亚洲邻国做出彻底反省，④ 他默认钓鱼岛的主权属于日本。⑤ 高俊明信奉的是日本宗教。王育德说，日本人敏锐、细腻，具有审美观，有汉族文化所没有的武士道精神，有求美、求真的理念及闲情雅趣。战后日本对自由主义、民主主

① 前引黄旭初：《台湾的天空——名人开讲选集（2）》附录，黄旭初1992年12月7日采访彭明敏。

② 庄胜鸿：《彭明敏与民进党缘尽情已了！》，《新新闻》，1996年4月14－20日。

③ 许信良在厦门大学台湾研究院的演讲，作者李跃乾提问并记录，2007年4月13日。

④ 龙应台：《龙应台挑战李登辉错误史观》，《新新闻》，1998年3月11－17日。

⑤ 杜圣聪：《中共正在看李登辉会否修理帮他造势的日本右翼》，《新新闻》，1996年9月15－21日。

义的信念及努力，堪做台湾模范。① 这些都是战后“台独”头目和骨干分子疯狂进行“台独”活动的思想根源。

因本书的重点是论述日本政治文化对战后台湾政治的影响，所以，这里只挖掘日本法西斯主义、军国主义、武士道精神对“台独”分子的影响。

上述“台独”分子参加并领导“台独”的原因可概括为三点：第一，在青少年时期接受了歧视和侵略中国等亚洲国家的日本军国主义影响，在思想深处认同这种政治文化。这是“台独”分子轻视甚至仇视中国的思想根源。第二，对政治现实不满。第三，现实利益受到损害。这三大原因有时是互相交织在一起的。

一、日本军国主义和武士道精神的影响

战后参加“台独”活动的骨干分子，他们出生和留学时间参考下表：

表 3－1　重要“台独”分子出生留学时间分析表

姓名	出生年	家庭背景	留学时间及学校	是否曾任日本官员
廖文毅	1910	大地主	1925－1927 年，京都同志社中学	
吴振南	约 1914 年		1927－1948 年，医学博士	
杨逸民	1909		1939 年毕业，东京高等师范	
廖温进	约 1916	大地主	1936 年前后，明治大学商科	
陈智雄	1916		中小学、东京外语学校	日外交部官员
黄纪男	1915		1935 年前后，日本大学	日军教官
廖史豪	1923	大地主	小学、中学、大学	日军炮兵少尉
陈火桐	1925	富商	1943 年后，小学、法政大学	
钟谦顺	1914		1933 留学东京麻布兽医学校	日军少佐
蓝家精	1904	大地主	1918－1931 年，京都帝大	汪伪政府中将
郑瓜熊			1940 年前后京都帝大经济	
史明	1918	大地主	1942 年毕业于早稻田大学	
王育德	1924	地主	东京帝大	
高俊明	1929	基督教家庭	1939 年后，小学、青山学院中学部	

① 王育德著、侯荣邦等译：《台湾独立的历史波动》，前卫出版社，2002 年，第 167 页。

续表

姓名	出生年	家庭背景	留学时间及学校	是否曾任日本官员
黄彰辉			东京帝大	
林宗义			1940 年考入东京帝大	
彭明敏	1923	医生	中学、东京帝大	
李登辉	1923	警察补	1943 年考入京都帝大	日军炮兵
杨兰洲	1907	大地主	1932 年毕业于东京商科大学	伪满洲国高官
邱永汉	1924		1945 年毕业于东京帝大	
蔡西坤	1915		1935 年前后，京都帝大	日本警察
杨基铨	1918		1938 年前后，东京帝大	总督府官员
辛文炳	1911	富商	1936 年毕业于明治大学	
张德水	1920		1939 年后读中学、东京帝大	参加日军
何既明	1923	富商	东京医科大学	

资料来源：应大伟：《台湾人档案（之一）》。施明雄著：《台湾人受难史》，台北，前卫出版社，1998 年。邱永汉：《我的青春·台湾，我的青春·香港》，台北，不二出版社，1996 年。许雪姬等：《日治时期在“满洲”的台湾人》。黄纪男：《黄纪男泣血梦回录》，台北，独家出版社，1991 年。许雪姬等：《蓝敏先生访问纪录》。

上列表中的“台独”骨干分子，基本上都是 1910 年之后出生的，他们都是 1930 年前后才到日本留学。这一时期日本政治文化中的各种进步思潮受到摧残，以侵略中国为主要内容的军国主义横行，他们深受影响。

日本军国主义的本质就是鼓吹所谓“大和民族优越论”和“日本至上主义”，歧视、诬蔑和侵略朝鲜、中国等亚洲邻国。上述“台独”分子都深受日本军国主义影响，数典忘祖，仇视中国，他们对中国人的称呼都沿用日本侵略者的“清国奴”、“支那人”、“猪”。“他们使用该词表达对中国人的痛恨。这也是同时代、同年代有台湾人意识的台湾知识人所共有的感情。”① 所有的“台独”分子都千方百计编造一个所谓“台湾民族论”来，都是为了和“劣等民族”汉族划清界限。廖文毅首倡注重血统的“台湾民族主义”，王育德、史明也编造所谓的“台湾民族主义”，彭明敏提出个“命运

① 黄昭堂：《战后台湾独立运动与台湾民族主义的发展》，施正锋编：《台湾民族主义》，教授论坛专刊 2 期，前卫出版社，1994 年，第 201 页。

共同体”，李登辉编造了个“生命共同体”。他们最主要的目的是讨好日本人。黄昭堂解释说，由反共的日本人看起来，如果你说“台湾人是反共的，所以台湾人要独立”，他们是会理解的。但是继而“蒋介石不是也反共么？同样是汉民族，为什么不合作而要独立呢?”为了让日本人了解为何要独立，最简洁明了的办法就是证明“台湾人不是中国人”。①

实际上，黄昭堂没有指出另一个原因。“台独”头目们杜撰所谓“台湾民族”的灵感来自于日本政治史。日本民族主义是近代日本的立国之源。近代日本受到欧洲列强冲击，处于被西方殖民的边缘。1868 年明治维新的“王政复古”实质上是日本民族自救的政治措施。明治维新正是通过民族主义才使日本取得民族自决，有了近代意义的民族、国家概念，建立了民族国家。②

上列人物中，辛文炳具有代表性。辛文炳，1930 年到明治大学留学 6 年，获民法学士，深受日本当时法西斯主义影响，热爱日本文化中的武士道精神，赞同日本的文官考试制度，因此在他担任台南市长时，市政府中的重要职务，一律优先拣选那些高等文官考试及格者。③

甚至在如何处理在台湾的所谓“在台大陆系人”问题上，“台独”分子都要模仿日本人。“台独”分子梦想在台湾独立后，“在台大陆系人”要回中国的可以带财产回国；要做所谓“台湾共和国”国民的，办理归化手续；希望以中国人资格居住台湾的，即以华侨的身份享受外国人待遇。这几乎是所有“台独”分子的共识。因为 1895 年《马关条约》第五条规定台湾住民有国籍选择权，要从台湾移出的住民可以处分其不动产。④ 所以“台独”分子也准备这样对待在台的“外省人”。

二、对政治现实不满

留日学生拥有雄厚的经济资本和优越的文化资本，政治野心都很大，一

① 黄昭堂：《战后台湾独立运动与台湾民族主义的发展》，施正锋编：《台湾民族主义》，教授论坛专刊 2 期，前卫出版社，1994 年，第 203 页。

② 邱建伟：《大民族主义与日本政治主流意识》，《理论导刊》，2005 年 12 期。

③ 前引谢国兴：《府城绅士——辛文炳和他的志业》，第 81、85 页。

④ 黄昭堂：《战后台湾独立运动与台湾民族主义的发展》，前引施正锋书，第 226 页。

旦在政治上失意，就会对政治现实严重不满，有的人就走向“台独”不归路。杨基铨因为自己做的官小，退休后就进行“台独”活动。战后首个“台独”组织是廖文毅的“台湾再解放联盟”，这个名称含义即：国民党由日本人手里解放台湾，但因其贪污腐败，必须由台湾人自己再解放一次。它主张台湾先由联合国托管，再由公民投票决定台湾隶属中国还是独立。黄纪男听信了廖文毅的宣传和不满国民党在台湾的统治，才从事“台独”活动。1947 年 1 月 3 日，他参加周百炼所领导的“艋舺青年俱乐部”演讲会，因而结识了廖文奎、廖文毅。他们演讲的内容，痛批台湾行政长官公署无能，并提出“台人治台”，台湾应在中国联邦的体制下改革。①

由于不满蒋介石的统治，蓝家精在东京参加廖文毅的“台独”活动，抨击戒严令、不平等待遇、言论不自由、外省人为统治者等。②

廖文毅最为典型，他走向“台独”的现实原因大致上可归纳为三个：现实政治上的挫折；政治理想的破灭；“二二八事变”后被通缉。

首先，看其现实政治上的挫折。由于出身名门望族和具有雄厚的经济资本和文化资本，廖文毅政治野心很大。他 1910 年出生于云林西螺镇大地主家庭，其叔叔廖焕章、廖行生以至廖文毅堂兄弟姐妹十几口都留学日本，其中有五人获得博士学位。廖文毅本人在京都同志社大学中学部留学，1935 年到大陆，任浙江大学教授，兵工署上校，1940 年回台担任数个企业的董事。著有《台湾的糖业》、《军需工业论》。台湾光复之后，他回台全身心投入政治。1945 年他创办“台湾民族精神振兴会”，自任会长；创办《前锋》杂志宣传自己的政治主张。1947 年 4 月，其兄廖文奎在上海组织“旅沪台湾同乡会”，廖文毅则组织“台湾革新协会”。

但是，他在现实政治中始终不得志。在接收台湾时，具有上校军衔的廖文毅只是个毫无实权的接收委员。1946 年他又两次政治选举受挫。第一次是国民参政员选举，廖文毅理应当选，而结果却落选。③ 第二次是 10 月举行的“制宪国民代表大会”代表选举，他在台北市选区和连震东竞争，结

---

① 《朱江淮回忆录》（上），第 160 页。

② 许雪姬：《蓝敏先生访问纪录》，第 98、106 页。

③ 台北，《人民导报》，1946 年 9 月 7 日；李筱峰：《二二八消失的台湾精英》，第 43 页。

果连震东得22票当选，廖得7票“候补”。

其次，廖文毅“联省自治论”理想由于不符合中国国情而破灭。1945年廖文毅组织“台湾宪政会”，主张“在中国联邦实行温和的社会主义，主张各省拥有高度自治权。”他在1946年10月参加“制宪国代”竞选时明确提出“联省自治”。他在12月27日的座谈会上又说“由广大的中国看，必须实行地方自治。各地方得了健全发达再团结的中国，一旦有事可免国家的崩坏。一国的政治组织的理想方式，应该像宝塔式一样，由下而上的。我们为谋建设国家的坚固基础，必须由六百万团结起来建设我们的台湾。现在通过的宪法是比较的中央集权化——将来必须争取更民主化，中央与地方均权的方式。”①

再次，廖文毅、廖文奎兄弟在“二二八事件”后遭到通缉，有家归不得。廖氏兄弟对现实严重不满，在事变前到处发表演说批评台湾行政长官公署。廖文奎曾经说“接收行政人员，多系贪污之流，……或公财私用，或敌产擅卖，或浮报不实……全无节用爱民，经国济世之举措，其腐败卑劣每非台胞所能想象。”②他们对事变的发生有一定的影响。1947年2月25日，廖文毅、廖文奎、廖史豪、林顺昌等去上海，一是准备成立《前锋》杂志上海分社，一是要看台湾省选出的“国大代表”在南京的表现。他们走后三天，二二八事变爆发。上海警备司令部认为事件是廖氏兄弟幕后策动的，遂下令通缉。1947年9月3日，廖文毅逃往香港。结果，廖文奎被捕，后被上海市长吴国桢营救出狱，也到香港。③

三、现实利益受到损害

留日学生绝大多数出身富裕家庭，他们在日据时期就有很高的社会地位和政治地位。在台湾接收、“二二八事件”及后来的土地改革中，许多留日学生的政治、经济利益受到伤害，其中一部分就会进行“台独”活动。彭明敏不认同中国人深受乃父彭清靠影响，而彭清靠在“二二八事件”中受

① 台北，《前锋》第11期，1947年1月1日。

② 李筱峰、刘峰松：《台湾历史阅览》，第158页。

③ 《坎坷来时路（廖史豪）》，应大伟：《台湾人档案（之一）》，第109－115页。

到过打击。彭明敏“早在学生时代就不认为台湾人是中国人了。”① 林宗义是林茂生之子，林茂生在“二二八事件”中被杀。王育德的哥哥王育霖也在“二二八事件”中被杀，他本人逃到日本后就从事“台独”活动。

辛文炳家族在日据时期和日本人合伙做生意，获得巨大利益。台湾光复后，他们的利益受到伤害，辛文炳就不满国民政府，最终走上“台独”道路。1945 年 1 月 12 日，台湾总督府组织“台湾陶瓷器制造统制组合”，辛文炳被任命为 8 名理事之一。1940 年组织的台南州自动车运输株式会社，大部分为日人投资。光复后，改组为台南汽车货运股份公司，日股成公股，民股则由辛文炳、黄妈典、梁道出任董、监事。② 1946 年，其父辛西淮以“汉奸”嫌疑被捕后，辛文炳转而仇恨国民政府，不学“土匪政府的中国话”。③

综上所述，战后兴起的“台独”运动有两个显著的特点：第一，其领袖人物都是在日本受过高等教育的人；第二，要有美日等西方发达国家做背景。

从廖文毅到彭明敏、李登辉，战后岛内外重要的“台独”活动都是以留日学生为首的。在日本接受的殖民教育对这些“台独”分子影响很大。

第一，日本军国主义的“大和民族优越论”、“日本至上主义”和武士道精神，深深地影响了廖文毅、史明、王育德、彭明敏、李登辉等人，这是他们走上“台独”道路的思想根源。

第二，由于在日本接受了近代化的民主政治知识，他们自认为理念比较先进并以精英自居，在政治上野心勃勃，比如，在光复初，廖文毅兄弟要到南京监督“国民大会”的“制宪”活动，后来还在日本建“国”建党；史明要在岛内搞武装斗争；李登辉自诩为《圣经》中的人物“摩西”，要带领台湾人民出“埃及”。

第三，他们在日本有着良好的文化资本和社会关系资本，有能力在日本美国等国家生存，并能和日本等国的反华势力沟通，并赢得某种程度的支持

① 黄光芹：《李登辉在官邸的一场聚会彻底与彭明敏划清界限》，《新新闻》，1995 年 1 月 29 日 -2 月 11 日。

② 前引《府城绅士——辛文炳和他的志业》，第 108 页。

③ 前引《府城绅士——辛文炳和他的志业》，第 111 页。

和同情。

第四，他们利用留学时所学的知识编造所谓种种“台独”理论，在岛内外大肆宣传，蛊惑人心。彭明敏在日本学的国际法，他以此来研究台湾的国际地位，寻找“台独”的理论根据和国际法依据，因而更具欺骗性和蛊惑性，更容易为一般人接受。

第五，由于资本总量雄厚，他们在政治上有当权的机会，有在国民党统治的体制内进行“台独”活动的机会。无论是日本殖民统治者、台湾民众、还是国民党政府，都把留日学生当成社会精英或领导阶层。留日学生做官机会因而很多，李登辉因而很自然地被蒋经国迅速提拔起来，最终掌握了国民党和台湾政坛的大权。正是李登辉利用手中的巨大权力让“台独”在岛内政坛上成了气候。这正应了“堡垒最容易从内部攻破”那句老话。

到了1990年代初，在李登辉的纵容和支持下，几十年来在岛外活动的“台独”分子纷纷返回台湾，大肆宣传他们研究多年的所谓“台独”理论，使本来是民主运动力量的民进党迅速接受所谓新鲜的“台独”理论。更有甚者，连国民党也无法抵挡所谓“台独”理论的进攻，1990年代中期，所谓“台独”理论一度成为台湾的主流理论，控制了社会舆论。

民进党在国民党体制外进攻，李登辉在国民党统治体制内配合，遂有2000年的“台独”政党上台。

第四章　两蒋统治时期留日学生参加的重要选举

在两蒋统治时期台湾的各项政治选举中，留日学生这个资本总量雄厚的社会阶层，在台湾所有社会阶层中参选最积极、当选率最高、政治影响最大。其选举活动内容繁多，不能一一论述，这里只选择比较重要的一些选举作为解剖对象，从中我们可以认识留日学生在战后台湾政治中的重要地位。前人研究留日学生个体选举活动的很多，但都没有对这个社会阶层30年间的选举活动进行整体研究。本文首次运用社会阶层和政治派系理论，把留日学生这个社会阶层30年间的重要选举活动进行了宏观研究。本文首次把留日学生参加台湾地方自治选举活动和日本政治文化联系起来，得出了自己的观点：留日学生之所以积极要求实行直选的地方自治选举，思想上主要受到了日本的民本主义、立宪政治影响，认为这个是政治近代化的表现。留日学生之所以当选比率最大，是因为这个社会阶层经济、文化、社会关系等资本的总量最大。

所谓日本的选举文化，就是指日本人赞同和积极学习西方近代化的政治选举制度，把它作为民本主义和立宪政治的具体办法。日本人还根据自己的具体国情制定了一套选举制度，保护新兴的资产阶级及其知识分子的政治利益。在选举中，允许“派阀”等各种政治派别自由活动。如导论中所述，1887年，日本就起草了国会下院议员选举法。地方自治制也与国会同时兴建。1888年公布市制和町村制。1890年公布府县制和郡制。郡、县、町、村、市等各级议会的议员都实行选举。日本的地方自治选举中贿选成风，对地方上有名望的人和地主资产阶级十分有利。日据时期，留日学生领导的“新民会”、“台湾文化协会”、“台湾民众党”、“台湾地方自治联盟”等组织争取的目标：就是在台湾实行立宪政治和地方自治选举。为了取得胜利，留日学生不得不研究日本的政治，不得不和日本的政界、学界、新闻界接触，因而十分熟悉日本的政治选举情况。

第一节　光复初留日学生与县市以上民意机构选举

日本的政治文化里早就有选举，留日学生也很早就接受了选举文化。在台湾实行立宪政治、实施地方自治选举，是1920年到1930年代留日学生领导的民族运动所争取的目标，所以他们对日本的选举文化非常熟悉。当时，按照“同化”方针，总督府在台湾采行日本的行政制度，废厅区制度，改为设立州、郡、市、街、庄，规定州市街庄均为法人，各设协议会，以备行政首长之咨询。协议会之成员称为会员，都是官选，且对协议事项无决定权。会员要有学识名望。1935年，它改采自治性较强的地方制度，规定州、市、街、庄为法人。州设州会，市设市会，街、庄仍设协议会，为议事机关。会员半为官选，半为民选。25岁以上营独立生计的男子，每年缴纳5元以上税金，在某地定居半年以上，才有选举权和被选举权。议长由各级行政首长兼任。州会议员之半数，由市会议员及街、庄协议会员间接选举之。另半数则为官选，由总督府选有学识名望者任命之。①

1935年11月22日，总督府举行第一届市会及街庄协议会选举，半官选半民选。无论是官选还是民选的，五州七市34街323庄的议员、协议会员中都有大批留日学生。例如，台北市会议员36名。台湾人14名参加民选，其中当选者有明治大法学科毕业的蔡式毅、日本大学法科毕业的刘天禄、东京帝大毕业的邱德金、陈逸松等留日学生。② 所以说，留日学生也有一定的实际选举经验，或者说受到了日本选举文化的熏陶。

日据时期的州、市议会及街、庄协议会，因为没有议决权，实际上只是咨询会，其成员又多是日人，因而根本不能代表台湾人民的民意。

光复后，台湾由下而上建立各级民意机构。从公民登记开始，进行公职候选人检校，成立村里民大会，由村里民大会选举乡镇民代表，成立乡镇民代表会，选举县市参议员，成立县市参议会，再由县市参议会选举省参议

---

① 台湾省文献委员会编：《重修台湾省通志》，卷七《政治志》议会篇，第1－3页。

② 前引吴文星：《台湾社会领导阶层之研究》，第239页。

员，成立省参议会，然后举行“国民代表大会”，实施“宪政”。因“国民大会”已定1946年5月5日召开，所以省以下各级民意机构应于同年5月1日前全部建立完成。

从1946年2月16日到28日，全省公民直接选出7078名乡镇民代表，接着选出了县市参议员523名。他们都是社会上有相当声望的人士。省参议员候选人登记共1180人，是全省选举的最高潮，在4月15日全省各县市选出了30位省参议员。① 随后选举各种“中央民意代表”。

在台湾人民掀起的参政热潮中，各级民意代表选战异常激烈。留日学生携经济、政治、文化上的优势，在光复初期的各项选举中举足轻重。在县市以上民意代表选举中，他们更是扮演主角。因篇幅所限，本文只分析留日学生在各县市正、副议长、省参议员和“中央民意代表”等共七项选举中的情况。

一、留日学生当选状况

各县市正、副议长。1946年3月开始办理县市参议会议员选举，4月7日全部完成，全省选出县市参议员523人。在34个县市正副议长中有留日学生14人，占到41%；17个正议长中有9个是留日学生，占到53%，（见表4－1）。

省参议员。1946年4月15日，各县市参议会议员选举省参议员30人，其中留日学生15人，候补参议员30人，其中留日学生12人，（见表4－2）。正式当选的参议员一半是留日学生，加上参议长黄朝琴、秘书长连震东也是留日学生，可以说，省参议会掌握在留日学生手里。

国民参政员。省参议会选举国民参政员8名：林忠、林宗贤、林献堂、罗万俥、吴鸿森、杜聪明、陈逸松、林茂生。其中仅林献堂和吴鸿森不是留日学生。留日学生比例高达75%。

“制宪国大代表”。1946年10月31日选举，李万居、黄国书、颜钦贤、林连宗、林璧辉、张七郎、高恭、南志信、洪火炼、纪秋水、连震东、郑品聪、谢娥、刘明朝、简文发、陈启清、吴国信等当选。17人中留日学生10

① 前引《朝琴回忆录》，第160页。

人，占到58%。

“行宪国民代表大会代表”。1947年11月21日开始选举产生：黄及时、林朝权、吴鸿森、苏绍文、李清波、吕世明、连震东、杨金虎、张吉甫、王民宁、刘传来、吴三连、刘振声、谢挣强、洪火煉、谢文程、洪元煌、陈绍平、蔡石勇、陈天顺、林珠如、郑玉丽。22人中有留日学生13人，约占到60%。

“监察委员”。1948年1月10日选出：丘念台、陈岚峰、[①] 陈庆华、陈江山、李缎。陈庆华，早稻田大学毕业。李缎，早稻田大学毕业，台北市妇女会常务理事，省妇女协会理事长，省党部执委。5人中有4人是留日学生，占到80%。

“立法委员”。1948年1月23日选出：刘明朝、黄国书、蔡培火、郑品聪、郭天乙、谢娥、罗万俥、何景寮8名，[②] 全部是留日学生。

这56名“中央民意代表”中，40人受过高等教育，其中在日本受教育者34人，在大陆受教育者11人，留日学生占到60.6%。而且，在民意代表层级越高，留日学生所占的比例也就越高，充分说明了留日学生这个阶层的资本总量雄厚。

二、留日学生当选原因分析

光复初期，台湾人民的政治热情十分高涨。各种选举竞争都十分激烈。如台中市的省参议员选举，候选人多达54人，最后林连宗以8票当选。[③] 尽管如此，在各项重要选举中，留日学生这个特殊的社会阶层当选率却比较高，需要我们认真加以分析。留日学生当选的原因可以概括为三大方面：一些留日学生依靠自己的资本总量当选，一些留日学生依靠参加全省性政治派系运作，还有一些是依靠有影响的竞选口号或政见当选，当然这三者有时是相互交织在一起的。

第一，依靠自己的资本总量当选的留日学生。光复初的各项选举，国民

① 李筱峰：《台湾战后初期民意代表政治经历分析》，《台湾风物》，第35卷第4期，第10－14页。

② 戴月芳、罗吉甫主编：《台湾全记录》，台北，锦绣出版社，1990年，第298页。

③ 《本省参议员各市县业已先后选出》，《台湾新生报》，1946年4月16日，第2版。

政府和台湾行政长官公署总的来说介入比较浅。选举结果基本上反应了台湾社会各阶层的实力。留日学生这个社会阶层资本总量雄厚，所以当选比率最高。资本总量包括经济资本、文化资本和社会关系资本。当选的留日学生或者出身地主士绅家庭，或者有好的职业如医生、官吏、律师、教师、富商，或者在日据时期就参加政治活动，或在大陆参加抗战，积累了丰厚的政治资本或者人脉。这些人在社会上非常有名望地位。

高雄市议长彭清靠，东京帝大医学博士，在台中大甲行医，后在高雄创办医院。① 光复初期，他还和彭孟缉关系密切，把自己的别墅送给彭孟缉居住。② 新竹县正、副议长都是留日的名士。黄运金，日本大学毕业，高等文官考试司法科合格，在新竹市做开业律师。朱盛淇，1934 年日本大学毕业，同年高等文官考试司法科合格，在日本做开业律师，一年后回新竹开业。③ 1935 年当选新竹州民选州会议员。台南县议长陈华宗，14 岁负笈日本，留学于丰山中学和立正大学。31 岁回台，任北门区学甲庄长，后任教长荣中学。④

台中县参议长罗万俥，前文已有介绍。副议长蔡先於，1921 年明治大学毕业，参加议会请愿运动，治警事件中被扣押，文化协会专务理事，参与自治联盟。1935 年官选台中市会议员。光复后，任台中县调解委员会主委和“梧棲港开发促进委员会”主委。⑤ 台中市参议长黄朝清，1919 年东京慈惠医专毕业，《台湾新民报》监事，台湾地方自治联盟理事。台南市参议长黄百禄，中央大学法学部毕业，高等文官考试行政司法科及格，律师。彰化市参议长李君曜，彰化望族出身，1915 年开始留学日本大学和庆应大学，在彰化开设医院，兼任彰化银行监察人。他参加民族运动，是新民会会员，文化协会专务理事。⑥

国民参政员林忠、林宗贤、罗万俥、林茂生、杜聪明、陈逸松，“制宪

① 前引彭明敏：《自由的滋味》。

② 《彭孟缉访问记录》，许雪姬等：《高雄市二二八相关人物访问记录》（上）。

③ 黄天横：《日据时期台湾籍人考中日本高等考试行政科名录》，《台湾文献》，1993 年第 44 卷 3 期，133 页。

④ 廖忠俊：《台湾地方派系及其主要领导人物》，第 167 页。

⑤ 《台中县史》，人物志。

⑥ 李筱峰：《战后民意代表政治经历分析》。

国代”黄国书、连震东，“立委”黄国书、谢娥、郭天乙、蔡培火等，前文已介绍，都有很强的政治或经济实力。

颜钦贤，立命馆大学毕业，大实业家，市协，1935 年官选基隆市会议员。① 郑品聪，东瀛皇汉医学院毕业。“行宪国代”吴三连，《台湾民报》创始人之一，《台湾新民报》社编辑主任。杨金虎，台湾民众党高雄支部常委，1935 年民选高雄市会议员。吕世明，早稻田大学毕业，实业家，街协，1935 年官选彰化市会议员。“监委”陈岚峰，1926 年日本士官学校毕业，在大陆参加抗战。

第二，除了有雄厚的经济资源和辉煌的政治经历外，留日学生还参加政治派系运作。第一章已有论述，在政治派系中，“半山系”受到行政长官陈仪的支持，所以加入“半山系”的运作就比较容易当选。

属于“半山派系”的有：周延寿，黄运金，叶秋木，蔡培火，黄国书，苏惟樑，连震东，林宗贤，苏绍文，陈岚峰，丘念台，黄及时，刘传来，陈逸松，林连宗，李缎，林日高，王添灯，郑品聪，陈启清，黄朝琴等。

“半山派系”主要依靠国民党政府、“三青团”等的支持当选。例如，在选省参议长时，按照名望，林献堂最合适，但他得不到长官公署的支持。在丘念台等人的游说下，林献堂被迫退出选举，让陈仪支持的黄朝琴当选。黄朝琴在 1946 年 5 月 1 日省参议会成立大会上当选议长，一直做到 1951 年 12 月。在黄朝琴的主持下，省参议会奠定了台湾议会的规范。②再如王民宁，他当选台北县首届“国民大会”代表，得票高居全省之冠，依靠的是军警的支持。1947 年 3 月，他调任台湾省行政长官公署警务处长，平定“二二八事变”和安民有功。③ 陈逸松、叶秋木、李缎、王天灯等人则是利用“三青团”的势力当选。

属于“台中派系”的：刘明朝、何景寮、吴三连、罗万俥、洪火煉、杨陶、丁瑞彬、黄朝清、蔡先於等。属于“阿海派系”的：谢娥、吴国信、郑玉丽、杜聪明等。这两个派系主要靠自己的社会团体动员选票。

---

① 前引吴文星：《台湾社会领导阶层之研究》，第 240 页。

② 张炎宪等：《台湾近代名人志》第 1 册，第 176 页。

③ 陈明通：《派系政治与陈仪治台论》，赖泽涵主编：《台湾光复初期历史》，台北，“中研院”近代史所，1993 年，第 249 页。

第三，在县市级议会有良好的表现兼有比较好的竞选政见。这种政见往往能反映当时的社会热点、难点问题，引起选民的注意。

台湾民众和舆论对省参议员有很大的期待，他们希望参议员“为民主张，为民服务，推进真正民主政治的重大使命不消说，牺牲个人为国家、为社会努力奋斗。此乃做参议员的起码的第一条件。任参议员的一定要有理性、有气魄、有力量，和有良心，做事绝不能暧昧糊涂，以天下为公的精神办事，不怕无谓的批评，不怕奸邪的威胁。”①

郭国基是这类人的代表。他在高雄市参议会就敢于猛烈批评当地政府官员，已如前文所述。他参选省参议员的政见，非常具有冲击力：（1）日据时代为虎作伥的御用绅士，必须从政界整肃，以申民族大义；（2）趁日本战败，政府尚未接管前，接收日产、发光复财者必须严惩；（3）拥护林献堂先生问鼎省参议会议长，追随其后，为台湾同胞争权利、谋福利。最后，他当选高雄市唯一的省参议员，并在省议长选举里，投下林献堂唯一得到的一票。②

高雄市唯一的一席省参议员被郭国基夺取，而经济和家族实力雄厚且又得到黄朝琴支持的陈启川，只当选候补省参议员。

在参议会成立之日，郭国基又发表政见：反对国民大会代表官选；不可以省民不解国语、国文为理由而拒绝用本省人才。这都是当时比较敏感的话题。各县市参议会正、副议长如表4－1（注“是”者为留日学生）。

表4－1

县市	成立日期	议长	副议长
台中县	4月14日	罗万俥（是）	蔡先于（是）
台东县	4月15日	陈振宗	马荣通
新竹县	4月10日	黄运金（是）	朱盛淇（是）
澎湖县	4月15日	吴尔聪	郭石头
台南县	4月15日	陈华宗（是）	杨群英
高雄县	4月15日	叶登祺	刘朝四

① 台北，《民报》，1946年4月19日，第1版。
② 张炎宪：《台湾近代名人志》第4册，第178页。

续表

县市别	成立日期	议长	副议长
花莲县	4 月 15 日	张七郎	吴鹤
台北市	4 月 15 日	周延寿（是）	林金臻
台南市	4 月 15 日	黄百禄（是）	杨靖
台中市	4 月 15 日	黄朝清（是）	林金标（是）
高雄市	4 月 15 日	彭清靠（是）	林建论
基隆市	4 月 15 日	黄树水	杨元丁
新竹市	4 月 13 日	张式谷	何乾钦
嘉义市	4 月 3 日	钟家成	林本根
彰化市	4 月 1 日	李君曜（是）	吴石麟
屏东市	4 月 15 日	张吉甫（是）	叶秋木（是）

资料来源：刘宁彦编纂：《重修台湾省通志》卷七，《政治志》选举罢免篇，第 236 页。

表 4－2　台湾省第一届参议员中的留日学生一览表

县市	当选人	年龄	籍贯	学历	备注
台北市	黄朝琴	49	台南县	早大政经	
台北市	王添灯	46	台北市	早大函授生	后由蒋渭川陈旺成补
新竹县	刘阔才	37	新竹县	京都帝大毕业	
高雄县	刘兼善	51	高雄县	早大政经科	辞职由吴瑞泰递补
高雄县	林璧辉	43	高雄县	同志社大学	
台东县	郑品聪	45	台东县	日本汉医学院	辞职由陈振宗递补
台中县	丁瑞斌	49	台中县	明治大学法科	
台南县	刘明朝	52	台南县	东京帝大法学部	辞职由谢水蓝递补
台南县	殷占魁	49	台南县	枥木县师范学校	
台南市	韩石泉	50	台南市	熊本医大博士	
台中市	林连宗	42	台中市	中央大学	去职由陈茂堤递补
嘉义市	刘传来	47	嘉义市	东京医专	
新竹市	苏维樑	51	新竹市	中央大学	
高雄市	郭国基	47	高雄市	早稻田大学	应为明治大学（作者）
基隆市	颜钦贤	45	基隆市	立命馆大学	辞职由张振生递补

资料来源：刘宁彦编纂：《重修台湾省通志》卷七，《政治志》，第 6 章《民意代表之选举》，134 页。

第二节　留日学生当选省议员和县市长概况

从1950年到1981年三十年间，留日学生参加省议会议员和县市长选举的基本情况，《重修台湾省通志》卷七都有比较详细的资料，作者根据这些资料制作了附表4－5到附表4－22，一共18张表，以期使留日学生参加这两项政治选举和当选的基本情况一目了然。

作者对上述附录表格资料进行统计分析，得出下列表4－3和表4－4两个综合分析表，从中可以看出30年间留日学生参加和当选省议员和县市长的基本情况，他们在全部省议员和县市长中的比重，他们在几十年间当选的基本趋势。

表4－3　1951—1981年省议员选举留日学生当选情况分析表

届数	选举时间	议员总数	留日学生当选情况		
			数目	所占比例	正副议长及其他
临时一	1951.11	55	26	47%	黄朝琴、林顶立
临时二	1954.4－5	57	21	37%	黄朝琴、林顶立，候补42
第一届	1957.4	66	21	31%	黄朝琴、谢东闵，候补47
第二届	1960.4	73	24	33%	黄朝琴、谢东闵，候补47人
第三届	1963.4	74	20	27%	谢东闵、许金德，取消候补制度
第四届	1968.4	71	21	29%	谢东闵、蔡鸿文
第五届	1972.12	73	12	18%	蔡鸿文、魏纶洲
第六届	1977.11	77	8	10%	蔡鸿文、魏纶洲
第七届	1981.11	73	4	5%	高育仁、黄镇岳

资料来源：刘宁彦编纂：《重修台湾省通志》卷七，第六章《民意代表之选举》。

表4－4　1950—1981年历届留日学生当选县、市长情况分析表

届数	选举时间	总数	留日学生当选情况		备注
			当选数	所占比例	
第一届	1950.8－1951.5	21	12	60%	每个县市长候选人都有留日学生
第二届	1954.4－1954.12	22	12	55%	38人中20人留日，台中县长选2次
第三届	1957.4	21	9	43%	40人竞选，16人留日
第四届	1960.4	21	12	60%	35人竞选，17人留日
第五届	1964.4	21	14	67%	47人竞选，26留日
第六届	1968.4	20	8	40%	43人竞选

续表

届数	选举时间	总数	留日学生当选情况		备注
			当选数	所占比例	
第七届	1972. 12	20	5	25%	39 人
第八届	1977. 11	20	2	10%	36 人竞选，高学历，年轻化
第九届	1981. 11	19	0	0	年轻化，国民党化

资料来源：刘宁彦编纂：《重修台湾省通志》卷七，《政治志》选举罢免篇，《县市长选举》。

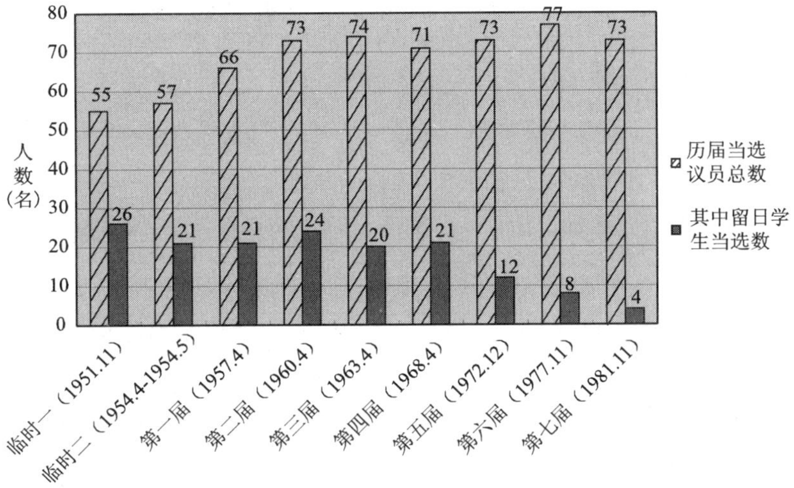

图 4－1　1951—1981 年历届省议员选举中留日学生当选情况

从上面两个统计分析表格和两个直观的图示中，我们可以看出，1950 年到 1970 年的二十年间，留日学生占到省议员的二成到三成，占到县市长的二分之一，在台湾政坛的势力相当强大。留日学生这个社会阶层就是台湾地方势力的代表。

1972 年的省议员和县市长选举中，留日学生当选的人数和比例大幅减少，年龄偏大是个原因，但根本因素在于国民党的政策。由于县市长是留日学生领导的地方派系汲取地方资源、转化为派系力量的最重要位置，因此国民党中央便提名国民党党工等非派系人员来夺取县市长位置。

国民党的这一策略在 1960 年代末期便已出现征兆，而在 1970 年代的两次地方选举达到最高峰。1968 年国民党首次提名陈时英、廖祯祥等 3 名党工竞选县市长，1972 年国民党又提了邵恩新、李凤鸣、林仙保、吴荣兴等

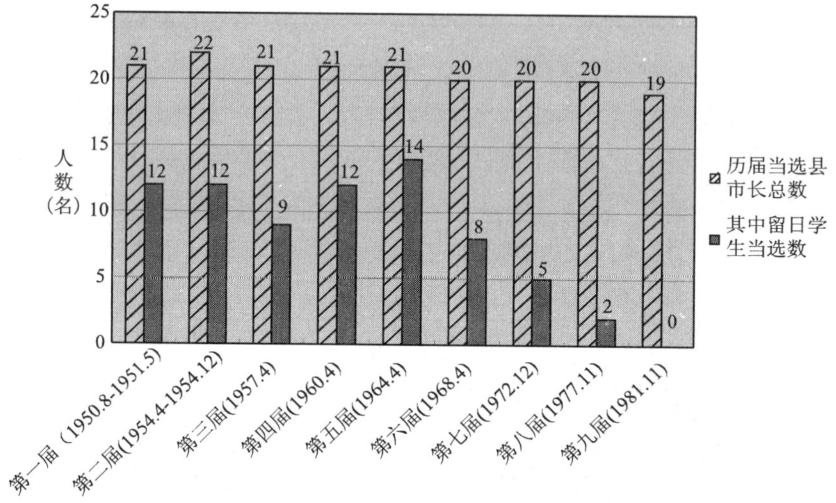

图 4－2　1950 年—1981 年历届县、市长选举中留日学生当选情况

12 名青年党工竞选县市长，结果全部当选。从此后，依靠地方派系竞选的留日学生当选人数大幅减少。

第三节　留日学生选举战略策略分析

从上述第二节中我们已经知道，留日学生在省议员和县市长选举中，当选的比率可以说在各社会阶层中是最高的。在激烈的选战中能够胜选，除了需要经济实力和社会名望之外，留日学生还有自己的选举战略和策略。其选举战略就是公民直选和参加国民党；其选举策略则有很多种。

一、留日学生的选举战略

所谓战略，英语里是 Strategy，就是指为了达到某个重大目标而制定的关系全局的长期计划、政策和方案等，一般用于国家重大的军政活动上。在台湾地方自治选举活动中，公民直选和参加国民党都能够长期影响选战全局，故把它们当作留日学生的选举战略来加以论述。

（一）留日学生第一个选举战略是公民直选

这是留日学生最根本的选战谋略。一方面，公民直接投票选举是民主政治的最佳方式之一。另一方面，台湾情况比较特殊，存在着省籍问题，因而，在台湾的各项政治选举中，只要是由公民直接投票选举的，明显对台湾社会精英的留日学生比较有利。留日学生这个社会阶层经济资本、文化资本和社会关系资本都十分雄厚，在各项选举中竞争力最强。根据日本地方自治选举和1935年台湾地方选举经验，留日学生也非常清楚，当选者基本都是地方上有名望的人和地主资产阶级。所以，只要是由台湾公民直选，他们就能很容易击败主要对手——外省籍的官僚。诚如1946年5月1日省参议院成立时王添灯所说："国民大会代表宜付民选，绝不可使外省人为本省国民代表"。①

所以，留日学生从光复初就极力争取各项选举的公民直选。本文只论述留日学生呼吁省议员和县市长直选的部分。

从1946年到1950年初，台湾地方势力呼吁省议员和县市长直选的阵地主要是省参议会。如前文所述，留日学生在省参议会占据优势，他们要求直选的呼声最高，所以对省议员、县市长直选的贡献最大。

省参议会里的刘启光、吕世明等留日学生列举的省议员直选理由：省议员未经普选，导致省议会权力很小，徒具议会之表，而无议会之实，不能满足人民实行完全地方自治的愿望。② 普选省议员，为省民一致的要求。③ 临时省议会第二届第三次大会上，黄运金批评说，应该提高省议会地位，"现在仍为临时省议会；'临时'两字，实为引起人家轻视之原因。"④ 经过留日学生的反复斗争，到1954年第二届临时省议会议员选举时，国民党被迫采取公民直接选举。"临时省议会第一届议员之任期，原规定为2年，应于1953年12月11日届满，然中央以县市议会议员既由公民直接选举，临时省议会议员也应采取普选方式，乃修改有关法规，改由各县市公民直接选举，同时将任期改为三年。"⑤ 1959年6月省议会正名，去掉"临时"二字。

---

① 欧素瑛编注：《地方自治与选举——战后台湾民主运动史料汇编（五）》，第317页。
② 欧素瑛编注：《地方自治与选举——战后台湾民主运动史料汇编（五）》，第581页。
③ 欧素瑛编注：《地方自治与选举——战后台湾民主运动史料汇编（五）》，第610、616页。
④ 欧素瑛编注：《地方自治与选举——战后台湾民主运动史料汇编（五）》，第736页。
⑤ 《重修台湾省通志》卷七，《政治志》选举篇，第150页。

关于县市长直选，省参议会里的留日学生态度完全一致，都大力推动。他们提出了一系列理由：台湾有条件实行县市长民选，台湾人口、土地、教育等各方面符合“建国大纲”规定的地方自治条件。① 只有实行县市长、省长的民选，才是完全的地方自治，才是台湾人民所需要的地方自治。② 台湾早行实施县市长民选，是政治上建设台湾模范省的需要。③ 县市长民选是陈仪、白崇禧等人的政治诺言，国民党政府不能失信于台湾民众。1947 年 3 月 6 日陈仪在广播中许诺：1947 年 7 月 1 日要施行县市长民选。④ 同年 3 月 16 日，白崇禧宣慰台民的布告首条就是：台湾县市长提前民选。

留日学生不仅呼吁推动县市长直选，而且参加了台湾省地方自治研究委员会，参与了县市长等选举规则的制订。地方自治研究委员会有委员 29 人，留日学生连震东、李友邦、黄联登、韩石泉、刘阔才、林忠、颜沧海、何景寮、李茂松等参加，约占三分之一。该委员会于 1949 年 8 月 15 日召开首次会议，历经 4 个多月，制订了《台湾省县市地方自治实施纲要》草案。经省参议会通过，“行政院”核准。1950 年 4 月 25 日，省政府颁布《台湾省各县市县市长选举罢免规程》，规定县市长由人民直接选出，任期四年，连选只能连任一次。⑤ 留日学生要求直选的政治要求最终达到了。

（二）留日学生的第二个选举战略是加入国民党

“二二八事件”后，台湾岛内外发生许多重大事件：国民党败退台湾、1950 年朝鲜战争爆发后美国出兵保护台湾、岛内国民党的改造和土地改革等等。在这个过程中，国民党在台湾的统治基本上是愈来愈巩固。在政治上图谋发展的留日学生必然要首先依靠执政的国民党。谋取执政党国民党的支持而当选，这是绝大多数参加省议员和县市长选举的留日学生的首选战略。这里特别需要指出的是，谋取国民党的支持有两种方式：可以加入也可以不加入。一般情况下，国民党会支持自己的党员；但选战形势复杂，特殊情况下，国民党为了争取地方名望人士的支持，也会支持非国民党员，如吴三

---

① 欧素瑛编注：《地方自治与选举——战后台湾民主运动史料汇编（五）》，第 224 页。

② 欧素瑛编注：《地方自治与选举——战后台湾民主运动史料汇编（五）》，第 361 页。

③ 欧素瑛编注：《地方自治与选举——战后台湾民主运动史料汇编（五）》，第 201 页。

④ 《台湾新生报》，1947 年 3 月 8 日，第 1 版。

⑤ 《台湾省政府公报》，1950 年夏字第 22 期，第 340 页。

连、陈水潭等。

基本上，只要得到国民党的支持，就能胜选。1951 年第一届县市长选举，省主席吴国桢劝非国民党员的吴三连出来竞选台北市长。① 候选人多达 7 人：吴三连、高玉树、庄琮耀、林紫贵、郭伯仪、苏金涂、郑来春，竞争十分激烈。国民党发动政府机关团体支持吴三连，结果他顺利当选。②

1954 年第二届县市长选举时，台中县的陈水潭被国民党提名，林鹤年尊重党纪，退出选举，陈水潭不竞当选，但两年后不幸病逝。在补选时，国民党提名接近陈派的廖五湖竞选，林鹤年的红派则推在丰原行医的无党籍人士王地出马竞选，选情激烈，但投票前王地奉国民党之命入伍当军医，廖五湖顺利当选。③

1957 年第三届县市长选举时，国民党吸取上次失败的教训，精心组织，使自己提名的候选人黄启瑞击败劲敌高玉树当选。高玉树是现任台北市长，群众基础较好，又得到黄信介、李福春、李锡卿等党外实力人物助阵。④ 在云林县，有国民党云林县党部主委林金生和云林县议长王吟贵竞争，最后林金生当选。⑤

再如，1960 年第四届县市长选举，在高雄市，被蒋介石点名要求参选高雄市长的陈启川，轻松击败杨金虎、李源栈、简秋桐几个对手，得到了 19 万张票中的 14 万张而当选。⑥ 台中县国民党提名的县党部主任何金生也顺利当选。彰化县，吕世明、石锡勋、杨连基三人参选，国民党支持的吕世明以最高票当选。彰化市中山投票所竟将石锡勋的票唱成国民党候选人吕世明的，被选民发现。⑦

从 1951 年到 1981 年间当选临时省议会和省议会议员的 157 个留日学生，只有吴三连、陈水潭、许世贤、郭雨新、李源栈等极少数非国民党员。

---

① 许雪姬：《柯台山先生访问纪录》，“中研院”近代史所，1997 年，第 99 页。
② 前引《吴三连回忆录》，第 146 页。
③ 张昆山、黄政雄：《地方派系与台湾政治》，第 148 页。
④ 黄富三：《台北市历届市长议长口述历史》，第 22 页。
⑤ 《云林县发展史》（下），十篇《人物传记》，第 83 页。
⑥ 张昆山、黄政雄：《地方派系与台湾政治》，第 44 页。
⑦ 台北，《自由中国》，1960 年 6 月 1 日。

在县市长选举中，第一届当选的徐崇德等9人都是国民党员；非国民党员只有吴三连和杨基先。第二届当选的有国民党员徐崇德等10人；非国民党员的只有高玉树、陈水潭2人。第三届当选的有张芳燮等8名国民党员；非国民党员只有叶廷珪1人。第四届当选的留日学生12人都是国民党员。第五届当选的留日学生11人是国民党员；非国民党员只有黄顺兴、高玉树、叶廷珪3人。第六届当选的留日学生有国民党员6人；只有杨金虎是非国民党员。第七届当选的5个留日学生都是国民党员。第八届当选的2人都是国民党员。

二、留日学生的选举策略

所谓策略，就是根据形势发展而制定的行动方针和斗争方法。留日学生具体的选举策略要根据每次具体的选举形势而定，最主要有参加或组织派系两种，也深深地受到了日本选举文化的影响。如前文所述，在日本的政治选举中，无论国会议员选举，还是地方自治选举中，都有“派阀”的积极活动。参加竞选的人一般都要投靠某个“派阀”才能当选。参加选举的留日学生一般也参加全省性的政治派系或县市以下的地方派系，这是他们最重要的选举策略。下面分述之。

（一）参加全省性的政治派系运作

组织或参加政治派系争夺各种政治资源，也是留日学生在政治上的一大策略。如前文所述，从1945年9月到1954年前后，台湾政坛上有许多全省性的政治派系，这些政治派系也积极通过选举夺取政治资源。

半山派系：黄朝琴、梁许春菊、王云龙、刘阔才、黄运金、刘启光、刘传来、黄宗焜、郭秋煌、林汤盘、郭雨新、连震东、陈启川、黄启瑞等。此派领袖黄朝琴在1952年国民党七大上当选中常委，在台南威望极高，每次选举都获支持。例如第三届临时省议会议员选举时，黄朝琴以“中日文化经济协会”代表身份到日本处理事务，无法回台参加竞选活动，乃在日本先录好竞选言辞，用宣传车配合黄的照片播放出来，展开竞选活动，台南的选民都选他，以最高票当选。① 1960年，黄朝琴虽人在日本，但仍获台南县

---

① 张炎宪等：《台湾近代名人志》第1册，黄朝琴篇。

民支持以高票当选。黄朝琴背后又有省主席陈诚支持。

林顶立系。在第一届临时省议员选举时，此派势力大振，达到高峰。林顶立1947年8月在台北市创立《全民日报》，全台21县市几乎都有分社、办事处，多以地方知名政治人物兼主任，用大幅各地通讯拉抬地方派系。1950、1951年一连串的地方选举中，他也通过报纸支持了许多人当上县市长、县市议员。1951年9月16日，林顶立与《民族报》、《经济时报》发行人共组三报“联合版”，出任总管理处主委。三报联合版是当时民营第一大报系。该派的阵地还有省农林公司。① 第一届临时省议会议员选举，全省由该派支持而当选者高达11席。林顶立和黄朝琴争夺议长，以25∶28失败。②林顶立系的临时省议员和省议员有台北市林顶立、黄成金等。

台中派系（杨肇嘉系）。该派系首领杨肇嘉是民政厅长，是1951年和1954年两次县市长选举的监督，并发表谈话，说明实施地方自治的意义与民众应负的责任和应享的权利，呼吁民众踊跃投票。③ 杨肇嘉监督选举，对台中派甚至全省的留日学生参加选举都有很大影响。他“乘实施地方自治机会，数度南下巡视，到处鼓励本省人竞选县市议员及县市长，暗示脱离外省人统制，据悉曾有独立运动企图之嫌。”④

台中派有林云龙、吴三连等。吴三连因对国民党不满才弃台北市长去竞选省议员的。有些国民党人认为台北市长“非由国民党员出任不可”，感到很累的吴三连决定放弃竞选连任，回台南竞选省议员，最后当选。⑤

蒋渭川系则有台北市长周百炼等。周百炼，九州大学医学博士。光复初，他发起并自任理事长的台湾医师公会。⑥

（二）依靠地方派系支持当选

据台湾学者陈明通研究，1951年以后，台湾全省共有89个县市级以上

---

① 张炎宪等：《台湾近代名人志》第3册，第312－314页。

② 张炎宪等：《台湾近代名人志》第1册，第180页。

③ 欧素瑛编注：《地方自治与选举——战后台湾民主运动史料汇编（五）》，第481页。

④ 陈明通：《派系政治与陈仪治台论》，赖泽涵主编：《台湾光复初期历史》，台北，“中研院”，1993年，第283页。

⑤ 前引《吴三连回忆录》，第256页。

⑥ 黄富三：《台北市历届市长议长口述历史》，台北市文献委员会编，2001年，第98页。

的地方派系。[①] 留日学生利用自己的经济资本、文化资本以及社会关系资本控制绝大部分地方派系。看下列几个典型例子：

台中市有张、赖两大地方派系。赖派领导人赖荣木，明治大学毕业。[②] 张派领导人张启仲，日本医科大学毕业，在日本12年，1946年回台创办启仁医院，担任中区合作社理事主席，有强大的经济实力和社会关系，因而在1952年当选第二届市议员，1955年当选第三届议长。1960年，原参议会议长及市长林金标生病，张启仲结合了他的势力。他还据日本葬礼简单而隆重的经验改革了台中的丧葬风俗。他后来当选两届“立委”。[③]

彰化县大小选举主要有红、白两大派系控制，红派领导人吕世明，早稻田大学毕业。白派领导人苏振辉，九州大学医学博士。[④] 嘉义县黄派领导人黄宗焜，中央大学毕业，嘉义律师，光复后任嘉义、台中地方法院推事，1969年当选“增额立委”。[⑤]

台南县地方派系先后有北门派（海派）、山（胡龙宝）派、高育仁派等大派系，它们包办11届县长选举，“立委”、省议员也由三派推出的人选当选。吴三连、高文瑞、陈华宗为海派骨干，吴三连为精神领袖。[⑥] 山派始祖胡龙宝虽不是留日学生，但其妻舅许祯明、许祯文都是留日的医学博士，势力很大。[⑦]

高雄市的地方派系领导更具典型性。澎湖派领导谢挣强，曾经在大陆参加抗日，有辉煌的政治经历，当选首届高雄市长。高雄派首领陈启川，1899年生，庆应大学毕业，有庞大的家族企业[⑧]。

总之，大多数地方派系控制在实力强大的留日学生手里。以留日学生为首或骨干的地方派系，参考表4－5，不再一一论述。这些地方派系在各地

---

① 前引陈明通文：《派系政治与陈仪治台论》，《台湾光复初期历史》，第286页。

② 张昆山、黄政雄主编：《地方派系与台湾政治》，第158页。

③ 廖忠俊：《台湾地方派系及其主要领导人物》，第108页。

④ 廖忠俊：《台湾地方派系及其主要领导人物》，第122－125页。

⑤ 陈明通：《威权政体下台湾地方政治精英的流动》（1945—1986），台大政研所博士论文，1990年，第423页。

⑥ 廖忠俊：《台湾地方派系及其主要领导人物》，第164页。

⑦ 廖娟秀、叶翠芬：《胡龙宝传》，月旦出版社，1992年，第168页。

⑧ 廖忠俊：《台湾地方派系及其主要领导人物》，第211－214页。

操控或影响选举，参加选举者只有参加或依靠它们才能胜出。本文只论述依靠地方派系当选的留日学生。

下面以台中、苗栗、高雄等县为例，说明留日学生在地方派系中参加选举的情况。

台中县的选举，都被林鹤年的红派和陈水潭的黑派控制。1950 年的首次县长选举，竞争就激烈，经两次投票才产生。第一次有陈水潭、林鹤年、蔡卯生、陈振顺、吕大椿参加，但 5 月 6 日开票，最高票的陈水潭却也没有过半数。第二次投票，林鹤年运用连横策略，结合蔡卯生等人的票源，最后当选。由于选情激烈，流血事件频发，结果形成陈水潭为首的陈派和以林鹤年为首的林派。林鹤年的宣传海报为红色，故又称红派；陈水潭则为黑色或深蓝色，故又称黑派。① 林鹤年，东洋音乐大学毕业；陈水潭，日本医科大学毕业，丰原镇长。② 吕大椿，日本驹泽大学毕业。③ 两派控制台中县地方政坛几十年。1972 年前后，蒋经国倡导提拔青年才俊，遂不提名派系强硬人物，与两派协商，要两派不再作恶性竞争，明订林、陈两派轮流执政，一任两届，但县长人选必须经对方同意才能提名。

在苗栗县，刘阔才、刘定国的“刘派”和黄运金的“黄派”，控制选举和交替主持县政。首届县长选举时两派就激烈对立，刘阔才支持“二二八事件”时救过他的新竹防卫司令刘定国参选，与黄运金竞争。这场选举创下四次投票选举的罕见记录，第一次黄运金得票超过刘定国，但未过半数；20 天后办理第二次投票，反由刘定国赢得选举，律师出身之黄运金控告刘仍具军人身份，法院判刘当选无效。这是台湾地方自治史上首件选举官司。办理第三次投票，黄运金、刘阔才都未参加，而由赖顺生、李白滨、黄焜发、黄发盛、张子斌、杨日恩、邱克修等 7 人参选。主要是赖顺生及李白滨在争，毕业于东京帝大教育系的赖顺生是国民党提名，毕业于京都帝大经济系的李白滨则是青年党提名。但第三次投票仍无一人获得半数，又再选，由

---

① 张昆山、黄政雄主编：《地方派系与台湾政治》，第 147 页。

② 陈明通：《威权政体下台湾地方政治精英的流动（1945—1986）——省参议员及省议员流动的分析》，台大政研所博士论文，1990 年，第 422 页。

③ 《台中地方自治史料汇编》，台中县文化中心，1994 年，第 58 页。

赖顺生和李白滨对决，李白滨在国民党压力下未敢活动，赖顺生当选首届县长。[①] 刘定国，1929 年到日本东京读中学，因不满日人歧视而 18 岁赴大陆从军。1934 年考入中央军校。“二二八事件”时，他是新竹县防卫司令，营救了不少苗栗地方人士。[②]

高雄县各项选举，主要受到陈新安的白派、洪荣华的红派及余登发的黑派控制。1951 年首届县长选战十分激烈，首次投票，4 名候选人洪荣华、陈新安、余登发、吴崇雄的得票数都未过半，乃进行第二次投票，由洪荣华、陈新安复选。国民党提名的洪荣华和非国民党陈新安对决，洪荣华当选。[③] 洪荣华，1902 年生，东京帝大农学部毕业，光复初被谢东闵聘为高雄州接管委员，县政府建设局长，1954 年后任高雄农田水利会长。陈新安，1912 年生，京都帝大法科毕业。[④]

总之，台湾 15 个县市掌控地方选举的 32 个地方派系，28 个是以留日学生为首，4 个以留日学生为骨干。在当地参加选举的候选人基本上要依靠他们的支持才能当选。

表 4－5　以留日学生为领导或骨干的地方派系一览表

<table>
<tr><th>县市别</th><th>派别</th><th>派系领导</th><th>派系骨干</th><th>控制选举状况</th></tr>
<tr><td rowspan="4">台北县</td><td>林本源家族</td><td>林熊征等</td><td></td><td>板桥</td></tr>
<tr><td>颜云年家族</td><td>颜云年</td><td></td><td></td></tr>
<tr><td>李秋远家族</td><td>李秋远</td><td></td><td>芦洲</td></tr>
<tr><td>李建兴家族</td><td>李建兴</td><td></td><td>瑞芳</td></tr>
<tr><td rowspan="2">台中县</td><td>红派</td><td>林鹤年</td><td>陈新发等</td><td rowspan="2">完全</td></tr>
<tr><td>黑派</td><td>陈水潭</td><td>何金生、陈汉周、廖五湖等</td></tr>
<tr><td rowspan="2">台中市</td><td>张派</td><td>张启仲</td><td>林金标</td><td rowspan="2">完全</td></tr>
<tr><td>赖派</td><td>赖荣木</td><td>邱钦洲、蔡志昌等</td></tr>
<tr><td rowspan="2">新竹县</td><td>东许派</td><td>许振乾（非）</td><td>朱盛淇、古燧昌、何礼栋、叶炳煌、陈天赐</td><td rowspan="2">完全</td></tr>
<tr><td>西许派</td><td>许金德（非）</td><td>邹涤之、彭瑞鹭、苏廷清</td></tr>
</table>

① 张昆山、黄政雄主编：《地方派系与台湾政治》，第 132－134 页。
② 廖忠俊：《台湾地方派系及其主要领导人物》，第 94 页。
③ 张昆山、黄政雄主编：《地方派系与台湾政治》，第 249 页。
④ 廖忠俊：《台湾地方派系及其主要领导人物》，第 192 页。

续表

县市别	派别	派系领导	派系骨干	控制选举状况
苗栗县	刘派	刘阔才	刘定国、魏纶洲	完全
	黄派	黄运金		
彰化县	红派	吕世明		完全
	白派	苏振辉	洪挑、黄高碧桃	
高雄市	澎湖派	谢挣强	谢有用、林炳坤	基本
	台南派	陈武璋	吴钟灵等	
	高雄派	陈启川	陈启清、陈田锚等	
	林迦派	林迦（非）	林琼瑶等	
	王玉云派	王玉云		
高雄县	白派	陈新安	林渊源	完全
	红派	洪荣华	戴良庆、郭吴合巧	
	黑派	余登发（非）		
嘉义县	黄派	黄老达	黄文陶、黄宗焜	完全
	林派	林振荣	刘传来、蔡陈翠莲	
台南县	北门（海）派	吴三连	高文瑞、陈华宗、刘博文	基本
	山派	胡龙宝（非）	许祯明、许祯文、洪清贤	
台南市	叶廷珪派	叶廷珪		基本
	辛文炳派	辛文炳		
屏东县	张山钟派	张山钟（非）	蓝家精	基本
	林石城派	林石城		
云林县	吴景徽派	吴景徽		1957年前
	廖昆金派	廖昆金		
台东县	黄派	黄拓荣		基本
	吴派	吴金玉	许添枝	
宜兰县	陈派	陈进东		基本
	许派	许文政	罗文堂等	
澎湖县	南派	郭石头（非）		完全
	北派	高顺贤		

资料来源：张昆山、黄政雄主编：《地方派系与台湾政治》，联合报社出版社，1996年。《台中地方自治史料汇编》，台中县文化中心，1994年。廖忠俊：《台湾地方派系及其主要领导人物》。《云林县发展史》（下），第十篇。张炎宪：《台湾近代名人志》第1－4册。廖娟秀、叶翠芬：《胡龙宝传》，月旦出版社，1992年。（注：表中括号中注明“非”者，不是留日学生）

三、国民党外留日学生的选举战略和策略

由于“二二八事件”或土地改革等种种原因，一些台籍精英对国民党严重不满，他们不参加或退出国民党，而参加青年党、民社党，或干脆不参加任何党派。这些人后来统称为所谓的“党外”，共同特点就是反对国民党争取民主。著名的党外人士基本上都是留日学生，如郭国基、高玉树、郭雨新、许世贤、李源栈、石锡勋、黄顺兴、黄玉娇、黄信介、杨基先、何春木、张深镭等。这里把这些人的选举战略和策略单独论述，一方面因为他们确实有自己的特殊性，另一方面是为了强调这些人在选举和台湾政治中的特殊地位，和前文并不矛盾。

（一）国民党外留日学生的选举战略

国民党外留日学生的选举战略也有两个：公民直选和参加国民党之外的组织。公民直选问题前文已有论述。下面论述他们的第二个战略。

国民党之外的政党有民社党、青年党，力量有限，对党外留日学生的选举帮助不大，他们乃逐渐谋求建立新政党，以制衡国民党。这个选举战略对台湾的政治影响深远。

跟随国民党逃到台湾的有民社党和青年党，号称国民党的“友党”，有一定的知名度和政治影响力，也有留日学生加入它们，希望依靠它们的帮助当选。青年党的留日学生郭雨新多次当选省议员。1964 年和 1968 年的第五、六届县市长选举，高雄市杨金虎都以民社党身份参选，首次失败，第二次获胜。第二届县市长选举，高玉树以民社党员的身份出来竞选台北市长，希望国民党看在友党的面子上不打压他。但国民党仍肆意打压他。最后他击败国民党提名的候选人陆军中将王民宁。① 1968 年，石锡勋被青年党提名为彰化县长候选人。

由于民社党、青年党政治力量有限，使自己当选的机会不多，党外留日学生乃通过选举座谈会、检讨会、助选团等形式联合起来，甚至想组建新党派来支持自己参加竞选，以增强实力增加声势。这是留日学生在日据时期就有的政治经验，如他们曾组织台湾民众党等。这一部分在其他章节有详细论

① 谢汉儒：《早期台湾民主运动与雷震纪事——为历史留见证》，第 42 页。

述。像石锡勋、郭国基等人，在选举中屡受国民党和地方派系的挤压，很早就想联合起来。第三届临时省议会议员选举时，台北市候选人郭国基就和竞选市长的高玉树取得默契，相互呼应。

1957 年 4 月 11 日，党外县市长候选人石锡勋等，在台中市召开了第三届临时省议员及各县市长候选人关于选务改进座谈会。选举结束后，杨金虎、高玉树、郭国基、石锡勋、李源栈、杨基振、郭秋煌、黄玉娇①于 5 月 18 日召开选举检讨会，决议筹组“中国地方自治研究会”。② 1960 年 5 月 18 日召开的“在野党及无党无派人士本届地方选举检讨会”，决议筹组“中国民主党”，希望依靠它来保证选举公平。

1978 年 10 月 6 日，由“立委”黄信介组织的“台湾党外人士助选团”在台北成立。在成立大会上，黄信介宣布党外是目前台湾的“第四党”，将组成全省巡回助选团，支持各地党外人士。③

（二）国民党外留日学生的选举策略

国民党外的留日学生，通过总结选举经验，从 1954 年第二届县市长选举后就采取了符合自己特点的选举策略：在政治议题上大胆批判国民党；当选后认真问政、为下次选举奠定民意基础；利用省籍矛盾等。

1. 宣扬自己的“武士道精神”，在选战中播放日本军歌，在政治议题上猛烈批判国民党、制造轰动效应，吸引不满国民党者的选票。典型的如郭国基、廖启川等人。

第三届临时省议会选举时，台北市候选人郭国基首次以大型传单、辛辣文字，强调自己受难经历和“国策”、“宪法”等政见。他以亚铅片在宣传车上塑造一尊大炮，代表他“郭大炮”的绰号，再配上日本海军“军舰进行曲”，使选民很远就知道“郭国基来了!”他的演讲更大胆“我生为台湾人，是食台湾水活的，是食台湾米大的，日本政府尚且不敢禁止我们讲台湾话。台湾人在台湾，不准讲台湾话?”台北万人空巷听他的演讲，最后以第二高票当选。1968 年，在高雄市竞选省议员时，郭国基声言“在野的政治

① 台北，《民主》，423 页，1958 年 1 月。

② 张炎宪等：《台湾近代名人志》第 1 册，第 203 页。

③ 陈世宏、周琇环编注：《组党运动——战后台湾民主运动史料汇编（二）》，第 157 页。

家不该有退休”，选战最后一天打出“赐我光荣死在议坛”的悲壮标语游行。他提出具有轰动效果的政见：“索回香港、九龙、澳门的失土”、索回“钓鱼台、东沙、南沙群岛主权”、“台湾人才的起用”、“全面改选台湾区‘中央民意代表’”。他又以五万多高票当选省议员。①

1957年，台南市长候选人叶廷珪标榜“廷珪此次参加竞选，旨在维护民主制度，打破一人竞选局面，及使南市府会免遭私利集团所把持，以消除地方未来隐忧。”被选举事务所认为欠妥，但叶廷珪拒绝修改。② 1960年，南投县长候选人廖启川严厉抨击国民党，“政府”腐败无能，官吏贪污枉法等。廖启川，早年留学早大或东京帝大，本届选举后即被调查局逮捕。③ 云林县，苏东启和国民党候选人林金生竞选，他参选云林县长的政见，被选举监察小组以“恶意批评政府、国民党、国民党候选人林金生等问题之严重性”为理由，认定是“逾越发表政见范围”。④

1964年第五届县市长选举时，台北市长候选人陈逸松用激烈言辞批评政府。

2. 当选后认真问政，为下次选举当选奠定坚实的民意基础。这种策略只有经济资本和文化资本都雄厚的留日学生才敢用才有能力用。这方面以省议会“五龙一凤”为代表。

在担任第二届临时省议会议员时，许世贤就以问政认真著称，因质询嘉义县长李茂松贪污案被国民党开除党籍，从此投身在野阵容，长期和执政党对抗。1957年，党外候选人士在台中召开协调座谈会，研究共同对付国民党的办法。选举结果，台北市的郭国基、台南县的吴三连、高雄市李源栈、宜兰县郭雨新、云林县李万居、嘉义县许世贤当选省议员。他们因质询有力，被称为“五龙一凤”。这6人当中只有李万居不是留日学生。他们在省议会激烈批评国民党。例如，郭国基主张修改“国歌”，将“三民主义，吾党所宗”改为“吾国所宗”，在省议会引起风潮。⑤ 因为累积了很高的政治

① 张炎宪等：《台湾近代名人志》第4册，第181－186页。

② 穆兰君：《竞选政见限制取缔的不合理》，台北，《民主潮》第8卷第1期，第8页。

③ 施明雄著：《台湾人受难史》，台北，前卫出版社，1998年。

④ 十篇，《人物传记》，《云林县发展史》（下），第23页。

⑤ 李筱峰、刘峰松：《台湾历史阅览》，自立晚报社，1996年，第180页。

声望，他们6人以后又多次当选省议员。郭雨新连选连任3次，许世贤连选连任2次，李源栈连选连任2次，郭国基又当选过3次。

3. 利用省籍矛盾。党外的留日学生在选举中一般处于劣势地位，要调动各种力量来竞选，其中就包括利用国民党统治下的省籍矛盾。

第一届县市长选举中就有利用地域观念的问题。1954年第二届县市长选举监督人、民政厅长杨肇嘉于1953年3月发表《告全省同胞书》，检讨上次选举的缺点——选民偏重人情与地域观念，或者冷漠附和投票；“候选人则不遵守法令规定的竞选方式，未以个人的品德行为作竞选资本，以个人的卓越政见争取选民，只是着力于人情、地缘、浪费金钱等不当的活动期取必胜，以致发生许多区域派别的明争暗斗怪现象。”要求省民“深切地认识自治的意义，本诸理性和良心，选出有能力、有品格、有热诚，具有充分代表人民资格的人士。”①

但是，第二届彰化县长候选人石锡勋仍然提出“彰化县政由彰化人自治”的竞选口号。②

如前文所述，在第三届省议会议员选举中，郭国基在台北市演说时批评国民党少数人“作风如同‘乞丐赶庙公’，‘关老爷借荆州、霸荆州’！”也是利用省籍矛盾。第四届县市长选举时，为了击败国民党支持的周百炼，高玉树在政见发表会上大力宣传“台湾人被欺负至今，可以好好利用民选的机会，选出理想的人选，不要让国民党摆布”，以争取本省籍选票。③

综上所述，台湾光复后到1980年代初，台湾县市正、副议长以上的重要选举，留日学生参选和当选的比率很大。在1950到1970年代二十年间，县市长有半数是留日学生；省议员也达到二成以上近三成。省议会是地方派系力量集中的地方，也是留日学生比较集中的地方，留日学生是名副其实的台湾地方势力领导力量。

在1945年到1948年间的五种“中央民意代表”选举中，留日学生当选的比率更高：国民参政员占到75%，“制宪国大”代表占58%，“行宪国大

① 欧素瑛编注：《地方自治与选举——战后台湾民主运动史料汇编（五）》，第482－483页。

② 廖忠俊：《台湾地方派系及其主要领导人物》，台湾，允晨文化公司，2001年，第116页。

③ 黄富三：《台北市历届市长议长口述历史》，第25页。

代表”占60%，“监察委员”占80%，“立委”占100%。可见，民意代表的层级越高，留日学生当选的比率越高，充分反映了他们在台湾政坛上的分量。

留日学生这个社会阶层积极参选与当选比率很高的根本原因：他们的资本总量雄厚，即他们拥有雄厚的经济资本、优越的文化资本，以及丰厚的社会关系资本。除此之外，他们还有自己一整套的选举战略和策略。在战略上主要有公民直选、参加国民党，或者参加国民党之外的组织。在竞选策略上，主要有参加全省性政治派系运作、组织或参加地方派系、猛烈批评国民党、利用省籍矛盾等。

县市长能够掌握地方政治资源，发展自己的派系势力，而留日学生当选县市长的比较多，所以，留日学生在地方政坛上地位重要。1970年代初，国民党就用青年党工去替换地方派系人物竞选县市长，再加上留日学生年龄已大，因而留日学生当选县市长的比例大幅下降。到了1980年代，留日学生直接当选县市长的就很少了。

表4-6　第一届临时省议会议员选举留日学生当选一览表

县市	当选人	学经历
台北县	白金泉	东亚商业学校
宜兰县	郭雨新	台大农学院，日本留学一年
宜兰县	苏东芳	早大毕业，罗东区长、宜兰县建设局长
桃园县	张芳燮	日本中央大学法律系，省府参议
桃园县	陈长寿	东京工业大学
新竹县	姜阿新	明治大学法科肄业
苗栗县	刘阔才	京都帝大法学部
苗栗县	黄运金	日本大学法律科
台中县	陈水潭	日本医科大学，黑派
台中县	林云龙	日本法政大学
彰化县	周天启	日本大学
彰化县	吕世明	早大政经科
南投县	陈万	日本东洋大学
嘉义县	刘启光	明治大学毕业
嘉义县	刘传来	日本大学医学博士

续表

县市	当选人	学经历
嘉义县	黄宗焜	中央大学法学部
台南县	黄朝琴	早大政经部
台南县	王云龙	早大政经部
台南县	郭秋煌	东京帝大经济部
台南县	梁许春菊	奈良女子高等师范学校
屏东县	林璧辉	同志社大学
屏东县	萧秀利	东京慈惠会医科大学
台北市	林顶立	明治大学政经部
台北市	黄成金	大阪第一高等商校
基隆市	陈汉周	东京齿科大学
台中市	林汤盘	明治大学法学部

资料来源：刘宁彦编纂：《重修台湾省通志》卷七，第六章民意代表之选举，第138页。

表4－7　第二届临时省议员选举留日学生当选一览表

县市	当选人	学经历
宜兰县	郭雨新	
宜兰县	陈火土	
桃园县	张芳燮	
桃园县	陈长寿	
新竹县	何礼栋	京都帝大医学部
苗栗县	刘阔才	
苗栗县	黄运金	
台中县	何金生	早大附属第一高等学院文科毕业
南投县	陈万	
云林县	林顶立	
云林县	黄祺祓	九州大学法学部毕业
嘉义县	黄宗焜	
嘉义县	刘传来	
嘉义县	翁新台	日本镰仓中学
嘉义县	许世贤	九州帝大医学部
台南县	黄朝琴	

续表

县市	当选人	学经历
台南县	吴三连	东京商科大学
台南县	梁许春菊	
屏东县	萧秀利	
台北市	周百炼	长崎医科大学
台中市	徐灶生	早大通讯函授毕业

资料来源：刘宁彦编纂：《重修台湾省通志》卷七，第六章民意代表之选举，第147页。

表4-8　第三届临时省议会议员选举留日学生当选一览表

县市	当选人	学经历
宜兰县	陈火土	
宜兰县	郭雨新	
桃园县	黄宗宽	明治大学
苗栗县	王天赐	日本成城中学
苗栗县	黄运金	
彰化县	苏振辉	日本医学博士
南投县	陈彩龙	医学博士
云林县	王安顺	日本田川农林高等学校
嘉义县	许世贤	
台南县	黄朝琴	
台南县	吴三连	
台南县	郭秋煌	
台南县	王云龙	
台南县	梁许春菊	
屏东县	刘盛财	日本明治学院
屏东县	叶庆源	日本北神商业学校
台东县	林尚英	东京大仓商业学校
台北市	郭国基	明治大学
台中市	赖荣木	明治大学
台南市	林全禄	明治大学
高雄市	李源栈	岩手县医专

资料来源：刘宁彦编纂：《重修台湾省通志》卷七，第六章民意代表之选举，第157页。

表4－9　第二届省议会议员选举留日学生当选一览表

县市	当选人	学经历
台北县	李秋远	东北大学
宜兰县	郭雨新	
苗栗县	黄运金	
苗栗县	刘定国	日本中学毕业，中央军校
台中县	陈新发	大阪工业技术学校
彰化县	苏振辉	
彰化县	黄高碧桃	大阪女子药学专门学校
南投县	林益川	京都昭和医专
南投县	李乌棕	东京医科大学
嘉义县	吴泉汝	日本四日市农业高等学校
嘉义县	许世贤	
台南县	黄朝琴	
台南县	梁许春菊	
台南县	郭秋煌	
台南县	王云龙	
屏东县	刘盛财	明治学院
台北市	郭国基	
台北市	陈重光	日本成城中学
基隆市	谢清云	长崎大学药学部
台中市	赖荣木	
台中市	徐灶生	
台南市	林全禄	明治大学
高雄市	李源栈	岩手县医专
高雄市	蔡文玉	庆应大学

资料来源：刘宁彦编纂：《重修台湾省通志》卷七，第六章《民意代表之选举》。

表4－10　第三届省议员选举留日学生当选一览表

县市	当选人	学经历
台北县	李秋远	
宜兰县	郭雨新	
宜兰县	陈火土	

续表

县市	当选人	学经历
苗栗县	黄运金	
台中县	陈新发	
彰化县	黄高碧桃	
南投县	李乌棕	
云林县	廖秉辉	日本本牧中学
云林县	王安顺	田川农林高等学校
嘉义县	林福地	日本大学法学部肄业
嘉义县	吴泉洝	
嘉义县	许世贤	
台南县	陈华宗	日本立正大学
台南县	梁许春菊	
屏东县	林亮云	大阪工业专门学校
台北市	陈重光	
基隆市	谢清云	长崎大学
台中市	赖荣木	
高雄市	李源栈	
高雄市	蔡文玉	

资料来源：刘宁彦编纂：《重修台湾省通志》卷七，第六章《民意代表之选举》，第177页。

表4－11　第四届省议员选举留日学生当选一览表

县市	当选人	学经历
台北县	李秋远	东北大学
新竹县	古遂昌	明治大学商学部
苗栗县	邱仕丰	东京医科大学博士
苗栗县	魏伦洲	日本大学经济学部
台中县	陈新发	大阪技术工业学校
彰化县	吕俊杰	早大
云林县	王安顺	田川农校
云林县	廖炳辉	日本本牧中学
云林县	王吟贵	京都帝大
嘉义县	吴泉洝	日本四市农业高等学校

续表

县市	当选人	学经历
嘉义县	林福地	日本大学肄业
嘉义县	黄宗焜	中央大学
嘉义县	蔡陈翠莲	东京共立药科大学
台南县	陈华宗	日本立正大学
台南县	梁许春菊	
屏东县	林亮云	大阪工业学校
屏东县	陈恒隆	山口大学经济学部
澎湖县	吕安德	日本大学建筑
基隆市	谢清云	长崎大学药学部
台中市	赖荣木	
高雄市	郭国基	

资料来源：刘宁彦编纂：《重修台湾省通志》卷七，第六章《民意代表之选举》，第187页。

表4－12　第五届省议员选举当选的留日学生一览表

县市	当选人	学经历
新竹县	陈天锡	中央大学
苗栗县	魏纶洲	
台中县	陈新发	
彰化县	谢许英（女）	九州产婆学校
云林县	王安顺	
云林县	王吟贵	
嘉义县	蔡陈翠莲	
高雄县	郭吴合巧（女）	东京文华高女
屏东县	蔡江来	日本大东文化大学
屏东县	陈施蕊（女）	昭和女子药科大学
台南市	张丁诰	近畿大学商科
高雄市	欧石秀	明治大学

资料来源：刘宁彦编纂：《重修台湾省通志》卷七，第六章《民意代表之选举》，第201页。

表 4－13　第六届省议员选举留日学生当选一览表

县市	当选人	学经历
桃园县	黄玉娇（女）	昭和药科大学
新竹县	陈天锡	
苗栗县	魏纶洲	
彰化县	谢许英（女）	
嘉义县	蔡陈翠莲（女）	
高雄市	郭吴合巧（女）	
高雄县	郑李惠	名古屋药专
屏东县	陈施蕊（女）	

资料来源：刘宁彦编纂：《重修台湾省通志》卷七，第六章《民意代表之选举》，第 213 页。

表 4－14　第七届省议员选举留日学生当选一览表

县市	当选人	学经历
桃园县	黄玉娇（女）	
新竹县	邱泉华	爱知学院
嘉义县	蔡陈翠莲（女）	
澎湖县	林联登	日本丰国高中

资料来源：刘宁彦编纂：《重修台湾省通志》卷七，第六章《民意代表之选举》，第 225 页。

表 4－15　第一届县市长留日学生当选一览表（1950. 8—1951. 5）

县市	当选人	党籍	学经历
桃园县	徐崇德	国	立命馆大学，记者公会理事长
新竹县	朱盛淇	国	日本大学，义民中学校长
苗栗县	赖顺生	国	东京帝大，中学校长。亲黄派
台中县	林鹤年	国	东京音乐大学，教授
南投县	李国桢	国	早大，民政局长
云林县	吴景徽	国	京都大学。镇长
嘉义县	林金生	国	东京帝大，区长、科长
高雄县	洪荣华	国	东京帝大。技师
台北市	吴三连		东京商科大学，省府委员、市长
台中市	杨基先		日本大学，律师
台南市	叶廷珪	国	明治大学
高雄市	谢挣强	国	庆应大学肄业，市长

资料来源：刘宁彦编纂：《重修台湾省通志》卷七，第 7 章《县市长选举》，第 360 页。

表 4 – 16　第二届县、市长选举留日学生当选一览表

县市	当选人	党籍	学经历
桃园县	徐崇德	国	京都立命馆大学
新竹县	朱盛淇	国	日本大学
苗栗县	刘定国	国	日本读中学 3 年，中央军校。刘派
台中县	陈水潭		日本医学专校，省议员
台中县	廖五湖	国	中央大学，商校校长。递补陈水潭
南投县	李国桢	国	早大
云林县	吴景徽	国	京都医科大学
嘉义县	李茂松	国	中央大学，参议会议长
高雄县	陈新安	国	京都帝大，县议员
屏东县	林石城	国	中央大学，县议会议长
台北市	高玉树		早大，兵工厂技术顾问
高雄市	谢挣强	国	

资料来源：刘宁彦编纂：《重修台湾省通志》卷七政治志，第 7 章《县市长选举》，第 369 页。

表 4 – 17　第三届县、市长选举留日学生当选一览表

县市	当选人	党籍	学经历
桃园县	张芳燮	国	中央大学，科长，省议员
苗栗县	刘定国	国	刘派
台中县	林鹤年		
南投县	洪樵榕	国	东京高师，中学校长
云林县	林金生	国	东京帝大
嘉义县	黄宗焜	国	中央大学，律师省议员
屏东县	林石城	国	
台北市	黄启瑞	国	京都帝大，市议会议长
台南市	叶廷珪		

资料来源：刘宁彦编纂：《重修台湾省通志》卷七政治志，第 7 章《县市长选举》，第 376 页。

表 4 – 18　第四届县、市长选举留日学生当选一览表

县市	当选人	政党	学经历
宜兰县	林才添	国	日本中学、实践学院
新竹县	彭瑞鹭	国	东京医专

续表

县市	当选人	政党	学经历
台中县	何金生	国	早大，督学，局长，议员
彰化县	吕世明	国	早大，议员，国代
南投县	洪樵榕	国	东京高师
云林县	林金生	国	
嘉义县	黄宗焜	国	中央大学
屏东县	李世昌	国	日本大学，市长，议员，经理
花莲县	柯丁选	国	九州帝大，议长，院长，董事长
台北市	黄启瑞	国	京都帝大
台南市	辛文炳	国	明治大学，议会副正议长
高雄市	陈启川	国	庆应大学，省府顾问

资料来源：刘宁彦编纂：《重修台湾省通志》卷七政治志，第7章《县市长选举》，第383页。

表4-19　第五届县、市长选举留日学生当选一览表

县市	当选人	党籍	学经历
宜兰县	陈进东	国	长崎医科大学
桃园县	陈长寿	国	东京工业大学，临时省议员
新竹县	彭瑞鹭		
台中县	林鹤年		
彰化县	吕世明		
南投县	林洋港	国	递补杨昭璧
台南县	刘博文	国	日本专修大学，典狱长
高雄县	戴良庆	国	明治大学，县议会议长
台东县	黄顺兴		熊本农校
花莲县	柯丁选		
台北市	高玉树		
台中市	张启仲	国	日本医科大学，市议会议长
台南市	叶廷珪		
高雄市	陈启川		

资料来源：刘宁彦编纂：《重修台湾省通志》卷七政治志，第7章《县市长选举》，第391页。

表 4－20 第六届县、市长选举留日学生当选一览表

县市	当选人	党籍	学经历
宜兰县	陈进东		长崎医科大学
苗栗县	黄文发	国	早大毕业，议长。刘阔才派
南投县	林洋港		日本的中学毕业
嘉义县	黄老达	国	日本大学医科
台南县	刘博文		日本专修大学
花莲县	黄福寿	国	早大，议会议长
台中市	林澄秋		东京农业大学
高雄市	杨金虎	民社党	日本医科大学

资料来源：刘宁彦编纂：《重修台湾省通志》卷七政治志，第 7 章《县市长选举》，第 398 页。

表 4－21 第七届县、市长选举留日学生当选一览表

县市	当选人	党籍	学经历
云林县	林恒生		东京农大
花莲县	黄福寿		早大
澎湖县	吕安德		日本大学建筑
台中市	陈端堂	国	大阪帝大医学
高雄市	王玉云	国	日本产业能率大学

资料来源：刘宁彦编纂：《重修台湾省通志》卷七政治志，第 7 章《县市长选举》，第 405 页。

表 4－22 第八届县、市长选举留日学生当选一览表

县市	当选人	党籍	学经历
云林县	林恒生	国	东京农大
高雄市	王玉云	国	

资料来源：刘宁彦编纂：《重修台湾省通志》卷七政治志，第 7 章《县市长选举》，第 412 页。

第五章　留日学生与政党轮替

在台湾实行美国式的政党政治制度，这是胡适、雷震等自由主义知识分子的政治理想。1950 年代，他们在自己创办的《自由中国》杂志上系统、全面地向台湾人民介绍了政党政治理论。他们希望建立新党派在选举中制衡国民党，并最终能在台湾实现和平的政党轮替。

如在导论中所述，早在日据时期，留日学生就曾经追求过日本式的立宪政治，而日本的立宪政治中也包括政党政治体制。战后，在美军的控制和指导下，日本学习美国式的政党政治制度。所以，在组织新政党和实现政党政治理想方面，留日学生和大陆籍的自由主义知识分子有着共同的追求与合作空间。

战后台湾有三次组织新政党的运动，第一次是《自由中国》的组党；第二次是 1970 年代台籍党外人士以《台湾政论》、《美丽岛》杂志为中心，为了选举而组成的“台湾党外人士助选团”，是没有党名的政党。由于“美丽岛事件”爆发，1970 年代的党外组党运动被迫终止。第三次是 1986 年 9 月 28 日民进党的成立。

留日学生对台湾政坛的政党轮替，所起的作用，主要表现两个大方面：第一，从 1960 到 1980 年代直接参与组织新党派的活动，这方面的人数众多。第二，在国民党统治的体制内支持民进党的成立，帮助民进党执政。这方面的代表人物是李登辉。但是，通过政党轮替实现“台独”阴谋，这是李登辉等人的创造，违背了胡适等人的初衷。

目前，有关政党轮替这一历史事件的个人传记、回忆录、资料集、研究论文、专著已经出版很多，详见本文征引的有关资料，为今后的研究工作奠定了基础。但现有的研究都没有从宏观上研究留日学生对政党轮替的重大影响，因而资料零碎、结论单一片面，更无法揭示政党轮替的历史背景、阶级基础、政治思想根源。本文首次宏观研究了留日学生这个社会阶层 50 年间对台湾政党轮替的作用，得出了自己的结论：留日学生这个社会阶层是新政党的主要阶级基础之一；台湾政党政治文化来源有美、日两个，美国的政党政治文化主要由大陆籍学者宣传，日本的则主要由台湾留日学生宣传；战后日本的政党政治文化通过李登辉影响了台湾的政党轮替。本文首次宏观研究和概括了李登辉在政党轮替这一历史事件中的活动和作用。

第一节　留日学生与20世纪60年代、70年代组党运动

组织新党运动由台湾地方自治选举引起，围绕地方自治选举发生发展，由于不满于选举现状，非国民党人士就批评国民党包办的选举，并谋求改进，而改进的根本办法是成立一个和国民党抗衡的强有力的反对党。第四章已经分析，留日学生是台湾地方自治选举的主导力量，因而对国民党包办选举的弊端感受最深。他们又具有政治文化上的优势，故在组建新党方面贡献也最大。

一、组党运动中著名的留日学生

第一次组党运动出现在1960年前后。为了贯彻民主政治理念，实现政党政治的理想，《自由中国》杂志发行人雷震结合民社党、青年党，以及台湾地方领袖筹组“中国民主党”。但在组党前夕，1960年9月4日，雷震被捕，战后台湾第一次组党运动终告失败。① 参加这次组党运动的大陆籍代表人物有雷震、蒋匀田、谢汉儒、朱文伯、夏涛声、齐世英、傅正等。而台籍代表人物除李万居、余登发等人之外，绝大多数是留日学生：吴三连、高玉树、郭雨新、郭国基、杨金虎、许世贤、刘明朝、石锡勋、黄玉娇、郭发、王灯岸、李源栈、李秋远、李茂松、陈彩龙、苏东启、黄振三、黄千里、杨基振、郭秋煌、叶廷珪、王吟贵等。他们是第一次组党运动的骨干力量。

参加1970年代组党运动和民进党的留日学生，主要有黄信介、黄顺兴、

① 陈世宏、周琇环编著：《组党运动——战后台湾民主运动史料汇编（二）》，台北，“国史馆”，2000年，第5、6页。

黄玉娇、张深镭、苏东启、许世贤、高俊明、高李丽珍等人。① 黄信介还是这两次组党活动的领袖人物。

下面介绍组党运动中有代表性的几个人物：

吴三连，东京商科大学毕业，日据时期民族运动的骨干分子，台湾文化协会会员，光复后任台北市长、省府委员等职。②

高玉树，1941 年早稻田大学毕业。在陈重光的推动下，高玉树参加了 1951 年首届台北市长选举。陈重光看不起国民党那些参选者，主动把高玉树的资料拿去登记。而高玉树本人也对国民党不满。1946 年，他因“涩谷事件”被中国驻日军事代表团送到上海关押 92 天。他由此体会了中国贪官的腐败。③ 他和李万居于 1960 年 10 月 17 日发表声明，揭露国民党政府逮捕雷震的阴谋：不只在阻止组党和瓦解《自由中国》，其最大的目标是威吓外省人，使其不得再与台湾人合作进行政治运动。④ “雷震被捕后，国民党地方法院半个月内传讯高玉树四次，高拒绝到庭。”⑤

黄顺兴，熊本农校毕业，1963 年，他在台东县和国民党提名的台东首富洪掛一对一竞选省议会议员，最后败选。⑥ 1964 年，黄顺兴和国民党的张振雄竞选台东县长。他参选原因是要破除无人竞选的恶例，“只要县级以上而没有别人和国民党的候选人竞选的，我就登记参选”。在他县长任内的议员、乡镇长等选举中，无党派人士纷纷当选。《公论报》被关闭后，党外舆论受到打击。黄顺兴就在台东扶植《自立晚报》。黄顺兴是《美丽岛》编辑暨党外候选人联谊会四个发起人之一。该会下分“宪政组”和法规组，法规组组长是黄顺兴。联谊会“对唤起民众政治意识，发展民主运动，不遗余力。”⑦

王灯岸，1934 年开始在日本留学，做官 10 年。1944 年初辞官回台。

① 廖忠俊：《台湾地方派系的形成发展与质变》，第 120 - 123 页。

② 前引《吴三连回忆录》，第 207 页。

③ 黄富三：《台北历届市长议长口述历史》，台北市文献委员会编，2001 年，第 18、19 页。

④ 《台湾民主运动 40 年》，第 81 页。

⑤ 黄富三：《台北市历届市长议长口述历史》，第 24 页。

⑥ 前引《走不完的路——黄顺兴自述》，第 83 页。

⑦ 刘峰松：《美丽岛杂志社编辑会议暨党外候选人联谊会成立会议》，前引《组党运动——战后台湾民主运动史料汇编（二）》，第 172 页。

1952 年参选彰化县议员落选，一再投入彰化大小选举，通过选举把他熟悉的民主理念不断向民众灌输。1954 年任石锡勋竞选彰化县长总干事。失败后，他认为，要有个团体做有组织的选举活动。1957 年第三届县市长、临时省议员选举前，他向彰化县长候选人石锡勋建议：仿效英国工党。1978 年协助黄石城竞选“立委”。担任姚嘉文“国大代表”竞选总干事。1979 年 8 月担任《美丽岛》杂志社委员。①

叶廷珪，台南大地主，明治大学法学部，攻读宪法，日据时期第一、二届台南市会议员，光复初以战犯罪名被捕，但很快被释放。② 他积极参加历届县市长选举。

石锡勋，1923 年去东京医专留学。光复初期加入国民党，1947 年党团合并，石锡勋没办党员归队手续。1954 年，他参选彰化县长失败，1963 年，他参加第三届省议员选举，仍是高票落选。但他仍参加 1968 年第六届县长选举。③

张深镭，1925 年东京齿科学校毕业，在台中开设昭和齿科医院，1935 年当选民选台中市会议员。1951 年，张深镭参选首届市长失败之后，就对国民党严重不满。1986 年民进党建党，张深镭等人指导它广收人才。④

黄玉娇，1919 年生，昭和药科大学毕业。1984 年 5 月 11 日，当选“党外公职人员公共政策研究会”理事，1986 年 9 月 28 日，参加民进党成立大会，任中央评议委员。

历次组党运动都和台湾地方自治选举密切结合在一起。留日学生这个精英阶层，由于有着优越的文化资本，政治积极性很高。他们不满国民党一党包办选举和自己的政治地位，因而积极参加各项政治选举。这些人就是为了选举的公正和自己的胜选才一步一步走上组织新党派的道路。他们参加组党活动的思想根源也是日本的政治文化。在党外留日学生看来，有两点很重要：一、台湾选举弊端的根源在于国民党一党包办，真正的民主选举理应是多党平等竞争；二、除了 1940 年到 1945 年短暂的中断之外，无论战前战

---

① 张炎宪等：《台湾近代名人志》第 2 册，第 249 页。

② 谢国兴：《府城绅士——辛文炳和他的志业》，台北，南天书局，2000 年，第 136 页。

③ 《磺溪老人——石锡勋》，《八十年代》周刊，1985 年 10 月。

④ 廖忠俊：《地方派系的形成发展与质变》，第 256 页。

后，至少在形式上日本都是多党制下的政治选举。

二、留日学生宣传组建新党的原因、目的和意义

具有优越文化资本的留日学生，有能力批判国民党包办选举的弊端、宣传政党政治的优越性，也有能力有勇气领导新政党的成立。战后首先公开批评选举的留日学生是陈逸松。在1946年3月25日出版的《政经报》上发表《统论今日各般的问题》一文中，他认为台湾行政长官公署对选举的准备及方法不当，没有广泛宣传民意机关的内容意义，民众投票率不高。①

从此之后一直到1986年9月民进党成立，大批留日学生，包括省参议员郭国基、刘传来、林璧辉、韩石泉，省议员郭雨新、郭秋煌、郭国基、吴三连、许世贤等，“立委”许世贤、黄信介等，历届县市长省议员候选人吴三连、高玉树、杨金虎、石锡勋、李茂松、叶廷珪、苏东启、黄玉娇、黄顺兴等，分别在省参议会、省议会、“立法院”、选举改进座谈会等场合批判国民党包办的选举弊端呼吁建立新政党。

（一）痛批国民党包办选举的种种弊端腐败

1. 国民党政府拖延省县市参议会议员改选，政治上无信。由于在国共内战中失败，国民党施行“宪政”诺言无法兑现。根据《省县市参议会组织条例》，参议员任期2年，第一届省县市参议员1948年3月任期已满，本应依法改选，但国民党一再拖延。对此，省参议员刘传来、郭国基、林璧辉等人在1948年12月召开的省参议会第一届第六次大会上提出批评，并要求迅速改选省、县、市参议员。郭国基认为“政府”“实属违反议员和选民双方之契约，有不顺民意之嫌。”② 到1949年12月的省参议会第一届第八次大会上，韩石泉提《确定本会参议员改选日期案》，刘传来、梁道、谢水蓝联署支持。③

2. 选举所需经费巨大，贫而贤者根本无法参加选举。1948年7月的省参议会第一届五次大会上，郭国基提案，建议政府制定和颁布限制选举费用

① 欧素瑛编注：《地方自治与选举——战后台湾民主运动史料汇编（二）》，第73页。
② 欧素瑛编注：《地方自治与选举——战后台湾民主运动史料汇编（五）》，第256页。
③ 欧素瑛编注：《地方自治与选举——战后台湾民主运动史料汇编（五）》，第276页。

办法。“国大”、“立委”参选者花费最多千万元以上，最少二三百万，致使贫而能者无法参加选举。① 临时省议会第一届第三次大会上，省议员郭秋煌也提出质询说：台湾的选举“根本没有自由竞选，有提名干涉的事实……没有钱，根本没有办法”。②

3. 军警、公务员、教师等公开协助国民党提名的候选人竞选。

4. 各地选举监察小组召集人完全由国民党地方党部主任、委员兼任。

5. 各地投票所、开票所监察员，都由国民党推荐。

6. 废票无效票不能公开检查监督。

7. 现任县市长参加下届竞选者，利用公共资源做竞选活动之用。③

8. 所有地方的选举都有舞弊行为。④

所以，杨金虎甚至认为“台湾同胞过去在日据时代，……过着非人的生活，但那时日本人办理的选举，比诸现在的各项选举似乎还略胜一筹。”⑤参加第三届省议员选举的石锡勋认为“这种选举太不民主、自由了”。⑥

留日学生还和大陆籍的民主人士一道就这些问题与国民党交涉。1957年4月11日召开的党外县市长候选人座谈会之后，他们向国民党提出五项议案，要求国民党改进选举。1960年3月18日，吴三连、郭雨新、李秋远、杨金虎、郭发等人，把改进选举的15点意见提交给国民党和媒体，要求在野政党和国民党共同办理选举。但国民党不予理睬。⑦

对国民党一党包办的选举，批评越来越多，但国民党不思根本改变，台籍精英就谋组织新政党抗衡。

（二）留日学生宣传新政党的性质、目的和意义

由于上述原因，留日学生认为，只有建立相互制衡的新政党，才能改变

① 欧素瑛编注：《地方自治与选举——战后台湾民主运动史料汇编（五）》，台北，“国史馆”，2001年，第245页。

② 欧素瑛编注：《地方自治与选举——战后台湾民主运动史料汇编（五）》，第620页。

③ 欧素瑛编注：《地方自治与选举——战后民主运动史料汇编（五）》，第301页。

④ 谢汉儒：《早期台湾民主运动与雷震纪事——为历史留见证》，台北，桂园图书公司，2002年，第170－171页。

⑤ 谢汉儒：《早期台湾民主运动与雷震纪事——为历史留见证》，第168页。

⑥ 谢汉儒：《早期台湾民主运动与雷震纪事——为历史留见证》，第106页。

⑦ 谢汉儒：《早期台湾民主运动与雷震纪事——为历史留见证》，第141页。

国民党主办的不民主、不公平的选举，才能实现政党政治的理想，才能提高台湾在国际上的地位。

1. 建立新政党是制衡国民党的需要。杨金虎认为，想把台湾的选举办好，只有组织一个强有力的在野党，来对抗执政的国民党。① 郭国基建议弱小的民社、青年两党解散并和台湾民主人士组织一个有力的新党，发挥民主的力量，保证公平的选举。②

2. 建立新政党是实行民主政治、政党政治的需要。"立委"许世贤多次在"立法院"提出：民主政治即是政党政治，应早日制定政党法，开放党禁，允许新政党产生，以重民意。③ "我们是民主国家，一定要站在政党政治的路上，……民主政治一定要从政党政治开始，我们不要怕新的政党，所以我们的政党政治有检讨的必要。"④ "政党之新设，人民之渴望，而且对现代化民主政治有益，并无损害或不妥之处，此乃民主政治之真实表现，以共同为'国家'前途分忧。""立委"黄信介等也在"立法院"提出："执政党应该以开阔的胸襟，接纳意识形态不同的政党出现，引导所谓'党外人士'走入民主体系"。⑤黄信介坚信民主是时代的潮流，挡也挡不住！

3. 建立新政党能够提高台湾的国际地位。在 1960 年 7 月 23 日"嘉云地区座谈会"上，高玉树发言指出：民主乃反抗极权的唯一武器。实现民主必先办好选举。海外自由世界人士，对新政党的组织，极表赞许和支持。新党早日组成，能够提高台湾在国际上的地位。⑥

4. 新政党不是"台独"党，不是暴力党，而走和平发展的路线。在 1960 年 7 月 19 日"台中地区"座谈会上，石锡勋指出，"中国地方选举改进座谈会"（下文简称"选改会"）为组党铺路，为了和国民党抗衡，和"台独"无关。今天的问题，不是本省人和外省人的问题，而是统治者和被统治者之间的问题。早日成立新政党，使政治民主化。⑦ 高玉树批评了夸大

---

① 谢汉儒：《早期台湾民主运动与雷震纪事——为历史留见证》，第 168－169 页。

② 谢汉儒：《早期台湾民主运动与雷震纪事——为历史留见证》，第 179 页。

③ 台北，《立法院公报》第 62 卷第 15 期，会议记录，第 40 页。

④ 台北，《立法院公报》第 65 卷第 19 期，第 15、16 页。

⑤ 《国民党拦得住组党的潮流吗?》，台北，《八十年代》社论，1979 年 11 月。

⑥ 谢汉儒：《早期台湾民主运动与雷震纪事——为历史留见证》，第 286 页。

⑦ 谢汉儒：《早期台湾民主运动与雷震纪事——为历史留见证》，第 284 页。

省籍矛盾的说法。“我们今天组织反对党，是民主的反对党，不是暴力的反对党。……必须遵守民主程序以达到我们组党的目的。”①

由于留日学生的宣传解释，消除了台湾社会对新政党是“台独”党、暴力党的种种疑虑，使各地方希望选举公平的人士敢于参加“选改会”组织的座谈会，并赞同新党早日成立。

后来成立的民进党开始也遵循高玉树提出的路线，但1990年代初后海外的“台独”势力和岛内的基督教长老教会渗透进来，使民进党演变成“台独”党。

三、留日学生在新党组织活动中的作用

1960年代的组党运动，虽然是由雷震领导的，但在组织活动上留日学生却最积极主动，他们从1957年就开始举办选举改进座谈会，这是“中国民主党”组织建设的开始。随后的组织活动都是以留日学生为中坚力量，直到1960年9月新党夭折。

1. 吴三连、高玉树是筹组新党活动最核心的人物，另外2人是雷震和李万居。雷震还希望吴三连出面领导新党建立。雷震认为组建反对党有三个关键：第一，民、青两党放弃门户之见；第二，国民党中开明人士挺胸而出，支持组织反对党；第三，本省民主人士能成为“中国地方选举改进座谈会”的中坚分子。② 吴三连赞同并愿在雷震领导下组党，但雷震却希望吴三连出来领导。③ 1960年6月4日，雷震、李万居等9人在会上又希望以吴三连为中心来组党。但吴三连主张先做“选改会”，慢点组党。高玉树也要大家共同负责，吴三连只作为领导人之一。④

根据雷震1960年5月19日日记所载，“关于组党问题，戴先生意见认为把台湾人搞起来了，大陆人将来要受其欺压的……。我说明这次会议，我非主动者，但是赞成人，我们不参加，他们也要自动的出来组织，因选举舞

---

① 谢汉儒：《早期台湾民主运动与雷震纪事——为历史留见证》，第287页。

② 谢汉儒：《早期台湾民主运动与雷震纪事——为历史留见证》，第211-213页。

③ 吴三连口述、吴丰山撰记：《吴三连回忆录》，自立晚报社文化出版部，1991年，第157页。

④ 谢汉儒：《早期台湾民主运动与雷震纪事——为历史留见证》，第233页。

弊太甚，而南韩事件又鼓励了他们，我们参加之后，还可防止恶化，大家（夏、殷）不赞成我去领导”。①

在推动“选改会”工作上，雷震也希望高玉树、谢汉儒多负责。②“选改会”演变成反对党，首先要化解省籍隔阂。高玉树代表台湾地方人士向雷震表态说，这个问题，时间可以解决。台、澎居民，除数十万高山同胞外，全是大陆来的汉族，绝不做数典忘祖出卖灵魂的事。高玉树还希望“选改会”多安排外省籍的政治家、学者、专家，雷震赞同。

总之，吴三连、高玉树是首次组党运动的中心人物，雷震希望由他们出面领导，但吴三连迫于国民党压力而出走。

2. 留日学生是筹组新党组织活动中的中坚力量。1957 年 4 月 11 日在台中市召开的第三届临时省议员、县市长候选人选务改进座谈会。联络人是郭发、王灯岸、石锡勋，发起人是石锡勋、杨基振、何春木。有 21 位候选人出席，其中留日学生占到半数。③ 5 月 18 日高玉树等 38 人又在台北召开选举检讨会，杨金虎任会议主席。④ 这次会议上，78 人发起筹组“台湾地方自治选举法规研究会”，其中又产生了 39 位筹备委员，留日学生有吴三连等 20 人左右。⑤

“选改会”于 1960 年 5 月 18 日成立，十几名留日学生参加。⑥ 其中吴三连、高玉树、杨金虎、许世贤、郭雨新等还是主席团成员。这个主席团负责确定“选改会”委员的名单，审议组织章程及会议章则七种。⑦ 6 月 25 日 40 多人的“选改会”委员会成立，推定吴三连、高玉树、郭国基、李源栈、石锡勋、许世贤、黄玉娇等十几人为召集人。⑧ 7 月 19 日，“选改会”召集人第三次会议在台中县议长王地家举行。雷震、李万居、郭雨新、高玉

---

① 《雷震全集》第 40 册，第 310、311 页。
② 谢汉儒：《早期台湾民主运动与雷震纪事——为历史留见证》，第 188 页。
③ 谢汉儒：《早期台湾民主运动与雷震纪事——为历史留见证》，第 105 页。
④ 谢汉儒：《早期台湾民主运动与雷震纪事——为历史留见证》，第 119 页。
⑤ 谢汉儒：《早期台湾民主运动与雷震纪事——为历史留见证》，第 126 页。
⑥ 台北，《自由中国》第 22 卷 11 期，1960 年 6 月 1 日。
⑦ 谢汉儒：《早期台湾民主运动与雷震纪事——为历史留见证》，第 209 页。
⑧ 《公论报》，1960 年 6 月 27 日。

树、杨金虎、许世贤、李源栈等参加者确定新党名称为“中国民主党”。①

3. 留日学生是“选改会”大规模动员各县市地方人士的主要依靠力量。“选改会”召集人决定在台北地区、新竹地区、台中地区、嘉云地区、台南地区、高屏地区、东部地区七个地区进行座谈会，动员本省人士支持新党成立。② 这主要靠社会关系资本雄厚的留日学生支持。

1960 年 7 月 19 日，“选改会”在台中市举行“台中地区座谈会”，该区四县市 80 多人参加，由王地、石锡勋、何春木主持。各地方领袖发言踊跃，指责国民党操纵选举；盼望早日成立反对党，改进选举。③ 7 月 23 日，在嘉义市召开“嘉云地区座谈会”，许竹模、许世贤、苏东启主持，地方人士百人参加。原定 7 月 30 日举行的“台南地区座谈会”，因召集人叶廷珪攻击吴三连而延误消失。④ 7 月 31 日，“选改会”第四次召集人会议在高雄市杨金虎诊所召开，除雷震等人外，留日学生郭雨新、高玉树、许世贤等参加，讨论新党政纲问题，决议组织雷震、夏涛声、齐世英、许世贤、高玉树五人专案小组负责进一步研讨。随后又召开“高屏地区座谈会”，由杨金虎、李源栈、林清景主持。地方人士 80 多人参加。由于受到军警的干涉，与会人士发言激动，一致呼吁早组新党。⑤ 8 月 13 日举行“新竹地区座谈会”，黄玉娇定在中坜进行，召集人雷震、高玉树等十几人参加，但地方人士只有 18 人参加，是受当地警方干涉。⑥ 9 月 1 日，组织新党运动发言人雷震、李万居、高玉树联名发表《选举改进座谈会紧急声明》：“我们虽然一致团结努力筹组新党，但到现在所受的干扰与分化等情事，真是不胜枚举。……我们发起人之一的吴三连于国民党当局向他的事业集团施加压力之下，不得不暂时出国 6 个月。”⑦

4. 经济资本雄厚的留日学生为了组建新党提供了物质帮助。组建新党

① 谢汉儒：《早期台湾民主运动与雷震纪事——为历史留见证》，第 281 页。
② 谢汉儒：《早期台湾民主运动与雷震纪事——为历史留见证》，第 270 页。
③ 谢汉儒：《早期台湾民主运动与雷震纪事——为历史留见证》，第 286、287 页。
④ 谢汉儒：《早期台湾民主运动与雷震纪事——为历史留见证》，第 293 – 295 页。
⑤ 谢汉儒：《早期台湾民主运动与雷震纪事——为历史留见证》，第 300 – 302 页。
⑥ 谢汉儒：《早期台湾民主运动与雷震纪事——为历史留见证》，326 页。
⑦ 《台湾民主运动 40 年》，第 77 页。

需要大量经费，雷震多次希望吴三连、高玉树为组建新党活动筹款。① 1960年5月25日“选改会”首次主席团会议上。② 雷震希望高玉树能负责“选改会”的财务委员会，负责捐款筹款。③ 高玉树说，新党成立，捐钱不成问题。杨金虎捐出北投的房屋作为新党办公室。④ 6月4日“选改会”主席团会议上，高玉树提出和吴三连、郭雨新三人一起负责财务委员会工作，负责筹款。高玉树还说“这次组党，只许成功，不许失败。”⑤ 6月9日，吴三连、高玉树向雷震表示，愿意筹款并捐五千元租房子。⑥

总之，第一波组党运动表面上虽然由大陆籍自由主义知识分子雷震等人领导，但实际上资本总量雄厚的留日学生是中坚力量。运动受到挫败后，大陆籍知识分子退出现实政治圈子。

于是，第二波组党运动就主要由本省人参加，且由留日学生黄信介、黄顺兴、黄玉娇、王灯岸等人领导。黄信介，1928年出生，在日本受的中学教育。1978年10月6日，他组织的“台湾党外人士助选团”在台北成立，并宣布党外是目前台湾的“第四党”，将组成全省巡回助选团，支持各地党外人士。10月31日该团发表《台湾党外人士共同政见》，呼吁“开放党禁”。⑦ 12月5日“全国党外候选人座谈会”在台北市举行，黄信介、黄玉娇、姚嘉文担任主席。⑧ 1979年8月，黄信介又创办《美丽岛》，推动新生代政治运动。

1960年代和1970年代两波组党运动，为民进党的成立奠定了思想、政治、组织基础。例如，民进党的性质、成立方式等都借鉴了“中国民主党”。在党纲上它不过度标榜主义，只要民主、自由、制衡等改革目标即可；在组织上它要求不够严密；党纪也比较松散等。⑨

---

① 谢汉儒：《早期台湾民主运动与雷震纪事——为历史留见证》，第194、195页。

② 谢汉儒：《早期台湾民主运动与雷震纪事——为历史留见证》，第199页。

③ 谢汉儒：《早期台湾民主运动与雷震纪事——为历史留见证》，第209页。

④ 《雷震日记》，《雷振全集》第40册，台北，1960年，第389页。

⑤ 谢汉儒：《早期台湾民主运动与雷震纪事——为历史留见证》，第228－229页。

⑥ 谢汉儒：《早期台湾民主运动与雷震纪事——为历史留见证》，第231页。

⑦ 前引书《组党运动——战后台湾民主运动史料汇编（二）》，第152页。

⑧ 薛元化主编：《台湾历史年表》（终战篇二，1966－1978），台北，联经出版社，1990年。

⑨ 谢长廷：《有关柔性政党的补充说明（1982年9月16日）》，同前引《组党运动——战后台湾民主运动史料汇编（二）》，第291页。

在总结前两次组党运动经验教训的基础上，1986 年 9 月民进党比较顺利地成立了，从此在根本上打破了国民党几十年的“党禁”，也逐渐改变了岛内的基本政治格局。

第二节　李登辉对政党轮替的重大影响

战后日本政党政治文化对台湾的影响主要是通过李登辉实现的。如前文所述，台湾光复初期，国民党就提拔重用一些在大陆参加抗战和政治上靠拢国民党的留日学生，但这远远不能满足整个留日学生这个社会阶层的旺盛需求。1970 年代，在国民党所谓“本土化”的政策下，李登辉等留日学生得到提拔重用。李登辉从一个普通的农业经济专家成长为一个炙手可热的政治人物，完全是蒋经国一手扶植的。李登辉也自称是“蒋经国学校”毕业的。

李登辉是崇奉日本政治文化的典型代表。如在第三章里所述，李登辉信奉日本哲学，他一直梦想从日本哲学那里寻找“台独”立国的哲学基础，建立所谓“台湾意识”的哲学核心。在现实政治实践上，他主要学习日本的政治经济制度和治国经验。当上“台北市长”后，他就开始学习日本。当上“总统”后，他一再强调要学习“日本列岛改造论”,① 要学习“日本的三代建国论”，在经济上要与日本做垂直分工、要把台湾的工商联合会改造成日本式的“经团联”，等等。② 所谓“经团联”是 1946 年 8 月成立的经济团体联合会，是日本财界的中心组织，主要是联络和协调各经济团体、发表关于经济、财政的声明和意见书、对政局发表意见。③ “日本列岛改造论”，涉及城市和产业建设的重新布局等重要内容。但这个建设计划的有关立法最后没有完成。④ 李登辉后来模仿这个计划，想把台湾产业东移到花莲等县内，但最终也没有成功。

① 日本列岛改造论：1972 年，田中角荣竞选自民党时提出的建设计划，主要内容是，大量建设高速公路把日本连成以东京为中心的整体；主张工厂远离城市，鼓励地方办工业；兴建 25 万人左右的新城市分散大城市人口和改善环境等。

② 郭宏治：《台湾日本通直通“总统府”》，《新新闻》，1989 年 8 月 14 - 20 日。

③ ［日］升味准之辅著：《日本政治史》第四册，北京，商务印书馆，1997 年，第 958 页。

④ ［日］升味准之辅著：《日本政治史》第四册，北京，商务印书馆，1997 年，第 1169 页。

1990年代初，李登辉想按日本“自民党”的模式改造国民党，所谓自民党模式，就是自民党虽然在日本政坛一党独大，但其内部则有许多“派阀”，这些“派阀”合纵连横，控制着自民党。身为国民党主席的李登辉，对国民党内出现的“集思会”、“一心会”等次级团体不管不问。台湾政坛因此出现了类似日本那样的政党格局，即一党优势、多党竞争、互相制衡的局面。① 李登辉的这种日本式的政党政治思想，促使习惯于党内纪律严明的国民党多次发生分裂，实际上间接帮助了民进党上台执政。

一、国民党“本土化”政策下的李登辉

人事上的矛盾是国民党与留日学生的主要矛盾，由于岛内政治资源有限，数量庞大的留日学生没有机会做官。台湾光复后，国民党也起用了大批留日学生做官，但开始以基层和技术官员为主。在“二二八事件”中，台籍精英要求更多的政治参与。1949年美国国务卿艾奇逊对台湾提出三大要求：一、台湾必须彻底实行民主政治。二、要指派具有民主观念的文人，取代现为军人的省主席职位。三、台湾的民主人士，应有更多的参政机会。② 这促使国民党更多地选拔台湾本省人才做高官。任用台湾人做高官的政策就是所谓的“本土化”政策。国民党的这个“本土化”政策对政党轮替有着深远的影响。

从光复到1980年代的三十多年间，在国民党中央和“政府”、台湾省政府任高官的台湾人，基本上都是留日学生，主要原因是这个社会阶层资本总量雄厚。其中的代表人物有：丘念台、黄朝琴、连震东、黄国书、游弥坚、王民宁、苏绍文、刘启光、林顶立、蔡培火、彭德、李连春、徐庆钟、林金生、柯丁选、翁鈐、陈万、高玉树、刘阔才、吴三连、林洋港、陈尚文、朱江淮、李登辉等。

其中一些重要人物前文已有介绍，下面再介绍几个：

徐庆钟，1907年生，台北市人，1941年获日本帝国大学农学博士学位，

① 李水旺、杨立宪：《台湾党外组党的历史考察与“政党政治”发展前景》，《台湾史研究会论文集》第二集，台湾史研究会编印，1990年，第306页。

② 邹律：《顽将风云榜》，大禹出版社，1988年，第106、110页。

历任公署土地专门委员会委员、省府委员、“内政部长”、国民党中常委、“行政院副院长”等职。

林金生，1916年生，东京帝国大学法学部毕业，历任“内政部长”、“交通部长”、“考试院副院长”、国民党中评委等职。①

刘阔才，1911年生，关西学院大学法学博士，历任台湾省建设局局长、省府委员、国民党中评会主席团主席、“立法院长”等职。

林洋港，1940—1944年在东京昌平夜间中学留学，历任省府委员兼建设厅长、省主席、“内政部长”、“行政院副院长”、“司法院长”等职。

翁鈐，桃园人，九州帝国大学研究院农业工学毕业，省府委员。

陈万，南投人，东洋大学哲学系毕业，省府委员。

彭德，苗栗人，日本大学毕业，省府委员。

在这批做了高官的留日学生中，李登辉最后做到国民党主席、“总统”，掌握了台湾政坛的最高权力，是留日学生从政的顶峰，他对民进党的帮助最大，因而也对台湾政坛的政党轮替影响最大。其作用体现在四个大的方面：（1）从经济上、政治上帮助民进党成长壮大。（2）在2000年和2004年两次“总统”大选中，明里暗里支持民进党的候选人。（3）在国民党统治体制内损害国民党，暗助民进党。（4）2000年5月，李登辉保证了“政权”的和平过渡。

二、李登辉对民进党的扶助

战后日本的政党政治格局是自民党一党占绝对优势、多个党派竞争、各党派互相制衡。李登辉也以此改造台湾的各政党。如前文所述，他想把国民党改造成自民党，允许国民党内的次级团体任意发展。他还提出所谓“奶水”论，在经济上资助民进党等其他较小的党派。

首先，李登辉在政治经济上帮助民进党成长。1993年1月，郝柏村被迫辞掉“行政院长”后，李登辉的权力才巩固。接见“立委”时，他提出了一种“奶水论”的政党政治理念。他提出，在发展政党政治的过程中，也

① 本章人物简历都出自第五章《光复以后》第二节《省政府》，《重修台湾省通志》卷八职官志，台湾省文献委员会编，1993年，第486－548页。其他不再一一作注。

要注意扶植在野党，可以多给些“奶水”，但也不能给的太多，以免有一天它们成为执政党。[①] 他对民进党的办公经费进行补助。据民进党前主席许信良回忆说，1990年代中期以前的民进党经费十分困难，党主席的主要精力是去筹集经费，根本没有时间和能力去研究政策、去筹办选举。这样，民进党根本无法和经济实力雄厚的国民党竞争。所以，许信良就和李登辉谈判，要求“政府”资助民进党办公经费。最后，民进党得到了李登辉给予的资助。[②]

其次，在2000年和2004年两次“总统”大选中，李登辉都帮助民进党候选人。其中第一次最关键。李登辉帮助民进党候选人除去了独立参选人宋楚瑜的威胁。宋楚瑜极富权谋，在1994年其担任台湾省长时即已经准备将来参选“总统”，从而充分利用省府的政治资源。因此，在民意调查时，他一直领先国民党提名的连战和民进党提名的陈水扁。但宋楚瑜在李登辉眼里是有大中华思想的人，因而不能让他当选。1999年10月19日，国民党主席李登辉把宋楚瑜开除党籍，极力批判他为“背叛分子”。12月8日，在国民党候选人连战的“捍卫民主、决战百日”造势大会上，李登辉激烈批判宋楚瑜是“无情无义的骗子”、“纳粹一样的破坏民主政治”、“表里完全相反的人物”和“卖台者”。[③] 12月9日，国民党“立委”杨吉雄突然揭发宋楚瑜以其子宋镇远名义存入1.4亿来历不明的金钱，导致宋楚瑜清廉名声严重受损。国民党于2000年2月16日正式以伪造文书、侵占公款罪控告宋楚瑜，结果宋楚瑜的支持率急转直下。[④] 选举结果，民进党候选人陈水扁获得4977737票，得票率39.30%；宋楚瑜得到4664932票，得票率36.84%；国民党候选人连战2925513票，得票率23.1%。国民党丢掉政权，民进党执政。[⑤]

碍于国民党主席的身份，李登辉不愿意公开承认自己在2000年“总统”选举中帮助陈水扁，直到2004年“总统”大选，他的真实面目才完全

---

① 黄光芹：《许水德替李登辉惹了一个大麻烦!》，《新新闻》，1993年5月2－8日。

② 许信良在厦门大学台湾研究院的演讲，作者李跃乾提问并记录，2007年4月13日。

③ 台北，《自由时报》，1999年12月9日。

④ 台北，《自由时报》，1999年12月10日、2000年2月17日。

⑤ 台北，《自由时报》，2000年3月21日。

暴露。这次大选仍是民进党的陈水扁、吕秀莲和国民党亲民党的连战、宋楚瑜竞选。陈水扁执政四年政绩不佳，民调一直比较低。但在选战的关键时刻，退休4年的李登辉又现身，带头参加酝酿4个月的所谓“二二八手护台湾运动”，为陈水扁搭起了造势的舞台，为陈水扁凝聚本土力量增加筹码。陈水扁的选战步骤也是按照李登辉提出的“台湾正名、公民投票、制定新宪”三部曲来的。李登辉左手吸纳“台独”基本教义派，右手忙着推动“制宪”和针砭泛蓝的工作。

李登辉到处呼吁民众参加所谓“手护台湾运动”、参加“公投”抗议所谓大陆武力威胁、支持阿扁“总统”连任。他说，只有阿扁连任，才能实现“制宪”、“建国”目标。他攻击连、宋说，“中国社会还有人出来选，他们根本没有资格还在那边大声喊。台湾人民不要让保守的旧势力对未来再存有任何幻想，应该用选票终结保守势力对权位的幻想。”称赞陈水扁，“阿扁不到三年打消银行呆账，让逾放比降到4.5%，我就称赞他很有能力，比我还厉害。”

“手护台湾大联盟”总指挥李登辉，在活动结束后致力于“正名运动”和“制宪运动”。2004年3月14日，“群策会”、“台联党”、“李登辉之友会”等团体，召开“全民公投，台湾发声”论坛，在选前最后一周，“群策会”董事长李登辉竭力号召支持者参加“三二零公投”。①

所谓“手护台湾运动”是陈水扁胜选的重要原因之一，它为陈水扁争取了农、渔民的支持。结果，民进党正、副“总统”候选人陈水扁、吕秀莲再次以些微优势取得胜利。

再次，在任国民党主席和“总统”的12年间，李登辉在制造国民党分裂、“修宪”、人事上等方面长期损害国民党，暗助民进党。这是最重要最根本的。2000年3月23日，李登辉的老部下、国民党中央的一些高级干部在《中国时报》等各报纸上刊登连署反李的广告。该广告对李登辉一些处心积虑的做法进行了深刻地揭露：

“一、坚拒可以胜选的组合，使本党阵营中出现两组候选人，分散本党票源，使民进党候选人渔翁得利。

① 陈弘修：《李登辉仍然扮演陈水扁的守护天使》，《新新闻》，2004年2月26日－3月3日。

二、提出特殊‘两国论’，模糊本党立场，使部分选民误以为民进党候选人更能继承李主席立场，导致选票流失。

三、晋用及扶持本有分裂色彩之人士，在紧要关头纷纷倒向陈水扁阵营，使社会上产生李主席已经转向支持他党候选人之观感，也使本党支持者中产生弃保效应，导致本党支持下降。

四、主导错误之‘修宪’方向，坚持比较多数即可产生‘总统’，遂使此次无法举行需要过半数才能当选‘总统’之再投票，间接协助民进党候选人，以不到百分之四十选票支持，当选少数‘总统’。

五、坚持取消‘立法院’同意权，使本党在‘立法院’掌握多数之情况下，仍然无法产生属于本党之‘行政院长’，方使本党在丧失‘总统’选举后，同时丧失‘行政院’之掌握，沦为在野党。”①

这五条基本上把李登辉如何帮助民进党的伎俩揭穿了。事实上，李登辉也的确是这样做的。如前文所述，李登辉对国民党和民进党的真实态度到2004年“总统”大选已暴露无遗。

最后，李登辉对政党轮替的重大影响还直接地具体地体现在2000年5月的“政权”交接上。政党轮替在中国历史上是第一次，在国民党历史上更是第一次。突然丢掉“政权”的国民党开始不能适应，许多党员严重不满，社会上也充满不安的气氛，“政权”能不能和平交接充满着变数。5月20日，在李登辉亲自出席坐镇的情况下，民进党“总统”当选人陈水扁顺利地从国民党手中接过“政权”。② “政权”和平交接的关键因素还是李登辉。经过12年的经营，他完全掌握了军、警、宪、特和国民党的大权，从根本上改变了军、警、宪、特过去打击“台独”的态度。另外，在国民党“总统”大选失败的情况下，李登辉本人仍然具有五成七的民意支持度。③李登辉的权力和社会威望保证了社会的基本安定和“政权”的和平过渡。

综上所述，2000年台湾政坛上的政党轮替，资本总量雄厚的留日学生作用最大，因为这个社会阶层的势力遍布国民党统治的体制内外。

① 台北，《中国时报》，2000年3月23日。
② 台北，《中国时报》，2000年5月20日。
③ 台北，《中国时报》，2000年3月25日。

在体制外，他们是组织新政党的主要力量。政党轮替首先需要一个能和国民党抗衡的新政党。在1960和1970年代的两次组织新政党的浪潮中，留日学生吴三连、高玉树、黄信介、郭雨新、杨金虎、黄顺兴等起着中坚作用。他们实际上是台湾本省地方势力的代表。在留日学生代表的地方势力和国民党长期斗争的基础之上，民进党顺利诞生。

在体制内，他们也是国民党不得不提拔的本土精英。国民党的“本土化”政策是历史发展的必然。它根本无法反攻大陆，只能大批启用台湾本省人到其“中央政府”里做官，以缓和省籍矛盾。只要国民党启用台湾本省人才，留日学生就一定有机会掌握台湾政坛的最高权力。因为，留日学生这个社会阶层早在日据时期中后期就已经确立了其在台湾社会的领导地位。从这个角度来说，李登辉上台带有一定的必然性，因为他所属的社会阶层经济资本和文化资本都是最强大的。

成立时间短，势力比较小的民进党，想在短期内执政很不容易，但却得到了国民党领导人李登辉在体制内的帮助。台湾政坛终于实现和平的政党轮替。这是留日学生从战后就开始有的愿望，即由本省人掌握政权。

留日学生掌握了台湾政坛的最高权力，某种程度上可以说是日本式政党政治等日本政治文化的胜利。因为掌握权力的留日学生李登辉等人信仰日本的政治文化，在台湾模仿日本的政治制度甚至各项具体的经济建设政策。例如，李登辉使国民党“自民党化”，导致习惯于党内统一的国民党多次分裂，最终使国民党丢掉了政权。很显然，留日学生对台湾政治的影响很难在短期内消除。这是值得我们深思的一个历史现象，也是本书的突破观点之一。

结　　论

研究历史不能割裂历史，研究战后留日学生这个社会阶层的政治活动和政治影响，一定要联系他们所接受的教育和日据时期的政治活动。在导论中我们已经知道，在留学日本时，留日学生接收了近代西方政治思潮和日本立宪政治制度的影响，1920 年代初，他们就开始登上了台湾的政治舞台，在思想上、政治上领导着非暴力的抗日民族运动，有新民会、台湾青年会、台湾文化协会、台湾民众党、台湾工友联盟、台湾地方自治联盟等组织系统，有要求设置台湾议会等政治纲领，有大批成熟的干部，有丰富的政治斗争经验。到了日据的中后期，留日学生则完全成了台湾民众反抗日本殖民统治的领导重心。另外，在日本殖民政府中做官的台湾人，也以留日学生为主体为代表。在这些做官的留日学生中，有上百人通过日本政府的高等文官考试，例如朱盛淇、朱昭阳、刘明朝、宋进英、林旭屏、林益谦、杨基铨、汤德章、庄维藩、黄百禄、许伯埏、庄要传等等，这些人熟悉日本政治体制和官僚作风，也在日本殖民统治中获得了一些利益。这是本研究的基本前提。

通过本研究，我们可以发现，战后台湾政治仍然深深地留着日本殖民统治的痕迹，仍然深受明治维新以后的日本政治文化的影响。这种影响是通过日本 50 年间培养的台湾精英——留日学生实现的。留日学生这个社会阶层，数量比较庞大，经济资本雄厚，文化资本优越，社会关系资源丰富，在自古就重视教育的台湾社会里是个享受很高荣誉的“地位团体”。留日学生这个社会阶层大体上包含两代人，这两代人以 1910 年前后为界。大约在 1910 年之前出生的，在成长过程中耳闻目睹日本殖民征服的血腥残暴，一般在 1930 年以前到日本留学。这一时期的日本政治文化比较开放和多元，自由民权、社会主义、民族自决、民本主义、无政府主义、法西斯主义等各种思想都有人介绍和传播。留日学生接受了民主自由、民族自决等思想的影响，他们的汉民族意识觉醒，一般反对日本的殖民统治。大约在 1910 年之后出生的，成长在比较稳固的日本殖民统治中，对日本殖民征服的血腥罪行了解较少，一般都在1930年以后去日本留学。此时日本发动了侵略中国的战争，国内军国主义和法西斯主义横行，各种进步思潮受到钳制，留日学生则多受武士道精神和军国主义影响较深，一般有轻视或敌视中国的思想。这种轻视或敌视中国的思想，一旦遇到现实政治斗争的激荡，就会蜕变成“台独”意识。此点在下文还要详细分析。

在大陆参加抗战复台的台湾人的革命团体，主要工作是帮助国民政府搜集日本军政情报，进行对台湾和日本的宣传，参与制定收复台湾的计划。这些工作都需要精通日本文化的专门人才。所以，这些团体的领袖人物基本上都是留日学生，如宋斐如、李友邦、谢南光、丘念台、黄朝琴、游弥坚、连震东、王民宁、林忠、刘启光、林顶立、牛光祖、谢挣强、苏绍文、陈汉平、陈友钦等人。他们对台湾的接收工作做出了很大的贡献。在两蒋父子统治台湾时期，这批所谓的“半山”，就是台湾地方势力的代表。台湾省参议会、临时省议会、省议会是台湾地方势力代表人物的荟萃之地，一直被黄朝琴等人控制到1960年代初。他们是台湾全省性政治派系的领导者，对台湾地方自治选举影响甚大。

在岛内的留日学生虽然没有去大陆参加抗战，但也为台湾光复做出了自己的贡献。在日据时期，他们领导非暴力的抗日民族运动，唤醒台湾民众的民族意识，为迎接光复奠定了民意基础。日本投降后，他们依靠自己雄厚的资本总量，维护台湾社会的安定，组织欢迎国民政府的团体，举办各种类型的欢迎活动，帮助台湾行政长官公署遣送日俘日侨和救援海外台湾同胞，代表台湾人民参加受降典礼表明欢迎光复的政治态度，创办各种社会团体和报纸杂志教育台湾人民，领导台湾地方势力组成的政治派系参加政治活动。其中的代表人物有林茂生、杜聪明、林犹龙、林呈禄、蔡培火、陈炘、罗万俥、苏维樑、陈逸松、黄朝清、黄朝生、叶荣钟、王金海、庄垂胜、吴三连、刘明、王清佐、石锡勋、魏炳炎、杨金虎、施江南、王白渊、许乃昌、苏新、陈澄波等人。

台湾光复后，台湾人民身上的殖民枷锁被打破。留日学生的政治热情十分高涨，纷纷创办社会团体和报纸杂志，参与新台湾的建设和议论时政。这就必然和大陆籍的国民党官僚产生剧烈的矛盾，因为留日学生批评的思想武器只能是他们熟悉的民本主义、社会主义、立宪政治等，而这些政治思想都染上了日本文化的色彩。在参加八年抗日战争的大陆籍国民党官僚看来，留日学生赞扬和肯定日本的政治文化是不能容忍的；而在留日学生看来，大陆籍国民党官僚则没有近代化的政治思想。另一方面，大陆籍官僚和留日学生都在争夺现实的政治利益。在接收过程中，留日学生尽管获得了不少的政治利益，如大批人员参加了接收工作并担任基层和技术领域的官员，但仍不能满足。他们还希望在台湾行政长官公署、各县市主管及经济领域里有更多的职位。陈仪等国民党大员却以不懂中国语言文字和中国法令为由，打破了留日学生的升迁希望。这就是“二二八事件”发生的深层原因，也是留日学生这个社会阶层成为事变领导者的原因。

留日学生是台湾社会的领导阶层，他们的文化在台湾社会有很大的影响力。“二二八事件”爆发的客观原因很多，但在主观上却是留日学生舆论引导的结果。在事件的发展过程中，留日学生又在政治上领导着它。在有组织的“二二八事件处理委员会”的活动中，留日学生起着领导作用；在各地自发的武装暴动中，也多是以曾参加过日军的留日学生为首。他们积极参加活动或斗争的目的不是谋求“台独”，也不是为了台湾普通民众的利益，而是为了和大陆籍的国民党官僚争夺台湾省的政治权力。留日学生这个社会阶层在事变中最积极、最活跃，几乎处处起着带头作用，因而也就要对事件负最大的责任。所以，在事件中牺牲最大的是这个社会阶层，不少代表人物被抓被杀，如林茂生、宋斐如、陈炘、施江南、陈澄波等。总之，“二二八事件”是留日学生领导的一场争夺台湾政坛权力的政治斗争。这个结论和现有研究的基本观点都不同，是本书最重要的创新点之一。

在“二二八事件”中受到打击，深感在国民党官僚的统治下毫无出头之日，是极少数留日学生走上“台独”道路的原因之一。由于留日学生有着雄厚的经济资本和优越的文化资本，故在“台独”活动中也起着领导作用，如廖文毅、邱永汉、黄纪男、王育德、史明、彭明敏、李登辉、辛文炳、杨基铨、张德水等。由于在日本有着丰厚的社会关系资源，“台独”头目就把日本当作了“台独”势力的大本营。在日本政府的庇护下，廖文毅还在日本建立了自己的“政府”，在岛外掀起了第一次“台独”活动高潮。“台独”活动以日本为中心的局面一直维持到1970年代初。战后“台独”

活动的骨干分子，以1930年左右之后在日本留学的台湾人为主。这批人深受日本军国主义的“大和民族优越论”、“日本至上主义”影响，也在日本殖民统治下得到了些利益，潜意识里敌视和鄙视中国，鄙视中华民族，模仿日本人的口吻称中国为“支那”，称中国人为“支那人”、“猪”。他们千方百计杜撰一个“台湾民族”或“生命共同体”，既讨好日本人，也和“劣等”的汉民族划清界限。所以，“台独”活动的背后，仍然是反映着中日政治文化的冲突。毫无疑义，战后留日学生的“台独”活动，是以日美反华政治势力为背景的。到了1990年代，岛内“台独”势力猖獗，台湾政坛积极向日本靠拢，其渊源和动力都是以李登辉为代表的留日学生。当然，这也和日本在科技、教育、经济等方面仍然十分强大有关。

在台湾地方自治选举中，留日学生最强劲的竞争对手是手握政治资源的大陆籍国民党官僚，所以，他们极力谋求省议员和县市长等重要选举的公民直接选举。如导论中所述，日据时期，留日学生就熟悉日本的选举文化，也积累了一些参加地方政治选举的经验。在日本的公民直选中，当选的都是地方名望家或有钱人，也就是地主资产阶级及其知识分子。留日学生这个社会阶层在台湾社会各阶级阶层中占据绝对优势，资本总量最大。所以，在公民直选的情况下，留日学生这个社会阶层当选县市长和省议员的比率最高。1950年代到1970年代的20多年间，台湾县市长半数左右是留日学生，省议员也一直占到三成左右。这些当选县市长和省议员的留日学生还领导着全省性的政治派系和各县市甚至乡镇的地方派系，控制着台湾基层政权，影响着台湾基层的政治生态，和国民党中央的官僚体系既有合作也有矛盾，形成两层皮。这对民进党的崛起都有很大的影响。

那些在选举中屡次失败的留日学生，归咎于国民党对各项选举的包办，越来越不满，逐渐走上与国民党对抗的道路。他们和国民党斗争的基本路线就是谋求建立一个强有力的新政党，在选举中与国民党抗衡。无论战前战后，除了1940年到1945年有短暂的中断之外，日本的政治选举都是多党竞争的。对于熟悉日本政治文化的留日学生来说，成立新政党并不是什么大逆不道的事。这是他们积极参加组建新政党活动的思想根源。从本研究得知，留日学生是1960年代台湾第一次组党运动的中坚力量，如吴三连、高玉树、石锡勋、杨金虎、刘明朝、郭国基、王灯岸等人；留日学生是1970年代第二次组党运动的领导者，如黄信介、黄顺兴、黄玉娇、许世贤等。在政治上，在1980年代创立民进党的主要人物，基本上都是高玉树、吴三连、郭雨新、郭国基、许世贤、张深镭、李源栈、王灯岸、石锡勋、黄顺兴、黄信介、彭明敏、史明、王育德等人的学生。本身参加民进党的留日学生有黄信介、黄玉娇、高俊明、高李丽珍等人。所以说，留日学生这个社会阶层对台湾新政党的成立，影响很大。民进党的成立，彻底改变了台湾的政党和政治格局。

在国民党选拔重用的本省籍人才中，也以资本总量雄厚的留日学生为主。他们以最后当上“总统”和国民党主席的李登辉为代表。这是战后留日学生从政的高峰，也使留日学生这个社会阶层对台湾政治的影响从水面底下浮到水面上来，从少为人知到众所周知。李登辉是崇奉日本政治文化的典型代表，甚至其思维模式都是日本式的。1970年代初，李登辉一登上台湾政坛就开始学习日本。当上“总统”和国民党主席后，李登辉就在政治、经济、社区文化建设等各个领域全面学习日本。在政治上，他学习日本的政党制度，把国民党“自民党化”，学习日本的“三代建国论”；在经济建设计划上，他学习日本的“列岛改造论”，要把台湾与日本做垂直分工；在社团建设上，他要辜振甫把台湾的工商联合会改造成日本式的“经团联”，等等。总之，日本政治文化对台湾的影响，最突出地表现在掌握大权的李登辉身上。

李登辉潜意识里是敌视中国的日本军国主义，也吸收了战后日本的政党政治文化和新右翼的观点。日本军国主义的主要目标是侵略灭亡中国，战后日本新右翼政治势力也希望中国四分五裂。这是李登辉“台独”思想的根源和“台独”活动的动力。1990年代初，李登辉想按日本“自民党”的模式改造国民党，身为党主席的他，对国民党内出现的“集思会”、“一心会”等次级团体不管不问。台湾政坛因此出现了类似日本那样的政党格局，即一党优势、多党竞争、互相制衡的局面。2000年台湾政坛上的政党轮替，是李登辉和民进党合作努力的结果，是战后党外留日学生代表的台湾地方势力与国民党长期斗争的结果，是美日两国政党政治文化长期浸润的结果。美国的政党政治文化主要是大陆籍的胡适、雷震等人通过《自由中国》宣传介绍的；日本的政党政治文化主要是通过留日学生这个社会阶层宣传和推动的。李登辉在台湾推动日本式的政党政治，包藏着“台独”祸心。

所以说，以李登辉为最大推手的台湾政坛上的政党轮替，反映着战后日本政党政治对台湾政坛的影响；可以说，仍然在某种程度上反映着中日政治文化的冲突。只不过时代背景不同了，中日政治文化的内核也发生了巨大的变化。

总之，本书的基本结论是：战后台湾政治上所有重大事件和目前台湾的政局，都不同程度地受到了留日学生这个资本雄厚的社会阶层的影响。而这个影响不论是好是坏，是大是小，在短期内显然是无法消除的。比如，目前台湾政坛上，彭明敏、李登辉是“台独”基本教义派，代表台湾政治上的极右翼势力，对外极力争取日本的庇护，对内影响执政的民进党，严重干扰两岸关系的发展。

通过本研究，我们可以发现，教育的影响是深远的。教育可以造就经济、科技、文化等各领域的精英，这些人引领社会发展潮流，因而是改造社会的主导力量。教育可以培养出未来的政治家，改变一个国家或地区的政治面貌。日本在台湾的殖民统治已经结束了50多年，但其培养的留日学生仍然影响着台湾，特别是影响着台湾政坛，仍然影响着目前海峡两岸的关系，仍然在某种程度上影响着两岸人民的感情。台湾学生被迫大批去日本留学的根本原因，在于当年的日本不仅军事、政治、经济方面强大，而且科学文化教育也比旧中国先进了许多。所以，中国的教育、科学、文化真正发达了，进入世界前列了，加上经济的高水平，才能算是表里如一地富强了。

本研究的结论启示我们：在祖国统一大业中，我们要目光远大、脚踏实地，下工夫去争取更多的台湾青少年到大陆高校甚至中小学校学习，尽力地给他们创造良好的学习生活环境，尤其要使他们了解中国大陆的政治文化，使他们了解中国大陆政治文化产生、发展的历史背景和意义，使他们理解大陆政治文化的优点和缺点，而不是采取相反的方针和办法。这才是谋求两岸统一的根本大计。

附录　部分台湾留日学生小传

日据时期，台湾地主、资产阶级大约有六万户，他们的子女几乎都曾留学日本，仅是受过大专以上教育的就有六万人左右。作者在写作本书过程中，努力搜集核实台湾留日学生的资料，由于条件和时间所限，只搜集了大约三千人左右。这里把其中比较出名的一些人的小传附录在后面，作为前文论述的补充，让前文的论述更加坚实可靠。即使有的读者怀疑日据时期台湾留日学生的总数，看了下列比较有代表性的人物的小传，也会觉得前文的论述还是能够自圆其说的。

丁瑞彬（1898—1979），鹿港人，明治大学法科毕业，生员丁宝光之子，大和拓殖公司总经理，台北高砂铸造公司、屏东大和兴业公司、基隆台洋渔业公司董事，鹿港制药公司董事，发起组织筹备会欢迎台湾光复，鹿港镇长，台中县议员，省议员。

丁瑞鱼（1901—1973），鹿港人，丁宝光三子，1926 年毕业于日本医学专门学校，在南投开瑞鱼医院，参加日军做军医，曾随日军到新几内亚，1946 年回台，二二八事变时被捕，省参议员，“内政部科长”等。

丁瑞铁（1904—1987），鹿港人，1931 年东京商科大学毕业，受商大教授田贞次郎影响，受教于商大奇才福田德三，基隆碳矿公司董事，大同公司董事，大同工学院教授，建设厅专门委员贸易科长，台湾通运公司基隆分公司经理。妻颜梅乃颜国年之女。著有《怀恩感旧录》。

于伯奎，男，毕业于日本京都大学。

尤丽水，台东人，医生、庄协议会员尤钦量之子，毕业于日本商科大学。

毛焜洲，台南人，日本齿科专校毕业，光复后任台南县卫生院长。

方可喜（1921—?），高雄市人，日本专修大学毕业，永光制粉股份有限公司总经理，华成纸业股份有限公司董事长。“中华民国”进出口商公会常务理事。

方云祥（1920—?），台南人，东京大学法科毕业，台湾炼铁股份有限公司总经理。该公司1952年6月创立，董事长是陈逢源。台湾区钢铁工业同业公会理事长。

方西雀，嘉义人，毕业于日本高越女学校，丈夫是林旭屏。

方万金（1925—?），屏东人，毕业于东京高等学院，华成工业股份有限总经理。该公司1957年8月创立，资本3.5亿新台币，员工1020人，制造罐头、面粉、造纸等。

王维明，1920年前后在日本士官学校留学，主张借助祖国大陆武力实现台湾的自主。同志者还有黄国书、陈岚峰等人。

王荣铨（1928—?），屏东人，广岛中学毕业，1946年在东北参加国民党军队。

王荣霖，高雄人，广岛中学毕业，1946年在东北参加国民党军队。

王祖檀（1898—?），万华人，生员王承烈之孙，生员王采甫之子，名医王祖派之弟。1929年毕业于东京帝国大学，获医学博士学位。

王锡奇，字磐德，台北市人，阪神音乐学校毕业，1949年任台湾省政府交响乐团团长。

王云峰，大稻埕人，东京神保音乐学院毕业，回台组织“永乐管弦乐团”，为《桃花泣血记》等作曲。

王民宁（1905—1988），台北县树林镇人，1928年毕业于日本陆军士官学校工兵科，在大陆参加抗战，1945年参加台湾接收工作，1947年任警备总司令部警务处长，省府委员，1948年当选“国大代表”。

王昶雄（1916—2000），淡水人，1928年到1942年在日本郁文馆中学、日本大学齿科学习，在淡水开设牙医诊所，同时兼职《台湾文学》杂志做编辑。著有《王昶雄全集》，其中《奔流》、《淡水河的涟漪》比较著名。

王连生，明治大学毕业，茶商之子，毕业后到日军占领下的东北工作。

王锦源（1909—1982），台南西港人，1928年毕业于东京圣书学院，开设西港圣教会，1943年被殖民政府关闭，1951年开设中台圣经学院，1961年在台中开设福音基督教会。

王添灯（1901—?）屏东人，父亲是地主。早稻田大学函授生，茶商，日据时期参加民众党，光复后出任台北市茶叶公会理事长，三青团台北分团主任，1946年当选省议员，《人民导报》、《自由报》社长。

王进益（1902—?），屏东人，王添灯三弟，1934年毕业于日本大学，不愿做日本人的官，去大陆大连经商，任文山茶店大连支店长，《新民报》大连通讯记者。1948年回台湾，台北市茶商公会总干事，认可日本文官制度，认为日、台没有差别。

王忠信（1904—?），屏东人，王添灯四弟。毕业于日本昭和医专，在日本成家。

王笑（1909—?），凤山人，父亲为甲长、保正。1929年到1934年在东洋女子齿科学校留学。陈水印之妻。

王玉云，别号云鹏，高雄市人，产业能率短期大学毕业，1972年12月当选高雄市长。

王超英（1891—?），字樵云，高雄凤山人，1920年毕业于东京高等工业学校机械本科，台北工业讲习所讲师，高等官七等，制糖株式会社技师，参与杜聪明、施江南、朱江淮等留日工科学生组织的台湾理工学会，1950年任台湾省政府工业试验所所长。

王天赏（1903—1994），字奖卿，高雄旗津人，1926年前后在东京目白英语学校留学，株式会社高雄支店，1926年从事发动机渔业，1937年任高雄水产会议员，《台湾新民报》代销商，振文书局老板。光复后，高雄市教育科长兼社会科长，1946年任高雄信用组合理事主席兼经理，5月任《国声报》发行人兼社长，翌年2月卸任，二二八事变后被关押66天，1950年任高雄市联合社理事。

王石定（1913—1947），旗后人，东港船商王沃之子，连襟是杨金虎。毕业于早稻田大学商科，高雄市渔会理事长，明星戏院董事长，鼓山戏院董事长，高雄市参议员，二二八事变时被杀。

王澄清，彰化人，1924年到1935年在日本冈山县金川中学、九州牙科医学专门学校留学，在南投街开设南兴齿科医院。

王允得（1904—?），1931年毕业于东京医专，日据时期任归仁庄信用购贩利合作社社长，归仁庄协议会员，在台南州新丰郡归仁庄开设医院，医师。

王允是，王允得弟弟，毕业于日本岐阜药专。

王共，王允得弟弟，毕业于日本同志社中学。

王某某，台中大甲人，大甲信贩购利合作社社长、大甲水利合作社评议员王燕翼之子。在日本读中学。

王某某，台中大甲人，王燕翼次子，在日本读中学。

王枝火（1912—?），北斗人，父亲王万春是做黄金生意的富商。1926年进入日本大学中学部学习，春记商行高雄分店长，台中州同乡会会长。

王灯力，彰化西势子，富商家庭出身，早稻田大学经济科毕业。

王铭堪，台中人，日本大学农科学习畜产专业，1966 年 1 月任台湾省家畜卫生试验所长。

王敏川（1887—1942），字锡舟，彰化街人，1919 年到 1922 年在早稻田大学政治经济科留学，与吕磐石、黄朝琴、黄呈聪等同时毕业，在日本东京加入启发会、新民会，是台湾文化协会的最后一任委员长，《台湾青年》、《台湾民报》的主要发行人之一。

王基良（1893—?），台中清水街人，生员、富豪、区长王卿敏之子。自幼去东京求学，读完小学、中学和庆应大学，回台后，公学校教师，台中建筑信用合作社专务，清水建筑信组合作社社长，清水街工商协会顾问，台中市议会议员。

王基安，台中清水街人，王卿敏之子，日本医专毕业，开业医生，公医。

王毓麟（1915—?）台中县人，日本大学医科毕业，自己开设光田医院，光复后，沙鹿镇合作社理事，台中县议会参议员。

王锡麟（1921—?），台中县人，日本东亚学院毕业，1965 年创办光田实业有限公司，任董事长兼总经理，资本 200 万新台币，工人 11 名，生产竹制品。

王守勇，台中大甲人，1922 年毕业于同志社大学神学部、文学部，神学院教授，市立彰化女子高商校长，淡江中学校长。

王坤钟，台南人，早稻田大学毕业，1947 年 4 月任台南县政府会计室主任，1966 年到 1971 年任县政府主计室主任。

王兆麟（1886—?），台南人，龙谷大学毕业，职校校长，僧侣，1935

年官选台南市会议员。

王育霖（1919—1947），台南市人，地主家庭出身。1940 年到 1944 年在东京帝国大学法学部学习，日本文官高等试验考试司法科合格，因成绩优异，被东京大法学部长穗积重远博士推荐入日本京都地方法院任检察官，这是首位台湾人就任检察官，《民报》法律顾问，日本人曾劝其归化日本籍。日本投降后，被推为京都台湾同乡会会长，率团回台，任新竹地检处检察官，因起诉新竹市长郭绍宗贪污渎职而辞检察官，中学教师，二二八事变时被杀。

王育德（1924—1985），台南人，王育霖弟弟。1944 年东京帝大文学部支那哲文科肄业，台南第一中学教师，1949 年去日本，1960 年 2 月 28 日，在东京以王育德为中心成立台湾青年社，1963 年 5 月改称台湾青年会，1965 年 9 月改称“台湾青年独立联盟”，担任《台湾青年》发行人。主张所谓“台湾民族论”，1982 年任台湾人公共事务会委员，早期“台独”运动者和精神领袖，著有《台湾 · 苦闷的历史》、《台湾人原日本兵的诉讼》等。

王源赶（1926—?），台南市人，日本大学附属第三中学毕业，光复后任高雄市警察，二二八事变时被捕，罪名为意图煽动暴乱。

王清佐（1900—1969），屏东万丹人，富豪、保正、庄协议会会员、信用组合理事王天球次子。1921 年到 1928 年留学日本，中央大学法科毕业，日本文官高等试验考试司法科合格，1931 年回台湾，在台南、高雄等地任律师，《民报》商事社董事。光复后，任三青团高雄分团筹备主任、书记长，高雄市参议员，二二八事变中，以青年团员协助维护社会秩序，被市长黄仲图派为地方法院院长，事变后被捕并遭严刑拷打，释放后远离政治。

王仁厚，屏东万丹人，王清佐三弟，毕业于日本法政大学。

王冠烈，屏东万丹人，王天球之子，东京医学校齿科毕业，牙医，张丰绪二姊夫。

王清风（1907—?）彰化人，1925 年到 1932 年在中央大学法学部学习，1930 年日本文官考试司法科合格，1932 年回台湾，在台南市白金町开设律师事务所。

王钟麟（1895—1962），嘉义人，王得禄第五代孙，1909 年到 1920 年在日本留学，京都帝国大学法科毕业，律师，台湾文化协会理事，台湾民众党常委兼政务部主任，与谢春木一起主持政治部，1930 年到上海做执业律师。1946 年回台湾，二二八事件时任双方翻译，竭力减少误会，竞选“国大代表”失利。

王采蘩（1897—?），嘉义人，王得禄第五代孙女，1916 年毕业于日本冈山县津山高等女校，台湾首位女留学生，丈夫是林茂生。

王甘棠，嘉义人，日本齿科大学毕业，1948 年 6 月任嘉义市卫生院长，1950 年 10 月开始任嘉义县卫生院长。

王俊雄（1924—?），嘉义人，关西大学专商科肄业，1965 年 12 月创办丰基实业股份公司，资本 1000 万新台币，员工 65 人，生产钢管，自认总经理。

王国柱（1905—1958），嘉义人，东石区区长王顺记之子，1931 年毕业于东京慈惠会医科大学。在家乡做开业医生，太保庄信用组合长，两度获选为太保庄协议会议员。光复后，合作社理事长，农会理事长，嘉义市参议会议员，嘉义县议会议长。

王金海（1895—?）彰化矿溪乡人，1924 年毕业于早稻田大学商学部，随后进入同校研究院专攻信托业 1 年，1925 年进入安田银行服务，1935 年辞职，1939 年加入大东信托株式会社，为支配人代理，在东京留学期间加入新民会，为《台湾青年》撰稿。光复后，任彰化银行常务董事兼总经理，南华化学工业公司董事。1925 年到 1935 年著有《金钱信托》、《有价证券信托论》、《信托业法论》等书。

王星海，1923 年毕业于早稻田大学政治经济科，与黄朝琴同学。

王灯岸（1919—1985），彰化人，北门外望族出身，1934 年到 1944 年在日本留学，先后毕业于东京中野中学、中央大学法律系。先后任职于东京市政府研究部、东亚经济研究所，1944 年回台，1945 年光复初为推进汉语学习而成立国语演习会，任职彰化商校。重要党外人士。著有《矿溪一老人》，1980 年初版。

王某某，彰化人，王灯岸之弟，1934 年毕业于东京中野中学。

王白渊（1902—1965），彰化县人，自幼受到林爽文起义故事的影响，1925 年到 1927 年留学东京美术学校，毕业后任教于岩手县盛冈女子师范学校，《台湾新生报》记者，1934 年到上海任职于谢春木创办的华联通信社，1937 年遭日军逮捕，被判刑 8 年，被遣返台湾服役。光复后，1945 年担任台湾文化协进会创会理事之一，担任机关杂志《台湾文化》编辑，另外也主编《台湾评论》杂志，与大陆人辩论台湾人是否被日本人奴化的问题、台湾有无文化问题，1950 年 4 月 19 日以“知匪不报”罪名被判刑 2 年。1931 年出版日文诗集《荆棘之道》，晚年出《回忆录》等。

王金茂（1913—?），宜兰人，1940 年毕业于庆应大学医学科，医学博士。光复后，在台湾行政长官公署和台湾省府卫生处工作，基隆医院院长，台南医院院长，省府卫生处长，“行政院卫生署署长”，台湾医务管理学会名誉理事长。

王金星（1904—1947），屏东人，1927 年毕业于中央大学法学部，枋山庄长，参加兴建左营军港，壮丁团长。光复后，自行代理乡长，经营山林，二二八事件中被杀。

王熙宗（1902—?），云林县人，东京商科大学毕业，经商，光复后，竞选首届省参议员。

王吟贵（1906—1996），云林北港首富王双第四子，1933 年毕业于京都帝国大学经济学部，1936 年选为北港信用组合理事，北港街助役。光复后，任合作金库嘉义支库经理，中国纸厂经理等，云林县第一届议会议长，省府参议，省议会议员。

王洛（1909—?），字世恭，台北市人。日本国立公众卫生学院医学博士，还曾留学美国。在日军占领下的东三省任辽宁省立医院长和长春大学医学院长。光复后，任台北市卫生院院长。著有《简明卫生学》等。

王翼汉（1916—1999），彰化鹿港人，毕业于关西大学法律科，公卖局酒厂总务课长，《台湾工业新报》发行人兼社长。主办《鸾友》杂志，从事宗教活动。

王金河（1916—?），台南市人，渔家子弟。1934 年到 1941 年留学明治学院中学部、东京医专，外科医生，1943 年回台，在故乡开设“金河诊所”，50 年间专治乌脚病患者，是“全国”好人好事代表，蒋经国多次拜访。获得第二次“赖和奖”的医疗服务奖、北美洲台湾医师协会医疗服务奖、台湾省医师公会服务医界贡献殊伟奖、李登辉颁发的“仁医济世”匾额等。被称为“乌脚病患之父”。

王柏青，台南市人，1928 年到日本东京医专留学，回台后做医生。

王进瑞，1939 年毕业于驹泽大学佛学专科。

王传烈，1942 年毕业于驹泽大学佛学专科。

丘念台（1894—1967），台中人，1913 年到 1920 年在日本留学，东京帝国大学采矿科毕业，随父丘逢甲回大陆，成长于广东，1920 年在东京组织东宁学会，毕业后回大陆工作，沈阳兵工厂技师，辽宁西安煤矿公司采矿主任，广东省顾问兼工业学校校长，第七战区少将参议，中山大学教授。光复后回台，任台湾省党部主任委员，1948 年当选监察委员，国民党中常委，赴日劝廖文毅放弃“台独”活动。著有《岭海微飙》，1962 年 12 月中华日报社出版。

孔德兴，屏东人，东京帝国大学法学部毕业，日本文官高等试验司法科及律师考试及格，1945 年 9 月任屏东市长，1946 年 1 月任高雄县府财政科长。

邓雨贤（1906—1944），龙潭人，1929 年留学东京音乐学校学习作曲，1933 年 7 月 1 日进入哥伦比亚唱片公司任作曲专员，1939 年转任穹林公学校教师。著有《望春风》、《四季红》、《雨夜花》、《碎心花》、《月夜愁》等名曲，1942 年被迫改名为“东田晓雨”。

邓南光（1907—1971），新竹北埔人，1929 年到日本法政大学经济学系学习，参加学校写真俱乐部，转以摄影为职业，1935 年开设照相器材行，拍摄全台人文风景 6000 多张。1964 年发起设立台湾省摄影学会，连任 7 届理事长。

邓锡章，台中人，东京法政大学毕业，台中二中教师，因台中地区工委会案被杀。

邓火土（1911—1978），号东山，彰化人，1937 年到广岛文理科大学生物科学习，毕业后到北平日本人中学任教。1950 年任台湾省水产试验所长。

石锡勋（1900—1985），彰化县人，1923 年到东京医学专门学校留学，医生，文化协会创会理事，台湾议会期成同盟会理事。1945 年光复后，彰化市接管委员会主席，彰化市长，市参议员，三青团彰化分团主任，1954 年起三度以无党籍身份竞选彰化县长失利，党外前辈。

石玉秀（1925—?），又名李淑芬，南投人。1937 年开始先后到贝谷八百子学院、东京舞蹈学校学习，回台后，历任虎尾高中、台北女中、省立师范等学校教师。

石焕长（1891—?），宜兰罗东人，1922 年毕业于东京医学专门学校，1919 年加入新民会，回台后加入台湾文化协会，任理事，1923 年 1 月与蒋渭水等向北署申请成立台湾议会期成同盟会，被日本殖民者以治安警察法禁止，1923 年 7 月与连温卿、谢文达、蒋渭水、蔡式谷等在台北组织“社会问题研究会”，1923 年 12 月在治警事件中被捕，判刑 3 个月，到新加坡行医，后到上海。

（陈）石满（1909—?），宜兰罗东人，富商石焕堂之女，六叔石焕长，姑父蒋渭水。1931 年毕业于东京女子医专，罗东呈祥医院医生，1951 年到 1956 年任宜兰议会议员，1972 年到 1979 年任“国大代表”。

（石）林玉燦（1914—?），冈山人，东京医科大学首届毕业生，到满洲哈尔滨医院任职，1946 年回台湾。

石永龄（1916—?），桃园县人，日本中学毕业，广大饲料厂厂长。

石益（1916—?），台北县人，日本正则学校高级班毕业，光复后，台北县议员，县农会常务监事，副镇长，乡民代表等。

石朝桂，日本神学校毕业，回台湾任台湾神学院教师。

白永传（1918—?）台北县人，山口高等商业学校本科毕业，1971 年之后，先后创办中国金属化工股份有限公司和中国砂轮企业股份有限公司等，参加台北县工业会，任理事。

白福顺（1905—?），台中埔里人，1929 年毕业于中央大学法科，日本文官高等试验司法科及格，1931 年 1 月在台中开业，集大产业会社顾问，1941 年官选台中市会议员。光复后任能高区署区长，1946 年 2 月任台中县民政局社会课长。

古金龙（1922—?），龙潭人，1940 年毕业于东京私立大成中学，光复时在花莲玉里区署工作，参与接收，因嫌上司水平太差，愤而离职，第二届县议员。

古燧昌（1918—?）新竹县人，明治大学商学科毕业，1973 年 10 月台湾双羽电机股份有限公司成立，任总经理。公司资本 1560 万新台币，员工

67 人。

古廷正，新竹人，新竹市会议员古云梯之子，京都帝国大学毕业。

史明（1918—?）又名施朝晖，本姓林，台中人，1937 年到 1942 年在早稻田大学政治经济科学习，1942 年回大陆参加八路军的抗日活动，1949 年 5 月回台湾，1952 年组织台湾武装队，从事暗杀蒋介石和台湾独立活动，被国民党通缉，逃到日本。1992 年再次回台搞“台独”活动，独立台湾会负责人。著有《民族形成与台湾民族》、《台湾人四百年史》等。

卢茂川（1907—?），千叶医科大学毕业，回台后做药剂师，经营实业。

卢志中，台南人，留学大阪商科贸易大学，1950 年 2 月任台北市府主任秘书。

卢炳钦（1913—1947），嘉义市人，东京齿科专门学校毕业，在广东求学时参加广东台湾革命青年团，后在嘉义开设民生齿科医院，历任三青团嘉义分团书记、东门区代表，市参议员，二二八事变中参加同国军的谈判，不久被捕杀。

叶鸿杰，高雄市望族出身，庆应大学毕业，1940 年代，经理陈启清在上海英租界投资的三立洋行。

叶文隆，别号寿山，台北人，1939 年毕业于东京府立东京高等工业学校电机科，1940 年被征参加日本海军，2 月去调海南岛，暗中参加抗日活动，1948 年 7 月回台经营台北文化戏院，1946 年 11 月 20 日蒙蒋介石颁发陆海空军褒状。

叶清耀（1886—1942），台中东势中莉庄人，1917 年到 1921 年在明治大学法科学习，1918 年通过律师考试，1921 年在台北做开业律师，不久转到台中市，台中州会议员，1932 年获明治大学法学博士，为台湾人首位法学博士，1923 年治警事件中，出任辩护律师，参与筹组台湾地方自治联盟。著有《刑法同意论》。

叶廷珪（1905—1977），台南市人，留学明治大学法学部攻读宪法，日据时期一、二届台南市民选市会议员，东亚信托株式会社社长。光复初以战犯罪名被捕，台南市参议会议员，广泰行总经理，1950 年台南市首届民选市长，历任三届市长，省府顾问。

叶鸿成，台南人，父亲叶宗祺为富商、庄长、街协议会会员、市协议会会员等。庆应大学毕业。

叶鸿池，台南人，庆应大学毕业，叶鸿成二弟。

叶鸿洲，台南人，庆应大学毕业，叶鸿成三弟。

叶鸿麟，台南人，庆应大学政治科毕业，叶鸿成堂弟，实业家，厦门运送业组合长。

叶盛吉（1923—1950），台南人，1939 年开始，先后到日本仙台第二高等学校和东京帝国大学医学院学习，1945 年 10 月参加“新生台湾建设研究会”，1946 年 4 月返台，转学台大医学院，到延平学院旁听社会科学课程，1947 年当选学生自治会理事，发行《医讯》，1948 年 9 月由刘沼光介绍入中共，1950 年 5 月被捕，11 月被杀。

叶植庭（1904—?）鹿港人，富商叶增辉之子。兄叶熊祈，诗词专家。昭和大学医学博士，小儿科医生。

叶荣钟（1900—1978），字少奇，鹿港地主家庭出身，1930 年毕业于中央大学政治经济科，林献堂秘书，参加民族运动，台湾地方自治联盟书记长。《台湾新民报》东京支社长，《台湾新报》文化部长、经济部长，1948 年入彰化银行服务。著有《中国新文学概观》、《半路出家集》、《林献堂先生纪念集》、《杨肇嘉先生哀荣录》、《小屋大车集》、《少奇诗草》、《台湾人物群像》、《台湾民族运动史》等书。

叶敏栋，花莲玉里人，留学日本学医，毕业后到满洲任医生。

叶国庆（1915—?），南投人，父亲叶在渊是医生。1944 年毕业于长崎医科大学，长崎医大细菌学教室助手，长崎市技正等，1945 年接办父亲创办的南投渊源医院。

叶国祯，南投人，叶国庆二弟，东京齿科大学毕业，在东京行医。

叶国栋，南投人，叶国庆三弟，在日本读中学。光复后回台湾。

叶东川（1921—?），南投人，东京都东亚高等商业学校毕业，1946 年在东北参加国民党军队。

叶秋木（1908—1947），屏东市人，中央大学法学部肄业，因抗日遭遣送回台。经营水泥、原木进口生意。光复后，任三青团屏东分团组织员、屏东市参议会副议长等，二二八事变时任屏东处理委员会副主委，主张和平解决，3 月 8 日被国军拘捕，不久被杀。

叶昭渠（1913—?），台北市人，日本东吴大学医学博士，中央警官学校教授，著有《法医学》、《遗传学》等书。

叶炎雾，新竹人，1934年前后在日本大学学习，二二八事变时和钟谦顺一起带领群众劫开新竹监狱，放跑犯人。

叶毓菘（1926—?），新竹县人，日本信州大学毕业，台湾化纤有限公司协理兼经理，该公司1965年成立，董事长王永庆。

叶某某（1923—?），新竹人，早稻田大学专修班学音乐，日据时期在新竹州府工作。

甘得中（1884—?），彰化望族出身，1906年去日本留学，经营中央商会，上海新华企业股份有限公司董事长，庄长，台中州协议会议员，林献堂秘书，参加同化会等组织。

甘文芳，彰化人，甘得中侄子。参与组织“新生台湾建设研究会”，1945年9月16日与高天成成立台湾同乡会，任东京华侨联合会副会长，东京华侨事件处理委员会委员，1948年任华侨民主促进会长。

江文也（1910—1983），台北淡水人，1923年到1929年先后留学于长野上田中学和武藏高等工业学校，作曲家，北平师范大学作曲教师，天津中央音乐学院教师，1957年被打成右派。代表作有《阿里山的歌声》等。

江呈麟，留学日本西南学院经济科，曾到伪满洲国兴业银行任职。

江梦征（1919—?），台南县人，日本西南学院经济科毕业，狮子油脂有限公司副经理，该公司1964年8月创立，资本2400万新台币，员工285人。

江某某（1909—?），嘉义人，东京昭和医专毕业，购买黄武东所卖的学籍而留学。

庄腾辉，台北县人，日本国民学校毕业，光复后任镇长、市参议员等。

庄要传，台北市，中央大学法学部毕业，日本文官高等试验外交官考试笔试过关口试不过关，日本《朝日新闻》驻香港特派员，台湾银行经济研究所职员，二二八事变后经香港转日本。

庄显仁（1924—?），台北市人，东京商科大学经济系毕业，大辉国际贸易股份有限公司副总经理，该公司1979年5月创立，资本10.69亿新台币，员工134人。

庄淑旂（1920—?），台北市人，庆应大学医学博士，中国文化学院系教授、系主任。

庄木火，基隆人，早稻田大学毕业，光复后任瑞芳国小校长，二二八事变中曾被捕。

庄天禄（1905—?），梧栖人，1931 年毕业于早稻田大学法学部，参加新民会，同乡会干事，1938 年回台，1941 年之后，任职于《兴南新闻》社台中支局、兰阳支局。

庄维藩（1918—1968），台南人，先后留学于东京第三高等学校和东京帝大政治科，文官高等试验行政科考试合格，1942 年任新营郡守。日本官吏分为敕任官、奏任官、判任官三个等级，日据时期，台湾有奏任官 2000 多人，而台湾人任奏任官者仅有 29 人，他是其中之一。光复初，参与国民政府接收台南的工作，认为负责台南州接收的韩联和毫无近代法治思想。1947 年 2 月之后，台南县政府经建局长，农复会技正，台湾银行董事。辜振甫连襟。

庄绍铭，台南市人，东京法政大学毕业，新丰初中校长、台南市一、二、三届议员，市政府机要秘书。

庄孟侯（1898—1949），台南安南区人，留学日本学医，回台后，医生，华南银行经理，三信理事主席，热爱祖国，任接收委员，被称为“地下市长”，二二八事变时参加“事变处理委员会”，后被杀。

庄孟伦（1911—?），台南人，庄孟侯五弟，在日本学美术。光复后，任高雄光复戏院经理等。

庄清标，台南人，保正、区长、庄长庄以莅之子，先后留学于日本警官学校和中央大学，台南州巡查部长、警部补。

庄无嫌，嘉义朴子人，1928 年公费入奈良高等师范学校家事科，后再入广岛文理科大学教育系，台首位女性念教育系，战后去美国，1953 年获日本颁发的文学博士学位，终生留在日本做教授，因不懂闽南语拒绝出任丘念台推荐的省府教育厅顾问。

庄壬癸（1914—?），朴子人，1928 年开始留学于大阪小学、中学、工业学校，是随堂姐无嫌去日本，留在日本。

庄垂胜（1897—1962），字遂性，书香世家，父亲庄士哲是名儒、鹿港区长。1924 年毕业于明治大学政治经济科，在东京参加启发会、新民会等，深受西田几多郎《善的研究》、朝永三十郎《近世“我”之研究》影响。在台中开办中央书局，林献堂秘书，1946 年任台中市图书馆馆长，1947 年二二八事变时加入“台中地区时局处理委员会”，因此被国军第 72 师拘捕过，后经营大同农场。著作有《徒然吟草》等。

（林）庄季春（1920—1993），朴子人，富商庄无嫌八妹。1935 年开始到日本留学，先后进入广岛高女和东京女子药学专门学校学习，同期留学的台湾女子有 13 人。在朴子开设仁德药局。

庄来富，朴子人，留学广岛高等女校、裁缝专科学校，庄无嫌十妹。受原子弹辐射感染生病，后先后定居日本、美国。

庄荣榆，南投人，爱知县安城农业学校毕业，1951 年 1 月到 1968 年 8 月任南投县建设局长。

庄春火（1906—?），基隆富商之子，1922 年到日本大学社会科学习。受潮流及堺利彦影响，信仰社会主义，台共创党党员。农民组合干部，参加工运，因不满谢雪红退党，1931 年被判刑 7 年，1990 年代任劳动党顾问。

庄世和（1923—?），号鹏文，屏东县人，川端画学校、东京美术工艺学院纯粹美术部绘画科毕业，受到工艺院院长外山卯三郎培养，潮州高级中学和台北盲哑学校教师，研究 20 世纪美术及美学论等，有新派画家、抽象画家、前卫画家之称。

庄守（1905—?），彰化人，早稻田大学毕业，码头工人，日共党员，台共候补中委，参加台湾文化协会。

庄采芳，东京女子医专毕业，医生，丈夫刘清风。

庄名桂，1931 年驹泽大学东洋科毕业。

连震东（1904—1986），字定一，台南县人，1929 年毕业于庆应大学经济科。返台任《昭和新报》记者，后到重庆任国际问题研究所组长，参与台湾革命同盟会。国民政府台北州接管委员会主任委员，“制宪国大代表”，省长官公署参事，台北县代理县长，省议会秘书长，“国大代表”，《中华日报社》社长，国民党改造委员会委员，省府建设厅长，省民政厅长，省府委员，省府秘书长，国民党中央党部副秘书长，“行政院政务委员”，“内政部长”，国民党中常委，国民党中评委，国民党中评会主席团主席，“总统府资政、顾问”，国民党中央选举委员会委员。著有《震东八十自述》，1983年自己刊印。

连龙生（1909—?），台东人，东京美术学校毕业，1960年创办中日饲料油脂企业股份有限公司，工人216名。

冯子明，花莲人，富商、保正、区长冯连二之子，日本齿科大学毕业，回台开业做医生。

许桃机，字北辰，台北县五股乡人，早稻田大学经济科毕业，曾任县议员。著有《潜能哲学通论》等。

许宪粱（1914—?），台北市人，山形工专毕业，1969年8月创办华城电机股份公司，资本2000万新台币，员工85人。

许振发（1922—?），台北市人，东北帝大学电气工学科毕业，台湾大学教授。

许建裕，台北县人，京都帝国大学毕业，曾任职于伪满洲国中央银行调查科。

许清陨（1924—?），台北县人，日本法政大学毕业，大恭化学工业股份有限公司秘书。

许长卿（1924—?），法政大学政治经济系肄业，转入北京朝阳大学。

许荣辉，台北县人，富商、庄协许海亮之子，宫城商业学校毕业，金山乡长，1946年当选县参议员，基隆市政府经济课职员，后辞掉公职，二二八事变中被杀。

许某某，台北县人，大阪药专毕业，许荣辉二弟。任职台北市政府卫生局。

许荣汉，昭和医专毕业，中兴医院主任，省府卫生处课长。

许敏惠（1923—?）淡水许丙三子，先后就读于成城中学、京都大学，1944年与李登辉等人同船回台参加日军，由博多到高雄，华南银行董事长，省合作金库理事长。

许章（1897—?），台北县人，1926年大阪医科大学毕业，台北医院内科医官补，1933年自己开办许章内科医院。

许伯埏（1917—1991），淡水富豪许丙长子，1933年开始留学日本，先后入成城中学、东京帝大法学部，经商，日本文官高等试验外交科考试合格，1989 年设立国际新象文教基金会。著有《许丙、许伯埏回想录》，“中研院”近代史研究所 1996 年出版。

许清浩（1916—?），日本俳优学校学习舞蹈，舞蹈家。光复后回故乡，创办古典芭蕾舞研究社，1953 年在台北中山堂举办第一次创作表演，节目有《月中精灵》、《幽默烈斯克》，他的古典芭蕾舞对台湾芭蕾影响深远。

许素霞（1904—?），嘉义人，父亲为前清贡生。东洋女子齿科大学肄业，潘木枝妻。

许炳辉（1916—?），高雄市人，长崎中学毕业，1973 年创办三裕木业股份有限公司，资本 8000 万新台币，员工 520 人。

许国雄（1922—?）高雄参议员许秋粽之子。1945 年九州大学齿科肄业。1946 年回台，高雄医院医生，高雄医学院教师，创办东方工专，加入国民党，二二八事变时被抓，因曾为彭孟缉母亲治疗牙病而被释放，当选“国代”，省教育会理事长。

许舜雄（1924—?），高雄人，许国雄弟弟，东京高等师范学校生物科肄业，1946 年 2 月回台北师范学院就学，二二八事变时被捕。

许云霞（1916—?），台中县人，法政大学毕业，永大机电工业股份有限公司董事长，该公司 1966 年 7 月创立，资本 7000 万新台币，员工 650 人。

许壬子，北港大地主、盐商之子。光复时捐建欢迎门，二二八事变时逃亡。

许壬辰，北港大地主出身，东京拓殖大学毕业，日据时期曾在北港任日军柔道教师，鄙视中国军警，二二八事变时任嘉义保安队队长，带人去包围嘉义国军水上飞机场，被杀。

许壬申，北港人，1947 年回台湾，二二八事变时逃亡。

许祯兴，嘉义人，日本大学毕业，二二八事变时和许壬辰带人包围国军水上飞机场，认为中国军警文化水平低而气焰很高，他们不服。

许文思（1925—?），高雄人，北海道帝国大学毕业，医药学家，1950 年回大陆，任台湾民主自治同盟上海支部主任委员。

许祯祥，高雄人，东京帝大医学博士，在日本经商致富，日本同乡会会长，侨选“立委”。

许祯明，高雄人，许祯祥三弟，医学博士，姐夫是台南县长胡龙宝。

许祯文，高雄人，许祯祥四弟，医学博士。

许茂元（1903—?），台南人，哥哥许能春是富商，保正。早稻田大学毕业，港乾信用合作社社长。

许太阳（1914—?）台南市人，父亲许望是神户新复兴商行代表。京都府立医科大学毕业，先后任宜兰医院院长和新竹医院院长。

许富美（1918—?），台南市富豪许望之女，大阪市帝国女子药专毕业。

许子秋（1920—1988），台南市人，1943 年毕业于京都大学，获得医学博士，时值抗日战争时期，乃秘密到大陆，献身公共卫生工作。光复后，台湾省公共卫生教学实验院院长，台湾精神医学会监事，省卫生处长，省立医院副院长，1970 年任职联合国西太平洋署，主持家庭计划及妇幼卫生，台湾省妇幼卫生协会发起人，“卫生署署长”，“行政院顾问”。

许世贤（1908—1983），台南人，父亲许焕章是清朝秀才。东京女子医专和九州帝大医学部毕业，医学博士，医生，开设泰德医院、世贤医院，在嘉义开设顺天堂医院。光复后，嘉义女中校长，嘉义市参议员，嘉义市长，省议员，省议会“五龙一凤”中的“凤”，问政认真，“立委”等。

许鹤年（1904—1969），字天寿，父亲是武秀才。日本大学肄业，满洲专卖署查缉鸦片，与日本人合开安东协和染厂。战后，在华北的台湾人回台时，吴三连、杨肇嘉出力最大。经过刘明朝介绍，任职省合作金库。

许溢深（1909—?），台南县人，东京医科大学毕业，1962 年 8 月在高雄创办柏林股份有限公司，资本 2000 万新台币，员工 100 人，生产涂料等。

许子哲，屏东人，长崎医科大学毕业，战时曾任日军空军上尉医官，自开诊所。在台中参加二二八事变，后定居日本。

许强（1913—1950），台南佳里人，日本九州帝大医学博士，台大医学院副教授，台大医院内科主任，台大医院院务改革委员，与上海台湾同乡会会长李伟光有联系，二二八事变后与台大医院部部分医生秘密研习左派理论，1950 年被捕杀。

许炳轮（1918—?），南投人，岩手医学院毕业，新艺藤业有限公司董事长，该公司 1973 年 12 月创立，资金 1530 万，员工 280 工人，制藤业。参加扶轮社。

许整备，澎湖人，京都帝大毕业，1963 年 9 月任省府环境卫生实验所长。

许整景（1916—?），澎湖人，京都帝大医科毕业，医生，兼澎湖要塞司令部军医处主任，兼三青团团长，参议员，公医会理事长，人民自由人权保障委员会主委，澎湖“二二八事件处理委员会”主委兼治安组长，使澎湖无事，二二八事件时曾阻止史文桂派兵去台，“国大代表”。

（梁）许春菊（1918—1997），澎湖人，1938 年毕业于奈良女子高等师范学校，许整景妹妹。台南第二女子高等学校教师，新化初中教师兼事务主任，省府教育审查委员会召集人，台南县妇女会理事长，临时省议会议员，省议会一到四届议员，“立委”。

许普（1915—?）澎湖人，新潟高等水产学校毕业，经商。

许胡，中央大学肄业，新民会会员，积极参加政治活动，1930 年 6 月当选为台湾民众党中常委，政治部主任。

许厉玉（1921—?），台南市人，明治大学毕业，佳美贸易股份有限公司总经理。该公司 1967 年 7 月创立，资本 1000 万新台币，员工 94 人，经营汽车、食品等。

许石（1919—1980），台南市人，音乐学校毕业，学作曲，回台推展台湾乡土歌谣，主要作品有《安平追想曲》、《台湾小调》、《夜半路灯》等。

许嘉兴（1916—?），彰化人，两洋中学毕业，民选第四届第五届鹿港镇长，彰化县议会第一、三届议员。

许乃昌（1906—1975），笔名秀湖，1925 年到日本留学，日本大学毕业，彰化信用组合理事许嘉种长子。昭和制纸株式会社常务董事，1942 年集大会社支配人等。1926 年参加东京社会科学研究会，1932 年入《台湾新民报》社。光复后，担任《民报》总编辑等。

许乃邦，彰化人，东京帝国大学毕业，许乃昌弟。光复后，法官。“员林事件”发生时担任台中地方法庭庭长，事件起源是民众控告县方警员，调查员前往调查却遭警员开枪射击。包括许乃邦在内，凡胆敢对警察判刑的法官，二二八事变时都在追捕名单上。

许常美（1918—?），彰化和美许幼渔长女，1940 年前后在日本上中学和大学，药剂师。

许秋槎（1920—?）彰化和美许幼渔次女，医学博士，丈夫廖道雄也是医学博士，在日本大阪开业。

许常山（1923—?），父亲许幼渔是诗人、医生。关西医科大学医学博士，泛爱医院院长，后定居加拿大。

许昭华（1926—?）彰化和美人，东京中学英文学士，丈夫阙文仁为农学士，定居加拿大。

许常安（1928—?），彰化和美，许幼渔次子，1940 年去东京玉川学园中学学习，台湾师大教授，日本专修大学教授，文学家。

许常惠（1929—2001），许幼渔三子。1940 年去日本留学，先后进入东京都世田谷区第三茌原小学、明治学院中学部、长野县野泽中学等学校学习，二二八事变时，参加台中一中学生会声援中部各界要求民主自治的活动，1953 年台湾师范大学音乐系毕业，参加音乐著作权人协会、民族音乐中心、中华民俗艺术基金会，主导成立亚洲作曲家联盟，“国策顾问”。著有《先父幼渔公事略》，大友书局 1960 年出版；《台湾音乐史初稿》，全音乐谱出版社 1994 年出版。

许鸿源（1917—?），先后留学于明治药科大学和东京大学，1946 年 12 月任职省卫生试验所，台湾首位药学博士，著有《中国医药概念》。

许文政（1924—?），宜兰人，名古屋帝大医科毕业，台北医学院教授。

许清琛，东港人，留学日本学医，医生，二二八事变时被军人枪伤，遭抢，后行医。

许猛（1922—?），彰化县人，日本近畿大学毕业，许瑞兴工业有限公司董事长。该公司 1965 年 10 月创立，资本 1000 万新台币，员工 135 人。生产汽车、机车等控制导线，参加国际狮子会。

许继麟，1930 年毕业于驹泽大学佛专科。

孙某某，高雄人，在日本学医，高雄医院医生，二二八事变时被抓。

孙土池（1924—?），苓仔寮人，东京文化学院和东洋大学毕业。光复后，王白渊引荐加入《人民导报》，任日文记者。后从台北回高雄，任高雄市议长。

朱俊英，台北人，1895 年 7 月，总督府民政局学务部长伊泽修二带去东京留学。

朱昭阳（1903—2002），台北板桥人，父亲为四海街协议会员，祖、父两代开办“朱源隆红酒店”。1921 年到 1928 年留学日本，先后进入东京第一高等学校、东京帝大法学部学习，大学期间通过文官试验行政科考试与大藏省就职考，加入新民会和台湾文化协会，毕业后到大藏省就职，位至敕任官，日据时期，台湾人中职务最高的行政官。战后，在日本成立“新生台湾建设研究会”，回台后参与创办延平学校，任校长，1949 年 9 月被警总关押 100 天。朱昭阳口述、林忠胜撰《朱昭阳回忆录：风雨延平出清流》，前卫出版社 1994 年出版。

朱华阳（1908—1999），朱昭阳三弟，东京帝大经济科毕业。当时东京帝国大学和早稻田大学等著名大学里左倾风气盛行。东京帝国大学教授分左右两派，经济学部教授尚自由、社会主义，课的内容批资本主义，朱华阳等人受到了影响。在大陆任职。光复后，任农林厅检验局副局长，1950 年时入狱 6 年。

朱明阳，台北板桥人，朱昭阳四弟，东京工业大学毕业。

朱彩阳，朱昭阳五弟。长崎医科大学毕业，1943 年任岛原疗养院院长，1946 年回台湾。

朱崑阳，朱昭阳六弟，东京齿科大学毕业。

朱子慧（1924—?），高雄地主家庭出身，地主出身。光复后，狮甲国民学校教员，1945 年底加入王清佐、简吉等人组织的三青团，1949 年被保安司令部杀害。

朱青松（1898—1959），台中大甲区长朱丽长子，1909 年入同志社中学读书，医生，开办大甲青松医院。

朱江淮（1904—1995），字博光，号仲谋，台中大甲基督世家、街长、庄长、实业家朱丽次子，祖父是前清进士。1920 年去日本留学，先后进入同志社中学、京都帝大电气科学习，台湾电力公司协理，台湾肥料公司董事长，省建设厅长，“中日文化经济协会总干事”，著有《朱江淮回忆录》等。

朱叔河（1906—1980），朱江淮三弟。京都立命馆大学法学部毕业，受新竹谢介石引荐，到伪满洲国外交部任职。光复后，在台湾电力公司任职。

朱瑞源（1926—1990），朱江淮五弟。大阪工业大学工学科毕业，在日本电源开发株式会社任职，1973 年加入日本籍。

朱瑞铨，台中大甲人，朱江淮六弟，留学于日本军校。

朱进丁（1920—?），台南县人，东京工业学校毕业，南光纸业有限公司经理，该公司1967年创立，资本5000万新台币，员工120人。

朱盛淇（1905—?）新竹关西人，1934年毕业于日本大学法科，文官高等试验司法科考试合格。律师，新竹县义民中学校长，新竹州会议员。新竹企银董事长。光复后，1951年4月当选新竹县长，1954年5月当选连任。“行政院顾问”。

朱汉耀（1907—?），高雄凤山人，明治大学法学部毕业，经营荣春米厂，从事米谷进口，高雄县进出口商会理事长，省商业联合会理事，1946年任高雄县商业会主任委员、首届理事长。

刘耀辉（1933—?），台北县人，东京兽医专科学校毕业，淡水中学毕业，与钟谦顺同学。

刘天禄（1902—?）台北人，日本大学法科毕业，记者、报社支局长。

刘国智（1918—?）桃园县人，中央大学法科毕业，1973年1月创办建全工业股份有限公司，资本2400万新台币，员工76人。

刘兰亭（1894—1933），台北板桥人，早稻田大学法律科毕业，台湾文化协会会计、理事。

刘联益，留学日本学医，1945年5月任新竹市卫生院长，1950年10月任新竹县卫生院长，台南市卫生院院长，台南市卫生局长。

刘青云（1894—1981），大地主，信奉基督教的世家，祖父刘垅，父亲刘瑞山。1910年到1921年在同志社中学、庆应大学学习，实业家，经营三多商会，妻子日本人，朱江淮亲家，女婿赖永祥东京帝大毕业，五妹婿杨基铨，兄弟姊妹与台北颜家、雾峰林家联姻。

刘主（子）安，东京高等工业学校毕业，刘青云二弟。台南长荣女中校长，又留学剑桥大学，神学家。

刘子祥（1906—?），庆应大学经济科毕业，刘青云三弟，台湾自治联盟支部长，1935年民选市会议员。

刘清风（1900—1978），台南府城商绅刘锡五长子，1919年京都同志社中学部毕业，1926年在美国获得博士学位，1927年任复旦大学教授，1929年回台南开设青峰医院。光复后，台南家专和高雄东方工专教师，参加红十字会、青年会、医师公会等。

高谨治，东京高等技艺学校毕业，刘锡五长女。

刘宇治，东京齿科医专毕业，刘锡五之三女，祖父刘垅。

刘聪慧，东京帝国女子医专毕业，刘锡五第五女。

刘明哲（1892—？），台南柳营人，舅舅刘神岳是参事、实业家。父亲刘神岳是秀才、柳营区长、庄长、信用组合理事、州协会协议会员。1916年早稻田大学毕业，嘉义银行新营所主任，柳营庄长，1922年被授予绅章，1926年任大东信托株式会社董事，去伪满洲国哈尔滨任职。台湾地方自治联盟常务理事，《台湾新民报》社监事。

刘明朝（1895—？），柳营人，富豪刘神岳之子，刘明哲二弟。先后在东京第八高等学校、东京帝大法学部政治科毕业，1933年文官高等试验行政科考试合格。总督府专卖局翻译，州劝业课长，总督府殖产课长，1942年任台湾产业组合联合会理事。光复后，省参议员，“国代”，“立委”，任省合作金库理事兼总经理。

刘清井（1899—？），柳营人，父亲刘焜煌为区长、豪农。刘明朝堂弟。1929年毕业于东京帝国大学医学部，医学博士，在台南市开办清井内科医院，台南州会议员。光复后，台南医院院长，省府民政处卫生局副局长。

刘启祥（1910—1998），柳营人，刘清井弟弟。1925年到1931年留学于东京青山学院、日本文化学院美术科，又留学欧洲学习绘画，在高雄地区进行美术教育和美术创作。

刘案章（1925—？），南投人，父亲刘树枝是制造陶瓷的富商。常滑町立陶器学校毕业，南投陶器同业者组合组合长。

刘博文，台南人，日本专修大学高等研究科毕业，台南县教育科长，先后于1964年和1968年当选两届台南县长。

刘枝万（1923—？），南投埔里人，东京精思中学毕业，中央大学预科毕业，早稻田大学文学部肄业，1946年返台，南投埔里中学教师，南投县文献委员会研究员，省文献委员会采集组组长，省立博物馆副研究员，台北市文献会编纂组长。著有《台湾埔里乡土志稿》、《台湾日月潭史话》、《南投县革命志》、《南投人物志稿》等。

刘金约（1909—？），南投县，三重大学农业经济系毕业，在政府机关

20 多年，曾担任过农业机关的小主管。光复后，任技正、所长、场长，省农会总干事农林组召集人，连任三届省议员，《台湾日报》董事长，1971 年当选“立委”，台湾省农业建设功臣之一。

刘凤岐，台东县人，豪农、参事、保甲局长、庄长、庄协会协议会员刘金安次子。早稻田大学毕业，毕业后到大陆任大学教授。

刘安红，屏东人，贡生、庄长、参事刘维经三子。早稻田大学政经科毕业，回台后，任助役（相当于秘书，以下不再注释），庄长，信用组合理事。

刘水来，刘安红堂弟，早稻田大学毕业，《每日新闻》记者，助役，庄长。

刘深铜，台东人，富豪、庄长、联合保甲局长、保正刘玉辉之子。早稻田大学肄业，经营实业。

刘锦璋（1927—?），苗栗人，六一航空机校毕业，工程师，发明冷热机和空调遥控器。

刘阔才（1911—1993），苗栗公馆医师之子，1931 年去日本留学，京都帝大法律科，关西学院大学博士，文官高等试验司法科考试及格，但义不做日官，而去当律师。光复后，二二八事件时任苗栗治安队长，新竹县建设局长，省参议员，省议员，省府委员，拥护国民党的土改政策，1969 年以最高票当选“立委”，“立法院副、正院长”，“总统府资政”，国民党中评会主席团主席。

刘定国，字正民，号柏成，苗栗人，留学日本，中学毕业，回大陆参加国民党军队的抗日活动，光复后任台湾省政府委员。

刘振芳（1898—?），高雄县人，1927 年明治学院神学部毕业，1929 年任台中柳原教会牧师，1955 年任旧城教会牧师，1961 年任东京台湾长老教会牧师。

刘登王，高雄人，东京法政大学法科毕业，1954 年 9 月到 1955 年 3 月任高雄县立图书馆馆长。

刘尚修，高雄市人，东京医学专门学校毕业。医师检校及格。光复后，先后担任高雄县卫生院院长、凤山医院院长、冈山医院院长，1964 年任高雄县卫生局长。

刘锦堂（1894—1937），台中顶桥人，1915 年至 1921 年间在东京美术学校西洋画科学习，1920 年到上海参加革命革命，认国民党元老王法勤为义父，改名王悦之，回北平教书，帮助王法勤从事国民党的地下活动，经营北平艺专，终生未再回台湾，代表作有《弃民图》、《台湾遗民图》等。

刘茂云（1895—?），丰原人，1924 年毕业于庆应大学法科，文官高等试验行政科考试及格。台湾总督府通信书记兼府属，高雄州和台南州劝业课长，高雄税关监视部长，新竹州劝业部长，总督府庶务课长，山林课长，书记官等。

刘万（1905—?），台中大甲人，先后毕业于高知高等学校、京都帝大法学部，高等文官试验考试行政科合格。台湾总督府交通局书记，总督府税关属，高雄税关监视部长，新竹市助役兼文书课长，新港郡守，海山郡守，皇民奉公会中央本部参事。光复后，任台湾省合作金库大稻埕支库经理。

刘庆瑞（1923—1961），台中人，先后在京都第三高等学校、东京帝国大学法学部毕业，因成绩优异保送上大学，但很快珍珠港事件爆发，学校停课，转入台湾大学毕业，留美，1960 年回台，任教于台湾大学。著有《比较宪法》等。

刘呐鸥（1900—1941），台南新营人，原名刘燦波，笔名洛生，青山学院、庆应大学文科毕业，再到上海震旦大学念法文一年，1928 年在上海创办第一线书店，出任汪伪政府《国民新闻》社社长，1941 年 9 月 3 日被暗杀，文学家。2001 年台南县政府出版《刘呐鸥全集》。

刘金登钱（1914—?），台南人，日本兽医专门学校毕业，正一纸器工业股份有限公司总务经理。该公司 1969 年 7 月创立。

刘育奇（1921—?），台南县人，东京帝国大学文学院毕业，光复后，任台南市建设局长，台南市政府主计室主任等。嘉泰企业股份有限公司董事长，该公司 1966 年 5 月创立，资本 5000 万新台币，员工 150 人，生产农药。

刘再生，嘉义人。

刘传来（1899—1985），嘉义人，富豪刘阔三子。1926 年毕业于日本医学专门学校，在嘉义开设振山眼科医院，嘉义市会议员，兴亚株式会社社长。光复后，省参议员，“国大代表”等。

刘明（1902—1993），嘉义富豪刘阔四子。1919 年至 1928 年在日本留学，东京高等工业学校应用化学科毕业，经营瑞芳大粗坑金矿，设振山实业社。矿业巨子，1947 年首届台区煤矿公会理事长，1949 年到 1950 年任台湾省府石炭调整委委员会主委，朱昭阳的延平学院的主要赞助者。延平学院校务委员还有曹钦源、洪逊欣等人。二二八事变中，亲身参与缉私员和卖烟妇女的争斗。关心民进党的成立。

刘建廷（1917—?），嘉义县人，日本大学第三中学毕业，国华产物保险有限公司营业部经理，该公司 1962 年 11 月创办，资本 1 亿新台币，员工 274 人。

刘启光（1905—1968），原名侯朝宗，字明远，嘉义人，明治大学毕业，回祖国大陆参加抗日战争，光复后回台，到台南北港演讲，1946 年 1 月任台湾行政长官公署参事，新竹县长，华南商业银行董事长。1953 年任省府委员。

刘森斌（1919—?），南投县人，门司名教高中毕业，振昌木业股份有限公司总务课副课长，该公司 1966 年 10 月创立，资本 1.49 亿新台币，员工 567 人。

刘兼善（1896—?），字达麟，高雄县人，1919 年早稻田大学政治经济科毕业，1921 年任广州革命大本营宣传委员，广东法政专门学校教授，广东大学、中山大学教授，黄埔军校教官，在大陆参加抗战。光复后返台，台湾大学训导长，省参议会议员，省府委员，“考试院考试委员”等。

刘燕，屏东人，东洋音乐学校毕业。

刘绍兴，屏东人，先后留学日本大学医学部、东京帝国大学，医学博士。1957 年 11 月任屏东医院院长。

刘清魁，蓝敏表哥，东京工业大学矿冶毕业，到山西省任省政府矿冶科长，徐永昌连襟。

刘捷（1911—?），笔名郭天留、张猛三，万丹人，速记学校毕业，在东京参加 1933 年 5 月成立的“台湾艺术研究会”，《新民报》记者，文学评论家。

刘守填（1923—?），彰化县人，日本中央大学肄业，建大工业股份有限公司财务部经理，该公司 1974 年 6 月创立，资本 1.26 亿新台币，员工

908 人。

刘明电，1933 年“米管案”三勇士，吴三连、杨肇嘉、刘明电在东京反对总督府的《台湾米谷管理案》。

刘沼光，新竹客家人，留学于东京帝国大学医学部，中共党员。

池朝金（1922—?），彰化县人，日本圣峰中学毕业，二战后，在青岛组织台湾旅青同乡会，协助同乡返台。经营产品外销。

吕子实（1922—1960），瑞芳人，富商、保正、瑞芳庄协议员吕溪山之子。1941 年毕业于秋田矿冶学校，任台湾金矿工程师。

吕阿昌，万华富商之子。京都帝大医学博士。开办怀安医院，内科小儿科名医。光复初当选“国大代表”，台北市议员，艋甲信用组合理事，省医师公会理事长，台北市医师公会理事长。

吕阿墉（1900—?），万华人，吕阿昌弟弟，先后留学东京第二高等学校、东京帝国大学法学部。读书期间通过文官高等试验司法科考试，1919 年 1 月在东京参加新民会，并被推为理事，1926 年毕业，先后任东京地方裁判所司法官试补、横滨地方裁判所判事等。战后初期病逝。娶日本女人为妻。

吕天爵，万华人，吕阿昌次子。九州帝大工科毕业。

吕革令，台北市人，长崎大学毕业，医学博士。马偕纪念医院院长兼外科主任。

吕铁州（1899—1942），桃园大溪人，前清秀才吕鹰扬之子，1930 年毕业于京都市立绘画专门学校，随日本著名画家福平田八郎学画，1930 年回台湾，组织丽光会、六砚会、南溟绘画研究所。六砚会由吕铁州、郭雪湖、陈敬辉、杨佐三郎、曹秋圃等六人发起成立，以推广美术创作和建立美术馆为职志。

吕鼎铸，东京市立绘画专校毕业，参事、街长吕鹰扬之子，街协议会会员，画家。

吕廷结，区长、庄长吕家声之子，日大法科高等研究科毕业，信用组合理事，产业组合理事，庄协议会会员。

吕季园（1890—1961），丰原神冈富豪、参事、庄协、信用组合理事吕汝玉第八子，1906 年到 1912 年，先后毕业于山口县中学、明治大学。株式会社新高银行台中支店二号人物，1924 年新高、嘉义、商工合并成商工银行，任高级职员，信用组合理事，大东信托株式会社经理，神岗庄长，州协议会员。

吕柏龄（1893—?），神冈吕汝玉第九子，先后在小学、东京山口高等商校毕业，迁居东京。

吕盘石（1898—1959），丰原神冈人，早稻田大学商科毕业，实业家，大安产业株式会社支配人。弟吕灵石。

吕灵石（1900—?），吕盘石之弟，1911 年到 1927 年留学日本，先后毕业于小学、开成中学、明治大学法科，律师，先后任东京台湾青年会干事、新民会理事，率乡土访问团访问全台，1929 年议会设置运动请愿委员，《台湾新民报》印刷部长，《兴南新闻》文书课长，皇民奉公团中央本部嘱托，林献堂外甥。

吕璞石，神冈人，在日本受中学教育，台湾大学机械系毕业。

吕泉生（1916—?），神冈人，东洋音乐学校毕业，小提琴家，参加台湾文化协会和"厚生演剧研究会"。

吕国震（1924—?），台中人，东京目白商业学校毕业，台中县税捐稽征处股长，台中市中区合作社经理。

吕赫若（1914—1950），台中潭子人，1942 年东京武藏野音乐学校毕业，男中音歌手，参加台湾文化协会和"厚生演剧研究会"，教师，参与《人民导报》、《自由报》、《光明报》等编辑工作，台共党员。著有小说集《清秋》等。

吕宪发（1900—?），台南人，东京医专毕业，开业医生，庄协议会会员，1935 年当选民选州会议员。

吕世明（1900—1992），号晓阳，1926 年毕业于早稻田大学政治经济科，经营轻铁会社，1935 年官选彰化市会议员，新竹汽车客运公司董事长，该公司 1919 年 9 月创立，资本 6000 万，员工 1511 人，创立投资促进会推动农业机械发展，1947 年当选"国大代表"，省议员，1960 年连任两届彰化县长，重视教育，彰化地方派系红派的鼻祖，有"台湾汽车大王"的称号。

吕安德，澎湖人，日本大学专门部建筑科毕业，澎湖县建设科长，要塞司令部技正，二二八事变处理委员会治安组副组长，马公镇副镇长，县建设局长，省议员，县长。

吕哲（1900—1968），澎湖人，1933年毕业于九州医学专门学校，白沙乡公医，澎湖厅协议会员，1946年为县政府卫生顾问，1947年开始任县立妇婴保健所长，1948年到1956年任县卫生院长。

吕连树（1920—?），桃园人，东京南方外语学校毕业，参加侵华日军任翻译。二战后回台湾经商。

吕朝清（1921.3—?），彰化县人，法政大学商科毕业，彰化汽车客运公司总经理，该公司1942年3月创办，资本4800万元，员工712人。

吕基正（1914—1990），台北市人，1931年毕业于神户神港洋画研究所，画家，从事美术教育和创作，参加台阳美术协会，1948年创办青云美术会。

吕诉上（1915—1970），彰化人，1940年开始先后留学于日本大学电影科、东京新闻学院，放映电影，光复后，做过警察，闽南语剧团团长，中国文化学院教师等。著有《台湾电影戏剧史》，银华出版部1961年出版。

吕竹木，1940年毕业于驹泽大学佛专科。

纪庆昇，嘉义人，神户工校电气科毕业，曾到伪满洲国工作。

纪萨，花莲人，1925年到平安中学留学，花莲能高团棒球队队员。

宋斐如，台南人，富家出身，东京帝大研究院毕业，回大陆，主办《人民导报》。与谢东闵、王添灯、黄朝琴等人密切，二二八事变时把自己座车拨给记者使用，以采访基隆台北等各地之事。

宋增榘，台中人，早稻田大学毕业，1946年任台中县长。

宋显华（1913—?），台南市人，日本大学毕业，仁德实业股份有限公司董事长，该公司1968年创立，资本3000万新台币，员工76人。

宋进英，台北人，富商宋瑞昌之子，1934年毕业于东京帝大法学部，律师，日本文官高等试验司法科考考试合格，在东京做律师。光复后，任私立延平中学副校长。市长黄启瑞曾邀请其出任台北市教育局长和台大教授，但遭拒绝。

宋春芳，1940年毕业于驹泽大学佛专科。

汤德章（1907—1947），台南玉井人，日本中央大学法科肄业，日本警察坂本与汤姓女子之子，日本文官高考试司法科及格，台南警察，执业律师。光复后，台南南区区长，“二二八事件处委会台南分会”治安组长，台南市人民自由保障委员会主任委员，出面维持秩序，被冤杀。

汤守仁（1923—1954），嘉义阿里山邹族，1941 年以军属身份在广东的战俘营当守卫，被破格保送到日本厚木士官学校学习，后又进入军舰学校学习，结业后到日本关东军服役，日军中尉，被苏联红军俘虏，送到西伯利亚集中营，战后回台，1946 年任国民学校体育代课教师，二二八事件时带邹族青年攻打国军军械库，又与嘉义民众武装会攻嘉义水上飞机场，1952 年被捕。

汤雨霖，北海道大学毕业，1945 年 12 月任农林处养蚕所所长。

李雅各，日本神学校毕业，台湾神学院教师。

李缎，台北人，早稻田大学经济法制科毕业，国民党中央监察委员，台北市妇女会常务理事，台湾省妇女协会理事长，台湾省党部执委。

李延龄，台北市人，富商、哲学家李春生长孙，李景盛长子，1896 年去日本读小学，明治学院毕业，台北市实业家，台北市协议会会员。

李延禧（1883—1959），台北市人，李春生次孙、李景盛之子，1896 年到 1915 年在日本读小学、中学、明治学院，又留美，为台湾留学美国第一人，1916 年任新高银行常务经理，商工银行副总裁，台湾总督府首任评议会员，1924 年祖父李春生去世后家族争产诉讼，1927 年携全家移居日本。光复后，被推为台湾第一商业银行民股监察人，但并未回台任职。

李延昆，李春生之孙，1896 年去日本读小学、明治学院。

李解纷，台北市李春生族人，1896 年去日本，先后就读于小学和明治学院。

李源头，台北市李春生族人，1896 年去日本，先后就读于小学和明治学院。

李超然（1910—1992），李春生曾孙，在日本读小学、中学，后又留学德国、比利时学习化学，总督府警务局做化学研究工作，新亚香料株式会社常务经理，台湾农产株式会社董事长等。光复后，行政长官公署工矿处监理委员，台湾油脂工业有限公司协理，台湾师范学院教授等职。

李传谟，1900 年到日本农科大学学习。

李石樵（1908—1995），台北人，1935 年毕业于东京美术学校油画科，开设私人画室，免费教授美术，台湾师范大学教授，退休后赴美定居。

李友邦（1906—1952），台北县芦洲人，早稻田大学肄业，在大陆参加抗战，1937 年组织台湾义勇队，1940 年创刊《台湾先锋》，三青团台湾分团主任，台湾省府委员，省党部副主委兼改造委员。

李志中，台北县芦洲人，中央大学毕业，参加朱昭阳的“新生台湾建设研究会”，光复后，到大陆经商，与杨廷谦筹设台湾青年会，1950 年 9 月被捕杀，与朱昭阳、谢国城、杨廷谦、林乃敏、陈成庆、朱华阳、廖瑞发等人一起被捕。

李登辉（1923—　），台北县三芝人，父亲李金龙为警察补。京都帝大农业部农林经济科肄业，台湾省合作金库研究员，农林厅技正，“行政院政务委员”，台北市长，台湾省府主席，第七任“副总统、总统”，国民党代理主席、主席，第八、九任“总统”，中华文化复兴运动总会会长，“国家统一委员会”第四届主任委员，“宪政”研讨委员会主任委员，台湾综合研究院名誉董事长。

李腾岳（1895—1975），号鹭村，台北县芦洲人，1940 年获得京都帝国大学医学博士学位，医生，获得第 10 届医师节奖，台湾省文献委员会编纂委员会主任委员，民政厅专门委员。著有《台湾疟疾防治简史》、《台湾医事卫生发达简史》、《台湾省通志稿政事志卫生篇》、《李腾岳鹭村翁诗存》等。

李克钟，台北县人，李腾岳之子。医学专门学校毕业，儿科医生。

李金土（1900—1972），别号襄辅，台北市人，1925 年毕业于东京上野音乐专科学校，主修小提琴和音乐教育，台北师范学校教师，1931 年参与举办“台湾全岛洋乐竞演大会”，为台湾首次举行的提琴音乐比赛，也是台湾首次举办的西式音乐比赛。光复后，台湾师范大学教授。著有《音乐欣赏法》、《音感训练法》等。

李桂香，东洋音乐学校毕业。

李洤（1908—?），台北市人，东京农业大学毕业，中日饲料油脂公司副总经理，该公司 1960 年创立，资本 2.2 亿新台币，员工 216 人。

李孝廉（1904—?），日本大学商学部经济系毕业，明电电机公司董事长，该公司1972年4月创立，资本1000万新台币，员工147人。

李纯青（1908—1990），台北市人，日本大学社会学系肄业，1935年9月回大陆参加抗日活动，先后任上海、重庆、香港《大公报》主笔，组织“台湾革命同盟会”，参加受降典礼，率记者团在全台宣传中共主张，主编《台湾评论》，在沪报刊发文支持“二二八事件”中台湾民众提出的自治要求，全国人大代表，全国政协常委，台湾民主自治同盟副主席。著有《日本问题概论》、《望台湾》、《笔耕五十年》等。

李孝本（？—1974），台北市人，1933年毕业于驹泽大学人文学科，省文献委员会编纂员、台北市文献委员会编辑组长。著有《佛学概说》等。

李丙心（1913—?），台北市人，成渊学校法律经济专科毕业，台北市议员，省议员，省青年文化协会理事长。

李东辉（1922—?），台北市人，东京大学经济科毕业，自由职业者，参选首届省议员失败。

李儒聪（1921—?），台北县人，1944年法政中学毕业，瑞三矿业公司理事，台湾区煤矿业同业公会常务理事，第一产物保险公司董事长，青岛通运股份有限公司董事长，该公司1973年12月创立，资本2500万新台币，员工40人，经营货柜运输等，1951—1963年任台北县议会议长，1963—1988年台北县议会议员，1969年当选“立委”，“中华民国”举重协会理事长，“国民外交协会常务理事”。

李庆生（1921—?），台北市，早稻田大学商科毕业，大宇钢铁股份有限公司厂长。

李梅树（1901—1983），台北三峡人，富商李金印之子，1929年到东京美术学校西洋画科学习，街长。光复后，任中国文化大学、国立艺专、台湾师范大学教师，镇民代表，县议员，“中国美术学会”理事长。

李培灿（1923—?），台北市人，东京电气技术学校和物理学校毕业，延平区大里里长。1953年以政治犯被捕。

李克竣（1915—?），台北市人，大阪电气专门学校毕业，经营进口电气产品，又创立新亚电器公司，经营日光灯。1962年在三重市创设歌林公司。1973年股票上市。创办《歌林》杂志和李克竣文教基金会。

李良吉（1920—?），1938年到1943年在日本留学，日本大学专门部商科毕业，1944 年任职于日本总督府外事部。光复后，任职于台湾省行政长官公署，省府科员，华南商业银行总行干部。台北区中小企业银行总经理，该行 1948 年 5 月创立，董事长陈逢禄。著有《台湾经济》等。

李舜卿，台北县汐止人，街长之子。1938 年去日本留学，东京外语学校毕业。

李和（1921—?），台北县人，早稻田大学肄业，从事矿业，浦田采矿所主任，隆记及昭和煤矿主任，台北县议员。

李华岳，彰化李金灿之子，在日本读中学，菲律宾三井物产公司雇员。

李以礼，彰化李金灿之子，在日本读中学，菲律宾大阪贸易公司职员。

李添福（1899—?），台北中仑人，日本大学毕业，回台湾从事出口贸易，加入瀛社和松社。

李进枝（1920—?），桃园人，台湾资生堂化妆品董事长。

李瑞汉（1906—1947），新竹人，1929 年中央大学法学部毕业，1930 年通过文官高等试验考试司法科，台北永乐町律师公会会长。二二八事变时提出司法独立，遇害。

李瑞峰（1908—1947），新竹人，李瑞汉之弟，中央大学法学部毕业，律师，1947 年 3 月 10 日失踪。

李源栈（1910—1969），高雄县人，岩手医学专门学校毕业，留校任附设医院小儿科副主任，回台在左营开办李源栈医院。光复初参与接收日本海军营产，台湾省临时省议会议员，在省议会为“五龙一凤”之一，问政认真，参与 1960 年代中国民主党筹组活动。

李添春（1898—1977），高雄美浓人，1929 年毕业于驹泽大学文学院佛教科，任职于日本总督府文教局社会课，《南瀛佛教》编辑主任，台北帝国大学教师。光复初，参与接收台湾大学，台湾大学教师，发表佛教文章《台湾佛教史料》、《东来的达摩》等。

李相（1917—?）高雄市人，同志社中学毕业，振吉电化股份有限公司董事长。该公司 1953 年 5 月创立，资本 6000 万新台币，工人 508 人。参加国际扶轮社。

李润宇（1917—?），高雄市人，东京第二高等学校，高雄顺德医院皮肤科医生，二二八事变时失踪。

李塗州（1919—?）高雄凤山人，东京品川养成所机械科毕业，左营炼油厂职员工人代表，二二八事变时被捕。

李塗镇，高雄人，早稻田大学肄业，省民政厅山地行政指导员，台东县东峰区署区长，台东县山地室主任。

李存敬（1926—?），高雄市人，名城大学院法学研究所硕士、博士，大同国民中学校长，高雄市议会议员，省议员，国民党中央监察委员。著有《中华民国监察制度》、《省政刍议》等。

李修，高雄市人，富家出身。日本帝大药剂科毕业。二弟是共产党员，因帮助二弟逃跑，被判15年徒刑。

李琼梅（1924—?），大甲人，京都同志社女学校毕业，大甲首位女留学生，朱江淮之妻。

李乌棕（1898—?），草屯人，明治大学专门部和东京医专毕业，1928年在草屯开办崇仁医院。草屯庄协议会会员，草屯公学校和土城公学校校医。

李叶奎（1916—?），台中大甲人，1930年到早稻田中学读书，营盘口部落会副会长。光复后，担任第三届大甲镇民意代表，台中区合会储蓄公司专员。

李君曜（1896—?），矿溪人，父李崇礼为街长、总督府评议会议员、制糖公司董事、彰化银行监事。1915年到日本留学，庆应大学毕业，回台在彰化开办医院，彰化银行监察人。光复后，彰化市参议会议长，农会理事长。

李君晰（1906—?），字哲明，矿溪人，李君曜弟，1920年去京都帝大经济科读书，实业家，市会副会长，信用组合理事，1946年2月从彰化市府秘书调任市府总务科长。

李天德（1923—?），台中县人，关西商校毕业，中甲药品有限公司董事长，永甲药品有限公司董事长，永日药品有限公司董事长，永信药品有限公司董事长。

李子彬（1932—?），台中人，新台湾纺织有限公司常务董事。

李仙子（1899—?），明治大学法律科毕业，华南产物保险有限公司总经理，该公司1963年5月创立，资本1亿新台币，员工189人，保险业。

李连春（1904—2001），台南县人，1923年毕业于神户商业职业学校，任职于日本加藤株式会社，1946年前后开始先后任省粮食局副局长、局长，主持制定粮食政策，省府委员，“行政院政务委员”，1970年退休。

李嘉嵩，岗仔林人，1942年毕业于日本神学院，牧师，战后为员林女子学校校长，参与《基督教论坛报》筹备工作。著有《100年来》，台南教会公报社出版。

李茂炎（1901—?），斗南人，日本高等牙医学校毕业，斗南庄协议会员，台南州米谷组合常务理事。光复后任台南县参议员。

李汉周，台南人，京都大学毕业，1950年10月到1951年1月任南投县建设局长。

李丁趛（1921—?），台南县人，日本关东中学毕业，惠利企业股份有限公司秘书。

李永福（1920—?），台南市人，神户高商毕业，亚波罗电子股份有限公司董事长。该公司1968年12月创办，资本3000万新台币，工人620名。参加台南成功国际狮子会。

李瑞山，台南东山人，1935年前后在日本读中学。

李清隆，台南东山人，1935年，从台南教会中学转到东京私立中学。

李文邦，台南东山人，到日本读中学。

李登芳（1924—1947），朴子人，神户大同精机机械学校毕业，台东新港派出所警察，樟源派出所警察，台南友爱街警察，二二八事变时被前来要求缴械的士兵击伤而死。

李国禎（桢），南投人，《兴南新闻》社员、保正、庄协、州协、信用组合长李春盛之子，早稻田大学高等学院毕业，为台中县民政局行政课长，大屯区署区长，南投县长，1957年任检验局长。

李国藩，李春盛第五子，中央大学毕业。

李国民，李春盛第六子，东京齿科医专毕业，医生，诗人。

李祐吉，南投实业家春哮长子，熊本医科大学毕业，1946年3月任台中医院院长。

李栋梁（1922—?），南投人，中央大学毕业，振昌木业有限公司营业课课长。

李祯祥（1908—?），南投人，1922 年去日本留学，先后入东京市立大塚寻常高等小学校、私立青山学院中学部、私立明治大学预科、明治大学法学部学习，参与《台湾文艺》编辑，1935 年任《东亚新报》记者，草屯保甲联合会书记，1938 年 12 月考入日本帝国议会众议院为临时雇员。太平洋战争爆发，学校提前 1 学期结束，1941 年 12 月毕业，回台入彰化乘合株式会社。光复后，回草屯接掌草屯实践农业学校，首任台中县立草屯初级中学校长，调任南投县政府秘书，建设局农业辅导课长，南投县立图书馆馆长。

李燧煤，南投人，先后入广岛高等学校、东京帝大法学部学习，日本文官高等试验考试司法科合格，日本贵族院事务官。

李晏（1896—1967），又名李元白，彰化花坛人，1921 年去日本留学，先后进入东京北里研究所、庆应大学学习，医学博士，在东京办理《东亚医学杂志》，后被任为日本关东厅满洲里医院院长，上海同德医学院教授，震旦医学院教授，在大陆去世，上海市人大代表。

李瑞云（1895—1938），万丹人，养父李仲义是下淡水溪以南首富。京都同志社中学、早稻田大学政经科毕业，回台后，庄协议会员，高雄州米谷同业组合组合长，地方自治联盟理事，台湾《新民报》董事等。

李金钟（1904—?），号振南，彰化人，1928 年毕业于早稻田大学政治经济科，《新民报》台中、高雄、基隆等地支局长、学艺部长，1935 年到天津《庸报》服务，北京临时政府统税局鸦片科长，后到南京任国民政府顾问。

李茂松，云林人，中央大学法科毕业，1954 年 5 月当选嘉义县长，1955 年 11 月因案停职。

李灿然，云林人，京都大学农学博士，1977 年任水产试验所长。

李彩娥（1926—?），屏东人，1939 年去石井漠舞蹈体育学校，舞蹈家，1941 年随石井去越南表演，1942 年回日本参加全国舞蹈比赛，1943 年回台，1948 年在屏东设舞蹈班授徒，1951 年环岛表演。

李明道（1888—1962），屏东人，万丹首富李仲义之侄。1912 年毕业于京都同志社中学，实业家，高雄州协议会员。光复后，任彰化银行营业顾问，屏东制冰有限公司董事长，屏东市议会议员等。

李明家（1894—1971），屏东万丹人，京都同志社中学毕业，在家乡开设德昭医院。光复后，任屏东市卫生院院长，屏东县卫生院长，自组曼陀铃乐团。

李开荣，屏东万丹人，富豪、区长、庄长李南之子，李开胡四弟。日本大学中学部毕业，实业家，庄协，庄长。

李某某，屏东万丹人，大地主李开胡长女，东京女子医专毕业。

李凤美，李开胡次女，东京女子医专毕业。丈夫林琼瑶是两届高雄市参议员。

李启东，屏东人，大阪高等医学专校毕业，先后任台东、宜兰、屏东医院院长。

李世昌，屏东人，中央大学经济科毕业，屏东县议会议员，1960 年当选屏东县长。

李志传（1902—1976），东京音乐学校毕业，屏东女中校长，台北市教育局督学，台北市交响乐团副团长等。

李泽藩（1907—1989），新竹人，1926 年毕业于东京美术学校，新竹公学教师，新竹师范美术教师，台湾师范大学教师，文化大学教师，在地方上努力推广洋画创作。

李子贤（1912—?），新竹人，市会议员李良弼长子，1922 年毕业于京都帝国大学法学部，1939 年通过文官高等试验司法科考试，新竹市律师，光复后，当选新竹市参议会参议员，新竹市律师公会常务理事。

李应臣，号幼荣，新竹人，日本经济专门学校毕业，1946 年 1 月任台北县民政局财政科长，第一税务稽征所长。

李金镇（1907—?），新竹人，大地主、保正、保甲联合会会长李火生之子，京都的两洋中学毕业，1928 年回台湾，1929 年接任父亲的新城保正，也兼任新城、宝斗、双溪三个保甲联合会的会长，还经营糖部，1937 年到 1941 年担任壮丁团团长，1935 年是民选庄协议会员。光复后，选举为三届村长，三七五减租时失去土地，不满。

李白滨，苗栗人，京都帝大经济科毕业，青年党党员，文林中学校长，参选苗栗县长。

李永基，东邦医科大学医学博士，苗栗人，1967 年任家畜卫生试验所所长。

李炉己，1926年在东京参加台湾青年会，任评议员。

李传旺（1919—?），桃园人，日本大学毕业，中和纺织股份有限公司副理，该公司1955年创立。

李合珠（1921—?），桃园人，中央大学经济学部毕业，“中台工业株式会社”董事长，东京大饭店董事长等，侨居日本，1977年起任侨选“立委”两届。

李瑞珍，宜兰人，庆应大学医学部毕业，宜兰医院副院长。

李瑞标（1917—?），近畿大学毕业，早稻田大学研究。获日本特许大学赠与政经学博士，《台北民报》、《全民日报》经理，1950年9月5日创办《民众日报》于基隆，专文论政治经济，1967年当选基隆第六届市议员，1946年任基隆市新闻记者公会理事长，1989年发起筹备报业协会，当选首届副理事长。

李淇，通霄人，京都帝大法学部毕业，1947年任台北法商学院分院主任。

李讚生（1892—?），字化育，号育卿，台北人，生员、保良局分局主理、庄长李声元长子，1924年毕业于京都帝国大学经济科，台湾总督府官房调查课勤务，台北州海山郡守，高雄州劝业课长等。光复后，合成肥料公司常务董事，1946年2月任台南县建设局长。

李克承，新竹人，长崎医科大学毕业，医师，新竹三信公司理事长，省医师公会理事长。

李昆玉（1903—?），东港人，1923年同志社大学肄业，转到美国求学，获得硕士学位，在厦门、上海、香港经营实业，在台北成立商行。

李清标，高雄人，先后进入中央大学、明治大学，参加东京留日学生民族运动，到伪满洲国工作，战后任沈阳台湾同乡会会长，1946年回台湾。

李树林，1939年毕业于驹泽大学。

李致慧，留学日本学习舞蹈，著名舞蹈家，许常惠夫人，回台湾后创办彩云飞舞坊。

李镇源（1915—2001），台南人，1940年毕业于台北帝国大学医学部，杜聪明药理学教室助手，到日本研究蛇毒，1945年获得医学博士学位，“中研院院士”，1976年获得国际毒素学会颁发的最高荣誉“REDI奖”，台湾大学医学院院长，1982 年创立中华药理学会，1987 年创立“中华民国”毒理学会。退休后积极参加社会运动，主张“台独”，“建国党”首届主席。“总统府资政”。主编《实验药理学·蛇毒》等专著。

杜聪明（1893—1986），淡水人，1915 年到 1921 年留学日本，京都帝大医学博士，1922 年回台北任医学专门学校教授，中央研究所技师，台北帝大医学部教授。光复后，高雄医学院院长，省府委员等。著有《药理学教室论文集》、《中西医学史略》、《回忆录》、《杜聪明言论集》等。

杜锡奎（1900—?），彰化人，明治大学法科毕业，富商，1935 年民选市会议员。

杜新春（1904—1943），南投集集人，先后进入东京明治学院、名古屋第八高等学校、京都帝大法学科学习，1928 年通过高等文官司法科考试，1929 年毕业后进入东京地方裁判所服务，台南地方法院嘉义支部判官，1932 年 10 月返台任台南地方法院嘉义支部合议部判官兼单独部判官。

（郑）杜有妹（1917—?），台东人，日本洋裁学院毕业，台东县妇女会理事长，县议员，1964 年 2 月与 9 位议员角逐议长、副议长，当选台湾首位女副议长。

麦春福（1924—?），台北县人，近畿大学毕业，1954 年当选淡水第一信用合作社理事主席，1955 年起当选淡水镇民代表会 5 届主席，台北县议员，省府委员。

阮朝临，高雄人，帝大法学科毕业，光复后任左营区长。

阮朝堪（1892—?）屏东人，富豪、生员、庄长、庄协阮达夫之侄。1925 年留学日本医科大学，回台自行开业做医师，还担任林边庄副庄长，公学校保护者会会长，青年会会长，屏东信托株式会社董事，东港信用合作社清算人。

阮碧霞，屏东人，阮朝堪女儿。东京帝国女子医专毕业。

阮朝吉（1899—1960），屏东人，秀才阮兰儒之子，先后毕业于东京锦城商业专门学校、日本专修大学经济科，与亲族创办屏东信托株式会社，任董事长，1923 年复去日本专修大学经济科学习，1929 年毕业后返台，林边信用组合常务理事，林边庄协议会员。光复后，任高雄区合会储蓄股份有限公司董事，林边乡乡民代表主席，乡调解委员会委员等。

阮朝日（1900—1947），屏东人，阮朝吉弟弟，东京高轮中学、福岛高等商业学校毕业，与林耀明、李开山等人合股创立屏东信托株式会社，这是日据时期台湾三大信托公司之一。《台湾新民报》贩卖部长兼广告部长、总经理。与施江南组织台湾海外青年复员委员会，“二二八事变”中未参加任何活动却遇害。

阮朝英，屏东人，秀才、区长、庄协议会员阮达天第四子，创办高雄阮外科医院。

阮竹雄（1928—?），屏东人，东京郁文馆商业学校毕业。

张基雄（1917—?），台北市人，日本专修大学商科毕业，大有煤矿公司代表人，里长，市参议员。

张星贤，1926 年前后在早稻田大学体育科学习。

张简茂已（1927—?），高雄市人，日本驹泽大学肄业，1946 年在东北参加国民党军。

张维贤（1905—1977），台北人，1928 年到东京日本新剧运动发源地筑地小剧场学习新剧，1930 年夏天返台组织“民烽演剧研究所”，1932 年初再度去东京舞蹈学院学习舞蹈。

张友金，台北人，生员、区长张希衮之子，中央大学中学部毕业，经营实业，厦门台湾公会议员。

张耀堂（1895—1982），台北木栅人，清把总、内湖区长、深坑庄长张德明之子。1915 年前后在东京高等师范学校学习，取得留日高等官资格，第二师范学校教师，文学家。

张福堂，张耀堂二弟，医专毕业，医师，深坑庄长，对地方农会之发展，争取设置庄治中心，邮局之设立，茶叶之推广，贡献良多。

张灿堂，字敬理，张德明三子。东北帝大、特许大学法学博士，木栅民政课长。1960 年 8 月—1967 年 6 月台北市民政局长。

张国周，台北市人，东京药学专门学校毕业，台湾行政长官公署民政处卫生局课长，省立台北医院主任。著有《实用中华药典》。

张东湖（1921—?），台北市人，早稻田大学商科毕业，会计师，在台北开业，税务代理人。著有《对来中华民国投资之有关法律》等书。

张秋海（1898—?）台北人，1915 年到 1927 年在东京美术学校油画科和东京高师图画手工科学习，1938 年回北平教书，与颜水龙是同学。

张万传，1931 年到东京美术学校学习，参加台北大稻埕绘画研究所和造型美术协会。

张天赐（1909—1992），台北人，1937 年到日本东宝公司学习电影导演专业 8 个月。

张芳燮（1914—?），字雪峰，桃园人，中央大学法学科毕业，旅东北台同乡会常务理事，1946 年回台，省府参议，二任桃园县长，华南商业银行董事长，农林厅山地农牧局长，《中华日报》社董事，“中日文化经济协会”常务理事，国民党 12 届中评会中评员。著有《台湾山地农牧资源开发》、《相互银行概述》等。

张启华（1910—1987），高雄人，1929 年进入东京美术学校学习，任三信合作社理事 27 年，寿星戏院经理，组织高雄美术研究会。

张自流（1924—?），高雄旗津人，京都佛教大学毕业。

张双满（1925—?），高雄县人，九州大学农学博士，农友种苗有限公司总经理，该公司 1968 年创立，资本 1000 万新台币，员工 144 人。

张英南（1926—?），高雄市人，日本神奈工业学校毕业，大荣重工业股份有限公司总经理。

张国雄（？—1950），美浓人，东京帝大医学部毕业，基隆中学教师，因中共台北市工作委员会案被杀。

张来发（1931—?），高雄人，日本士官学校速成班毕业，分发到左营海军造船厂工作，不到半年日本投降，1950 年代作驻台湾美军顾问团的翻译。许多美国军官问他，为何你们台湾人不自己独立“建国”？他向亲戚朋友诉说台湾前途问题，1957 年被以阴谋推翻政府判刑 10 年。

张焕三（1910—?），台中人，东京商科大学毕业，台湾通运仓贮股份有限公司总经理，该公司 1955 年 12 月创立，董事长辜振甫。

张深镛（1901—?），台中人，先后在大成中学校、东京齿科专门学校学习，开办昭和齿科医院，台中州齿科医生会长，1935 年民选台中市会议员。光复后，参选首届台中市长。二二八事变台中地区处理委员会委员，被捕，旋出狱。

张焕珪（1902—1980），笔名沐真，台中人，1920 年进入明治大学法科学习，与兄张睿哲等创办中央书局，任社长，1933年任台中兴业组合组合长，大雅庄协议会员。光复后，台中市参议员，1946年创办《新知识》杂志。

张风谟（1908—?），台中丰原人，1929年毕业于中央大学法科，1930年在台中开业律师，1935年台中市民选市会议员，1948年担任台中律师公会理事长。

张深耕（1914—?），台中县人，东京物理学校毕业，利泽工业衣车厂股份公司董事长，该公司1964年成立，资本1亿新台币，员工1200人，生产缝纫机等。

张龙芳，台中人，九州齿科医学专门学校毕业，台中县卫生局长。

张启仲（1916—?），丰原望族出身，1941年毕业于日本医科大学外科，台中市公共汽车董事长，第二届市议员，1964年当选台中市长，“总统府国策顾问”，空手道协会理事长，“立委”。

张某某，丰原人，张启仲大哥，日本医科大学毕业。

张某某，丰原人，张启仲二哥，牙科大学毕业。

张银河，富豪、区长、保甲联合会长张泉源之孙，早稻田大学毕业，信用组合长，庄协。

张银溪，东京美术学校毕业，信用组合会计。

张信义（1906—?），后里人，名绅张青云后代，日本大学商科肄业，台湾文化协会常委、会计部主务，资助《台湾大众时报》发行，1951年任乡长。

张金发，台中人，日本大学毕业，台中市自来水公司总工程师，自来水厂长，台中市建设局长，台中县建设局长。

张汉裕（1913—?），台中县人，东京帝大经济科毕业，1943—1946年先后任东京帝大东洋文化所、台湾大学、淡江大学教授，矢内原忠雄的高足，蔡培火女婿，经营史学会会员，“中国经济学会副会长”，翻译《重商主义与英国的财宝》。

张海灿（1930—?），台中县人，日本太田中学毕业，味王股份有限公司业务经理，该公司1959年7月创立。

张雅玲，台中人，鹤田舞蹈学校毕业，光复初返台，在台中市成立舞蹈研究所。

张梗，台南人，早稻田大学政治经济科毕业，与叶荣钟、杨肇嘉等关系密切。30 岁病死。

张振芳，台南人，早稻田大学毕业。

张瀞元（1919—?），台南县人，东京农业大学毕业，大盟皮业公司总经理，该公司 1974 年 4 月创立，资本 3500 万新台币，员工 387 人。

张庆璋，或牛祖光，台南人，大阪音乐学校本科专修音乐，1946 年 1 月任台南县新营区署区长。

张彩云（1922—?），台南市人，东京医专毕业，金山丽斯厂股份有限公司常务董事，1971 年创立，资本 2000 万新台币，员工 65 人，生产网布。

张文环（1909—1978），嘉义人，冈山中学毕业，东洋大学文学部肄业，与王白渊、吴坤煌、曾石火、杨基振、巫永福、苏维熊、魏上春等人组织艺术研究会，1946 年当选台中县参议员，1947 年代理能高区署区长。著有《难忘当年事》等。

张进通，嘉义人，1938 年九州帝大毕业，医学博士，医生。许世贤丈夫。

张兆庚，嘉义人，日本卫生院医科毕业，台北县卫生局长，嘉义县卫生院长、卫生局长。

张荣宗（1908—1947），朴子富家子弟，日本大学医学毕业，参加台湾文化协会，到上海、满洲经商。光复后，三青团朴子区队长，《和平日报》东石分局长，《和平日报》因揭露官僚腐败而获罪，二二八事变时纠集青年抗争，被国军伏击而死。社会主义者。

张文南，嘉义人，东京医专毕业，医生。

张深切（1904—1965），南投人，1917 年到 1923 年先后进入丰山中学、青山学院中学部学习，经台湾去大陆，1927—1930 年被总督府关入监狱，1930 年组织台湾演剧研究会，1934 年倡导建立台湾文艺联盟，1937 年北平艺专教授兼训育主任，1945 年回台任台中师范教务主任，二二八事变时隐居中寮山。著有《我与我的思想》、《台湾革命运动史略》、《狱中记》、《孔子哲学评论》等。

张宗仁，花莲人，医生、县议长张七郎之子，1940 年毕业于日本医科大学，日本医院医生3年，1943年去东北行医，1946年10月回台，凤林中学校长。二二八事变时被杀。

张依仁，张七郎次子，留学日本学医，到东北行医，凤林医院医生，二二八事变时被杀。

张果仁，张七郎三子，留学日本学医，到东北行医。

张福兴（1888—1954），苗栗头份人，富豪张家盛之子，1910年毕业于东京上野音乐学校，第一位因总督府推荐以官费赴日学习西洋音乐的台湾留学生，台北师范、第三女高、师范学院等学校教师，胜利唱片公司文艺部长。著有《水社化番的杵音与歌谣》等，出版《台湾日月潭杵音及蕃谣》、《打猎歌》等唱片。

张彩湘（1915—1991），苗栗头份人，张福兴之子，1936年留学东京武藏野大学钢琴专业，新竹师范学院、台湾师范大学教师，1948年创办“台北钢琴专攻塾”和台北文化研究所。

张登照，帝国音乐学校毕业。

张惊声（？—1951），罗东人，大地主家庭出身。东京帝大毕业，娶居正女儿居瀛玖，光复初接任淡江中学校长，后改为淡江英专。

张桂章（1920—?），基隆人，1943年毕业于武藏野高等工业学校机械科，航空株式会社机场整备员。参选基隆参议会议员，候补第二名。光复初，自发去码头迎接国军。

张暮年，基隆人，1922年前后留学日本学习医学，回故乡七堵、八堵开业行医。

张春盛（1917—?），1936年留学熊本高等农业学校，农场联合会会长，台南县参议员，第一至第四届云林县议员，第二届第三届云林县议长，1972年当选“国代”，代表农民团体。

张丰胤，万丹人，医生张山钟长子。熊本医科大学毕业，继承东瀛医院。

张丰彦，张山钟次子，熊本第五高等学校毕业，考上东京帝大后病逝。

张某，高树人，松江高等学校毕业，公务员。

张德水（1920—?），屏东人，第三高等学校文科甲类、东京帝国大学法学部政治科毕业，1943年在日本入伍当兵，1946年台南县政府行政课长，东石区署区长，嘉义县政府主任秘书，嘉义市长，“行政院”经合会专员，瑞德矿业公司总经理，国泰塑胶公司总经理。退休后从事“台独”活动。著有《激动！台湾的历史》，篡改历史鼓吹“台独”。

张有传，彰化人，1928 年进入东京医专学习。

张其寿，彰化人，京都同志社高等商校毕业，1968 年代理彰化县民政局长。

张飞（1924—?），彰化人，九州学院毕业，台湾省农工企业股份有限公司主任秘书。

张水苍，新竹人，1934 年东京帝国大学法律科毕业，高等文官考试司法行政科合格，参加东京留学生民族运动，总督府交通局书记、副参事，新竹市助役，总督府特产课、物价调整课以及商政课等课的事务官。光复后，台中县建设局长，台北市政府参事，农林厅畜牧科长。

张桂荣，新竹人，生员、保正、庄协、信用组合监事张鼎华之子，早稻田大学毕业。

张炳荣，新竹人，张鼎华次子，早稻田大学毕业。

张玄达，1940 年毕业于驹泽大学佛专科。

张绣月，1940 年毕业于驹泽大学佛专科。

张传梧。

张丽旭，在东京从事文学活动。

张德，台南人，日本大学毕业，台南县政府主计室主任。

沈德融（1884—1971），台北县人，1908 年随曹洞宗总本山管长石川素童赴日留学，1912 年肄业于曹洞宗第一中学林，1917 年台湾佛教中学林成立，任学监、副学监 18 年，1935 年任台北市日新町曹洞宗布教所主任，后又任月眉山灵泉寺主持，因熟悉日语，成为台日佛教交流的桥梁，中国佛教会台湾省分会理事长。

沈秋桔，台南人，东京女子医学专门学校毕业，台南市卫生局长。

沈乃霖（1909—?），新营地主家庭出身，沈荣之弟。1932 年毕业于昭和医专，在校期间曾读三民主义，在新营开业行医。鄙视大陆官僚不懂医师法、教育制度、土地户籍管理制度等，二二八事变时被邀请开会，后被捕。

沈佩禄，富商、保正、庄长、区长、庄协沈赐记之子，日本大学医科毕业，医生。

辛文炳（1912—1999），1936年毕业于明治大学法科，父亲为外武定区长、名绅辛西淮。1936年任职台南州农会，经营家族企业，台南工专校长，台南市长，台南市议员、议长，1972年当选第一届增额“立委”，1976年当选二届增额“立委”，台湾省橄榄球协会理事长。

辛文兰，台南市，辛文炳弟弟，日本大学工学部毕业。

巫某某，南投人，巫永福大哥，名古屋帝大毕业。

巫永福（1913—?），南投人，名古屋五中、明治大学，文学家。

巫永昌（1905—?），南投人，名古屋帝大医学科毕业，在台中开业永昌内科医院，日据时期民选台中市议员，皇民奉公会台中州支部委员。光复后，大公企业公司常务董事，台湾政治建设协会理事，参加“二二八事件处委会”，被捕入狱。

苏锦全，号砺仁。台北市人，1936年入关西针灸学院，中央国医馆台湾分馆馆长，省中医改进会理事长。著有《东洋针灸学教科书》。

苏锦隆，台南东山人，1935年前后在日本读中学。

苏东启（1921—1992），北港人，富商苏老居之子，关东中学、中央大学政治科毕业，经日驻泰领事馆潜回重庆抗日。光复后，任台湾行政长官公署秘书处交际科次长，二二八事变后辞去公职回云林参选县议员，一连四任，不畏强权，号称“苏大炮”。参与中国民主党组党活动。于县议会内提案“总统”特赦雷震，被判无期，1975年特赦出狱，推妻洪月娇出来竞选公职。

苏海水（1909—?）新店人，早稻田大学讲习班毕业，《台湾日日新报》记者，新店镇农会理事长，县参议会议员，第一届新店镇民代表会主席，台北县农会合作社联合社理事。

苏悬息（1917—?）高雄县人，岩手医事专科学校毕业，合丰工厂股份有限公司董事长，该公司1971年1月创办，资本600万新台币，员工110人。

苏春茂（1918—?），字锡钦。凤山人，日本医科大学毕业，省立高雄医院医师，简易保险诊疗所医师。在屏东自设医院。参加狮子会。

苏倩卿，东山人，东京昭和女子大学国学院毕业，文学博士，丈夫翁通楹，创办淡江大学日文系。

苏清江（1907—?），新营人，在日本半工半读，在东京参加台湾留学生组织的社会科学研究会，研读马克思的《资本论》、政治经济学等，同许乃昌、赖贤埔等交往密切。

苏新（1907—1981），大成中学、东京外语大学毕业，参加台湾文化协会，《民众时报》编辑。光复后，参与编辑《政经报》、《人民导报》、《中外时报》、《台湾文化》等报刊，台共主要创始人之一，日共党员，参加二二八事件。著有《苏新回忆录》、《愤怒的台湾》等。

苏东芳，台南，中央大学毕业，1950 年 10 月到 1951 年 10 月任宜兰县建设局长。

苏文章（1917—?）台南县人，广岛商校毕业，华王针织股份有限公司董事长，该公司 1968 年创立，资本 2000 万新台币，员工 923 人，毛衣编织业，参加工业公会。

苏银和，台南人，京都医科大学毕业，到澎湖行医。

苏子蘅（1906—?），彰化人，东北帝国大学工学毕业，1941 年回祖国大陆，1945 年到解放区。

苏清云（1926—?），基隆人，日本冈山中学毕业，台湾海运股份有限公司董事长。该公司 1958 年 7 月创立，资本 3000 万新台币，员工 68 人。

苏振杰，新竹人，日本大学毕业，1966 年任山地农牧局长。

苏坤波（1915—?），新竹人，昭和医专毕业，东北帝大学医学博士，新台丰纺织股份有限公司董事长，天一染料公司常务董事，1962 年创立的济生化学制药厂董事长，参加“中华民国”医学会、医师公会、工医学会、医师公会、工商协进会、中小企业协会等组织。喜欢日本历史、古文和歌曲。

苏振辉（1907—1997），台中县后里人，1930 年去日本留学，九州帝大医学博士，彰化市参议员，彰化市第四信用合作社的创办人，任理事会主席，第七、八届省医师公会理事长，二二八事变时曾负责“事件处理委员会”外部事务。

苏维樑（1895—1967），新竹人，青山学院、中央大学法科毕业，在东京参加新民会、台湾文化协会等，中药商，1935 年当选民选新竹市会议员。

光复后，市参议员，省参议员。“二二八事件处理委员会”常委。

苏维熊，留学东京，1932 年在东京与吴坤煌、张文环等创办台湾艺术研究会。

苏绍文（1903—1996），字天行，新竹人，1927 年到日本留学，进入陆军士官学校炮科、日本陆军炮工学校学习，1933 年返回大陆任国民党军队军官。光复初任台湾省警备总司令部处长，1947 年当选“国大代表”，后任省府委员等职。

苏东芳，云林人，早稻田大学政治科毕业，1947 年 8 月任台北县罗东区署区长，后任宜兰县建设局长等职。

苏兴霸（1922—?），彰化县人，东京高等工业学校毕业，和泰汽车股份有限公司常务董事。该公司 1947 年创立，资本 1.5 亿新台币，员工 512 人。

苏贵兴，台北人，1936 年毕业于日本高等兽医学校，1936 年 5 月，与钟谦顺等一起去伪满洲国工作。

苏耀邦，宜兰人，农林学校校长。

苏乃灿，台南人，中央大学法学部毕业，1946 年在东北参加国民党军队。

吴笑，台湾最早的女留日学生。

吴逊龙，1928 年前后在日本法政大学学习，参加东京留学生民族民主运动。

吴清镒（溢），日本神学校毕业，基督教长老教会牧师，台湾神学院教师。参加 1929 年新人运动。

吴天命，明治学院神学部毕业，台湾神学院教师。

吴永华，日本神学校毕业，台湾神学院教师。

吴鸿裕，板桥人，早稻田大学政治科第一名毕业，林柏寿女婿。

吴物典，台北市人，日本医科大学毕业，医学博士，台湾大学教授。

吴荣宗（1923—?），台北市人，盛冈工业专门学校电机工程科毕业，台湾师范大学教师，著有《工业科目测验之编制与改善》等。

吴泰岳（1910—?），台北市，成渊中学毕业，日据时期，文官考试合格，台湾总督府属官，日本劝业银行书记。著有《泉漳音字典》等。

吴永荣，台北人，保甲局区长、总督府评议会员、台北制糖公司监事吴昌才之子，日本大学政治科毕业，鸦片、烟草代售、批发，实业家。

吴金链（1913—1947），台北市人，1943 年毕业于东京青山学院文学部，《新民报》台南支局长、兰阳支局长、《兴南新闻》政治部次长兼论说委员。光复后，任《新生报》日文版总编辑，该版人员都是《台湾新报》留用的，中文版则新的多，薪水高于日文版一倍，日文版批评多，1946 年 10 月 25 日被废，二二八事变时报道真相，被杀。

吴成家，台北人，日本大学艺术科毕业，学成后为胜利唱片公司与宝丽唱片公司作曲，并为胜利、帝蓄、哥伦比亚三家唱片公司唱歌灌唱片，其作曲启蒙老师是张福兴，台湾总督府授权他做了一次台湾民谣的采谱与整理工作。光复后，他组织了一个音乐公会，集合了许多西洋乐器演奏者，在辜振甫所提供的场地演练，并在中山堂演奏。任台湾省警备司令部交响乐团少校总指挥。

吴植鉴，台北人，日本医科大学医科毕业，1945 年在宜兰医院任医官补。

吴春霖（1901—?），嘉义人，庆应大学毕业，台湾文化协会嘉义支部成员，光复后，台湾省合作社理事，市合作社理事长，1946 年 4 月第一届市参议会参议员。

吴场，台中大肚人，1927 年毕业于东京帝大，医学博士，在东京帝国大学研究药物。

吴晋淮，13 岁即去日本，就读中学、日本歌谣学院，其作品有《暗淡的月》、《关仔岭之恋》、《宝岛新娘》等歌曲。

吴鸿麒（1899—1947），桃园中坜人，生员吴荣棣次子，1928 年毕业于日本大学法科，1930 年文官考试司法科合格，台北市开业律师。光复后，任台北地方法院推事，台北律师会副会长，二二八事变时被杀。

吴鸿麟（1899—1995），桃园中坜人，吴鸿麒兄弟，九州大学医学博士，医生，桃园县第二届县议会议长，第四届桃园县长，新竹区中小企业银行董事长，新国民综合医院院长。

吴鸿煎，桃园中坜人，吴荣棣第八子，日本医专毕业，医生。

吴泰德（1926—?），台北县人，日本松江农林学院，1946 年参加国民党军队。

吴基生（1916—?），高雄人，日本厚生研究所医学科毕业，省府卫生处统计室主任，高雄医院院长，旗山医院院长。著有《生物统计学》。

吴基福（1916—1985），高雄旗山人，1946年取得日本医科大学博士学位，高雄县立旗山医院院长，1950年创办全镇医疗保险制度，开台湾健康保险之先河，1953年施行首例眼角膜移植手术成功，高雄市医师公会理事长，1969年当选"立委"，1971年创办《台湾时报》，1973年创办"中华民国"防癌协会，1978年出任亚洲大洋洲医师会联盟理事会第十一届大会会长，1979年担任"中华民国"医师公会全国联合会首任理事长。著有《吴基福回忆录》。

吴声润（1924—?），六龟地主家庭出身，1939年去东京芝埔高等工业学校学习，1946年回台，松山第六机厂技术员，1951年1月因台共案被捕入狱，留日时深受社会主义思潮影响。

吴场（1900—?），台中大甲人，1927年毕业于东京帝大，医学博士，台湾第二个医学博士。东京帝国大学药物学教师，著有《维生素的医学变化及其制法》等。

吴墩礼（1905—1986），台中大甲人，富商家庭出身，1933年毕业于东京帝大政治经济科，回大陆任职于中华民国外交部，1946年回台经营大甲帽席公司。

吴金川（1905—?），台南人，士绅吴镜秋之子，1932年毕业于东京商大，商学硕士，1933年入伪满洲国中央银行任职。日本投降后，被东北行营经济委员会主委张嘉璈任命为东北经济研究所副所长，1948年回台湾，台湾省合作金库业务经理，彰化商业银行总经理、董事长等，财团法人中华联合征信中心董事长。林茂生的学生，杨肇嘉长女婿。

吴德耀（1919—?），台中县人，东京物理学校（夜间部）毕业，1946年在东北参加国民党军队。

吴天赏（1909—1947），台中市富家出身，1930年进入青山学院英文系学习，1939年回台，教师，《兴南新闻》记者，《台湾新生报》台中分社主任，基督徒，二二八事件后被通缉，受惊吓而死。

吴振武（1918—?），先后进入东京高师体育科、海军馆山炮术学校学习，毕业后任东京女子学院教师，加入日本海军，少尉，驻防海南岛，升任海军大尉，台湾人在日海军中最高的官阶。

吴振南，屏东人，1927 年到 1948 年在日本留学，医学博士，毕业后在横滨开业行医，胸腔科专家，1950 年参加台湾民主独立党，任副主席，1963 年分裂另组台湾独立评议会，任议长，1966 年 11 月回台。

吴新荣（1907—1967），号史民，台南人，1928 年开始先后进入岗山金川中学、东京医学专门学校，经营佳里医院，佳里街协议会员。发表作品，成为“盐分地带”文学活动的灵魂人物。先后任台湾文艺联盟执行委员、《台湾新文学》编辑委员、台湾文艺家协会随笔部员等，参加台湾议会设置请愿运动。光复后，任三青团台南分团北门区队联合办事处主任，台南县参议员。著有《震瀛回忆录》、《震瀛追思录》、《震瀛随想录》等。

吴三连（1899—1989），字江雨，台南人，1925 年毕业于东京商科大学，台南纺织股份有限公司董事长，《新民报》东京分社社长，1947 年最高票当选“国大代表”，1950 年任台北市长，省议会议员，省议会“五龙一凤”之一，《自立晚报》发行人。吴三连口述、吴丰山撰记《吴三连回忆录》，自立晚报社 1991 年出版。

吴逸民（1929—），东京芝中学毕业。

吴得民（1933—），东京小学毕业。

吴凯民（1936—），东京小学毕业。

吴景箕（1902—1937），云林人，秀才、保长、斗六区长、厅参事吴克明长子。吴克明于 1908 年与王雪农等合资创斗六制糖株式会社，开垦土地，开发水利。东京帝国大学毕业，爱好诗文。

吴景徽（1904—1978），吴克明次子，京都帝国大学毕业，医学博士。医生。在日本神户病院任外科医局长等。光复后，回斗六开设友于堂医院，任斗六镇长 5 年。第一、二任民选云林县长。因土库大桥偷工减料案离开仕途。

吴景谟，吴克明三子，名古屋帝国大学医学博士，医生。

吴某，嘉义人，留学日本学医，高雄医院外科主任。

吴坤煌（1909—1989），南投人，1929 年去日本，先后进入日本大学、明治大学文科学习，《台湾文艺》东京支部负责人，1931 年参加左翼组织

“东京台湾人文化同好会”等。1937 年毕业后，到大陆教书、经商，1945 年回台。诗人、戏剧家。

吴蘅秋（1900—1955），彰化矿溪乡，伯父吴德功是贡生、彰化厅参事，1923 年毕业于早稻田大学政治经济科，与黄朝琴等是同学，台湾文化协会成员，石油代售商，彰化街协议会会员，1935 年官选市会议员，信用组合理事。光复后，首任彰化市议会议长。著有《蘅庐诗稿》。

吴沧洲，彰化人，参加彰化新剧社。

吴恭（1901—?），号寿卿，彰化人，1927 年毕业于庆应大学经济学部，开业会计师。1935 年民选彰化市会议员，皇民奉公会台中州支会奉公委员，台中州保甲协会评议员。光复后，任彰化商业学校校长。

吴松炎，彰化人，日本国民中学校毕业，1973 年 5 月到 10 月代任彰化县府合作室主任。

吴望熊（1914—?），彰化县人，中央大学毕业，彰化射击、红十字委员会委员。

（吴）陈欣（1916—?），彰化县人，神户女子学校毕业，七星公司董事长，该公司资本 2500 万新台币，员工 65 人，罐头业，1962 年 6 月创办。

吴石山，台东人，其兄吴金玉是 1950 年第一届县议长，县长，台北市教育局长。本人为台北第一师范学校上席教谕。

吴金柚，法学士，振泰合资会社经理。

吴金銮，苗栗人，九州帝大医学博士，1946 年 2 月任锡口疗养院长。

吴左金（1901—1994），苗栗苑里人，1930 年毕业于明治大学法学科，1932 年考入伪满洲国外交部任职，1939 年诺门坎事件之后，参加日本关东军对苏谈判，负责文书工作。1943 年被伪满洲国派任汪精卫伪政权辖区内济南总领事至日本投降。战后以汉奸罪入狱 297 天，1947 年回台，不再担任公职。

吴池，宜兰人，横滨大学法律科毕业，1947 年 1 月到 1948 年 12 月派任壮围乡长，1950 年到 1961 年任宜兰县府地政科长。

吴璋（1914—?），宜兰县人，福冈高中毕业，同荣实业股份有限公司董事长，该公司 1954 年 9 月创办，资本 4600 万新台币，员工 140 人，水产制品业，参加罗东国际狮子会。

吴泗辉（1909—?），基隆人，昭和医专毕业，台中开业医生。

吴水圳（1925—　），新竹人，日本无线电学校毕业，新光公司生产部经理，该公司 1951 年 1 月创办，生产布料。

吴思汉，本名调和，京都帝大毕业，1947 年 7 月加入中共，1949 年春任台北市工作委员会委员，年底被杀。

吴俊明，字有辉，新竹人，日本大学毕业，国民党中央警官学校毕业，1948 年 12 月到 1950 年 7 月任彰化市警察局长。

吴竹幸（1918—?），新竹人，东京铁道专科学校机械科毕业，和泰汽车股份有限公司协理。

吴主惠（1907—?），云林土库人，早稻田大学毕业，早稻田大学等学校教授，1966 年聘为台大教授。著有《三民主义的理论与解说》、《华语文法研究》等。

吴国信（1911—?），字忠信，台南人，成城学院高等军政科、法政大学毕业，在大陆参加国民党军队。光复后回台湾，任职于国民党台湾省党部，奉命组织中华海员工会台湾分会，国民党台湾省铁路特别党部委员兼书记长，中华海员工会台湾分会理事长，“国大代表”。

吴瑞诸，1933 年毕业于驹泽大学东洋学科。

吴志诚，1943 年毕业于驹泽大学佛学专科。

吴振声，1943 年驹泽大学佛学专科肄业。

吴文中（1905—?），台南人，中央大学专门部，1929 年文官考试司法科合格。

吴天华，东京美术学校毕业。

何海影（1905—?）台中人，1929 年毕业于明治大学经济科，进入彰化银行台中本店担任书记，一年后辞职南下开设南雄运输株式会社，又承接经营潮恒自动车会社，南雄运输株式会社社长。

何春喜，1915 年前后在东京高等师范学校学习，住东京台湾留学生住所高砂寮。

何非光（1913—1997），本名何德旺，台中市人，1925 年去日本留学，东京大成中学、日本大学毕业，参加东京活画有声映画制作所，学习拍电影。1930 年参加台中人张深切倡导的“台湾演剧研究会”。上海联华影业公司演员，演出多部作品，在上海病逝。

何瑞麟，1928 年前后留学东京医专，参加东京留学生民族民主运动，左派。

何火炎，1927 年前后在早稻田大学高等学院学习，参加东京留学生民主民族运动。

何既明（1923— ），台北市大粮商之子。东京医科大学肄业，外科医生。李登辉好友。南海基金会董事长。主张“台独”。

何基明（1916—1994），台中人，日本写真学校编导科毕业，1937 年应台湾总督府之邀请，返台从事映画赈灾工作。乃以赈灾经费设立台中州学校映画联盟，从事电化教育，后又组织台中州映画协会，负责台中地区的社会教育，1942 年在台中后车站天外天戏院对面设立“台中州映画奉公会”，除放映外，有时拍摄教材片、新闻片。光复后，拍摄工商纪录片，拍摄《薛平贵与王宝钏》等闽南语电影。1956 年成立华兴电影制片厂，台湾电影先驱。

何赤城（1903—?），台中人，父亲何宝琦曾为台湾土地临时调查局通译。日本大学法学部毕业，台中地方法院通译，台中兴业信用组合专务理事。光复后，加入三青团，台中市参议员，台中市第一信用合作社理事主席，省信用合作社联谊会理事。

何火城，何宝琦次子，昭和医专毕业。

何是耕（1919—?），台中县人，日本大学法文学部文学科毕业，东南旅行社股份有限公司副董事长。该公司 1961 年 3 月创立，资本 3900 万新台币，员工 620 人。扶轮社社员。

何金生（1912—?），顶桥人，早稻田第一高等学院文科毕业，伪满洲国沈阳中学教师。战后任沈阳台湾同乡会总干事，协助台湾人返乡，1946 年回台，主管台中县党务，在台中和蔡鸿文、李卿云同时当选第二届省议员，台北市政府民政局长，当选上第二届、第四届台中县长。

何永（1899—?），台南市望族出身，日本巢鸭高中毕业，1950 年创办永丰原造纸股份有限公司。永森企业股份有限公司董事长，该公司 1965 年 6 月创立，资本 9500 万新台币，员工 186 人，红十字会台中分会会员。

何德来（1904—1986），苗栗县人，因家贫于 5 岁时过继给新竹地主何宅五为养子，1932 年毕业于东京美术学校西画科，绘画，参与赤阳洋画会、七星画会、赤岛画会等，主持新竹美术研究会。娶日本女子木邑秀子，有日本居留权。著有自传性画作《五十五首歌》。

何礼栋（1901—1984），竹东人，中医师何义相之子，京都帝大医学部毕业，创立竹东医院，竹东信用组合理事，竹东街协议会员，竹东奉公壮丁团干事，投资台湾耐炼瓦株式会社、竹东茶叶株式会社。光复后，任新竹县接管委员，1954 年当选第二届省议员。高雄医学院董事及教务长，献身医学教育。

何元基（1926— ），1947 年日本东北药科大学毕业，台湾第一制药股份有限公司企划经理。

阿仙，花莲人，1925 年前后在日本留学，进入平安中学、法政大学学习，能高团棒球队队员。

罗万伡（1898—1963），号半仙，埔里人，父亲罗金水是大商人大地主、保正。1916 年到 1922 年在东京明治大学法律科、高等研究科学习，去美国宾夕法尼亚大学学习国际政治学，1928 年 2 月获硕士学位回台湾。任《台湾民报》常务董兼总经理 12 年，1944 年全台六家报社合为一家，任副社长。光复后，台湾人寿保险公司董事，彰化银行董事长，台湾银行董事，台湾水泥公司董事，1946 年 4 月当选台中县参议会议长，国民参政员，1948 年当选“立委”。与林呈禄、蔡式谷、蔡培火、黄朝琴、吴三连等关系密切。

罗万成，帝国音乐学校毕业。

罗沙威，花莲人，1936 年前后留学日本，入平安中学、法政大学，能高团棒球队队员。

罗道厚，花莲人，在平安中学、法政大学学习，1936 年加入法政大学棒球队，能高团棒球队队员。

罗坤春（1924—2002），铜锣人，1940 年到 1945 年在东京城西中学工读，工人，二二八事变时在苗栗组织 200 多人的铜锣治安队，队长为刘阔才。中共党员。

罗灿，东港人，九州大学医学部毕业，开办和春诊所，张丰绪四姐夫。

周福全，台北人，台北市著名牧师周耀彩之子，1895 年 12 月到 1897

年在明治大学普通科学习，

周再赐（1888—1969），屏东人，台北牧师周步霞第三子，1905 年到 1915 年间在同志社中学、同志社大学神学部学习，1921 年获芝加哥大学神学博士，同志社大学神学科助教，兼任同志社中学、同志社女子专门学校教师，日本前桥共爱高等女学校校长，1953 年放弃中国籍，翌年取得日本国籍。著有《宗教心理学中的潜在意识》。

周延寿（1900—?），台北市人，1933 年毕业于京都帝大法学部，高等文官考试司法科合格，执业律师，先后任台湾商工学校、开南商业学校，以及开南工业学校校长，1946 年当选台北市议会议员，后当选议长，参加二二八事变。

周启章，台北人，参事、富商之子，在东京游学，汽车株式会社社长。

周百炼（1909—1991），台北万华人，先后就读于长崎医科大学、九州大学，医学博士，在台北设立内科医院。光复时发起台湾医师公会，自认理事长，1946 年加入国民党，1961 年代理台北市长，1964 年代表国民党与高玉树竞选台北市长，台北市议员，省府委员，1969 年当选国民党监察委员，"监察院副院长"，国民党中央评议委员等。

周英才，武藏高等工业学校毕业，台北市汪明燦的女婿。

周金土（1915—?），号剑魂，台北人，周廷部长房七世孙，在东京留学。光复后，任高雄市政府工商课长、机要秘书等，旋弃官经营建材、建筑、戏院等行业。

周得福（1925—?），台北市人，日本电机学校毕业，市议员，里长，市防护团副大队长。

周神佑，桃园人，东京帝大机械系毕业，钟谦顺外甥。

周石（1919—?），高雄苓雅人，1939 年毕业于神户高等商业学校预科，在广州日本钟纺公司任会计，1946 年回台，任左营炼油厂接收委员。二二八事变时，炼油厂警卫队百余人，手中握有日军遗留下来被私藏的大批枪械。

周市郎（1924— ），高雄市人，日本大仓专校毕业，高雄市振吉电化股份有限公司经理。

周维新，高雄市人，庆应大学毕业，1963 年 6 月任高雄县卫生局长。

周汝川（1917—?），台中人，齿科大学毕业，1960年创办中山牙医专科学校，后改为医学院。

周业山，台南市人，京都两洋中学毕业，市政府事务股长，安南区民政课长。

周诗杰（1924—?），台南县人，东京工学院化工科毕业，东记造纸股份有限公司厂长，该公司1967年4月创立，资本1.2亿新台币，员工330人。

周金波（1920—1947），基隆人，杨阿寿之子，1932年到1941年在日本留学，先后进入中学、日本大学学习，里长，医生。1940年加入“文艺台湾”的有周金波、郭水潭、邱淳洸、邱永汉、黄得时、张文环、林熊生、水荫萍、杨云萍、龙瑛宗等人。参加1943年8月25日的大东亚文学者大会的台湾代表有周金波、齐藤勇、长崎浩、杨云萍等。二二八事变中被杀。著有皇民作品《志愿兵》、《水癌》等。

周碧（1882—?），基隆人，颜东年女婿，早稻田大学校外生，经商。

周维金，新竹人，明治大学毕业。

周逊宽，武藏野音乐学校毕业，参加战后初期台湾文化协进会主办的音乐会。钢琴家。

周耀星（1903—?），台中清水人，1928年毕业于东京商科大学法科。1927年文官高等试验考试司法科及格，日本铁道省调查、出纳、购买、用品课长，仙台铁道局监督部长。光复后，任台北市公用事业管理处处长。

陈铃生，1927年留学东京，东京社会科学部成员。

陈培，1915年前后留学东京，住高砂寮。

陈毓卿，陈培弟弟。

陈春，1897年，在教会资助下去日本留学。

陈某某，同志社大学毕业，1930年任淡水中学主任。

陈溪圳（1895—1990），1916年去日本留学，同志社大学神学部、东京神学校毕业，宜兰教会传道士、双连教会牧师，1940年被选为北部基督长老教会大会议长，1944年，日本基督教团台湾教区、日本圣公会台湾传道区、台湾基督教长老会合组成日本基督教台湾教区，任传道局长，淡水工商专校创办人之一，1978年呼吁取消教会“人权宣言”，但遭到否决。

陈培炳（1896—?），李春生亲友，1896 年随李春生去日本读小学、中学。

陈绍祯，台北人，东京帝国大学毕业，医学博士，日本赤十字社台湾支部医院医员，后自设医院。

陈其昌（1905—1999），台北汐止人，1929 年毕业于日本大学政治科，台湾民众党中央干部组织部长兼政治部长，1931 年到厦门经商。

陈招治（1906—?），台北市人，上野音乐学校师范科毕业，台北第三高等女学校教谕，大日本妇女会台湾分会副会长。光复后，台北市立女子中学校长，台湾大学护校教务主任等，台湾省妇女会理事。丈夫黄朝生在二二八事件中遇难。

陈泗治（1911—1992），台北市人，1934 年毕业于东京学院大学。参加旅日音乐学生组成的“乡土访问音乐团”，巡回台北、新竹、台中、彰化、嘉义、台南、高雄等 7 个城市公演。1946 年毕业回台。台湾神学院讲师，士林长老会牧师，私立纯德女子中学校长，私立淡江中学校长，圣歌队、合唱团指挥。1946 年光复周年时写了“台湾光复节歌”，欢呼光复。晚年倾向于“台独”。

陈绍馨（1906—1966），台北汐止人，父亲陈定国是街长、商工银行监察。日本大学预科、东北帝国大学法文学部毕业，台北帝国大学土俗人种研究室嘱托，日本社会学会评议员，台大教授，省文化协进会理事兼研究组主任，创刊《台湾文化》，台北县志编纂委员。1957 年获日本关西大学文学博士。著有《台湾之城市与工业》等。

陈永福，台北市人，日本久留米医科大学毕业，医学博士，日本公立病院医师。著有《日本医学领域内之大蒜研究概观》等。

陈能通（1899—1947），台北汐止人，出身基督世家，1920 年到 1940 年在日本留学，先后在熊本第五高等学校、京都帝大理学部、东京神学校学习，物理学博士，台南长荣中学教师，台北神学校校长，淡水中学教师，1946 年 5 月任淡水中学校长，二二八事变中为学生收尸，在校园内被捕，与黄阿统、卢园一起被杀。

陈德旺（1910—1984），台北市人，1930 年到 1940 年留学川端绘画学校与本乡绘画研究所，参加台北大稻埕绘画研究所，教师。

陈麗泽，台北市人，长崎医科大学毕业，医学博士。医生。

陈宝川（1917—?），台北市人，1935 年去日本，先后就读东北法政大学法学部、京都大学大学院，考取总督府公费留学，土木工程师，省立法商学院及台大副教授，彰化商业银行经理，省工业会理事，台北区合会储蓄公司董事兼总经理，1969 年增补“国代”，台湾区中小企业银行董事长。著有《民主道德与舆论》、《公设辩护人制度》等。

陈友谅（1917—?），万华人，京都帝大英文科毕业，台湾大学英文教授，开南商工学校校长。

陈有辉（1903—?），台北市人，日本大学毕业，1930 年日本文官高等考试司法科合格。

陈邦鏚，台北市人，艋甲盐务支馆经理、参事陈洛之子，东京海城中学毕业，富豪。

陈北海，台北人，祖父陈能记，父亲陈复礼为煤矿公司董事长、市会议员、保良局长、松山区长、牧师、松社创社社员。日本大学法学部毕业，《台湾新民报》社员。

陈启南，台北人，陈复礼次子，留日时病死。

陈拱北，台北人，陈复礼之子，庆应医大医学博士。

陈来，台北人，陈复礼义子，供养留日，回台后成金融界名人。

陈约翰，台北人，祖父陈能记。京都同志社大学毕业，信用组合理事，汽车行业的代表人物。

陈炯霖，台北人，东京大学医学博士，台湾大学教授，1963 年任妇幼卫生研究所长。

陈儷水，号康平，台北市人，长崎医科大学毕业，医学博士，日据时期，任职于华中铁道公司副参事、上海铁道病院。著有《民族卫生与性病》等。

陈清忠（1895—1960），台北县人，1912 年到 1920 年留学日本，同志社大学毕业，基督教家庭出身，教会遴选留学，1921 年回淡水中学任英文教师，组织了台湾第一支合唱团“淡水中学合唱团”。光复后，任私立纯德女中校长。极力推广橄榄球运动，号称“橄榄球之父”。

陈秋金，日本兽医专门学校毕业，1946 年在美国人开的汽车公司做职员。

陈清汾（1910—1987），字文忠，台北大稻埕人，父亲陈天来为大稻埕大茶商。关西美术院、东京美术学校毕业，1931 年自巴黎回台经营家族企业。与杨三郎等创台阳协会美术展，图画《悲哀的村庄》选入巴黎画展。省府委员，省茶叶公会理事长，台北市体育协会理事长。娶日本贵族田中花子，儿子陈守山。

陈守实，台北大稻埕，陈天来之孙，陈清波之子，在日本皇家学习院学习，与明仁天皇同学。辜濂松妹婿，陈守山堂兄弟。

陈重光（1913—?），台北市人，成城中学毕业，到大陆经商，战后回台做官、经商，协荣航业公司董事长，台北市议员，省议员。促成李登辉与民进党主席黄信介的会谈，参与 1990 年的“国是”会议筹备。著有《议会八年》。

陈重文，台北士林人，日本大学齿科部、大阪医大毕业，医学博士。开业医生。

陈芳灿（1921—?），台北市人，京都大学工学院毕业，义芳化学公司董事长，该公司 1950 年 2 月创办，资本 1.03 亿新台币，员工 150 人。大洋塑胶工业股份有限公司总经理，该公司 1965 年 4 月创办，资本 4.18 亿新台币，员工 800 人。

陈永富（1922—?），台北市人，京都大学毕业，太平产物保险股份有限公司火险部经理，该公司 1929 年 1 月创立。

陈植棋（1906—1931），台北汐止人，1925 年到东京美术学校西洋画科学习，与倪蒋怀、陈澄波、陈英声、陈承藩、蓝荫鼎、陈银用组成七星画坛和赤岛社。

陈茂远，台北人，早稻田工业学校肄业，1946 年 8 月任警务处警察修械所主任。

陈茂榜（1914—1991），台北县人，东京电气学校毕业，声宝电器股份有限公司董事长，创立大小企业 20 多家，《台湾时报》发行人，革命实践研究院台湾问题研究会第一期毕业，台北市议员，省议员，“中华民国”电工器材公会理事长。著有《经营漫谈》等。

陈舜臣（1924—?），台北新庄人，大阪外语学校印度语部毕业，1990

年代初安排司马辽太郎与李登辉见面。著有《方壶园》、《鸦片战争》等。

陈春德（1915—1947），台北市人，1935 年到美术学校工艺图案科留学，1938 年与洪瑞麟等组织 MOUVE 洋画团体，主张活泼自由的创作展出，创作油画、水彩、玻璃画、插画、书籍装帧，尤其擅长随笔写作。

陈文祥（1923—?），台北市人，早稻田大学专门部建筑科毕业，台湾大学工学院高等考试土木工程科及格，先后任职于台湾大学、省水利局，对台湾水利工程贡献很大，受到蒋介石、蒋经国父子奖慰。

陈增福，颍川增福，台北万华人，1923 年律师考试及格，在台北市开业。

陈岚峰（1897—1969），宜兰人，1926 年毕业于日本士官学校第 17 期，黄埔军校教官，北伐军东路军总指挥部参谋，中央军官学校大队长，参加第五次围剿红军军事行动，抗战期间任参谋长、师长等，1948 年省议会推选为"监察委员"，闽台行署委员，"国防委员会"召集人。

陈长寿，桃园人，东京工业大学毕业，1964 年 4 月当选桃园县长。

陈维谦（1922—?），桃园县人，早稻田大学商科毕业，台荣产业股份有限公司董事长。该公司 1969 年 3 月创办，资本 3.35 亿新台币，员工 254 人。

陈茂源（1903—?），大溪人，1928 年毕业于东京帝国大学法科，文官高等试验考试司法科及格，1929 年任东京地方裁判所司法官试补。光复后，任台湾大学法学院教授。

陈文彰（1925—?），桃园人，兴亚大学毕业，桃园面粉工业股份有限公司董事长，该公司 1956 年 7 月创办，资本 2000 万新台币，员工 40 人。狮子会桃园分会会长。

陈绍英（1925—?），竹南人，1940 年毕业于东京中野中学，受河上肇等马列主义书籍影响，乡农会干事，因政治入狱 13 年。

陈启贞（1883—1945），高雄人，南部首富陈中和长子，1900 年到庆应义塾中学部读书，回台湾任乌树林制盐株式会社监察人、社长，参事，街协，州会议员，1928 年入选台湾总督府评议会，获总督府颁发的台湾绅士章。

陈启亨（1883—?），高雄人，1900 年到庆应义塾普通科留学。

陈启瀛（1884—?），高雄人，1900 年去庆应义塾普通科学习。

陈启南（1887—?），高雄陈中和第三子。1900 年去庆应义塾普通科学习。任职于家族企业南兴碾米厂、新兴制糖株式会社等。

陈有礼（1883—?），高雄人，1900 年进入庆应义塾普通科。

陈瑞泰（1885—?），高雄人，1900 年进入庆应义塾普通科。

陈清源（1886—?），高雄人，1900 年进入庆应义塾普通科。

陈龙门（1884—?），高雄人，1900 年进入庆应义塾普通科。

陈启峰（1892—1984），高雄人，陈中和第四子。庆应大学商科毕业，任职于新兴制糖株式会社、乌树林制盐株式会社、陈中和物产株式会社、华南银行，高雄州协议员，市财务委员。

陈启清（1893—1989），陈中和五子，1925 年毕业于明治大学政治系，1935 年官选市会议员，皇民奉公会中委。光复后，高市首届参议员，“制宪国大代表”，高雄市议员，省府委员，台泥副董事长，中国信托常务董事，商业总会理事长，工商协进会常务理事，第一银行董事长，中美经济合作策进会常务监察人，可口可乐公司董事长，高雄中学校长。丘念台好友，辜振甫副手，张丰绪岳父。

陈启川（1899—1993），陈中和六子，1920 年毕业于庆应义塾大学经济科，家族企业任职，四家银行董事，《兴南新闻》、《高雄新报》董事，1931 年到 1935 年任高雄市协议会议员。蒋介石点将参加 1960 年和 1968 年的高雄市长选举，均当选。国民党中央评议委员会委员，省府顾问，《台湾新生报》董事，“光复大陆设计委员会副主委”。

陈启琛（1901—?），陈中和第七子，从庆应幼稚园一直读到大学，三菱东京本社干部。

陈启安，陈中和第九子，庆应大学、法政大学政经科毕业，新兴制糖株式会社经理，兴南董事长，苓雅区副区长。

陈启辉，陈中和第十子。庆应大学毕业。

陈启裕（1889—?），陈中和族人，1904 年去日本留学，早稻田小学校寻常科毕业。

陈启山（1888—?），陈中和侄子，1905 年去日本留学，横滨第四小学毕业。

陈田锚（1929—　），高雄市陈启清之子，近畿大学商经学部经营科毕业，高雄市议会议员、议长，1992 年创立大众银行，儿子建平是“立委”。

陈天道（1903—?），高雄市人，法政大学毕业，地主，官吏，1935 年民选高雄市会议员。

陈江山（1899—1976），屏东东港人，东京医学专门学校毕业，牙科医生，1942 年日本殖民者制造“东港事件”，被捕入狱，同时被捕者有欧清石、陈皆兴、郭国基等 200 多人，被列为主犯，以“阴谋台湾脱离日本统治”的罪名判刑 15 年，1948 年 7 月，与丘念台、陈岚峰、陈庆华、李缎等 5 人当选第一届“行宪监察委员”。

陈文彬（1904—1982），高雄冈山人，1931 年毕业于东京法政大学哲学系，复旦大学教授，1934 年回日本法政大学任教，战后任台湾同乡会和东京华侨总会会长，1946 年回台，台北建国中学校长，台大教授，二二八事变时为保释学生被拘 50 多天，《人民导报》主笔，1949 年回大陆，研究文字改革，全国政协委员。著有《中国语读本》等。

陈承藩，1927 年毕业于东京美术学校。

陈汉平（1907—1969），字鹤飞，高雄市人，1923 年到 1929 年在日本留学，先后进入日本大学、陆军士官学校第 20 期炮科学习，留日期间加入国民党，1929 年去黄埔军校教官，后历任国军队长、训练主任、团长、少将参谋长等，参加台北市公会堂日军投降仪式，历任高雄港港口运输司令、台湾省警备司令部高级参谋、高雄市政府主任秘书、市政府顾问、《中央日报》社高雄分社主任等职。

陈新安，柏舟，高雄人，京都帝大法科毕业，高雄县议员，1954 年 5 月当选高雄县长，1957 年任粮食局台南事务所长，市府主任秘书。

陈水印（1908—1989），高雄人，余陈月瑛二哥，1939 年毕业于日本医科大学，高雄官立医院医生，后自开医院，地方意见领袖，二二八事件时被捕，花钱被释放，当选两届前金区长，第一届市议员。

陈某某，高雄人，余陈月瑛四哥，医科大学毕业。

陈某某，高雄人，余陈月瑛五姊，洋裁专门学校毕业。

陈德兴（1905—?），高雄人，1923 年进入东京正则英语学校，在日本目睹农工运动蓬勃发展，以及日本中等以上学校许多学生研读《无产者经济学》、《共产主义 ABC》等现象，回台后关注农工，台湾农民组合中央委员，台共中央委员。

陈贻浦（1927—?），高雄人，千叶中学毕业，泰华油脂工业股份有限公司总经理。

陈浴沂（1919—?），苓仔寮人，先后毕业于丰国中学、庆应大学中文系，在校读三民主义，首届高雄市参议员，不满政府办事作风，提议组织工会，二二八事变时被抓，后逃到香港经商，香港台商会长。

陈水木（金木）（？—1950），苓仔寮人，陈浴沂小弟，熊本外语学校毕业，光复后回台读台北师范学院，受社会主义影响，1947 年二二八事件时因参加忠义服务队被捕。

陈南辉（1896—1958），苑里人，区长、庄长陈瑚长子，1918 年毕业于东京府立第四中学，台北医学专门学校毕业，公医，外科医生，苑里庄协议会员，光复后，苑里镇长，苑里水利会会长，农会会长。妻子朱端是朱江淮大姐。

陈庆华（1903—1988），员林人，陈彩龙堂弟，杨肇嘉妹婿，1930 年毕业于早稻田大学法律科，1930 年通过高等文官考试司法科，历任东京、宫崎、福冈、小仓、久留米等地地方法院判事，日本投降时，九州台人 4 千多成立台湾同乡会，任会长，处理返乡事宜，1946 年返台，省政府地政局专员，台湾高等法院检察官，1947 年 7 月当选“监察委员”，1950 年任省地方选举监察委员会主任委员，台湾区红糖工业同业公会理事长。

陈金水，北斗人，明治大学毕业，在东京参加台湾青年会、台湾议会设置请愿运动。

陈炘（1893—1947），台中人，1922 年毕业于庆应大学经济科，大甲社尾望族出身。留日时热心民族民主运动，参加新民会、台湾文化协会、台湾议会设置请愿运动，大东信托公司总经理，台湾信托公司总经理，台湾金融业先驱，战后组织大公公司，二二八事变时被杀。

陈盘谷，台中人，陈炘长子，在东京读中学，1944 年入日军服役，1946 年回台湾。

陈作忠，父亲陈有光是富豪、保正。日本大学法科毕业，信用组合长，庄协议会会员。

陈琼琚（1895—?），大甲人，京都同志社大学英文科毕业，淡水中学教师，编教会报。

陈茂源（1903—?），桃园大溪人，1928年毕业于东京帝大法科，1928年10月文官考试司法科合格，东京地方裁判所司法官试补、预备判事，长野地方裁判所松本支部判事，在东京加入新民会，也是林献堂“留东诗友会”成员。光复后，任台湾大学法律系教授，翻译恩师矢内原忠雄的《日本帝国主义下之台湾》。妻子林芯是林熊祥长女。著有《自由丘吟草》。

陈思聪，南投人，1915年前后留学日本。

陈淑真（1912—?），台南人，帝国女子医专毕业，丈夫林跃鲤。

陈新彬（1897—?），龙井人，1923年到1929年在日本留学，先后毕业于东京医专、东京帝大医学部，医学博士，在台中开办新彬医院。

陈天赐（1898—1955），台中梧棲人，1920年毕业于日本大学法律科，1920年赴河北，安次县廊坊镇公安分局长，故城县郑镇公安分局局长，密云县承审官，1931年在北平创办志诚实业有限公司，日军占领北平后，任定县县长，后在北平当律师，编《中华法令旬刊》。战后回台就职高雄等地方法院。

陈来旺（1907—?），台中梧棲人，出身富商家庭，1927年前后在东京成城学院学习，东京社会科学部成员，台共党员，日共民族支部东京特别分部负责人。

陈荣（1916—?），又名陈垂映，台中市人，早稻田大学商科毕业，信托投资有限公司副总经理，该公司1966年3月创办。中国租赁股份有限公司副董事长，该公司1977年10月创办。著有小说《暖流寒流》等。

陈茂堤（1893—?），台中市人，1935年毕业于庆应大学，医学博士，台中开业医生。台湾文化协会创始会员之一，文化协会评议员，台湾民众党台中支部委员。光复后，省参议员，台湾省医师公会理事，台中市医师公会理事长。

陈逊仁（？—1940），台中人，1930年进入东京医专学习，留在日本。

陈逊章（1917—?），台中人，1936年到1941年在日本留学，先后进入早稻田大学法文系、基督教神学校学习，任职于大公企业公司、台湾信托公司、华南银行皇民奉公会台中支部，做过陈炘的秘书。

陈东轩（1922—?），台中人，武道专校肄业，世奇塑橡胶股份有限公司总经理，该公司1976年8月创办，资本600万新台币，员工136人。

陈新耀（1924—?），台中县人，日本体育专校毕业，永丰原造纸股份有限公司总务经理，该公司1948年1月创办，资本5.42亿新台币。

陈晓鳌（1924—?），台中县人，中央大学经济科毕业，1948年9月任职彰化银行清水分行，华南商业银行总经理第一商银行董事长，省合作金库总经理。

陈亭卿（1914—?），龙井人，广岛修道中学毕业，伪满洲国经济部事务官，1946年回台。认为日本侵略中国，是因人口太多无处去。1946年12月任台湾省广播电台文书股总干事，筹备高雄台。二二八事变时因煽动民众被判刑1年6个月。华南银行职员。

陈奇禄（1923—?），台南县人，国民党副秘书长，“行政院政务委员”，“行政院文化建设委员会主委”，“总统府国策顾问”，公共电视台筹备委员会主委，“国家文化艺术基金会”董事长等。

陈苍陆，台南东山人，在东京私立中学学习。

陈鸿湖，台南东山人，在东京私立中学学习。

陈南有，台南东山人，在东京私立中学学习。

陈天海，台南东山人，在东京私立中学学习。

陈华宗（1903—1968），台南学甲人，立正大学史学科毕业，1935年任学甲庄长，1941年任嘉南大圳水利组合会议员。战后任接收委员，1950年当选嘉南大圳水利委员会副主任委员，1959年当选嘉南农田水利会长，1946年台南县第一届参议会议长，1964年当选第三届省议员。

陈省吾，台南，九州医学专门学校毕业，1957年5月任台南县卫生院长。

陈金树，台南人，九州帝大附属医学专门部毕业，医学博士，1962年后历任嘉义医院院长，台南医院院长。

陈愈之，字英敏，台南人，九州帝国大学毕业，医学博士，1963年2月任卫生试验所所长，台中医院院长。

陈友钦，字式鹏，台南人，警察局长，省府委员，建设厅长。

陈纯义，台南曾文郡官田庄，1929年毕业于中央大学政治科，官田信贩购利组合理事，官田部落振兴会长。

陈天阶，富家子弟，中央大学毕业，《兴南新闻》编辑，《台湾新生报》南部主任，参与接收《台湾新报》南部分社，二二八事变后辞职。

陈永祯，台南官田庄地主家庭出身，早稻田大学商科毕业。

陈永祈（？—1987），早稻田大学建筑科毕业，定居日本。

陈沧水，台南人，1936 年前后在东京兽医专科学校学习，在东京与钟谦顺同学。

陈嘉树（1919—?），台南市人，父亲陈瑞山为台南州会议员、香烟专卖代理商、台湾储蓄银行监察人。广岛高等学校机械科毕业，经椎名悦三郎、杨兰洲介绍去东北，任伪满洲国产业调查局局长，和岸信介熟识。光复后，悦三郎去台湾，受到其在伪满洲国的部属宴请。

陈嘉滨（1920—?），台南市人，陈嘉树二弟，广岛高等工业学校电气科毕业。

陈日三（1928—?），台南县人，日本上海商业学校高级部统一企业副总经理。

陈明清（1903—1964），台南人，中央大学法学部毕业，1932 年文官高考司法科及格，司法官试补，1934 年到 1940 年在日本任职。光复后，新竹法院判官，1945 年 8 月任新竹法院院长，1950 年退休，台南律师，妻子高锦花。

陈自西，台南人，父亲陈人英是参事、庄协。早稻田大学专门部毕业，庄长，信用组合长。

陈玉麟（1921—?），台南市人，先后毕业于熊本大学药学部、九州帝国大学，农学博士，1942 年回台湾，台湾大学教授，1951 年去美国农业部做农业研究。

陈福星，台南市人，日本大学哲学系毕业。

陈牛港（1896—1959），斗南人，1926 年去日本中央大学法科学习，1932 年通过日本文官高等考试司法科，返嘉义开业做律师，1939 年当选第二届嘉义市会议员。光复时，协助接收，二二八事变后任嘉义初级中学校长，翌年辞职。

陈尚文（1897—1969），名周，嘉义朴子，1923 年毕业于东京工业大学电气化学科，返台任职于中央研究所，1932 年赴山西，任西北实业公司电化厂总工程师，抗战期间历任四川省工业试验所所长、中央工业试验所总工程师。光复后，任台湾省建设厅副厅长、厅长，1950 年任省府委员，夫人吕锦花。

陈澄波（1895—1947），嘉义人，父亲是秀才。1924 年到 1929 年在日本留学，先后在东京美术学校、西画研究所学习绘画，1929 年到 1933 年在上海，1934 年在台湾组织“台阳”，1927 年油画“嘉义郊外”入选第七回“日本帝国绘画展”。1945 年任嘉义市各界欢迎国民政府筹备委员会主任委员，1946 年当选嘉义市参议员。二二八事变时被杀。

陈宗惠，嘉义人，父亲陈老英开业医生。慈惠医科大学博士，回台做医生。

陈嘉音，嘉义人，祖父是陈老英。爱知医科大学博士。

陈锋泉（1919—?），日本国学院大学毕业，华侨信托投资股份有限公司副总经理兼高雄分公司经理，该公司 1971 年 7 月创办，资本 5.2 亿新台币，员工 196 人。

陈启嵩（1923—?），嘉义市人，日本同志社商业专科学校毕业，大恭化学工业股份有限公司董事长，该公司 1966 年创办于台北，资本 9000 万新台币，员工 180 人，生产颜料，参加扶轮社。

陈复志（1911—1947），士贤，东京神田大成中学毕业，黄埔军校第 8 期毕业。抗战中升副团长，光复后，回台湾任国防部中校参谋，筹组三青团台湾区团，任嘉义分团主任，对嘉义宪兵队长李士荣贪污进行检举，被推为“嘉义市二二八事件处理委员会”主任委员兼防卫司令部司令，虽然没有接受，但仍于 3 月 18 日被国军枪杀。

陈寿连（？—1973），嘉义人，日本兽医学校毕业，基隆市家畜疾病防治所所长。

陈绍祯，南投人，兄陈上达是参事、清朝武秀才。东京帝国大学医学博士，庄协议会员，自己开办医院。

陈神俊，南投人，父亲陈上达是武秀才、富豪。堂叔陈绍祯。昭和医专毕业，医生。

陈土根（1925—?），南投县人，近畿大学商经科毕业，大西洋饮料股份有限公司董事长，该公司 1965 年 7 月创办，资本 2 亿新台币，员工 115 人；旭顺食品有限公司董事长，该公司 1973 年 9 月创办。

陈彩龙（1890—?），南投人，先后留学于东京帝大、庆应大学，医学博士，在竹山开诊所，在台中开办颍川医院，台中医院院长，1954 年当选三届临时省议员，连任。

陈瑞方，台中人，陈彩龙长子，留日学医，妇产科名医。彭明敏大姐夫。

陈端堂，台中人，陈彩龙四子，大阪帝国大学、日本帝大博士，颍川医院医生，当选第七届台中市长。

陈水潭（1897—1956），台中丰原人，陈彩龙之弟，1925 年毕业于东京医学专门学校，台中丰原街开业名医，丰原街协议会员，加入台湾地方自治联盟，皇民奉公会台中支部奉公委员。光复后，丰原镇长，县议员，当选临时省议员，1951 年竞选首届台中县长，败于林鹤年，1954 年当选第二届台中县长。台中县地方派系黑派创始人。

陈锡卿，台中人，陈彩龙堂弟。彰化县长及省民政厅长。

陈景崧，彰化人，日本大学医学部毕业，在彰化田中行医。

陈满盈（1896—1965），笔名虚谷，彰化和美人，生父贫穷，过继给陈姓地主。1923 年毕业于明治大学政治经济科，1925 年筹划中央俱乐部，参加台湾议会设置请愿运动，1932 年担任《台湾新民报》学术部部员，和美恒生信用贩卖利用组合长，省通志馆委员、顾问。诗人，著有《虚谷诗集》、小说《他发财了》等。

陈全生（1909—?），彰化人，京都帝大法学科毕业，中国电器股份有限公司董事长兼总经理，该公司 1955 年 2 月创办，资本 2.3 亿新台币，员工 1580 人。

陈朔方（1890—?），彰化人，1926 年去东京医专学习，东京台湾青年会成员，在台中开办体仁医院，台中市会议员。

陈荣方（陈英方）（1898—?），陈朔方弟弟，日本医专毕业，彰化街体仁医院长，街协议会员，光复后，与兄朔方同为医师公会员。

陈昌信（1913—?），彰化县人，田中国民学校高等科毕业，伍常企业有限公司董事长，该公司 1971 年 6 月创办，资本 300 万新台币，员工 20

人，生产厨房用具。

陈万居，号云翔，彰化人，同主大学医学解剖博士，澎湖医院院长，1947 年 10 月任宜兰医院长，后任新竹医院院长。

陈万（1905—1988），号如章，南投集集人，1930 年毕业于东洋大学伦理文科，加入《台湾新民报》社，历任台南、高雄、台中支局长，台中州青果同业组合评议员，《兴南新闻》社企划部长兼工务部长。光复后，省民政专员，《全民日报》总经理，《中华日报》、《台湾新生报》董事，省府委员，彰化银行董事，高雄县民政局长等。

陈耕元（1905—1958），卑南社原住民，1932 年到 1935 年在横滨商专学习，优秀棒球运动员，1929 年参加嘉义农林学校棒球队，该队 1931 年获日本全国中等学校棒球大赛亚军。光复后，先后出任嘉义农林学校教师、台东农校校长、台东县长，县议员，省议员，原住民主委。

陈进东，本姓江，宜兰人，陈辉煌三子陈振光的养子，大地主。1920 年进入长崎医科大学学习，创办大同医院。宜兰县议会议长，1964 年 6 月到 1973 年 2 月当选两任民选县长，兼县文献委员会主委。与兄弟陈进富为宜兰第一大地方派系核心人物。

陈进富，宜兰人，陈进东之弟，宜兰县议会议长。

陈水土（逸松）（1907—1999），宜兰人，祖父陈辉煌是清朝二品大官。1920 年到 1931 年在日本留学，先后毕业于冈山二中、冈山第六高等学校、东京帝大法学部，高等文官考试司法科合格，1933 年返台开业律师，1935 年民选台北市议员，1941 年任台北市律师公会副会长。光复初任三青团台北分团团长，发行《政经报》，参加光复致敬团，中央银行常务董事。二二八事件处理委员会委员之一。1964 年与高玉树、周百链竞选台北市长。陈逸松口述、林忠胜撰写《陈逸松回忆录》，前卫出版社 1994 年出版。

陈清江，宜兰人，通信学校法制学会肄业，1953 年 8 月到 1956 年 7 月民选三星乡乡长。

陈金波（1889—1961），字镜秋，号雪峰，宜兰人，1919 年进入东京帝国大学医学部研究，1920 年 10 月出任首届街协议会员，1922 年起担任文化协会理事，参加会务活动。1926 年为宜兰街助役，1927 年 7 月，加入台湾民众党并担任该党中央执行委员及宜兰支部常务委员，1935 年 11 月以最高票当选首届民选宜兰街协议会员，1936年参加台北州会议员选举，以最高票当选唯一的议员。1945年11月代理宜兰市长，致力于地方教育权之争取。

陈坤臣（1902—?），宜兰罗东人，在日本读中学，1941年后做过防护团团长，五结农会负责人，代表主席，村长，及利泽简教师6年。

陈呈祥，宜兰罗东人，地主陈进财长子，兄弟数人全部留学日本，妻子石满。1931年毕业于名古屋大学医科，光复后，台北县卫生院罗东分院院长，宜兰医院院长、卫生局长。

陈某某，宜兰罗东人，陈呈祥弟弟，岗山中学毕业。

陈呈云（1904—1938），宜兰罗东人，罗东街长、罗东米谷配销组合组合长陈纯精之子。陈纯精因有功于殖民产业发展于1933年应邀参加天皇主持的“观菊御会”。陈呈云毕业于私立东京高等音乐学校，专攻钢琴和作曲，回台后任职基隆公学校及罗东女子公学校。娶日本女子为妻。

陈汉起（1901—?），东京齿科专校毕业，医生。

陈金（1916—?），日本大学毕业，开办永安齿科医院。

陈旺枝，宜兰人，日本工业学校毕业，回台后任保正，光复后，先后任村长、乡代表、代表会主席，任调解委员会主席6届。

陈金溶（1922—?），基隆人，横滨市立经济专门学校毕业，台湾炼铁股份有限公司总务处长。

陈汉洲（汉周），基隆人，留日学医，在基隆做齿科医生。

陈长钟（1918—?），桃园人，日本大学商科毕业，新生产业股份有限公司总经理，1971年11月创办，资本6000万新台币。

陈家樵（1918—?），彰化人，京都同志社大学毕业，彰化商业银行总务室主任，该银行1905年创立。

陈定国（1923—1999），新竹人，东京太平洋美术学校毕业，回台后，省文化宣传促进会常务委员，后转任教师，历任新埔“国中”及新埔“国小”美术科教师20多年，指导学生皆有所成。光复初期即致力于漫画创作，誉为“台湾漫画先驱”，绘有连载漫画《三藏取经》、《白蛇传》、《吕四娘》、《花小妹》、《西游记》、《三国演义》、《孟丽君》、《王宝钏》等，宣传忠孝礼节义，获表彰无数，1973年受到蒋介石接见。

陈进（1907—1998），新竹牛埔庄人，国语传习所甲科毕业、庄长、区长、富豪陈云如之女。1925 年到 1929 年留日，毕业于东京女子美术学校日本画师范科，又进入新风俗画家镝木清方私塾学习，首位赴日学画的女子，中学美术教师，台湾省美术展览审查员。国际知名的东洋画画家，擅长人物画。

陈璧，新竹牛埔庄人，陈云如次女，东京女子医专毕业，开业医生。

陈永珍，区长、州协陈羹梅次子。早稻田大学政治经济科毕业，《台湾新民报》新竹支局长，农业、渔业组合长，庄长。

陈清池，新竹人，东洋大学毕业，1951 年 8 月到 1954 年 10 月任台北县民政局局长。编著《林耀亭翁：面影》，台中市，耀亭翁遗德刊行会 1938 年刊行。

陈振武（1923—?），云林人，1943 年 10 月去日留学，京都大学医学部肄业，1946 年转学到台湾大学，台大医学院眼科医生，省卫生处砂眼中心医师，1957 年到 1989 年任高雄医学院眼科教授。

陈义顺（1906—1942），号哲生，云林土库人，早稻田大学毕业，参加上海革命组织，台湾省党部筹备处组织科长，任日本人在香港的《珠江日报》记者，进行地下活动。1940 年 1 月 29 日被捕，1942 年 2 月被杀。

陈炯熙（1922—?），云林人，公众卫生院医学科毕业，台北赤十字病院医师、省卫生处技术室主任。

陈英松，云林人，名古屋帝国大学医学专门部毕业，嘉义医院院长。

某某，云林人，东京齿科大学，在东京行医。

陈春信（1923—?），彰化人，庆应大学毕业，国华产物保险有限公司主任秘书。

陈馨，彰化人，日本玫玉社高等工业学校毕业，1977 年任曾文水库管理局长。

陈世荣（1918—?），东北帝国大学法科毕业，高等文官考试司法科合格。1946 年初回台，台北地方法院检察官、推事，高等法院推事、大法官，兼任台湾大学教授。著有《抵押权之实行》、《强制执行法诠译》、《票据法总则诠译》、《票据之利用与流通》等。

陈伯村，彰化人，京都大学法学研究所毕业，先后任台南市和台中市政府主任秘书。

陈朝景（1903—1966），屏东里港人，就读于东京明治中学、中央大学法律科、法政大学政治科，1932年司法书士考试合格，返回家乡开业，长老教会中学评议员，里港庄协议会员，教化委员。光复后，高雄县参议会主任秘书，高雄县农会理事长，屏东县议会二、三、四、六届县议员等。

陈智雄（1916—1963），屏东人，青山学院和东京外语专科学校毕业，任职日本外务省，1941年太平洋战争爆发后被派赴印尼。战后辞去外务省职务，做珠宝生意，资助印尼独立运动，印尼独立后被奉为国宾，出任廖文毅的“台湾共和国临时政府”驻东南亚“巡回大使”，四处宣传“台独”，1959年在日本被国民党情治人员绑架，用邮袋运回台湾，被许以省府参议，但仍主张台湾独立“建国”。1961年组织同心社，1963年5月28日被枪毙。

陈篡地（1907—1986），彰化二水人，1933年毕业于大阪高等医学专校，在日留学期间加入日本共产党外围组织“戊辰会”，被日警逮捕关押一年。1933年回台在云林斗南镇开业，后至斗六开设眼科医院，日军中尉军医。二二八事件中率民众武装“斗六队”与国军战斗，潜逃山区，1953年出面自首。

陈翠玉（？—1988），彰化人，日本圣路加女专护理科毕业，台大医院护理部主任，台大护理学校校长，加拿大护理教育硕士，1959年去美联合国卫生组织18年，1984年到1987年任台湾人公共事务协会中央委员，妇女台湾民主运动发起人发言人，人权协会顾问。

陈书友（1923—?），彰化人，近畿大学化学科毕业，经营榨油业总源企业股份有限公司董事长工业总会理事。

陈火桐（1925—?），彰化人，富商陈金发之子，去日本就读小学、中学、法政大学，车乐美缝衣机股份有限公司董事兼副总经理，该公司是日本人1969年4月创办的，资本1.1亿新台币，员工500人。1962年因廖文毅案被捕。

陈光熙，京都帝国大学法科毕业，漫画家。就读京都帝国大学法科时，就在《台湾新民报》、《台湾日日新报》发表漫画。战后担任中学训导主任、校长。他以笔名“羊鸣”发表了宣传反攻大陆的漫画《小八爷》于《学友》月刊。另有《新生活运动》、《守望相助》等漫画。

陈文仁，东京帝国大学政治科毕业，延平学院教师。

陈炎坤（1921—?），南投埔里人，地主兼商人家庭出身。1933 年去日本读中学 5 年，到大陆上大学。1945 年回台。二二八事件时家里藏有 3 个外省人。

陈金河（1923—?），陈炎坤二弟，1933 年去日本读中学，到大陆上大学，1945 年回台，1950 年因蔡孝乾案被判刑 10 年，出狱后以翻译为生，但仍受管制。

陈换治，陈炎坤三妹，东京服装学院毕业。到伪满洲国新京工作，与丰原人袁柏樑结婚。

陈界和，留日学经济，光复后自日本回台，和李登辉一起转进台湾大学农经系。

陈卓木，1943 年前后在法政大学经济科学习，和陈火桐同学。

陈某，1933 年前后在大阪齿科专门学校学习。

陈吉村，1943 年毕业于驹泽大学佛学科。

陈宗，1931 年毕业于早稻田大学法学部。

陈暖玉，东洋音乐学校毕业。

陈雪卿，东洋音乐学校毕业。

陈南山，帝国音乐学校毕业。

陈敬辉，留日学习美术，1935 年 6 月 9 日，与吕铁州等五人组织“六砚会”。

林明德（1914—?），淡水人，1933 年到 1944 年在日本留学，在日本大学艺术科学习和跟私人研究舞蹈。1944 年返台，进行西洋舞蹈创作教育和表演活动。

林和彦，东京医专毕业，宜兰医院医生。

林兑，1926 年前后在日本大学学习，参加东京台湾青年社会科学研究会。

林本元（1896—?），台北市人，明治大学毕业，任职于台湾省长官公署及省政府财政厅，1960 年退休。著有《中国语国音篇》、《台湾白话三字文》、《林本元先生自传》等。

林柏寿（1895—1986），字季丞，板桥人，大地主大商人大官僚林维源之子，1910 年到 1913 年就读于东京皇家学习院，1918 年回台湾任林本源制糖株式会社监事，1922 年成立林本源柏记产业株式会社，1924 年留学英国伦敦大学经济系，1926 年留学法国巴黎。回台后担任台湾商工银行、林本源维记兴业株式会社、林本源兴殖株式会社暨事业董事。不愿做殖民政府的官员，不为殖民政府谅解，遂流寓越南西贡以避祸。光复后，回台湾任台湾水泥公司董事长，“中国国际商业银行”董事长，台湾电视公司首任董事长，并投资中华开发公司。

林松寿（？—1932），板桥人，日本皇家学习院中学部，担任北洋军阀政府交通署长。

林鹤寿，林本源制糖株式会社社长。

林子畏（宗敬），板桥人，林松寿之子，东京晓星中学毕业。

林海达，板桥人，林嵩寿之子，京都帝大经济科毕业。

林熊祥（1896—1973），字文访，号宜斋。板桥人，1910 年到 1913 年在皇家学习院高等科学习，与天皇裕仁同学。建兴公司社长，林本源制糖株式会社董事，台北商事会社董事，皇民奉公会中央本部参与。光复后，台湾省通志馆顾问委员，台湾省文献会主任委员。著有《台湾史略》、《林文访先生诗文集》等。

林熊光（1897—1974），字朗庵。板桥人，皇家学习院、东京帝国大学经济学部毕业，有 5300 甲土地，全台首富。大成火灾海上保险会社常务董事，到南美洲投资，连任三届台北州协议会员，总督府评议会员。第二任台湾总督乃木曾任学习院长，要林家为日本皇家藩屏，故儿子全在皇家学习院学习。著有《宝宋室笔记》等。

林明成，板桥人，林熊征之子。

林景仁，号小眉，板桥人，林维源之孙，林尔嘉长子，留学日本皇家学习院，伪满洲国外交部欧美科科长。著有诗文集《摩达山漫草》、《天池草》、《东宁草》。

林刚义（刚毅），板桥人，林尔嘉二子，大阪商工学校毕业，回鼓浪屿搞化学实验。

林崇智（1897—?），板桥人，林尔嘉四子，皇家学习院、东京帝国大学毕业，省文献委员会副主任委员。

林履信（1900—1954），字希庄，板桥人，林尔嘉五子，皇家学习院、东京帝国大学文科毕业，《台湾新民报》社监事，厦门《全闽新日报》总主笔。著有《希庄学术论丛》、《洪范之体系的社会经纶思想》、《萧伯纳研究》等。

林宗贤，板桥人，林祖寿长子，京都帝大法学部毕业，台泥常务监察人。光复初任国民参政员及“立委”。

林宗慎，板桥人，林祖寿四子，1951年当选板桥镇长。

林衡道（1915—1997），板桥人，父亲林熊祥、母亲为内阁学士陈宝琛之妹。1925年到1938年在日本学习，就读于小学、中学、仙台东北帝大经济系，台湾大学、淡江大学等学校教授，台北市政府安全室主任，台北市文献委员会主委，省文献委员主委。著有《风物志》、《日本游记》、《日本古典文学读本》、《政治与社会》、《台湾一百名人小传》等。

林乃敏，嘉义人，中学、东京帝大法学部毕业，日本文官高等试验外交科考试合格。日本遞信省事务官。光复后任美国安全总署中国分署工业组长，延平学院教师。

林嘉雄，东京日本学校毕业，1945年12月任粮食局台东事务所长。

林朝宗（1905—?），新庄人，地主家庭出身，日本大学专修生，东京社会科学部成员，台湾民族支部中央常委。

林朝卿，台北人，东京农业大学毕业，1949年3月任蚕业改良场长。

林佛国（1885—?），号石崖，景美人，书香门第、父亲有五品军功。私立东京法政大学毕业，学校训导，州协议会员，《台湾日日新报》记者、编辑，常组团回祖国参访。光复后，台北县参议员，第一届县议员。著有《台湾今昔论》、《日本地方自治》等。

（林）蔡娩（1911—?），昭和女子药学专门学校毕业，台大医院药剂师。丈夫林清安也在日本留学。

林柳新（1912—1973），台北市人，日本医科大学，医学博士、理学博士。日本帝国大学医师。光复后，省立台北妇产科医院副院长，基隆医院院长，省府卫生处技术室主任。著有《家庭药学》等。

林天祐（1913—1995），台北新庄人，1932年毕业于东京私立中学，医学博士，著名胸腔外科医生，发明“手指肝切法”享誉世界。

林天赐（1913—1955），万华人，京都帝国大学医学部毕业，医学博士，台大教授兼副院长。

林辉焜（1902—?），淡水人，1928 年毕业于京都帝国大学经济学部，台湾兴业信托株式会社社员，1930 年任淡水信用合作社专务理事。台北市政府秘书。著有长篇日文小说《命运难违》等。

林我泽（1913—?），台北市人，熊本大学医学部，医学博士，熊本大学教授，台湾大学教授，市立妇幼医院院长。著有《医院便民措施》等。

林濬哲，内湖人，林坤钟之弟。东京帝大医学博士，上海开业医生。光复后回台。

林嘉雄（1919—?），台北人，东京大学商学科毕业，台湾产物保险股份有限公司理赔中心主任，该公司 1946 年 6 月创办。

林衡肃（1920—?），台北人，明治大学商学部毕业，东馨公司董事长，该公司 1967 年 5 月创立，资本 2000 万新台币，员工 30 人，化纤制品，医疗器械进口。

林淑祺（1920—?），台北人，日本海生中学毕业，味王股份有限公司总经理，该公司 1959 年 7 月创立。三信商事股份有限公司董事长，该公司 1969 年 9 月创立，资本 9000 万新台币，员工 136 人，进口贩卖汽车。

林呈禄（1887—1967），桃园大园人，父被日人杀害。兄瑞仁为区长、庄长。1914 年去日本留学，明治大学法律科，高等研究科，1910 年普通文官考试合格，受山本美越殖民地自治主义影响。台银职员，台北地方法院书记官。1922 年 4 月接办《台湾青年》改为《台湾》的工作。留学生运动领袖，抗日运动理论家。《台湾新民报》编辑局长，总督府评议会议员。台湾议会请愿运动的文献多由他起草，光复后任东方出版社董事长。

林益谦（1911—?），林呈禄之子。东京第一高等学校、东京帝大法科毕业。文官高等试验司法科考试合格，曾文郡守，总督府财政局金融课长。光复后，任东方出版社董事长等。

林焕清（1901—?），桃园人，林呈禄侄子，1925 年毕业于东京商大，任职于总督府殖产局，《台湾新民报》发行人，兼庶务部长、编辑局长到去世。

林仲光，桃园人，林益谦次子，日本皇家学习院。

林抟秋（林博秋）（1920—1998），桃园人，日本大学高等科、明治大学政治经济部毕业，台首位剧作家，1942 年 11 月在东京发表《奥山社》，留在日本红磨坊剧团文艺部，1943 年 1 月回台，参加厚生演剧研究会。光复后，闽南语电影时代的代表导演兼制片人，有剧本《母屋》、《阵头指挥》、《水平坑》等。

林富仑，台东人，保正、庄长、区长林添寿长子。公学校教师。

林尚英，高雄人，官绅林彬秀之子。东京大仓商业学校毕业。日本全国渔业组合雇员、书记、主事补，返台后经商，战后协助国民党政府接收，台东县政府主计主任，省议员。

林尚文，台东人，东京外语学校。

林进生（1901—1960），恒春人，1941 年毕业于东京音乐学院钢琴，参加 1934 年 6 月成立的"乡土访问音乐团"，长荣中学教师，1945 年任台东女中校长，1945 年 12 月 25 日负责接收台东女校。

林澄沐，恒春人，东京音乐专校毕业，主修钢琴。

林旭屏（1904—1947），东石人，庄长、庄协议会员林纯卿之子。第三高等学校、东京帝大法学部、大学院民法，1931 年文官高等试验司法科合格。台湾总督府文书课，交通局书记，屏东市助役，新竹市助役，台南州商工水产课课长，竹南郡守，专卖局参事，台湾总督府烟草课长。光复后留用在专卖局，二二八事变中被害。

林顶立（1908—1980），云林刺桐人，豪农、保正、庄长、区长、庄协林聪之子，陆军经理学校、明治大学政经系肄业，1931 年九一八事变后回大陆，在大陆从事情报工作，省临时议会第一届副议长、二届副议长。军统、保密局台湾站长，《联合报》发行人，农林公司董事长，1959 年经商，任国泰保险公司董事长。

林鸿鸣，云林人，爱知县立安城农林学校，1946 年 1 月任粮食局台南事务所长，1953 年调任高雄事务所长。

林振声（1888—1956），西螺人，中学、新潟医科大学毕业，厦门博爱医院医生。开西螺拯生医院。台南州议员。光复后，西螺镇民代表会主席，镇合作社理事会主席。

林英生，西螺人，林振声次子，岩手医专毕业。

林景福，林振声三子，兴亚医专毕业。

林恒生（1925—?），西螺人，林振声四子，东京农大拓殖科毕业，中学教员，镇公所课长，县府秘书，技正，县议员，议长，1972 年当选云林县长，1977 年再当选云林县长，台自来水公司董事长，地方派系“林派”核心人物，第十一、十二届国民党候补中委。

林茂生（1887—1947），号耕南，屏东东港人，基督长老会牧师、秀才林燕臣长子。在教会保送下，1908 年到 1916 年留日，先后就读于同志社中学、京都第三高等学校、东京帝大。首位哲学博士，首位文学士，长老教中学教务主任，台南商校教授。台湾总督府评议员。皇民奉公会中央本部战时生活部长。1945 年 10 月任《民报》社长，针砭时弊。台大文学院长。二二八事件时遇害。儿子林宗义、林宗正、林宗人、林宗平、林宗和、林宗昌，女儿林咏梅，也留日。

林忠（1914—?），南投人，东京第一高等学校、京都帝大毕业，台湾同盟会员，1942 年任职于台湾党部筹备处驻渝办事处。光复时任台湾省广播电台接收委员，二二八事件时，没有控制好电台，让陈亭卿等在电台上肆意批评，“国代”。1948 年转往工商界。

林香芸（1926—?），南投人，1936 年就读于大村能章氏歌谣学院，舞蹈家，舞蹈教育、创作、表演。

林翠华，舞蹈学校毕业，舞蹈家。

林宗栋，台南人，日本士官学校，参加二二八事变，后被捕。

林东淦（1905—?），字新园，高雄冈山人，父林温如是大地主、商人，与陈启清关系密切，两家合营乌树林制盐株式会社，任董事。早稻田大学商学部毕业，继承和经营父亲的企业，皇民奉公会冈山郡支会奉公委员。光复后，高雄商业职业学校长，高雄市选举委员会委员。女儿林澄枝嫁谢孟雄。

林金发，高雄人，日本两洋中学毕业，二二八事件时在高雄被抓。

林清辉（1917—?），新店人，秋田矿山专门学校毕业，台北工专副教授，国民党省党部副主任委员，省议会秘书长，台北市府教育局长，省教育厅副厅长。著有《选矿学》等

林宏（1923—?），台北人，东京帝国大学经济学部毕业，建台丰股份有限公司董事长，该公司 1967 年 4 月创办。参加台北北区扶轮社。

林忠实，台北市人，长崎医科大学医学博士，省立共济医院妇产科主任，台北市医师公会理事。

林秀藏（1930.1—），台北市人，日本大学农业部，太平产物保险公司第二营业部经理。

林新发（1926—?），台北新店人，东京日产金属工业学校，商人，新店镇第九、第十届镇民代表，第三届新店市民代表。

林家济，大稻埕人，九州帝大农科，到广东教书。

林某某（1925—?），台北人，林义旭三弟，留日学医，留在日本行医，1946年6月9日林义旭到台北中山堂看宋非我、简国贤的圣峰演剧研究会的独幕剧《壁》的发表会，反应光复后贫富悬殊的，引起轰动。

林雪云，高雄人，留日学钢琴，萧瑞安之妻。

林琼瑶（1914—1979），高雄人，父亲林迦。早稻田大学政治经济科毕业。1936年高雄市兴业信用组合书记、理事。1940年出任台湾信托株式会社高雄支店长代理。光复后，高雄第三信用社理事主席，台湾省信用合作社常务理事，1946年当选高雄市参议员，1950年当选市议会议员，1970年办三信出版社，1972年当选增额“国大代表”。

林鹤雄，左营人，父亲林建论是教师、副庄长。留日学医，高雄市立医院医生，高雄市副议长。二二八事变时参加谈判。

林淑媛，楠梓人，父亲为庄长。东京女子大学肄业。王石定妻。

林曙光，高雄人，在京都留学，高雄市府机关报《国声报》记者。

林琼璋（1922—?），高雄市人，青山学院，三芳化学工业股份有限公司董事长，该公司1973年6月创办，资本2亿新台币，员工450人。

林荣国（1923—?），高雄县人，法政大学专门部毕业，高县议员、高县耕地租佃委员会委员，高县冈山区养鱼生产合作社、信用合作社监事主席，渔民团体“增额立委”。

林某某，冈山人，林荣辉大姐。1950年5月林荣辉因学生工作会案被捕。

林祺瑞（1918—?），高雄县林园人，1940年毕业于早稻田大学专门部商科，林园庄长，高雄州厅判任官。光复后，林园乡长7年，5届县议员，林园地区“林派”重要人物。二二八事变时，阻止三青团黄占岸鼓动的青年学生进攻国民党军队，避免了牺牲。

林文腾（1893—1978），北斗人，早稻田大学政治科毕业，北斗公学校教师，台湾文化协会成员。在大陆抗日，战后回台经商，认识谢雪红，在粤组织革命团体被拘，回台被关5年。

林济川（1893—?），台中神冈社口人，明治大学商科毕业，在林熊征开设的事务所任职，汉冶萍公司监察，1938年日军攻陷厦门后，任厦门特别市政府公卖局长。战后以汉奸罪被捕，旋即释放回台。史明之父。

林跃鲤（1909—?），雾峰人，医生林水来之子，昭和医专毕业。

林仲衡（1877—1940），字资铨，雾峰人，栋军统领林朝栋次子。1903年于中央大学法科肄业，《台湾新闻》董事，信用组合理事，庄协，栎社成员。著有《仲衡诗集》，杜聪明编，1969年4月出版。

林双随（1901—?），雾峰人，林仲衡女儿。杜聪明之妻。东京青山高等女子学校毕业。

林攀龙（1901—1983），笔名林南阳，雾峰人，林献堂长子。1910年到1925年在日本留学，小学、中学、东京帝国大学法学部毕业，1932年3月创立一新会，改造台湾文化，一直到七七事变后才结束。明台产物保险股份有限公司董事长，明台轮船股份有限公司董事长。著有《人生随笔》，台中市中央书局1954年出版。

林犹龙（1902—1955），雾峰人，林献堂次子，1910年到1926年间，先后就读于小学、中学、东京商科大学，彰化银行董事长，雾峰庄长，1931年雾峰乡长，州会议员，华南银行常务董事，信用组合长，入柔道鼻祖嘉纳治五郎门下，光复后，彰化银行董事长。娶日本人藤井爱子为妻。

林陆龙（1905—1935），雾峰林献堂侄子，1912年去日本，读小学、中学。

林云龙（1907—1959），雾峰林献堂三子，1912年到1930年留日，小学、中学、法政大学政治科毕业，彰化银行董事，《新民报》政治部记者，庄长，《台湾新民报》董事，《兴南新闻》董事兼业务局长。光复后，省议员，台湾炼铁公司董事长，南华化工公司董事长。台湾工业总会理事长。娶日本女子林多惠为妻。

林关关，雾峰林献堂女儿，先后就读于小学、中学、日本女子大学。丈夫高天成。

林夔龙（1907—?），雾峰人，林阶堂次子。1933 年毕业于日本大学，《台湾民报》社社会部记者，1940 任雾峰庄长至战后。

林垂珠，雾峰林烈堂次子，明治大学法科毕业，娶日人永岛青子。

林培英（1907—?），雾峰人，林幼春长子，1933 年毕业于早稻田大学，雾峰信用组合常务理事。台湾行政长官公署农林处秘书。

林魁梧，林纪堂长子。

林津梁，林纪堂次子。

林松龄，林纪堂三子。

林鹤年（1914—1994），雾峰人，林纪堂第四子，1940 年毕业于东洋音乐学院，东洋音乐学院教授，1945 年与东京人名取信子结婚。与蒋纬国关系密切。台中一、三、五届县长。1951 年首次选举县长即成功，形成“红派”，与丰原陈水潭的“黑派”敌对。著有《福雅堂诗抄》。

林兰生，林纪堂第五子。

林澄坡（1887—?），台中人，实业家、参事、区长林汝言长子，1910 年毕业于东京高等工业学校机械科，经营林本源制糖会社，丰原水利组合评议员，大东信托公司监事等，1935 年官选台中市协议会议员，州会议员，信用组合长。

林挺生（1907—?），台中人，父亲林澄坡。1931 年早稻田大学法学部毕业，1932 年文官高等试验司法科考试合格，在日本各地法院任判事。光复初在东京任台湾同乡会长，回台后任法官。

林澄莹（1889—?），台中人，林汝言次子，1906 年到 1919 年留学日本，新潟医专毕业，台中医院公医，开业医生。购买林朝清的回春医院。

林澄清（1894—?），先后毕业于大阪医科大学、东京帝大，1931 年获得血清研究博士学位，1930 年返台，在台中市中港开设澄清外科医院。

林敬义，林澄清之子，留日学医，1948 年接办父亲的澄清医院。

林澄秋，台中人，东京农业大学农学部毕业，私立大明中学董事长，台中市建设局长，1968 年 4 月当选台中市长，台湾土地开发公司常务董事。

林汤盘（1901—1985），台中人，保甲联合会长、市协、区长林耀亭之子。横滨本牧中学、明治大学法科毕业，台中市树仔脚农事小组组合长，台中厚生信用组合专务理事、组合长，《台湾新民报》顾问，1935 年官选台中市会议员。1951 年当选省议员，1954 年当选“国代”，1965 年创立树德家政专门校。

林根生（1900—?），雾峰人，林熙堂长子，日本大学毕业，雾峰信用组合，新光产业社长，大安产业监察役，林本堂产业株式会社董事，昭和兴业社社长。

林焕彩，龙井人，富豪之子。

林焕然，龙井人，富豪之子，社会教化委员。

林凤麟（1908—?），1933 年毕业于九州大学法文学部，任职于伪满洲国司法部，1946 年回台湾。

林阿炳（1900—?），阿丙，北屯人，其兄为北屯庄长、街协、台中州议会员。东洋大学毕业，《台湾日报》编辑，彰化银行台中分行经理，台中图书馆长，1941 年《兴南新闻》整理部长、文化部长，国语（日语）普及部长。

林日差，台中人，本姓王，日本大学医科毕业，在乌日乡开设长生医院，台中县医师公会理事。

林元仓，元沧，雾峰人，东京医科大学毕业，1936 年在雾峰开大安医院。

林瑞嘉，雾峰人，信用组合长、实业家、庄协、林碧梧长子，早稻田大学毕业，经营家族实业。

林瑞宝，雾峰人，林碧梧次子，东京医专毕业，

林以德，雾峰人，林锦顺次子，明治大学毕业。

林朝菘，南投人，伯父绍仁是富豪、保正。青山学院中学部毕业，保正、街协、信用组合监事。

林朝槐（1889—?），竹山人，富豪、参事、区长、庄长、州协议会员林月汀次子，庆应大学政治科毕业，庄长，信用组合理事，水利组合理事。

林建勋，竹山人，林月汀三子，成城中学肄业，竹山街协议会员。光复后，竹山农田水利会评议员及委员。

林朝业（1913—?），员林人，父亲林茂慈为台中一中创校执行长，富豪。岗山中学、九州齿科医专毕业，行医，组织员林艺能队，三青团台中分

团长张信义派为员林区队长。加入国民党，林糊任员林郡守，二二八事变时，任副镇长，员林处理委员会副主委，张清柳任主委，劝止青年暴乱。

林朝权，员林人，林茂慈次子，日本体育大学毕业，世运会日本选手。光复后，回台任台省体育会任总干事，办省首届运动会，1947 年当选“国大代表”。回大陆任北京师范大学体育系教师，政协委员。

林朝棨（1910—1985），员林人，林茂慈三子，东北帝大理学博士，专攻地质学，到东北、北京等地任教。光复后，回台协助洪炎秋接收台中师范，后任台大教授。

林朝楚，员林人，齿科医大，省网球协会总干事。

林春木（1902—?），乌日人，1932 年毕业于明治大学法学部，乌日庄名誉助役，信用组合监事，富豪。

林香珍，台中人，东京家政学院毕业，光复后，任云林县议会议员，妇联会主委。

林如梅（1899—?），台中人，明治大学法科，实业经营、地主。1935 年民选台中市会议员。

林葆家（1915—1991），台中人，1935 年进入京都高等工艺学校窑业科专攻陶瓷，1940 年回台湾创立明治制陶所，烧制日用陶瓷。光复后，任台湾省长官公署日产接收委员会委员，省工矿公司苗栗陶瓷厂课长。1974 年在台北开办“陶林陶艺教室”，培养陶艺人才。

林有礼，台中人，东京农业大学毕业，1966 年 1 月任台中县建设局长，1968 年任台中市建设局长。

林有财，1928 年前后留学明治大学，参加东京留学生民族民主运动，左派。

林灑聪，台中人，早稻田大学毕业，教师。1975 年任台中县教育局长。

林志宏（1924—?），台中人，日本大学工业系毕业，台湾三樱电机股份有限公司副总经理，该公司 1968 年 2 月创办，资本 3000 万新台币，员工 249 人。

林滋培，台中人，京都帝大法科毕业，常与洪寿南、蔡西坤、雷震等校友聚会。

林之助，台中神冈人，庄长林全福之子。台中师范教师，画家。

林桂端（1907—1947），台中神冈人，1932 年早稻田大学法学部毕业，文官高等试验司法科考试及格，取得律师资格，执业于东京岩波法律事务所。1943 年回台北开林桂端律师事务所。光复初，为王添灯诽谤高雄市警察局长童葆昭一案辩护，二二八事变时失踪。与陈炘、吴鸿麟、李瑞汉、吴金链、王育霖等人关系密切。

林秋锦（1910—2000），台南人，1933 年毕业于东京上野音乐学校，参加台湾文化协会主办的乡土访问音乐团，省交响乐团指挥，台湾师大音乐教师。

林秋梧（1903—1934），法号证峰，台南市人，1930 年毕业于驹泽大学国汉专科。留学之后回台南开元寺任教师兼书记，开设佛教讲会，讲授佛学哲学和日语。参加台湾文化协会致力佛教改革，参加台湾民众党。著有《真心直说白话注解》、《佛说坚固女经讲话》等。

林陈喜，1942 年毕业于驹泽大学佛专科。

林金莲，1943 年毕业于驹泽大学佛专科。

林全忠，台南人，盐商林老火三子，京都帝大医学博士，医生。女婿陈由豪为东帝士集团董事长。林家在台南地区客运到地方金融有巨大的家族政经势力，1970 年代初期发展成大型资本的林全福关系企业，后改名为国际汽车关系企业。

林全义，林全忠兄弟，台南市参议员，南区区长，省议员。

林全禄，台南人，林全忠六弟。明治大学法学部毕业，两任台南市议员，第二、三届台南市省议员。

林全藻，台南人，林全忠七弟，东京青山学院商科毕业，经营冷冻业。

林全兴，台南人，林全忠八弟，早稻田大学土木科毕业。台南市议员、副议长、正议长。

林锡池（1918—?），台南人，富家林全金长子。日本大学毕业，台南市府土木课长。1951 年经商，台湾可果美股份有限公司董事长，国贸公司董事长。参加工商协进会、“中日文化经济协会”、亚洲问题研究会。

林锡山，林全忠之侄，1968 年到 1972 年当选台南市长。

林清辉，台南人，昭和医专毕业，1958 年到 1981 年任台南县卫生院长、卫生局长。

林金钟，台南人，九州帝大附属医学专门学校毕业，医师考试合格。1955年到1962年4月任台南县立医院院长。

林水发（1925—?），台南人，东京农业大学毕业，大洋实业股份有限公司厂长。

林永赐（1920—?），麻豆人，镇长林书化之子。中央大学法科毕业，在日本、满洲制纸公司工作，光复后回台嘉义任糖厂课长。妻庄季春，药剂师。

林恩魁，台南人，东京帝大医科肄业，二战末期到伪满洲国任职。光复后转入台湾大学继续学习，毕业后入旗山医院做医生。白色恐怖时期因学术研究会案被关入绿岛7年。

林啸鲲，台南人，早稻田大学毕业，回大陆，任国民政府军委会国际问题研究所任专员，财政部纺织厂附属机关工作。

林昆得（1922—?），台南人，日本工业电气学校毕业，鸿兴铁线厂股份厂长，该厂1960年12月创办。

林建文（1900—?），嘉义人，1926年毕业于中央大学经济科，台中开林建筑事务所建筑设计。

林金标（1927—?），嘉义人，设备工业专科学校设备本科毕业，水泥制品业同业公会理事长。

林玉山（1907—?），原名英贵，嘉义人，1926年到1937年留学日本，先后进入东京川端画学校、京都堂本画塾学习，创办春萌画院，执教书画自励会与墨洋社。中学、台湾师范大学教师，推展台湾省新美术运动。

林金生（1916—2001），新港人，东京帝大政治经济科毕业，台南县民政课长，嘉义县东石区区长，云林虎尾区区长，淡江大学教师，嘉义县长，云林县党部主任委委员、县长。“内政部部长”，“行政院政务委员”，“交通部长”，国民党考纪会主委，“考试院副院长”，“总统府资政”，国民党中评委。日本史专家。

林文树（1909—?），嘉义人，1927年毕业于东京名教中学，1930年任嘉南大圳组合评议员，1937年任嘉义市会议员，1939年任《兴南新闻》监事。战后任嘉义市参议员，二二八事变发生时，与副议长潘木枝、市议员刘传来、邱鸳鸯、陈澄波、卢鈵钦等人到嘉义水上飞机场谈判，被扣押，旋释放，但妹婿卢鈵钦被杀。

林新泽，嘉义人，九州帝国大学医学部毕业。光复后，进入哈佛大学公共卫生学院学习。1959 年 11 月任台北结核病防治院长，1967 年任防痨局长。

林德钦，又名恭平，台中人，东京第八高等学校、九州大学法文部毕业，高等文官考试行政科及格。东京府书记，长崎县政府会计课长，北海道厅拓民课长，新竹州产业部长，台湾总督府储金课长。

林德村，成城高校、东京帝大法学部毕业，文官高等试验司法科考试合格，开业律师。

林水池，嘉义人，其叔林抱为嘉义自动车株式会社社长。早稻田大学经济科毕业，妻子朱秋瑾是朱江淮六妹。

林锦文（1921—1982），嘉义人，日本大学医科毕业。

林锦东（1923—1977），南投竹山镇人，京都临济学院佛学专业，在日本 6 年专研禅学，日据后期返台，任台中宝觉寺佛教专修道场教师，1945 年任主持。著名的日式和尚、娶妻和尚，1950 年筹设佛教刊物《觉生》，介绍日本佛教，鼓吹台、日佛教交流。收集日人遗骸，很受日人推崇。

林衡权（1907—?）南投人，中央大学预科、法学部、大学院，专攻经济学。活跃于东京台湾同乡会，担任常务理事。1935 年进入《兴南新闻》社会部服务，1938 年升为高雄支局长，后任台南及台中支局长。

林衡钧，南投人，东京高等农业学校毕业，南投县农林科长。

林玉秋（钦），南投人，东京帝大法学部毕业，1945 年 12 月到 1948 年 11 月嘉义地方法院院长，宜兰法院院长。

林洋港（1927—?），南投头社人，东京昌平夜间中学毕业，台北市长，省府委员，建设厅长，省长，“司法院长”等。

林汝木，彰化人，京都同志社中学毕业，1950 年 10 月到 1953 年 6 月任彰化县政府合作室主任。

林文章（1892—?），彰化人，名古屋商校毕业，制造业，市协，地主，1935 年民选彰化市会议员。

林昭和，鹿港人，中医林鸿源四子。二兄锡金为台中州民选州会会员。在上东京医专时病死。

林维增，鹿港人，林鸿源五子。日本大学法律系毕业，鹿港中学教务主任，彰化精诚中学校长。

林锡奎（1901—?），彰化人，1926 年毕业于明治大学，台北港贩卖米谷组合评议员，1930 年经营锦丰洋行。

林锦鸿（1905—1985），彰化人，1929 年进入东京川端画学校学习，参加六砚会，《台湾新民报》社美术记者，到上海经商 5 年。战后回台湾，任乡民代表等。

林添进，1927 年前后在日本大学留学，1928 年 4 月 15 日，上海法租界霞飞路的金神甫照相馆楼上，举行台共成立大会，台共成员林木顺、翁泽生、林日高、潘钦信、陈来旺、张茂良、谢雪红 9 人。8 月，林木顺、陈来旺、林添进、何火炎、苏新等人的东京马克思主义小组就变成了日本共产党台湾民族支部东京特别支部。

林安福，宜兰人，冈山县有膜教员养成所，东南碱业公司专员，教员，副镇长，1951 年到 1958 年两任苏澳镇长。

林泽源，宜兰人，私立东北齿科医专毕业，1973 年到 1985 年两任民选五结乡乡长。

林才添，宜兰人，日本中学毕业，会修业水利会主委，二任头城镇长，县议员，县议长，1960 年到 1964 年民选宜兰县长。

林壁辉（1904—1974），屏东林边人，著名士绅林坤之子，日本南山中学、京都同志社大学毕业，庄协议会员，农事实行组合长，林边信购利贩组合理事，保正，东港殖产株式会社董事。光复后，当选高屏地区“国大代表”，到南京参加制宪国民大会，省参议员，省议员。

林耀辉，街协议会员、参事林拱辰之子，京都帝国大学毕业。

林以土（1893—?），宜兰人，早稻田大学英法科、九州帝大法文学部毕业，实业经营，宜兰水利组合评议员，宜兰街协议会员，宜兰市会议员，宜兰集和会社社长，参加台湾青年会、台湾议会请愿运动。

林灯（1914—1992），宜兰县望族出身，1936 年日本三重高等农林学校毕业，返台创办日产石棉株式会社，专制石棉制品。1945 省府工矿处接收委员及监理委员，省营玻璃公司协理，1954 年当选台湾水泥公司常务董事，创水泥制品，1969 年改组为国产实业建设公司。股票 1978 年上市。国产实业建设股份董事长。国民党第十二、十三届候补中央委员。1988 年成立财团法人林灯文教公益基金会，提倡文教活动。

林炳章，字正章，新竹人，东北帝大毕业，日本文官高等试验考试合格。1948 年历任新竹市民政科长、民政局长。1973 年 2 月任县府主任秘书。

林清安（1911—？），竹南地主家庭出身，岩手医科大学东京帝大毕业，神经过敏科博士。开诊所，和李瑞汉兄弟熟悉。

林一（1923—？），竹南人，在东京读小学、中学，林清安长子。随母蔡娩在日本读书。

林乙垣，日本大学专门部毕业，在东京参加留学生民族民主运动。

林锡钦（1919—？），彰化人，明治大学经济科毕业，三永纺织股份有限公司总经理。该公司 1969 年创立，资本 9600 万新台币，员工 580 人。

林云南（1920—？），新竹人，日本彦根高等学校专科，新竹汽车客运公司副总经理，1919 年 9 月创立，资本 6000 万新台币，员工 1511 人。

林柑（1904—？），新竹人，1933 年毕业于东京女子医专，随后进入东京泉桥病院，实习约 2 年，1935 年开设医院，专看小儿科、内科。丈夫吴金柚。

林松生，新竹人，1928 年进入东京医专学习。

林再春（1925—？），云林人，麻布大学兽医学博士，光复后，先后在“农复会”、“农发会”、“农委会”任职。

林仲澍，早稻田大学理工科，参加东京台湾青年会，为骨干人物之一。

林耀明（1894—？），屏东人，东洋商校毕业，实业经营，助役，市协。

林才寿（1926—？），溪湖人，日本航空学校，服役半年，兵长，1946 年回，国校教师，1947 年 3 月 3 日被推为溪湖青年自卫队长，支援台中民众武装攻打国军。

林裳，1928 年前后留学日本大学，参加东京留学生民族运动，左派。

林庚申，彰化人，日本明治大学毕业，1947 年 4 月 11 日任嘉义市警察局长。

林连宗（1905—1947），彰化人，中央大学预科、法学部，1930 高考司法科合格，台中开业律师，台中州律师公会会长，1945 年 9 月 15 日三青团台中分团筹备处成立，张信义任团长，林连宗任第一区队长，1946 年当选省参议员，问政质询严厉。17 名“制宪国代”之一，省律师公会理事长，事变时任“二二八事件处理委员会”常务委员，被杀。

林某某（1924—?），彰化人，父亲林丽明，母蔡素女曾任省妇女会理事长和国民党中评委，静冈高等学校毕业，东京帝大医学部学习一年后转台大医学系二年级，台大高雄医学院教授。

林伯可，北斗人，京都帝大毕业，台东厅课长，任职于台湾工矿公司。

林伯殳，北斗人，父庆岐生员、堡长、参事。东京专修大学经济科，大城庄田尾庄长，实业家。

林石城（1912—1995），屏东人，1937 年毕业于中央大学法学部，《台湾新民报》屏东支局长，《兴南新闻》屏东支局长，屏东郡守，区长。光复后，革命实践学院 11 期党政军 45 期，屏东县议会议长，县长，省府委员，高雄县代县长。

林育兆（1922—?），彰化人，中央大学毕业，泰安纺织股份有限公司财务经理。

林炯明（1924—?），彰化人，早稻田大学毕业，中国电器股份有限公司国外部经理。

林善德，武藏野音乐学校，光复初年参加台湾文化协进会主办的音乐会演出。

林秀栋，日本某大学物理科，中兴大学数学教授，1949 年被判刑 7 年。

邵罗辉（1919—1993），台南人，东京帝国影剧学校学习编导，1958 年返台组织梅芳玉剧团演出国语剧及都马剧团演唱歌仔戏。后从事电影导演，先后执导《六才子西厢记》、《西北雨》等。

邱水波（1921—?），日本锦城中学毕业，广大饲料公司经理。

邱德金（1893—?），丰原人，1937 年毕业于东京帝国大学，医学博士，在基隆开业爱德医院，基隆市参议员，台大医学院教授，台湾文化协会理事，台湾议会期成同盟会理事，台湾民众党中常委，1923 年任台湾议会设置请愿运动代表，1935 年民选基隆市会议员。战后任基隆市参议员。

邱贤添（1901—?），苗栗人，1934 年毕业于京都帝大，医学博士，1937 年台北帝国大学医学部教授，1942 年返乡开业。光复初，负责接收全台原台湾总督府府立医院，高雄医学院附属医院院长。

邱金昌，麟洛人，1942 年毕业于京都两洋中学，高雄中学书记兼办事务，光复初学校剩下两个台籍老师，另一个毕业于日本物理学校。

邱永汉（1924—　），炳南，台南人，父亲为日本人。东京帝国大学经济部毕业，战后回台湾，1948 年逃香港，1954 年移民日本，文学家。著有《我的青春·台湾 我的青春·香港》等。

邱鸿章（1923—?），新竹人，长崎药专药学系毕业，光正股份有限公司总经理，该公司 1955 年 10 月创办，资本 3000 万新台币，员工 60 人，生产硫酸等。

邱玉云，新竹人，东京中野音乐院毕业，林瑞汉妻子。

邱堃熨（1923—?），高雄人，日本新宿工业学校毕业，1946 年在东北参加国民党军。

邱南鄗（1922—?），彰化人，早稻田高等工业学校机械科毕业，唐荣钢铁工厂耐火材料厂厂长。

邱贵发，新竹人，中央大学法学系毕业，1946 年参加国民党军。

邱晨波，毕业于明治大学，台湾革命同盟会会员。

邱锦邓，台南东山人，在日本读中学。

邱登科，1938 年毕业于中央大学法科。

杨长鲸。

杨维命，《台湾青年》编辑。

杨境秋（1926—　），彰化人，东洋高等工业学校毕业，1946 年在东北参加国民党军队。

杨嵩山（1926—　），高树人，宫崎县立都城中学毕业，屏东明正中学教师，高树、中正、潮州等中学校长，县党部评议员，地方党部常务委员。

杨友濂（1906—2000），笔名云萍，士林人，父亲杨敦谟是公学校校医、士林区街长。日本大学文学部预科、东京帝国大学毕业，台大历史系教授，《民报》主笔，省长官公署参议，省编译馆编纂组主任，《台湾风物》主编。著有《山河集》、《开战前夜之东京》、《台湾史上的人物》、《南明史研究》等。

杨文魁（1919—?），字文羊，台北人，日本大学法文学部法律科，在东京创办妈咪本铺株式会社，日华侨总会副会长，留日同乡会长。

杨轩，中央大学毕业，1947 年 4 月任粮食局花莲事务所长。

杨照雄（1922—?），台北人，松本医科大学医学博士，台大教授，卫生署预防医疗研究所所长。

杨佐三郎（1907—1995），原名杨三郎，大稻埕人，京都关西美术学院毕业，1929 年回台设立春阳会，组织台阳美术协会，游历欧洲。李登辉妻子曾文惠的表哥。

杨三郎（1919—1989），本名杨我成，永和人，1937 年留日学习作曲，1944 年到哈尔滨元禄夜总会工作。返台后，于台湾广播电台表演。1952 年组织黑猫歌舞团。著有《望你早归》、《孤恋花》、《黄昏再会》、《港都夜雨》、《秋怨》等。

杨金虎（1898—1990），别号宗勋，台南归仁人，庄长、州协、信用组合长杨秋澄之子。日本医科大学、东京帝大研究，返台开高雄仁和医院。皇民奉公会生活部长，1935 年民选高雄市会议员，《新民报》顾问。光复后，高雄促进会主委，《新报》董事，民社党中常委及省党部主委，1968 年到 1973 年任高雄市长，“国大代表”。著有《七十回忆》，1990 年出版。

杨超雄（1921—?），台南归仁人，杨金虎长子。东京帝大法学，高雄信托公司和贸易公司总经理，著有《国父与蒋总统的伟大》等。

杨金木，台南人，庆应大学毕业，1946 年 1 月任台南县北港区署区长。

杨三绅（1925—?），台北人，明治大学商学系毕业，联合船务代理股份有限公司副总经理。该公司 1970 年创立，资本 1600 万新台币，员工 96 人，董事长林柏寿。

杨承基（1888—?），溪洲人，明治大学毕业，《台南新报》记者。

杨华玉，东京帝大法科毕业，黄逢时女婿。

杨清溪（1908—1934），左营人，父亲是生员、豪农、庄长。明治大学商科肄业，立川飞行学校毕业，杨肇嘉资助买飞机作乡土访问飞行，1934 年 10 月 17 日从台北到屏东台中，人机俱毁。

杨仲鲸（1898—?），原名小海，字台岭，高雄人，生员、豪农、庄长鸿恩次子。1913 年中学毕业，转学到福州鹤岭英华书院，曾组织同学反日，日本警察要抓他，他逃到美国留学卡罗来纳大学矿冶系，实业家，1950 年 10 月当选花莲县长。光复后第一位民选县长。

杨澄海，高雄人，爱知县医科大学博士，1954 年 4 月—1958 年任高雄县立凤山医院长，冈山医院长。

杨凯雄（1917—1965），教师杨振福之子。炼油厂员工。二二八事变中被捕，判刑 2 年。

杨肇嘉（1892—1976），清水人，父杨澄若大地主。东京京华商业学校、早稻田大学政治经济毕业，清水公学校教师、清水街长 5 年。参加台湾议会设置请愿运动，台湾民众党驻日代表，台湾地方自治联盟常务理事。1941 年到上海经商。战后任台湾旅沪同乡会会长，省府委员，民政厅长等。积极赞助音乐、美术、雕塑体育、飞行等事业。著有《杨肇嘉回忆录》，台北，三民书局 1967 年出版。

杨绪州，台中清水人，杨肇嘉家族。1909 年前后留日。

杨基振，清水人，杨肇嘉堂侄，早稻田大学毕业，南满铁道会社民间铁路委员会副主任委员。

杨天锡，清水人，杨肇嘉之弟，京华中学毕业。

杨基森，清水人，杨肇嘉之子。东京京华商校毕业。

杨基业，清水人，杨肇嘉侄子。1926 年到东京黑田小学读书。两年后病死。

杨绪恭，1909 年前后留日。

杨天赋（1900—?），字耀荣，清水人，父亲杨澄若是轻便铁路公司董事。1928 年去日本大学政治科读书，与其兄杨肇嘉一起参加台湾文化协会。回台后，清水信用组合理事，清水街协，台中州会议员，奉公会大甲郡支会参与。光复后，清水镇镇长，省参议员，彰化银行监察人。

杨基先（1902—1961），清水人，1928 年毕业于日本大学法律科，高等文官考试司法科合格，清水街役场书记，台中开业律师。1951 年 1 月当选首届台中市长，彰化商银常务监察人。

杨景山，彰化银行董事杨伟修长子。早稻田大学政经科毕业，《台湾新民报》支局长，《兴南新闻》贩卖部长。

杨基铨（1918—?），清水人，杨肇嘉堂侄。1940 年毕业于东京帝国大学，1940 入拓殖省 1941 年宜兰郡守。文官高等试验考试行政科合格，殖产局农务课事务官。光复后，台北市府秘书，农林厅科长，台北市建设局长，

"经济部次长"，土地银行与华南银行董事长。1997 年成立国际文化基金会，举办研讨会和在报上呼吁"台独"。

杨天赋（1901—?），清水人，1928 年毕业于日本大学政治经济科，大东信托株式会社经理，水利组合评议员，街协议会员，信用组合理事，台中州会议员。

杨逸民（1909—1987），原名杏庭。台中梧棲人，东京高等师范学校、东京文理科大学哲学系毕业，1932 年取得日本高等学校教授资格。1940 年到 1945 年历任南京中央大学教授、浙江大学任教、国民政府内政部常务次长、教育部编审委员。1950 年回台，1951 年竞争台湾省教育厅长失败，乃去东京大学东洋文化研究所攻读博士。由于抨击国民党当局，被列入海外学者黑名单中。参加"台独"活动，著有《台湾的今昔》、《缅甸战线从军记》、《蒋介石评传》等。认为自己一生最得意的发明是历史周期法则论。

杨厚道（1922.9—?），台中人，东京工业职校毕业，1961 年创立的南泰企业股份有限公司副总经理。

杨基炘（1923.11—?），台中人，日本外语上智大学毕业，永轮工业股份有限公司董事长，该公司 1972 年 9 月创办，资本 800 万新台币，员工 85 人。

杨金源（1926—?），台中人，日本军校，高雄海兵团担任海兵教官，光复时欢迎国军进驻花莲。

杨庆丰，1930 年参与组织台湾理工学会。

杨贵（杨逵）（1905—1985），台南新化人，日本大学专门部文学艺术科（夜间），左翼作家，参加东京台湾青年会社会科学研究部等，1927 年应农民组合之召参加农民运动，先后两次被捕。《台湾文艺》编辑，成立台湾新文学社，发行《台湾新文学》。光复初在台中发行中日文的《一阳周报》杂志，介绍孙中山的生平和学说。1949 年发表《和平宣言》，主张和平解决国共内战，被国民党判刑 12 年。

杨杰樵（1909—?），东京商大，亚洲石棉公司董事长，该公司 1970 年创办，资本 4000 万新台币，员工 83 人。

杨必得（1900—1933），台南人，秀才杨鹏抟长子。京都帝大法科毕业，台南市议员。台南市首位律师。

杨燧人（？—1950），台南人，杨鹏抟次子，1923 年毕业于东京医专，任职伪满洲国大连博爱医院、哈尔滨中华医院。大亚洲主义者，在大连有八九栋别墅。

杨兰洲（1907—?），字芳时，台南人，杨鹏抟三子。1932 年毕业于东京商科大学，伪满洲国务院法制局任职，伪满洲国产业调查局长椎名悦三郎、经济部次长岸信介是其上司。许丙做媒娶满洲皇宫尚书府秘书官蔡法平之女蔡启怡。1945 年日寇投降后，满洲台湾人组织东北同乡会，任会长。1950 年 2 月任台北市工务局长，台湾水泥公司总务部经理，基隆煤矿董事长。

杨玉女，大内庄人，父杨云祥是大地主，信用组合长。东京女子医学专门毕业，台南慈惠院医生，大内悬壶医院医生，台南县农会理事长，四届县议员。

杨金枝，大内庄人，杨云祥女儿，东京女子医专毕业，东京赞育会医院医员，台南新楼医院医生。

杨炽昌（1908—1994），笔名水荫萍、南润，台南市人，东京文化学院毕业，《台湾日日新报》、《台湾新生报》记者。《公论报》台南分社主任。创办台南扶轮社，出社刊《赤嵌》。超现实主义的诗人，出诗集《热带鱼》。二二八事变时因在台南出版日文《新生报》号外而被捕。

杨世英，彰化人，父亲杨吉臣为保良局长、参事、区长、街长、总督府府评议会员、富豪。农科大学毕业。

杨景山（1906—?），彰化人，杨吉臣之孙。1932 年毕业于早稻田大学政经科，《台湾新民报》社台南、台中、彰化支局长。《兴南新闻》贩卖部长，1942 年兼地方部长。

杨克培（1897—?），彰化人，地主家庭出身。明治大学毕业，1930 年与谢雪红在台北市开办国际书店，专卖左翼书刊。台湾文化协会中央常设委员，中共党员，杨克煌堂兄。

杨木（1898—?），彰化人，东京医专毕业，台中医院和彰化医院医生。

杨老居（1899—?），彰化人，东京医专毕业，台湾文化协会中央委员，1935 年官选彰化市会议员，开办磺溪医院。

杨松茂，彰化人，参加彰化新剧社，倾向于无政府主义。

杨某某（1921—?），宜兰三星人，地主杨佳歌之子。三姐杨纯。

杨某某（1923—?），宜兰三星人，杨佳歌之子。

杨英风（1926—1997），宜兰人，东京美术学校建筑系肄业，农复会《丰年》杂志美术编辑。景观雕塑与环境设计专家，1966 年荣获“台湾十大杰出青年”称号。著有《景观与人生》等。

杨阿寿，基隆人，日本大学齿科毕业，留学时与黄朝琴、游弥坚、连震东等认识。光复后任基隆市议会副议长。

杨金波（1920—?），基隆人，杨阿寿长子，日本大学齿科毕业，和兴里里长。光复之初，杨金波父子和其他 10 人热烈欢迎国军登陆台湾。二二八事变时被抓。

杨椅楠（1922—?），新竹人，明治大学商科毕业，王田毛纺股份有限公司副总经理，该公司 1955 年 8 月创立。

杨菘山，云林人，中央大学法学部毕业，1956 年 4 月到 1963 年 12 月先后任云林县民政局长、检核室主任。经济农场场长。

杨进顺（1912—?），屏东人，1937 年毕业于大阪帝大工学部，光复后，台湾行政长官公署交通处技师，台湾大学教授。

杨水中，1939 年毕业于驹泽大学人文学科。

杨声喈，1940 年毕业于驹泽大学地理科。

杨日松，台北人，留学日本学医，台湾著名法医。

范炳耀，新竹人，父亲范宝勋是法院通译、实业家、市协、州协。京都帝大法科毕业。

范文龙（倬造）（1913—1977），竹东人，范火春养子。东京美术学校雕塑科毕业，新竹中学教师，参加二二八事变，因避祸躲入日侨营房而被遣返日本，1955 年 12 月又被日本遣返大陆。先后在中央美院、广西美术学院等学校教书。

范祥安（1922—?），新竹人，岐阜药科大学毕业，1943 年去东北三共株式会社抚顺工场工作，1946 年回台，自营乐安大药房，1956 年当选台北市药师公会理事、理事长，创设好汉宾、祥源、台湾山之内等制药公司。

范本梁，铁牛（1897—1945），嘉义人，青山学院、茨城县土浦中学、上智大学毕业，无政府主义者，1924 年与许地山组织“新台湾安社”。创刊

《新台湾》，鼓吹暴力驱逐日本殖民者，1926 年 7 月在家乡被捕，1945 年死于狱中。

范沧榕（1919—1947），宜兰人，在东京学习牙医，1942 年毕业，在日本做教师半年，在高雄开设高岛牙科诊所，兄王金茂为基隆医院院长。

范沧田，宜兰人，宜兰医院院长。

郑松筠（1891—?），号雪岭，丰原人，1919 年毕业于明治大学法学部，1922 年通过律师考试，次年回台做律师，参加新民会、台湾文化协会、台湾地方自治联盟，《台湾民报》社监察人。1936 年与林德林、林澄坡发起创立“佛校正信会”。

郑泽生，台北人，熊本大学医学部毕业，医学博士。医生，台湾大学兼职教授。

郑沧国，台北人，日本神学校毕业，基督教长老教会牧师，参加 1929 年的新人运动。

郑清火，台北人，日本洋裁学校毕业，著有《雅美洋裁实范》等。

郑金松（1924—?），台北人，京都医科大学肄业，高雄医学院内科主任教授，国际胸腔病学会正式会员。

郑溪圳（1929—），台北人，日本东山中学毕业，台荣产业有限公司协理。

郑津梁（1910—1989），斗六人，祖父郑芳春是秀才，法政大学毕业，与日本文学家西川满关系密切。致力于收藏日本台湾文物，研究文史。著有《郑津梁的日本见闻录》。

郑泰安，台南人，九州帝大附属医学专校毕业，1955 年 2 月至 1961 年任高雄市卫生院长。

郑西源（1918—?），台南人，中央大学毕业，可果美股份有限公司副经理。

郑天水，台南东山人，1935 年在日本读中学。

郑瑞麟，嘉义人，王得禄孙子，过继给郑家，娶台南杨蓝水。东京商业大学毕业，就职于日本“南满洲铁道株式会社”。台湾光复后，任职于台湾省合作金库。

郑玺华，嘉义人，中央大学毕业，1948 年 5 月任基隆市地政科长，

1950 年 3 月卸任。

郑克堂，嘉义人，日本法政大学毕业，1948 年 8 月任台南县政府人事室主任，1950 年后先后任嘉义市政府人事室主任、嘉义县政府人事室主任。

郑彰义（1918—?），嘉义人，医学博士，在东京三埔开业，妻子许常美。

郑瓜飏，嘉义人，京都帝大经济科毕业，1946 年考作台湾电力公司职员。

郑品聪（1902—1972），台东人，1922 年毕业于东瀛皇汉医学院，开设德和堂中药房，积极从事地下抗日活动。光复初，负责花东地区接收工作，1945 年 11 月任三青团花莲分团干事长，首届省参议员，“立委”。

郑肇基，新竹人，1823 年考中进士的郑用锡的后人。父亲郑神宝有地千顷。新竹首富，保正，州协，台湾总督府评议员。

郑大明（1900—?），新竹人，郑肇基弟弟。小学、中学、同志社大学毕业，1935 年民选新竹市会议员，信用组合监事，保甲联合会长，商工协会理事。

郑鸿源（1905—1980），新竹人，名诗人郑登瀛三子，出嗣郑肇基为长子，1931 年毕业于东京帝国大学法科。台湾总督府殖产局官员，州会议员，保甲协会副会长，经营船舶、木材、棉布、海外贸易等。大公企业常务董事。东华合纤股份有限公司厂长，新竹观光协会理事长。1960 年当选新竹县辖市第四届民选市长，国民党台湾省党部经济事业委员会委员。

郑薇郎，新竹人，郑鸿源之弟，慈惠医科大学毕业，医师。

郑森渊，新竹人，日本麻布兽医畜产学校，1950 年任兽疫血清制造所所长。

郑永乐，屏东人，1929 年去日本留学，熊谷陆军飞行学校毕业，参加日军。

郑进福，宜兰人。

郑昌英，1920 年在东京参加东宁学会。

柯子彰（1910—2002），台北人，同志社中学、早稻田大学商科毕业，早稻田大学橄榄球队主将，该队取得全日本大学冠军。毕业后到“南满洲铁道株式会社”任职。回台后，在铁路局任职，极力推广橄榄球运动。

柯设偕（1900—1990），淡水人，著名传教士马偕的外孙。1919 年到 1924 年在日本留学，同志社中学、京都帝国大学史学科毕业，毕业后返台任教淡水中学，1938 年淡水中学被迫交给日本校长，乃辞职。1966 年发起成立淡水工商管理学校。

柯政和（1889—1979），原名柯丁丑，新竹人，1915 年毕业于东京上野音乐学校，总督府因其音乐天才而派遣公费留日。到北平师范大学任教。日军占领北平后出任伪组织新民会副会长。抗战胜利后以汉奸罪入狱，1949 年获释。

柯文谈（1928—），高雄人，日本练真中学毕业，光阳股份有限公司经理。

柯明珠，1929 年毕业于日本音乐学校，女高音歌唱家。台南长老教会中学教师，策划电台音乐，演唱台湾歌谣。

柯贤明，高雄人，日本大专学校毕业，左营炼油厂机械主管，二二八事变时被捕。

柯贤生（1924—?），台南人，东京医学院毕业，侨新企业公司总经理。该公司 1957 年 12 月创办，资本 1500 万新台币，工人 125 人，人造丝花。

柯秋洁（1872—?），台北士林人，1895 年 11 月与朱俊英随伊泽修二去东京留学几个月，开留学日本的风气，日语教师。著有《台湾四十年回顾》，1936 年在台北出版。

柯文德（1897—?）台北士林人，柯秋洁之子，1931 年毕业于拓殖大学。台湾电力株式会社职员，台湾电力公司协理。

柯文质（？—1944），台北人，柯秋洁侄子，专修大学政治经济科毕业，在日期间，参与《台湾青年》杂志社，参加台湾文化协会、台湾民众党的活动。1932 年任《台湾新民报》会计主任。1940 年回大陆，死于汕头。

柯丁选，花莲人，九州帝国大学医学科毕业，门诺医院医生，花莲中学教师，第四、五届民选花莲县长，台湾省建设厅长，省府委员。

柯丁立，1908 年到日本留学，上野音乐学校毕业，毕业后回大陆。

柯康德，早稻田大学毕业，台湾革命同盟会会员。

柯吟芳，留日学习舞蹈。

柯永昌（1900—?），台中清水人，柯梓暇的长子。东京医学专门学校毕业，回线西庄开业，并担任同庄的协议会员及校医，1934 年到清水街开业，被选为街协议会员、相关委员。

赵秀峰（1920—?），台南人，日本琦玉高中毕业，味王股份有限公司经理，该公司 1959 年 7 月创立。

赵承琛（1921—?），东京帝国大学毕业，教授、化学家。

洪礼锭（1915—?），台北人，东京研数学馆南方经济科肄业，华兴行行东。市参议员。

洪礼修（1884—1937），淡水人，1905 年去东京帝大学习农学，国语学校教师，福州农林学校教师。福州南国公司买办，福州台湾公会第二任会长，福州制币局监察员。

洪长庚（1893—1966），万华人，诗人、秀才、参事、区长、街长、州协洪以南之子。小学、中学、大阪医大眼科、东京帝大毕业，1929 年在台北开达观眼科医院。光复后，任台北市医师公会理事、监事等职务。台湾第一位眼科博士。

洪我钧，台北人，洪以南次子，大阪医科大学毕业。

洪瑞麟（1912—1996），1930 年到 1936 年在日本留学，川端画学校、帝国美术学校西画科毕业，瑞芳矿场管理员、矿长。参加台北大稻埕绘画研究所。战后任教国立艺专美术科。

洪荣华（1902—1974），高雄路竹人，日本第八高等学校、东京帝大农业经济科毕业，台湾总督府地方技师，服务于台南、高雄。光复初为高雄州接管委员会产业部长，1946 年 1 月任高雄县建设局长，1951 年当选高雄县长。地方派系“红派”首领。

洪荣国（1919—?），高雄人，东京农业大学毕业，台湾凤梨股份有限公司副总经理。该公司 1955 年 9 月创办。罐头行业公会理事。

洪四川（1920. 10—?），高雄人，日本东京高工毕业，东利建设开发股份有限公司董事长。参加国际狮子会、企业经理协会。

洪有达，高雄人，京都府立医科大学毕业，陈启川次女婿。

洪景川（1921—?），盐埕人，早稻田大学毕业，盐埕区公所职员，二二八事变时被杀。

洪天时，高雄人，1962 年初，参加高雄市省议员选举，受岛外“台独”思想影响，在选举时用“黄虎旗”作为竞选旗帜，宣扬清政府无能，抛弃台湾，台湾是亚洲第一个建立“民主共和国”的。他还用“台湾地位未定论”暗示国民党在台湾不符合“国际法”。最后被判刑 12 年。

洪耀德，京都帝大医学部，1957 年 2 月任锡口疗养院长。

洪耀勋（1903—?），草屯人，教师、区长洪清江之子。东京帝大文学部哲学科，北平师范大学教授，台湾大学教授。著有《存在与真理》等。

洪振祥（1921—?），台中人，东京电机高等工业学校毕业，金泰山钢铁股份有限公司副总经理。该公司 1969 年 2 月创办，资本 6500 万新台币，员工 153 人。

洪耀洲（1926—?），台中人，近畿大学法律系毕业，三越纺织工业股份有限公司总经理。该公司 1970 年 1 月创办，资本 1. 37 亿新台币，员工 866 人，参加扶轮社。

洪金龙（1924—?），台南人，东京智山中学毕业，新进工业公司董事长。中小企业协会、塑胶公会、车辆公会会员。

洪逊欣（1914—1981），南投草屯人，廪生之孙，南投办务署参事、庄长、台中州协议会员、首届“国大代表”洪火炼之子。东京帝大法科毕业，台湾大学教授，1976 年 9 月出任“司法院”第四届“大法官”。著有《法理学》、《中国民法总则》等。

洪樵榕（1921—?），草屯人，洪逊欣二弟。东京高等师范研究科毕业，台中一中教师。光复后，先后任屏东女中、员林中学校长，救国团彰化支队副支队长，1957 年当选南投县长，连任到 1964 年。1965 年入“国防研究院”第 7 期，省议会秘书长，省文献会主委。

洪柳昇，草屯人，洪逊欣三弟，早稻田大学毕业。

洪寿南（1912—1997），草屯人，京都帝大法学部毕业，日本官高等考试司法官考试及格，京都地方裁判所判事，台南地方法院判官。1945 年全力协助国民政府接收台南地方法院系统，在二二八事变中因表现良好而迅速升官，台北地方法院推事、庭长，台湾高等法院推事，高雄地方法院院长，台南地方法院院长，新竹法院院长，高雄医学院董事会董事长，台湾高等法院首席检察官，台湾高等法院院长，“司法院副院长”，国民党中常委，“总统府资政”，“国家建设研究委员会委员”，“国安会政治组主任”，“国家建设研究委员会主任委员”，“中央选举委员会委员”。

洪金南，南投人，熊本医大附属医院专门部，1948 年医师考试合格，1950 年 10 月到 1958 年 10 月任南投县卫生院长，县立医院院长。

洪其中（1927—?），草屯人，京都中学毕业，草屯山林管理所职员，二二八事变中制止国军拉粮被打，警察局办事员。因“山地武装组织草屯案”被捕。

洪踵铨，彰化人，东京农业大学毕业，1962 年 11 月任蚕业改良场长。

洪炎秋（1902—1980），鹿港人，洪弃生之子。正则预备学校、荏原中学毕业，回北平任教北京大学等学校，1969 年当选“立法委员”，著有《闲人闲话》、《废人废话》、《又来废话》等。

洪顺孝（1918—1962），马公人，早稻田工手学校毕业。1950 年起服务于民防及地方自治，任澎湖县政府自治指导员 2 年，1956 年当选第三任马公镇长，1960 年 1 月连任第四届。

洪万（1919—?），苗栗人，大阪铁工养行所，1960 年旅居日本。大阪华侨会长，国民党十一大代表，“日华亲善协会”常务理事。

洪丁壬（1914—1972），水林人，在日本半工半读高中，保甲书记长。1950 年水林乡民代表会主席，云林县三、四、五届议员，1953 年当选云林县议会副议长。

洪调水，东京医专毕业，医生。

饶维岳（1903—1964），竹南人，名古屋第八高等学校、京都帝国大学法科毕业，1929 年 12 月通过高等文官司法科考试。1932 年，任东京地方裁判所判事，台北地方法院判官。光复后任台中地方法院法官。

殷占魁，新营人，留学于日本栃木县师范学校本部第二部，盐水港公学校教师，后壁庄副庄长，1926 年 10 月当选菁寮第一保正及京寮保甲联合会长，1927 年 10 月担任后壁庄协议会员，1929 年 3 月担任菁寮信用合作社理事，1932 年 7 月被选为专务理事，致力经营合作社，1936 年 11 月当选州第四区议员。

骆万富，基隆人，日本大学商科毕业，屏东县及高雄县税捐稽征处长。

骆好清（1898—?），早稻田大学电机科，台湾电力株式会社职员。光复后，台湾电力公司高雄管理处接收委员、电务组组长。二二八事变时在路上被误杀。

骆先春（1905—1984），淡水人，神户中央神学院毕业，台北神学院推荐留学，到台东山地传教 20 年。

侯永都（1923—?），台南人，早稻田大学商科毕业，台南纺织股份有限公司副总经理。新复兴公司董事长，该公司 1963 年创办，资本 9900 万新台币，员工 450 人，绣花业。

侯政庭（1924—?），嘉义人，产业能率大学毕业，中学教员，东和钢铁企业股份有限公司董事长，该公司 1962 年 5 月创立，资本 1.5 亿新台币，员工 315 人。

侯明辉（1905—?），彰化人，东京医专医科毕业，鹿港镇民选第三届镇长，台中县参议员，鹿港镇民代表会主席，鹿港合作社理事、主席。

涂昌盛，澎湖人，东亚商业学校，1958 年 8 月任屏东县府主计室主任。

胡槐德，宜兰人，宜兰酱油株式会社社长、罗东街协议会员、总督府绅士章获得者、州税调查委员胡庆森之子。东京自动车学校、东京簿记学校毕业，罗东街西町青年团团长，罗东街协议会员。

胡怀江，宜兰人，胡庆森次子，留日学医，医生。

胡先德（1922—?），东石人，琦玉高等工科肄业，参加日军。

胡能奋（1921—?），高雄人，中央大学经济系毕业，1946 年参加国民党军队。

姜阿新（1910—?），北埔人，1932 年毕业于明治大学法律科，北埔庄茶叶合作社专务理事，北埔信用合作社理事，1932 年 10 月担任北埔庄副庄长，后来辞去公职，经营内外大坪五百甲的造林事业，担任北埔庄茶叶合作社专务。

姜瑞鹏（1905—?），北埔人，出生于望族，父亲姜荣华。东京二中、上智大学哲学系毕业，北埔庄协议会员，回台后经理自家产业。

姜文海（1925—?），台北人，东京大学毕业，国产实业建设股份公司树林厂厂长。

欧清石（1898—1945），字寓浪，澎湖马公人，1930 年毕业于早稻田大学，1931 年日本文官高等考试行政司法科及格。在台南开业律师，1936 年当选台南市会议员。不与日本人合作，为总督府所忌。1941 年被怀疑与郭国基等人秘密引中国军队登陆，1942 年被判无期徒刑，1945 年 5 月在台北监狱中被美飞机炸死。

欧阳兆和（1919. 5—?），台北人，京都大学医学博士，台湾大学教师，1984 年当选“中研院院士”，“教育部”学术审议委员会委员。

欧阳兆熊，嘉义人，东京医学专门学校毕业，1966 年 1 月到 1972 年，任高雄县立冈山医院院长。

施碧霞，士林人，在日本读小学、中学。海达之妻。

施炳训（1894—?），士林人，京都两洋中学、立命馆大学法律科毕业，1917 年台湾普通文官司法科考试合格，新高银行书记、万华支店长，1929 年日本高等文官考试法律科合格，回台北开业律师，光复后担任宜兰地方法院院长。

施性瑟（1896—1974），鹿港人，东京明治中学毕业，天后宫、大妈会理事、保正、街协议会员、壮丁团长。光复后，任欢迎国府委会委员，镇调解委员会主席，龙山寺、城隍庙、天后宫等管理委员会主委，彰化县二、三届议员，镇民代表等。

施璇玑（1905—?），医科大学毕业，医生，台湾医师会会员。林培英妻。

施水连（1906—1996），鹿港人，京都帝国大学法科毕业，鹿港渔业组合长、保正、警防卫团长。光复初，应长官公署重要物资局局长于伯奎之邀协助接收，随后任物资局台中办事处主任多年，后任高雄医学院总务长，台湾省律师公会主任秘书。

施廉（1900—1967），鹿港人，早稻田大学肄业，教师。

施学习（1904—1995），鹿港人，日本大学师范部毕业，《福尔摩沙》同仁，《台湾新民报》汉文编辑。光复后，台北市立大同中学教师，延平学院教授，女子中学校长，创办维新书局和鹿港文教基金会。著有《中国韵文发展概要》等书，其中《白香山之研究》获日本文部省奖。

施让甫（1900—1967），鹿港人，早稻田大学肄业，回台教汉文，大成中学教师。

施文雄，父亲为六甲庄庄长、公医。

施子文，鹿港人，丈夫林锡金。东京医专毕业，医生，台中市卫生局长。

施加星（1922—?），屏东人，日本红疗专门学院毕业，崇友实业有限公司高雄分公司经理。

施江南（1902—1947），鹿港人，父亲为秀才。1930 年京都帝大医学部毕业，内科学博士，著名教授松尾及真下门下，台北医学校教师，1935 年创办四方医院，1940 年台北州会议员，皇民奉公会中央本部参事。光复后，台北律师公会副会长及台省科学振兴会主席，“二二八事变处理委员会委员”。

段秀龙，台南东山人，在日本读中学。

段赫然，台南东山人，在日本读中学。

顾大郎（1919—1947），原名松泰，留学日本学医，娶日女为妻，与谢雪红熟悉，参加二二八事变。

钟生鉴，号柏桂，桃园人，茨城县支部高等学校农学部毕业，台东县建设科长，1957 年任新竹县建设局长。

钟浩东（1915—1950），高雄和美人，明治大学政治经济科毕业，钟理和的异母弟。不满日本殖民统治，1940 年到大陆参加抗日。1945 年返台任基隆中学校长。1946 年加入中共，1950 年被杀。

钟谦顺（1914—?），龙潭人，1933 年留学于东京兽医专科学校，参加廖文毅的“台独”活动。

钟某，龙潭人，京都帝国大学毕业，钟谦顺之弟。

钟启明，龙潭人，钟谦顺堂兄。京都同志社大学毕业，因到美国留学而参加了盟军，在东京麦克阿瑟司令部任情报部主任，帮助过到日本走私的钟谦顺。

钟明钜（1928—?），新竹人，长冈工业学校电器科毕业，力大电机工业股份有限公司协理。

钟璧和，屏东人，长崎医大博士，开业医。

钟聪敏（1908—?），台中人，1931 年毕业于明治大学商科，1932 年任《台湾新民报》社屏东通讯部主任、花莲支局长，1939 去广东中山县任建设局长。钟逸人四叔。

钟逸人（1921—?），台中人，1941年去东京外语学校学习法语，教师。在日本读三民主义等中国书。光复后，三青团嘉义分团组训股长，《和平日报》嘉义分社主任，在台中参加二二八事件，任二七部队长，被捕。著有《辛酸六十年》（上、下），台北市，自由时代出版社1988年出版。

钟番薯，钟和鸣的父亲。

钟和鸣，1937年前后留日，中日战争爆发后，和几个客家留日学生学习北京话，准备回大陆参加抗日。

钟九河，1937年前后留日，中日战争爆发后，和几个客家留日学生准备回大陆抗日。

袁湘昌，南投人，父亲为医生。东京医专毕业，医生。

高树发（1902—?），号耕牧，台北人，1924年毕业于京都市立第二商业学校，大新巴士、台北自动车株式会社社长。经营高源发商行。

高玉树（1913—?），字宗适，台北人，1941年毕业于早稻田大学机械工程系，在日本做工程师，1947年回台，北市商会总干事，1951年去美国接受训练，1954年当选第二届台北市长，“行政院政务委员兼交通部长”，“总统府资政”。党外代表人物之一。著有《台湾高氏源流记略》。

高敬远（1896—?），号杏苑，台北人，日本医学博士，总督府台北医院医官。光复后，台北市卫生院长。

高端庄（1904—1941），端崇，台南人，高天成堂兄。1930年毕业于东京神学社，1930年到1934年传道，花莲港季度长老会首任牧师。参加1929年北台湾基督教长老教会的新人运动。

高天成（1904—1964），台南人，祖父高长、父亲高金声都是牧师。1917年到1928年在日本留学，同志社中学、名古屋第八高等学校、东京帝大毕业，医学博士，1928年回盐水港开业行医，参加台湾议会设置运动。光复后，回台主持台湾大学附属医院外科，1953年升任院长。娶林献堂之女林关关为妻。台湾外科医学之父。

高永宁，台南人，高天成弟弟，日本大学医科毕业。

高太平，台南人，高天成三弟，昭和医专毕业。

高上荣，台南人，高天成四弟，东京医专毕业。

高聘明，台南人，高天成六弟，昭和医专毕业。

高俊雄（1924—?），台南人，高俊明大哥，东亚学院政治经济科肄业，长庆实业有限公司董事长，该公司 1973 年 5 月创办，资本 1500 万新台币，员工 300 人，塑料鞋。谢国城连襟。

高俊明（1929—　），台南人，基督世家，祖父高长，姨丈蔡培火。1939 年去日本，读小学、青山学院中学，受日新兴宗教创价学会和生长之家影响，从《圣经》和内村鉴二的《求安录》中找到人生答案，牧师。

高雅美，台南人，祖父高长，父亲高再祝。留日学习声乐，静宜女子学院教师，丈夫黄天纵，女儿黄美幸为民进党外交部主任。

高慈美，台南人，高再祝之女，东京帝国音乐学校钢琴，1934 年参加乡土访问演奏会，台湾师范大学教师。丈夫李超然，李春生曾孙。

高锦花（1906—1988），台南人，武藏音乐学校钢琴专业毕业，丈夫陈明清。钢琴家，光复初，参加台湾文化协会举办的音乐会演出。

高清荣（1917—1995），台东长滨平埔族，九州大分县佐伯中学毕业，长滨公学校教师。

高登科（1920—?），云林，早稻田大学毕业，松江有限公司董事长，该公司 1963 年创办，资本 1000 万新台币，员工 54 人，电子化工原料等。

高进元（1901—1963），苗栗人，1928 年进入东京圣书学校，在台南设立圣教会。1951 年担任台湾圣教会教团第一任理事长。

高执德（1896—1953），即证光师，彰化永靖人，1930 年毕业于驹泽大学佛教科。台湾总督府嘱托，南瀛佛教会教师，1932 年 4 月任《南瀛佛教》杂志编辑主任。1936 年 5 月在开元寺创立佛教妇人会，极力推动佛教家庭化、社会化。1943 年创办延平佛学院。1953 年被国民党当局以匪谍罪处死。

翁瑞淡，1920 年在东京参与东宁学会。

翁瑞国，1920 年在东京参与东宁学会。

翁廷森，1928 年前后在日本大学学习，参加东京留日学生民族运动。

翁绣花，台北人，东京女子经济专门学校，潘作宏妻，潘的堂兄潘子荣是三民区区长。

翁樱桃，台南人，东京医科大学毕业，在厦门行医。

翁新台（1901—?），嘉义人，父亲为豪农、区长、庄长。镰仓中学毕业，庄长、信用组合长。

翁钟五（1896—?），新营人，富豪出身，1925年到东京帝国大学医学部旁听，开业医，信用组合理事，街协议会会员。

翁通逢（1910—?），义竹人，东洋医学院毕业，到日本关东军占领下的中国东北工作，1946年回台湾。

翁通楹（1920—?），义竹人，京都帝国大学工科，到伪满洲国工作，任职于鹤岗煤矿、大陆科学院航空研究室，兼任新京工业大学教师，1946年回台湾大学工作。

翁鈐（1917—1997），号瑞堂，龙潭人，九州帝国大学毕业，台湾大学教师。国防研究院第一期结业，1955年任省府委员，1966年任台湾省民政厅长，1976年兼任桃园县长。1973年世界客属总会成立，任首届理事长。

翁琳榜（1920—?），新竹人，日本米泽工专毕业，中南纺织股份有限公司厂长，该公司1947年1月创办，资本2.49亿新台币，员工767人。

翁闹（1908—1939），彰化人，1934年进入日本大学学习，东京台湾艺术研究会成员，在东京郊外浪人街浪荡数年而死。小说家，著有《阿憨伯仔》等。文章被张恒豪编辑成《翁闹、巫永福、王昶雄合集》，前卫出版社1991年出版。

翁荣茂，盐水港人，音乐学校毕业。1934年6月台湾留日学生组织“在京台湾同乡会”，集合当时学习音乐的人成立“乡土访问音乐团”，利用暑假期间返台举行访问音乐会。翁荣茂参加了这个团。

徐谦信，日本神学校毕业，台湾神学院教师。

徐丁昌，日本神学校毕业，台湾神学院教师。

徐庆钟（1907—1996），1941年毕业于日本帝国大学，农学博士。台湾行政长官公署土地专门委员会委员，省府农林处处长，省府委员，国民党中央设计考核委员会委员，国民党中央副秘书长，创办日文《今日之中国》月刊（1963），“内政部部长”，“行政院政务委员”，国民党中常委，“行政院副院长”，“总统府资政”。

徐东火（1923—?），南投人，京都中学毕业，弘泰纺织股份有限公司副理。

徐崇德，桃园人，京都立命馆大学毕业，1951年5月1日任民选桃园县长，1954年当选连任。

徐水德（1905—?），大园人，1932 年毕业于大阪市立商科大学金融科，伪满洲国财政部商务司调查科长。战后，在东北任台湾省同乡会领导，同乡会另有吴金川、洪公川、吴昌礼等人参与领导。1946 年回台，参加二二八事变，农林厅检验局副局长。晚年主张“台独”。著有《光复日记》等。

徐水泉，大园人，徐水德三弟。台湾大学教师。

徐玉田，大园人，徐水德四弟。东京帝国大学，医学博士，医生。

徐元绮，新竹人，父亲徐荣鉴是豪农、信用组合理事、大地主、庄协。日本大学法科毕业，大地主，庄协。

徐明同（1925—?），台北人，日本气象大学毕业，迈阿密大学理学，中央气象局技正，名古屋大学理学博士，台大、中央大学兼职。著有《气象力学》、《台湾之地震活动及其关联诸问题》等。

徐昌道，东京帝大医学部，青岛同仁会医院内科医师。

徐锦卿，台南人，东洋齿科医专，王允得妻子。

曹秋圃（1895—1993），台北人，原名阿淦，后改名容，字秋圃，留日学美术，参加六砚会。

曹赐固（？—1992），1937 年毕业于岩手医专，回台之前在日本赤十字社医院工作三年，那时日本的医院制度是德国式的，医生有二、三年无薪水。

曹泽隆（1921—?），桃园人，早稻田大学毕业，广大饲料公司秘书。

曹钦源，龟山人，望族出身，东京帝国大学毕业，1945 年在日本参加朱昭阳任会长的“新生台湾建设研究会”，台湾大学外文系教授，魏火曜妹婿。

郭维租（1922—?），台北人，东京帝国大学毕业，台湾大学附属医院医生。

郭双龙（1907—?），台北人，皇家学习院中学部毕业，1923 年去香港大学经济科学习，1928 年毕业后到爪哇经商，1934 年回台，锦茂茶行老板。

郭炳煌，云林人，中央大学法学系毕业，1946 年在东北参加国民党军队。

郭廷俊（1882—1943），士林人，日本专修学校经济科、高等研究科毕业，东洋协会附属台湾商工学校讲师，台北市协议会会员，台北州税调查委员，台湾总督府评议会员，台北总商会长等。

郭碧玉，士林人，郭廷俊长女。东京帝国大学毕业。

郭幼柏，东京帝大农政经济科毕业，劝业银行台中分行行员。

郭茂林（1921—?），东京帝国大学毕业，帮助李登辉设计台湾建设计划。

郭茂林，屏东人，昭和医专，医生。

郭和烈，台北人，日本神学校毕业，北部台湾基督教长老会牧师，参加1929年的新人运动。

郭宗波（1921—?），台北人，名古屋大学，医学博士，热带医学研究中心主任，高雄医学院教授，省剑道协会会长，1956年度台湾医学会最优秀论文杜聪明奖。

郭国钧，台北人，东京农业大学毕业，1946年1月15日任粮食局台北事务所长。

郭阿仑，台北人，东京医学专门学校毕业，医学博士。

郭荣林（1922—?），高雄人，留日学化学，左营炼油厂职员，二二八事变中被捕。

郭东周（1892—1936），台中石岗人，1930年毕业于庆应大学，医学博士，1916年在鹿谷创办安东医院，1930年创办东周妇产医院医师会，自任会长。

郭顶顺（1905—?），台中人，同志社大学毕业，有法学士及会计师资格，喜欢音乐，就读同志社预备科时参加学校音乐团，周游全台湾，中央制冰会社社长，屏东自动车合资会社代表，大众信购合作社监事，《南瀛新报》社屏东分局长等。

郭柏川（1901—1974），字少松，台南人，出身富豪家庭。川端画学校、东京美术学校西洋画科毕业，1937年后到北平任教于北平师范学院、北平艺术专科学校、京华艺术学校。1948年回台湾任教台南工学院，1952年任台南美术研究会会长。

郭松根（1903—?），1933年毕业于京都帝大，医学博士，留法。1940年赴东北任伪满洲国新京医科大学教授。战后任长春台湾同乡会会长，负责与联合国善后救济总署交涉。台湾大学医学院教授。

郭德焜，台南人，东京帝国大学经济科毕业，延平学院教师，台湾大学法学院教师，台湾省合作金库研究室研究员，北企总经理，与李登辉、许远东等任交游。林挺生亲家。

郭炳扬（1921—?），台南人，日本大学经济系毕业，东隆针织股份有限公司董事长，该公司1968年创立，资本4000万新台币，员工650人。

郭章垣（1914—1947），溪口人，庆应大学，该校有“三四会”，留校任附属医院医局长，战后任省立宜兰医院院长，宜兰“二二八事件处委会”主席，与市长朱正宗结怨。与李瑞珍、陈拱北是庆应大学同学。

郭柏村，郭章垣兄，“国大代表”。

郭发（1900—?），字觉之，彰化人，早稻田大学政治经济科毕业，1927年入《台湾民报》社任记者，后任报社台南支局长、台中支局长，1939年任厦门支局长，厦门商业学校设立委员，厦门南大成洋行董事。战后在厦门创办复华小学，一度被当地“肃奸会”当做汉奸送去法办。

郭炳荣，彰化人，参加彰化新剧社。

郭石头，澎湖人。

郭守义（1926—1947），基隆人，名医郭太平之子，昭和医专毕业，娶日本人为妻，在基隆开业博爱医院。在基隆极孚众望，活动力强，又参与民间组织，国民党视为寇仇。参加基隆二二八事件处理委员会，被杀。

郭芝苑（1921—?），苗栗人，1943年前后在日本大学学音乐，作曲家，著有《红蔷薇》、《枫桥夜曲》等。

郭天乙，新竹人，早稻田大学毕业，南京中央大学教授，“中华民国外交部”职员，1948年当选“立委”。

郭国基（1900—1970），东港人，1917年到1926年在日本学习，青山中学、明治大学法学部毕业，任新民会总干事六年，《台湾青年》编辑，1926在东京由盛世才介绍加入中国国民党，参加台湾文化协会、台湾民众党、台湾议会设置请愿运动。战后，高雄市参议会议员，省议员，二二八事变时入狱210天，退党，1969年当选“立委”。

郭某某，东港人，东洋女子齿科医专毕业，郭国基之妹。

郭华洲，1928年前后在日本大学学习，参加东京留学生民族运动，左派。

郭昌言，1928 年前后在东京商科大学学习，参加东京留学生民族运动。

郭静光，1943 年毕业于驹泽大学佛专科。

郭雪湖（1908—?），绘画学校毕业，画家。

郭明昆，早稻田大学毕业，早稻田大学语言学教授。二战期间回台湾，因所乘轮船被盟军鱼雷击中而沉没。

郭主恩，1897 年，在教会资助下留学日本。

郭秋煌（1908—?），台南学甲人，1934 年 3 月在东京帝国大学经济学部毕业，学甲庄协议会员，1935 年民选庄协议会员，北门郡土地改良组合理事，《兴南新闻》社理事等。战后任多届省议员。林顶立、郭秋煌、朱昭阳等人认为，国民党政府欺负台湾人，是外来政权，郑成功也是外来政权，还不如荷兰人好。

梁炳元，台南新化望族出身，留日学医，1940 年赴东北抚顺天生医院做医生，1946 年 8 月返台。妻子许春菊。

梁阿标（1900—1994），苗栗人，1929 年毕业于京都同志社大学英文科，《东台湾新报》社记者，1930 年在花莲港市开设明星活版印刷所。1940 年当选花莲港街协议会会员。战后，接收日本人创办的女子学校并任校长，花莲县议会议员、副议长，二二八事变时被捕，英语教师。

梁义清，东京高等师范学校毕业。

黄铭鉎，1926 年选为东京台湾青年会评议员。

黄联登，1915 年前后在日本留学。

黄金锡，宜兰人，九州医专毕业，通过医师资格，1941 到 1945 年任宜兰医院医官补。

黄世钦，台北人，熊本医科大学，1945 年任宜兰医院医生。

黄鼎臣（1921—?），高雄人，日本中央大学法学系，1946 年参加国军。

黄明运，新竹人，中央大学法学系毕业，1946 年参加国军。

黄华昌（1929—　），竹南人，大津、熊谷飞行学校，竹南国民学校教师，因“中共学生工委会案”1950 年 6 月被捕入狱。

黄玉娇（1919—?），桃园人，昭和药科大学毕业，台湾行政长官公署接收委员，省第一届选举监察委员，桃园县议会二、三、四届议员，省妇女会理事，省议员，“立委”，国民党中评委。民进党创党党员。

黄景祚，宜兰人，父亲黄再寿为宜兰实业协会会长、富豪、台北州会议员、州所得税调查委员等。法政大学经济科毕业。

黄招庆（1906—?），台北人，1929 年毕业于东京日本牙科医专，回台开办牙科朝阳医院。

黄文池，台北人，东京兽医畜产大学毕业，1957 年任台湾省兽疫血清制造所所长，后任家畜卫生试验所所长。

黄炎生（1903—?），淡水人，东京第一高等学校、京都帝大法学部毕业，文官高等试验考试行政司法科合格，东京地方裁判所判事，1931 年回台北地方法院任判官，1935 年民选台北州会议员，台中州地方法院法官，授予从六位职等。辞官自己开设律师事务所。岳父洪以南是淡水街街长。

黄洪炎（1897—?），又名可轩、梦华，台中人，1927 年去日本留学，早稻田大学毕业，1929 年 10 月第四回产业合作社高等讲习会毕业，1931 年当选草鞋墩信用购买合作社理事，1932 年 4 月进入《台湾新民报》社，任总务部长兼文书课长，1933 年 12 月被任命为学艺部长，1934 年转任通信部长。

黄树水，基隆人，父亲开办黄金矿致富。在日本研修经营学问，1915 年返台任职基隆水产会社。1946 年当选基隆市参议员，1950 年 10 月台湾地方自治，当选首任基隆市议会议长，到 1952 年 12 月达 7 年。

黄维生（1903—?），台北人，1929 年毕业于京都帝大法学部，文官考试行政科及格，在日本任裁判所检事，1931 年总督府法院判官，后任台中法院判官，1935 年当律师，1936 年台北州会议员。

黄土水（1895—1930），台北人，1918 年毕业于东京美术学校雕塑科木雕部，教师，雕塑家。作品五次入选“大日本帝国美术展览”。

黄际沐（1910—?），台北人，富绅黄福成之子。1936 年毕业于早稻田大学法学部，高等文官考试司法科合格。1936 年回台北市开业律师。1939 年底到厦门任地方法院检察官。

黄清塗，台北人，明治大学政经科毕业，到伪满洲国外交部任职。战后回台湾任台北市松山区长，台北市工务局总务科长。

黄玉斋（1903—?），万华人，在日本毕业后去厦门等地，光复后回台湾，《新生报》丛书编纂委会主任，省文献委员会编纂、委员，台湾大学和延平大学教授。著有《台湾革命史》、《台湾史百讲》等。

黄岸吴（1915—?），台北人，东北帝国大学毕业，台湾电力公司职员、人事处长，随朱江淮到省建设厅任秘书。

黄成金（1905—?），台北人，大阪第一高等商科毕业，经商，首届省议员。

黄廷飞（1920—?），台北人，名古屋大学医学博士，台湾大学教授。

黄瑞卿，台北人，东京工业大学毕业，沪江南化工公司技正，台北市政府公用事业管理处技正、课长，大道工业有限公司总经理，台湾工矿公司工程师。著有《应用化学概论》。

黄清波（1923—?），台北人，大阪工业大学毕业，和泰工业股份有限公司董事长，该公司1962年1月创办，资本6000万新台币，员工412人，经理协会会员，工商协会会员。

黄溪矿（1924—?），台北人，日本经营大学毕业，广大饲料股份有限公司董事长，该公司1948年6月，资本3500万新台币，员工110人，饲料业。

黄添印（1919—?），台北人，京都放射线专科学校毕业，三光仪器股份有限公司董事长兼总经理。该公司1965年6月创立，资本800万新台币，员工63人。扶轮社成员。

黄清仪（1925—?），台北人，早稻田中学毕业，永丰余造纸股份有限公司营业部协理。

黄启新（1911—?），台北人，长崎高等商业学校，任职于父亲黄有土的联发商行。

黄启瑞（1910—1976），字青萍，台北人，京都帝大法学士，日本文官高等考试司法科合格。自1939年起在台北市开业律师，台北辩护士会副会长。光复后，台北市政府民政局长，台北市议会议长，台湾省台北区自来水建设委员会主委，1954年任国民党中央委员会副秘书长，《中华日报》董事，台北市长等。

黄信卿，台北人，早稻田大学政经科，日本关东军陆军少尉，二二八事变时在台中带领二七部队的埔里队，二七部队参谋长。

黄信介（1928—1999），字金龙，台北人，12岁到日本半工半读读中学，1951 年台湾行政专科学校毕业，1961 年当选第五届台北市议员，1969 年当选“立委”，曾为吴三连、高玉树辅选，1975 年创办《台湾政论》，1978 年组织“台湾党外人士助选团”，美丽岛事件时被捕判刑 14 年，民进党党主席。

黄国书（1905—1987），原名叶焱生，新竹人，日本士官学校 19 期毕业，日本炮兵专科学校毕业，任教中央军官学校及炮兵学校，国军独立炮兵团长、旅长、军参谋长、师长、军长。光复后，台湾警备司令部参议，警备司令部高参室主任，“铁道管理委员会委员”，1946 年当选“制宪国大代表”，1948 年当选“立委”，“立法院副院长”、“院长”。台湾省社会救济事业协会理事长，台湾省合会储蓄公司董事长。

黄宗宽（1898—?），宏量，大溪人，1920 年毕业于明治大学商学系正科班毕业，1930 年 5 月担任酒类经销业务，济仁会副会长，信用合作社监事，保正，1934 年被任为副庄长。

黄逢春，大溪人，大溪街助役黄玉麟长子，京都帝国大学毕业，获得林熊征奖学金资助留日。

黄逢平（1900—1986），台北人，黄玉麟之子。1919 年去日本留学，神户高等商业学校、一桥商科大学商学毕业，台湾银行业务员，经办董事室业务。1931 年娶辜显荣第三女，辞银行职，协助辜家经营事业。

黄逢时，台北人，庄长、信用组合长、州协、府评议会员李纯青长子。

黄及时（1902—?），又名吉时，台北人，李纯青之子，自幼去日本留学，一直到 1927 年，高崎中学、早大附中、东京商科大学毕业，三菱商事株式会社会计主任及天津、北京支店长等。光复后，当选“国代”，省物资局顾问，省进出口商业同业公会理事长。著有《台湾に对ずる和兰植民政策》等。

黄得时，台北人，李纯青三子。著有《台湾新文学运动概观》、《关于台湾歌谣的搜集》等文章。

黄当时，台北树林人，李纯青四子。

黄文发（1906—?），新竹人，富豪、壮丁团长、参事、州协、府评议会员黄维生次子。早稻田大学经济科肄业，公学校教师，返台后担任展南拓殖株式会社常务董事。

黄明发，新竹人，黄维生三子，东京帝国大学毕业，实业家，竹南区署区长，1946 年 2 月任新竹县中坜区署区长。

黄焕发，新竹人，黄维生四子，早稻田大学毕业，茶业公司总经理。

黄耀发，新竹人，黄维生侄子，东京农大，农会总干事。

黄旺成，新竹人，参加抗日民主运动。

黄继图，新竹人，黄旺成之子，京都帝国大学毕业，律师，1939 年新竹事件主要人物。

黄金穗（1915—1967），新竹人，1937 年去京都帝国大学留学，在田边元门下学哲学，1941 年毕业后进入岩波书店，在岩波文库部任职，战后回到台湾任新竹中学教师，1945 年 11 月创办编辑《新新》杂志，批评时政，1950 年代末转任教于台湾大学哲学系。

黄明富（1909—?），高雄人，两洋中学、东京医学专门学校毕业，回高雄医院小儿科，担任约聘医师，师随大岛博士，专研小儿科。1936 年辞职自己开办小儿科专门医院。

黄兴隆（1923—?），高雄人，东京大学第二商业学校毕业，吉南食品厂股份有限公司董事长，该公司 1972 年 6 月创办，资本 1000 万新台币，员工 50 人，盐泽疏果外销。

黄坤荣，高雄人，名古屋工业大学毕业，高雄市政府建设局技正、局长。

黄呈聪（1886—1963），字剑如，彰化人，出身彰化郡线西庄地主家庭，1923 年毕业于早稻田大学政治经济科，新民会干事，区长，台湾青年总会总务干事，1922 年 6 月回大陆，返台后大力鼓吹白话文运动，《台湾民报》发行人，《台湾新民报》社会部长。1946 年 2 月任大甲区署区长。

黄狮保（1905—?），台中员林人，父亲黄耀南是武举人。自幼去日本留学到 1929 年，京都市壬生寻常小学校、京都府立桃山中学校、秋田矿山专校毕业，总督府矿务课技手、助役，享有五级薪俸待遇。信用组合理事，坡心庄副庄长。

黄大熖，祖父黄耀南，黄狮保侄子，父亲黄褒忠。东京农业大学毕业，信用组合理事，庄长。

黄朝清（1895—?），大甲人，自幼去日本一直到 1919 年，大成中学、东京慈惠医专毕业，医学博士。在台中开办回春医院，台中商工协会长，《台湾新民报》监事、业务局长。台湾地方自治联盟理事，大东信托株式会社董事。光复致敬团团员，台中市议会议长，二二八事件时欢迎国军进入台中。

黄某，大甲人，黄朝清长子，日本大学预科毕业。

黄演渥（1902—1971），台中石冈人，东北帝国大学法文部毕业，留校任助教，高等文官考试司法科合格，东京地方裁判所司法官试补，1932 年返台，台北等地方法院判官，总督府高等法院判官。光复后，任台湾高等法院法官。

黄演烺（1902—?），台中石岗人，东京医学专门学校、京都帝国大学医学部毕业，专修科专攻妇产科，医学博士，任职于红十字社大阪分部病院，1935 年 7 月回台，次年 3 月于台中开设黄妇产科医院，自任院长，通晓英、德、法、俄、意等语言。

黄某某，万丹人，公学校校医黄登云之子。中央大学毕业，庄协议会员，信用合作社理事。

黄佳禾（1900—?），屏东人，同志社普通部、慈惠医科大学毕业，医师，1935 年于屏东开设佳禾医院。妻子刘燕。

黄登洲（1901—?），台中石岗人，小学、中学、明治大学毕业，《东京日日新闻》社任职，1932 年去职回台，担任《台湾新民报》社调查部部长、社会部长、整理部部长等。

黄祺祓（1906—?），大甲人，同志社中学、静冈高等学校、九州帝大法文学部、东京帝大研究所毕业，法学士，通过文官高等考试司法科，1937 年春返台，在嘉义市开设律师所。

黄演淮（1906—?），1933 年之前先后留学于东京立教中学、明治大学法学部，伪满洲国新京法政大学副教授。光复后，台中家职学校校长。

黄栋（1901—?），大甲人，台中株式会社三振商行专务取缔役，东华名产株式会社监事。

黄荣德，大甲人，清水街协议会员、清水建筑信购贩利合作社理事、街教化委员黄有才之子。大阪商校毕业，部落振兴会长，清水同志运输行监察，大甲郡共立会清水分会评议员。

黄介骞（1905—?）台南人，第六高等学校、京都帝大经济学部毕业，台湾总督府文教局社会课，文官高等考试行政科及格，台南市助役台东厅劝业课长，台北州商工水产课长。1946年3月台北市民政局长。

黄欣（1885—1947），字茂笙，台南人，中学、明治大学专门部正科毕业，经营农场渔场，1928年任台南区长，1920年台南州协，1921年九位首届台湾总督府评议员之一，台南州教育委员，台南大圳议员，台湾水产会议员，台湾农会议员台湾制盐会社监察，台湾南部无尽会社监察，台湾轻铁会社董事，台南大舞台株式会社董事，台南集义会社社长，台南共励会会长，鸦片经销商。

黄灼华，台南人，黄欣长女，杨必得妻子，日本女子大学毕业。

黄溪泉，台南人，黄欣之弟，留日学习牙医，经营自家产业，辜振甫岳父。

黄宗尧，台南人，1926年前后在中央大学学习，社会主义者，参加东京台湾青年会，社会科学研究部成员。

黄天纵，台南人，黄溪泉长子，早稻田大学毕业，律师，总督府文教局。高雄地方法院推事、法官。妻子高雅美，高俊明堂姐。民进党外交部主任黄美幸之父。

黄阿娇（1911—?），台南人，黄欣次女，实践女子专门学校英文科，丈夫陈绍馨是台湾首位社会学博士。

黄天骥，笔名黄灵芝，台南人，黄欣六子，古玉专家，作家。

黄春木（1908—?），1932年毕业于九州帝国大学，伪满洲国新京大学教授。台湾大学机械系教授。光复初台湾大学机械系仅有教师5人，其中2人是日本人，另3人则是留日的台湾人。

黄朝琴（1897—1972），字兰亭，笔名超今、念台，台南盐水港人，祖父黄锦兴是地主商人。东京淀桥日本中学、早稻田大学政治经济毕业，“中华民国外交部”官员，台北市长，台湾省参议会议长17年，第一银行董事长30年，国民党中常委，致力于所谓“国民外交”和台湾日本之间的民间交流。著有《我的回忆》，龙文出版社1989年出版。

黄金川（1907—1990），台南盐水港人，黄朝琴之妹，在日本读小学、中学，深爱中国古典诗词。丈夫为高雄富豪陈启清。诗人，出版诗集《金川诗草》。

黄朝碧，台南盐水港人，黄朝琴弟弟。1919年前后在日本读中学。

黄成立（1927—?），台南人，山阳高中毕业，联明纺织有限公司总经理。

黄百禄（1903—1985），台南人，中央大学法学部毕业，高等文官行政、司法科考试合格，在台南市开业做律师，1948年11月任台南区中小企业银行董事长，台南市参议会议长，参选首届市长即当选。陈田锚岳父。

黄千里（1909—?），台南人，1933年早稻田大学毕业，在伪满洲国文教部任职，级别仅次于谢介石、杨兰洲。与许鹤年等人交往密切。移民美国。

黄明达（1923—?），台南人，日本山阳高等商业学校毕业，联明纺织厂股份有限公司董事长，该公司1969年8月创办，资本1.78亿新台币，员工589人，生产合成纤维布。

黄柏燎（1924—?），台南人，日本多贺工业专门学校，正道工业股份有限公司经理。该公司1964年11月创办，资本1.65亿元新台币，经营活塞、自行车等。

黄樱树，台南人，父亲黄深渊为萧垅信用合作社社长、萧垅区长。

黄某某，台南人，黄深渊三女。

黄某某，台南人，黄深渊四女。

黄阿国，基隆人，瑞芳庄协议会员、澳底水产会社社长、金瓜石矿山总承包商黄仁祥之子。昭和医专毕业。

黄秀峰，台南人，舞蹈学校毕业，舞蹈家。

黄吹篪（1900—?），台南盐水港人，1932年毕业于九州牙科医院学校，牙科医生，盐水街协议会员，盐水港信购贩利合作社理事，盐水壮丁团长。

黄炳思，台南东山人，东京私立中学。

黄文苑（1900—?），台南斗六人，1930年毕业于京都医科大学，回台开设生春医院。

黄东川（1910—?），台南新丰人，东京名教中学毕业，关庙庄协议会员，相关委员，协发炼瓦厂老板。

黄鸿麟（1915—?），台南新丰人，黄东川弟弟，东京慈惠医大毕业。

黄雪，朴子人，父亲黄妈典为总督府评议会员、朴子建筑信购利合作社社长、鸿谟株式会社社长、东石自动车株式会社社长、台南州协议会员、府评议会员、享有奏任官待遇、街长。日本奈良女子高师附属高等女校毕业。

黄大友（1906—?），台南人，中央大学本科、研究所毕业。

黄柏源（1922—?），台南人，黄大友侄子，在日本读中学。

黄纯儒，台南人，庆应大学医学部毕业，1941 年在菲律宾做医生。

黄国清，台南人，中央大学毕业。

黄永昌，嘉义人，法治大学毕业。嘉义县公共汽车管理处处长。

黄宗焜（1910—?），字薰锋，嘉义人，中央大学法学部毕业，文官高等试验考试司法科及律师合格，嘉义律师。光复后，嘉义地方法院推事，省议员，嘉义县长，1969 年当选“立委”。

黄纪男（1915—?），朴子人，日本大学政治科毕业，总督府文教局社会教育课课员，在驻菲律宾日军中任教官。光复后，任台电助理管理师，华南银行专员，廖文毅的好友，也是他的“副总统”。二二八事变时坐过牢。

黄老达，嘉义人，日本大学医科毕业，1968 年 4 月当选嘉义县长。

黄毓才，富豪、参事黄有章次子。早稻田大学毕业。

黄启显，父亲为富豪、区长。法政大学毕业，厦门大学教授。

黄宽和（1917—?），别号鸥波，嘉义人，川端画学校半工半读毕业，东京杂志记者，1943 年到扬州日军宪兵队任翻译。光复后，斗六农职校、斗南中学教师，著有小说《祖国之恋》、剧本《真诚的爱》。

黄屡鳌，1927 年留学大阪高等医专，医生。

黄文，医学博士，光复后民选嘉中代理校长。

黄春木（1908—?），九州帝国大学采矿科，1940 年到伪满洲国任新京大学教授，光复后任台湾大学教授。

黄淑丽（1924—?），昭和药专毕业，医生。

黄溪海（1914—?），南投人，东京帝国大学毕业。

黄溪矿（1924—?），日本产业经营大学毕业，光裕建设企业股份有限公司董事长，该公司 1980 年 1 月创办，资本 5000 万新台币，员工 39 人，建设、出售大楼。

黄仲图（1905—1988），南投人，庄协、秀才黄锡三之子。东洋大学毕业，黄埔军官学校日语教师，陆军大学教授军委会政治部部附。光复后，高雄市长，二二八事件后辞职，任台湾大学教授，著有《日语入门》等。

黄建麟，埔里人，1940年前后留学明治大学。

黄文陶（1893—1970），号竹崖，彰化人，京都帝大医学部毕业，医学博士。1933年在嘉义开设上池医院，嘉义市协议会员。光复后，参加国民党，嘉义市自治协会理事长，嘉义市医师公会会长。著有《竹崖诗选》、《竹崖文选》。

黄东录，彰化人，庆应大学医学部毕业，先后任台东、宜兰、嘉义、新竹、台中等医院院长。

黄启森，彰化人，东北帝大医学部毕业，1952年10月任锡口疗养院院长。

黄周（1899—？），笔名醒民，彰化人，1924年毕业于早稻田大学政治经济科，《台湾新民报》记者，彰化市会议员，与蒋渭水、卢丙丁、谢春木等发起台湾民众党。

黄福寿（1918—？），号泰寿，花莲人，富商黄流之子。广岛县立中学，以及早稻田大学商科毕业，台湾肥料股份有限公司董事长，该公司1946年5月创办，资本32亿新台币，工人4590人，县议长，1968年当选花莲县长，省府委员。1974年监修《花莲县志》。

黄应添（1903—1957），新竹人，岩手医科大学毕业，竹南南庄公学校教师，台东公医，迁到关山开办神应医院，1946年4月曾任区署课长。

黄金炳，台东人，京都高等商业学校毕业，1964年6月到1969年10月台东县轮船管理处主任。

黄进财（1914—？），花莲人，私立川端美术学校、国立帝国美术学校西洋画科毕业，花莲港保甲联合事务所当书记。光复后，花莲空军学校的农场场长，花莲县农会专员，1947年任首届市民代表会主席，二二八事件时极力劝阻青年骚乱武斗。

黄财隆（1900—1972），马公人，东京制造化学学校毕业，台湾水产株式会社会计员，马公街协议会员兼商工会干事，光复后，二任马公镇长。

黄清埕（？—1943），澎湖人，国立上野美术学校雕塑科，雕刻家，日本雕塑家协会会员。1943年回台，所乘高千穗轮被盟军潜艇袭击而沉没。

黄铜钟，澎湖人，东京专修大学毕业，1946 年 1 月任澎湖县府会计室主任，1950 年 10 月到 1955 年 7 月南投县主计室主任。

黄运金（1898—1996），苗栗人，1929 年毕业于日本大学，高考司法科合格，律师。

黄绪卿（1922—?），宜兰人，早稻田大学商科毕业，台荣产业股份有限公司经理。

黄清塗（1912—1994），基隆人，明治大学毕业，文官高等试验考试及格，伪满洲国政府高等官，1945 年升荐任二等，1946 年回台，与林凤麟、郭松根等一起交涉台湾人回台事宜，台北市府工商课职员，松山区长，延平区区长。

黄清波（1914—?），基隆人，明治大学毕业。

黄清日（1916—?），基隆人，明治大学毕业。

黄呈木，彰化人，早稻田大学商科毕业，1950 年 10 月任彰化县地政科长。

黄天（1907—1950），溪州人，福冈高中，早稻田大学，在台湾总督府文教局编辑课编印教科书，参加过农民运动。光复初把编辑课移交国民政府，但 1946 年被解雇，被认定思想遭日本毒化太深，随后经商。

黄大熥，彰化人，东京农业大学毕业，1950 年 10 月到 1967 年 1 月任彰化建设局长。

黄振三（1914—?），彰化人，东京物理学院毕业，光复后投考中央警校，分至屏东县警察局，连任 4 届县议员，青年党革新派主席。

黄顺兴（1923—?），彰化人，1938 年去日本，滨町矢部农校、熊本高等农校毕业，同留学者还有涂姓 2 人。台东县议员，县长，“立委”，嘉义市府主任秘书。

黄添禄（1903—?），彰化人，1927 年毕业于庆应大学，任职于日本大藏省营缮局，横滨专卖支局长。

黄彰辉，东京帝国大学毕业，牧师。利用台湾人民自决运动海外组织搞“台独”活动，也在美国国会积极展开活动。

黄英贵，1933 年毕业于驹泽大学佛教学科。

黄连指，1934 年毕业于驹泽大学地理学科。

黄换耀，美术学校毕业，画家。

粘忠木，台中人，原是云林麦寮人，本姓廖，名金木，粘姓养子。早稻田大学夜间部毕业。

龚天降（1891—1950），屏东九如人，明治中学校、明治大学专门部法科毕业，服务于高雄州厅，大正实业株式会社常务总经理，1920 年任九块庄庄长，先后长达 27 年，倡办高雄区香蕉组合、九块庄信用组合，1922 年获得总督府颁发的绅士章。光复后，任屏东市参议员，屏东市农会理事，第一商业银行董事。

章博隆，台东人，近畿大学商科毕业，1978 年任台湾省府委员。

商满生，台南人，1926 年前后在东京帝大学习，参加东京留学生社会科学研究部和台湾议会设置运动。

康家福（1924—?），台北人，1943 年进入日本齿科专门学校，不久改学舞蹈。舞蹈家。

萧振琼，台北人，中央大学毕业，台北县农会理事长。陈进丈夫。

萧瑞安，台南人，出身基督世家，父萧基源毕业于神学院。留日学习齿科。

萧焜裕，台北人，1928 年前后留日，台湾省石炭调整委员会干事，到大陆。

萧乐善，台北人，日本神学校毕业，北部台湾基督教长老教会牧师，台湾神学院教师，参加 1929 年的新人运动。

萧某某，彰化员林人，父亲敦仁为区长、庄长、台中州会议员、生产贩卖及信用组合长。早稻田大学毕业。

萧某某，员林人，萧敦仁三子，东京医专毕业。

萧某某，员林人，萧敦仁四子，日本医科大学毕业。

萧来福（1907—1992），父亲为安平港富商。字友山，东京某中学毕业，台湾文化协会活跃干部，在日本加入台共，1929 年与苏新回台组织赤色工会。1947 年二二八事变后回大陆研究中医。著有《台湾解放运动的回顾》（1946 年）。

萧某某，萧来福四弟。留日学绘画，因肺病没有毕业就去世。

萧伯川，南投人，京都大学化学研究所毕业，1972 年任手工业研究所所长。

萧维锜（1919—?），彰化人，日本大学毕业，台中区中小企业银行业务部经理，该银行1953年4月创立，董事长蔡鸿文。

萧信栋，六堆人，祖父萧光明，父亲赞尧生员并获绅章。东京高等机械学校毕业。

萧恩乡（1893—1967），屏东人，父亲萧赞尧为地方首富。日本医学专门学校毕业，开业医，佳冬庄庄长，高雄州协议会员，总督府评议会员等。光复后，担任省立屏东救济院院长，台湾青果运销合作社理事主席。

萧振国，彰化人，法政大学法律系毕业，1958年9月—1969年11月台东县山地室主任。

萧秀河，客家人，1937年前后留日，假期回台学习北京话，准备抗日。

萧和应，1937年前后在日本留学，准备回大陆参加抗日。

萧道应，1937年前后在日本留学，曾准备回大陆参加抗日。

萧秀利（1905—1990），萧道应叔父。留日学医，屏东茄苳脚（今佳冬乡）医师，光复后台湾省临时议会第一、二届省议员。

韩石泉（1897—1963），台南人，生员韩斗华之子。1940年毕业于熊本医科大学，医学博士，在台南做医生，《台湾新民报》社监事，民众党中央委员。光复后，台湾银行监察人，省参议员，台湾机械公司董事，台南市医师公会理事。后淡出政治。

蒋江直，高雄人，中央大学毕业，1951年6月任高雄县建设局长，革命实践学院毕业。

辜本（1899—1969），鹿港人，同志社中学、冈山医学专门学校毕业，鹿港公医，开办辜本医院。1946年首届民选镇长，二二八时去职，在卫生所行医。

辜振甫（1917—2005），字公亮，鹿港人，1940年去日本留学，东京大学研修财政及工商管理。1950年代首先响应国民党的“耕者有其田”的号召。

辜伟甫（1918—1982），鹿港人，大和拓殖株式会社社长，大成材木商行社长，大和兴业株式会社，大裕茶行、高砂铸造、制盐、赤糖、隆昌企业股份有限公司董事长，荣星企业股份董事长，台北孔庙管理委员会委员等。

曾天从（霁容）（1910—?），台北人，早稻田大学文学部、东京帝国大学西洋哲学毕业，历任辽宁农业大学、沈阳联合大学、台湾大学教授。著有《真理原理论》，论物质、生命、意识、文化等。

曾某某，高雄人，光复后返台，高雄中学化学老师，二二八事变中被打死。

曾维成（1908—1955），高雄人，东京圣书学院，参加台湾文化协会。自撰欢迎国军歌曲，到高雄广场欢迎连谋市长。二二八事变时因与王清佐为邻而被捕关押3周，1955年被杀。

曾申甫，台中人，1935年前后在明治大学学习。与林献堂家关系密切。

曾威甫，台中人，立教大学经济科毕业。

曾某某（1920—?），台中人，曾文华二哥，留日学习药学。

曾文侃（1920—?），台南人，大阪中学、大阪商专毕业，在家乡任公职，1948年在屏东经商，1966年创办农畜公司，华全食品工业股份有限公司董事长，该公司1969年5月创办，资本1.54亿新台币。工商协进会会员。

曾玉仑（1917—?），台东人，大地主曾石生之子。1935年毕业于东京顺天中学，关山郡庶务课书记兼壮丁团长，关山庄第一保正兼保甲联合会长。光复后任台东县农业会理事等。

曾捷荣（1903—1982），台东人，父亲是实业家、壮丁团长。金川中学、东京医专毕业，1937年在台东开博爱医院，兼职台东中学校医，学生有饶颖奇、黄镜峰等。

曾丰明（1922—1947），澎湖人，养父是高雄港务局工头，生父是日本警察，幼年在日本，日本无线电学校毕业，开办修理收音机店。二二八事变中为高雄市民谈判代表，被国军错杀。

曾温（1904—1964），澎湖人，神户市立商业学校，小学教员，1946年任澎湖县政府办事员，转任中屯国民小学校校长。

曾永光，铜锣人，曾永丰二哥。早稻田大学毕业。

曾永丰，铜锣人，早稻田大学经济科毕业，新竹县参议会议员。

曾景来（1902—?），又名曾普信，高雄美浓人，1928年3月毕业于驹泽大学佛教科，曹洞宗布教师，总督府嘱托，1932年12月到1940年2月主编《南瀛佛教》。光复后，花莲东净寺主持。著有《日本禅僧涅槃记》、《台湾宗教与迷信陋习》等。

曾石火，在东京参加1933年5月成立的台湾艺术研究会。

彭清靠（1890—1955），屏东人，传教士彭士藏次子。1933年去日本，在东京帝大附属泉桥慈善病院深造，大甲行医18年后去日本获得医学博士，在高雄创办私立医院。1945年4月13日当选高雄市参议会议长，二二八事件后对政治十分灰心。

彭某某，高雄人，彭明敏大哥。1945年毕业于长崎医科大学。

彭明敏（1923—　），高雄人，父亲彭清靠。东京第三高等学校，东京帝大法学毕业，任台湾大学政治系主任，1964年发表《台湾人民自救宣言》，1970年后，在海外从事“台独”活动，任“台独联盟”总本部主席，1992年返台，参加民进党，担任“台湾建国会”会长。著有《自由的滋味：彭明敏回忆录》等。

彭德（1914—?），字瑞恩，苗栗人，日本大学贸易系毕业，1944年在第三战区服务，担任台湾工作团教官。光复后返台，国民党省党部执行委员，建设厅长，《台湾新生报》董事，“行政院参事”，1954年曾欲参加台北市长选举，但国民党地方党部却支持王民宁。

彭英华（1895—1968），新竹人，1921年毕业于明治大学政治经济科，早期向台湾介绍社会主义思潮者，留学时参加启发会、新民会、《台湾青年》杂志社，台湾文化协会中央委员，参加台湾民众党、台湾地方自治联盟。1933年赴东北，在伪满洲国任电信电话株式会社秘书长，1941年任北平警察局秘书，战后曾以战犯被逮捕审判，但因无积极资敌行为而以不起诉结案，回台后蛰居。

彭瑞麟（1904—1984），新竹人，1931年毕业于东京写真专门学校，摄影家。回台湾经营摄影生意，但器材被日本人把持而生意不好。1946年被捕，靠师范同学黄国书疏通获释，靠中医和经营果园谋生。

彭瑞鹭，新竹人，东京医学专校毕业，1960年4月当选新竹县长，1964年4月连任。

游弥坚（1897—1971），名柏。台北人，1927年毕业于东京日本大学政经科，回大陆，先后任中央军官学校政治教官、外交部秘书。光复后回台湾，省府委员，省教育会理事长，“国代”，《国语日报》董事长，台省教育会理事长。著有《信仰与道修的蠡测》、《十年来的台湾省教育会》等。

游根河，彰化人，中央大学毕业，1959年任苗栗县财政科长，1965年6月任云林县财政科长，台中县财政局长。

谢廉清，又名谢子夷，彰化人，留日后曾于1924年1月与许乃昌一起去莫斯科东方大学学习，参加《台湾新民报》社。日本侵华期间，参加伪华北政务委员会，做“实业部长”。

谢娥（1918—1995），万华人，东京女子医学校毕业，1943年任职台北帝国大学医学部，1944年因抗日被捕，胜利后才被释放。回台湾开设康乐医院，任省妇女会理事长，当选“国大代表”和“立委”。

谢春木（1902—1969），即谢南光，彰化人，1925年毕业于东京高等师范学校，《台湾民报》记者，参加台湾民众党，1931年到大陆参加抗日运动，创办“华联通信社”，台湾革命同盟会常务委员。

谢龙阔，又名龙何，万华人，1919年毕业于东京明治大学，居住厦门，《全闽新日报》社主编、经理，1927年任台湾公会副会长，组织“大同促进会”，期望日台人融合，但不久就解散。1930年因涉嫌暗杀国民党党员许卓然而逃亡上海、香港，“九一八事变”后到东北，伪满洲国“陆军少将”。

谢寿水，玉里三青团活动区队长。

谢有用（1920—?），高雄人，高中、专修大学毕业，《台湾新报》（南部版）记者，1944年与廖文毅组织西螺街艺能奉公团农村慰问艺能队。光复初，和陈天阶等一起接收《台湾新报》南部分社。二二八事变处理委员会高雄分会宣传委员，市议员。

谢友炎，高雄人，九州医学专门学校毕业，1974年1月到1978年为高雄县卫生（院）局长。

谢文达（1901—1983），丰原人，抗日义军副统领谢道隆之孙。千叶县的伊藤飞行机研究所毕业，参加台湾议会设置请愿运动，1923年2月11日在东京上空为请愿团撒传单。1923年投效中国空军。抗战期间，汪伪中华航空公司董事长。1945年回台湾任省议会专门委员。

谢秉奎，台中人，中央大学法学部毕业，1949年11月任台东县政府建设科长。

谢国文（1887—1938），字星楼，台南人，1926年早稻田大学毕业，新民会员，与陈炘关系密切，介绍堂妹谢绮兰与陈炘为妻，《台湾新民报》学艺部客员，参加台湾议会设置请愿运动，《台湾青年》最早的编辑之一。著有《省庐遗稿》，台南市大明印刷局1954年出版。

谢绮兰（1902—?），台南人，诗人谢石秋之女。青山学院毕业，糖业世家。

谢国城（1912—1980），台南人，秀才谢石秋之子。1935年毕业于早稻田大学，《时事新报》、《读卖新闻》记者，日南精机合资会社社长，大公企业总经理兼企业部长，省合作金库协理，省体育会总干事。新光产物保险公司总经理，1969年当选增额“立委”。号称“中华民国棒球之父”。

谢汝川，台南人，庆应大学经济部毕业，台南市会议员，信用组合理事。光复初任台南州接管委员会干事，台南市政府渔业课长，西区区长，合作社理事。

谢荣钟（1924—?），嘉义人，东京电气工学校毕业，鸿荣鞋业股份有限公司财务经理，该公司1974年创办。

谢纬（1916—1970），南投人，1945年毕业于东京医学专门学校，1951年赴美进修，募款回台帮助原住民，1955年在埔里建第一所山地医院。

谢振声，彰化人，1928年去日本留学，东京医学专门学校毕业。

谢耀东（1897—?），鹿港人，1922年去日本留学，日本大学法科毕业，福兴庄助役，鹿港街协议会员，地方自治联盟鹿港支部干部。光复后，鹿港商工会理事长，渔业组合理事。

谢康兴，鹿港人，谢耀东长子。空军医官，旅居日本行医。

谢挣强，字子培，澎湖人，庆应大学肄业，大陆抗日。1946年2月任新化区署区长，1947年4月任嘉义区署区长，虎尾区署区长，1946在澎湖竞选“国大代表”，1949年6月由台南市政府主任秘书升嘉义市长，1957年升省府委员。

谢发连，苗栗人，在日本半工半读。

谢来兴（1925—?），苗栗人，日本外语专校毕业，国民党文宣党务赴日经商，日本华侨联合会常务代表，大阪中华总会副会长。

谢源水，号松岭，苗栗人，盛冈农业专门学校，1950年2月任台湾省蚕业改良场场长。

谢镇钦（1926—），彰化人，爱知县立猿投农林高等学校毕业，隆乙股份有限公司副总经理兼处长，该公司1969年12月创办，资本1.27亿新台币，员工180人，加工鱼类。

谢许英（1920—?），彰化北斗人，九州产婆学校毕业，北斗镇妇女会理事长，镇民代表，彰化县县议员，革命实践研究院第二期结业，任省议会议员16年，国民党监察委员。

谢清云（1915—1972），号云耕，新竹人，长崎医科大学药科毕业，设东生药局、三光西药行于基隆市。光复后，经营日星化工、盐野义制药、中义贸易、统一及启时公司。1952年当选第二届基隆市议员，连任三届。1960年转省议员，省府委员。

谢介石（1878—1954），号怡庵，新竹人，明治大学毕业，东京东洋协会专门学校教师，1915年放弃日籍回大陆，任定武上将军张勋秘书长，参与张勋复辟活动。抗战期间，伪满洲国外交部总长，伪满洲国驻日大使。战后曾以汉奸罪被审，1948年被国民党释放。

谢壬水（1921—?），屏东人，创价大学经济科毕业，23岁总督府税务官考试及格，官吏养成所结业，历任高雄、屏东税务官等，1961年后任台东县、新竹县财政科长，国民党高雄市委员会评议委员。

谢条荣，彰化人，三田商业学校毕业，1974年11月代台中市地政科长。

谢荣华，日本神学校毕业，参加东京留学生民族运动。

谢平，曹洞宗第四中学林—多多良中学毕业。

谢国镛，美术学校毕业，造型美术协会成员。

谢秋涛，1920年代在东京参加留学生民族运动。

童瞳（1911—?），台北人，东京法政大学研究院毕业，联勤总部眷舍管理委员会法律顾问，台北市参议员。

傅祖德（1910—?），东京帝国大学医学博士，在张家口日本人开的“同仁会医院”任外科主任，国民党军队军医，留在大陆，“文革”中自杀。

傅祖修，留日学医，1944年毕业后到大陆，去张家口日本人的“同仁会医院”任外科医生。

傅添荣，台北人，日本千叶实验所毕业，经营台北竹林园餐厅。

傅少墩，新竹人，中央大学肄业，1946 年转学台北法商学院，1946 年 12 月合并为台大商学院，和潘家泽、蔡天赐为代表，二二八事变时参加台北市忠义服务队，许德辉为领导。

傅宏成，台中人，佐贺高等学校和九州医科大学毕业，医师。

董大成（1916—?），高雄人，九州大学医学部医学博士，台湾大学医学院生化教授，台北医学院院长，台大医学院生化教授，台北医学院院长，私立东海大学董事，惠明学校董事长。

温春雄（1922—?），恒春人，神奈川大学贸易系毕业，日商商竹腰产业台北支店长，东方广告公司董事长，喜客来公司董事长，台北进出口公会、棉布商业同业公会等理事，著有《商品销售法》等。

蓝明谷（1919—1951），原名蓝益远，冈山人，1940 年去日本留学 2 年，1942 年受民族意识驱使去大陆，就读于北京东亚经济学院，1946 年回台湾，基隆国文教师，1951 年被国民党枪杀。作家，著有《鲁迅与故乡》、《一个少女的死》等。

蓝文炳，宜兰人，东亚商业职业学校，京都鸿业公司社长，镇民代表，1951 年到 1953 年民选罗东镇长。

蓝德茂，字小松，台北人，冈山教员养成所、体育研究所毕业，中小学教师，大专院校教授。著有《体育指导法》、《体育教授法》等。

蓝荫鼎（1903—1979），宜兰罗东人，1927 年去日本留学，东京美术学校美术教员养成所毕业，台北一高女美术教师。水彩画巨匠。著有《艺术与人生》、《鼎庐小语》等。

蓝化成，宜兰人，蓝溁淮长子。早稻田大学毕业，信用组合长，州会议员。

蓝堂灿，宜兰人，蓝化成之弟。东京齿专毕业。

蓝敏（1921—?），里港人，蓝鼎元后人，父亲蓝高川于 1910 年 5 月参与创办商工银行。1939 年留日，东京女子大学外文系毕业，曾为军统做事。光复后，投资台湾贸易公司、金山农场，美国可口可乐台湾代理商。主张台湾自治之后独立。

蓝家鼎（1902—?），里港人，蓝高川养子。1918 年到日本留学，福冈高等学校、京都帝大毕业，庄协，青年团团长，有108个堂兄弟。

蓝家精（国城）（1904—1980），里港人，第一商业银行创办人蓝高川之子。中学、京都帝大经济系毕业，任职高雄州厅教育课，1937年任职日军“华中派遣军司令部”，任汪伪政权少将、中将，在沪曾帮助不少台湾人取得经营特权，1947年被指控为特级战犯。1950年去日本参加廖文毅的“台独”组织，家产被没收。

蓝锦绵（1909—?），里港人，丈夫颜德润，颜云年次子。京都女子专门学校毕业。

蓝某某，里港人，1918年到福冈高等科学习，与家鼎家精同学。

蓝更，本名蓝运登（1912—?），台中人，1935年进入美术学校，回台后进入新闻界，担任《兴南新闻》的文教记者。光复后创办文化交流服务社。

雷阿粉（1901—1989），宜兰人，助产士学校毕业，与苗栗林添喜结婚，在公馆经营窑业工厂，成绩显著。

赖河，在东京留学，1926年被选为东京台湾青年会评议员。

赖辉煌，白河人，1928年到东京医专学习。

赖通尧（1906—?），彰化人，日本大学肄业，参加台湾文化协会。

赖传鉴（1925—），桃园人，武藏野美术大学肄业，义民中学教师，新明中学教务主任，油画家。

赖博文（1916—?），台北人，九州医学专门学校毕业，医学博士，医生，基隆市医师公会理事。

赖光雄，东京高等师范学校毕业，去了美国。

赖铁雄，台北人，日本大学毕业，1950年至1960年8月任高雄市建设局长。

赖远辉（1902—?），1930年毕业于中央大学独法科，东京社会科学部成员，1931年任《昭和新报》社台中支局长，1933年任《日华新报》台湾总支社长，取得司法代书业务，台中壮丁团长。

赖云祥（1888—?）东势人，1912年毕业于爱知县农林学校，造林1000多甲。

赖明弘（1909—1971），原名铭煌，丰原人，日本大学创作科肄业，

1933年担任《新高新报》汉文编辑主任，写文学批评。1934年在台中召开“第一回全岛文艺大会”，决议成立“台湾文艺联盟”，发行机关杂志《台湾文艺》，1935年离开“文联”，加入杨逵成立的台湾新文学社。光复后，在三青团台中分团文运会任职，著有小说《夏》、《魔的力》等。

赖雨若（1878—1941），号壶仙，台南人，五品官、贡生赖世观之子。中央大学法科、明治大学毕业，1904年通过日本普通文官考试，为台湾第一人，1923年通过辩护士考试，台人首位律师，在嘉义开业律师，1926年台南州协议会员，设义务私塾，免费讲四书五经，诗人，战后被国民党政府旌为抗日烈士。

赖尚和（1899—1967），嘉义人，京都帝大医学部医学博士，任台北更生院医生13年，协助杜聪明研究鸦片，乐生院院长，1946年任职台湾大学公共卫生研究所。著有《中国癞病史》等。

赖其廉，嘉义人，留日学医，在嘉义开办德馨医院。

赖旺根，中央大学法学部毕业，和王金星同学，日本法务部长中伊佐次同学。

赖顺生（1908—?），苗栗人，东京帝国大学毕业，1951当选首届苗栗县长。大成中学校长省党部委员，“考试院考试委员”，国民党第十、十一届中委，教育厅副厅长，中央党部副秘书长。

赖钦承（1918—?），台东人，富商、地主赖金木之子。武藏高等学校、羽田飞行学校毕业，台东县警察局警察，二二八事变时坚守岗位，保守武器。

赖日生，台东人，富商赖阿传五子，东亚医学院毕业，抗战时在青岛做医生，光复后回台东开泰和医院。

赖月生，台东人，赖阿传六子，留日学摄影，定居日本大阪。

赖琪茂，台东人，壮丁团长赖双喜三子，在日本读中小学，定居日本。

赖庆从（1916—?），罗东人，祖父教私塾，家庭富裕。东京神田学校，1939年23岁时因怕被日本人征夫而去日本读书。

鄞秀琴，1940年前后在昭和医专学习。

鄞建义（1928— ），台北人，明治大学预科毕业，台湾日光灯股份有限公司北区营业部经理，该公司1954年3月创办。

简舜章（1922—?），士林人，庆应大学医学部毕业，医生。

简罔市，桃园人，1940年去东洋女子齿科专门学校，桃园开业医生。后移民美国。

简奢兑（1921—?），1943年毕业于早稻田中学，高雄炼油厂，光复时参加狮子阵表示欢迎，厂自卫队队长，杨凯雄、周石为副队长，在国民政府接收前，就组织保护厂子，二二八事变时被捕。

简锡仪，高雄人，岩手医学专校毕业，医师考试合格。1957年7月高雄县卫生院院长，后任卫生局长。

简晋臣，台南人，中央大学法学部毕业，新竹县大溪区署区长，1947年7月任竹南区署区长。1949年4月调任新竹县政府自治指导员。

简金卿（1928—），南投人，近畿大学肄业，省青果合作社理事，南投市信用合作社理事兼经理，县农会十届理事长，南投县议会四、九届议员，十、十一届副议长。

简金钟（1901—?），屏东人，东京齿专毕业，医生，1935年民选屏东市议员。

简清榆（1912—?），云林人，早稻田大学法学部毕业，高雄、屏东参议会秘书、主任秘书，在屏东减租政策有功，升台中县地政科长，省地政局技正、第三科科长，1972年升任地政局副局长，1975年升任局长。

简万铨，东京帝国大学毕业。

简联山，1943年前后留日，文学家。

蒲添生（1912—1996），嘉义人，画家世家，19岁去日本深造，就读川端画学校，专攻素描，翌年进入日本帝国美术学校，1940年雕塑作品“海民”入选圣德太子奉赞展。和杨三郎等人筹组台阳美术协会。作品有蒋介石戎装铜像、孙中山铜像、郑成功铜像等。

詹万金（1926—?），新竹人，横滨共进工业专修学校，参加日军。

詹清水（1919—?），早大附属工矿冶科毕业，精声电子实业副总经理，该公司1974年2月创办，资本1000万新台币，电容器。

詹启耀，嘉义人，东京医学专门学校，1975年任嘉义县卫生局长。

詹汉庚，彰化人，早稻田大学毕业，医师考试合格，1946年8月任彰化市卫生院长，1950年10月改任彰化县卫生院长。

詹鹏（1897—?），彰化人，东京帝国大学农业部毕业，自由职业者，竞选首届省议员。

詹添庆，大湖人，1928 年进入东京医专学习。

廖钟脉（1912—?）台北人，东京农科大学肄业，蓬莱物产合资会社台北支店长，台北市参议员。

廖建策，日本大学毕业，台湾革命同盟会监委，工程师。

廖继春（1902—1976），丰原人，东京美术学校图画师范科毕业，台南长老教中学教师，台南州立第二中学教师、代理校长，台中师范学校教师，参加议会设置请愿运动，画家。

廖春洋（1891—?）丰原人，日本医专毕业，开潭子医院。

廖贵登（1897—?），虎尾人，东京医学专门学校毕业，嘉义医院医务嘱托，1915 年在二仑庄开业。

廖朝锵，台中人，中央大学毕业，二二八事变时任台中市新民商工校长，《和平日报》社主任。

廖朝墩，日本音乐学校毕业。

廖德政（1920—?），神冈人，祖父廖乾三为富绅。1938 年到 1946 年留日，川端画学校、东京美术学校油画毕业，教师，日据时期最后一位留日画家。

廖裕纷（1897—?）台南人，东京簿记学校毕业，实业经营，1935 年民选州会议员。

廖行贵（1907—?），台南人，1934 年毕业于大阪帝大工学部，任职伪满洲国交通部。1946 年任高雄工业学校校长，找翁通楹任航空科主任。1947 年 2 月 17 日接任高雄中学校长，接替被《国声报》攻击和学生罢课反对的原代校长李钟渊，二二八事件后被开除。

廖启川，南投人，早稻田大学政治科毕业，经地方党外人士敦促，多次参加南投县长选举，政见发表会后，名声大噪。1959 年参加县长选举时因抨击国民党而被判刑。

廖秋和，埔里人，在日本读中学，与林洋港同去东京。台湾电力公司职员。

廖英文，南投人，东京农业大学毕业，1968 年 8 月—1973 年 2 月任南投县建设局长。

廖昆金，日本大学法律科毕业，1949年10月任北港区署区长。

廖坤福，号奎翔，第七高等学校、东京帝国大学法科毕业，高等文官考试行政科及格，总督府粮食局属员。1960年10月任粮食局台东事务所长，台东县管理处长。

廖学昆（1896—1961），西螺人，东京亚东学院毕业，大东信托株式会社董事，西螺街协，信用组合理事，地方自治联盟评议员，战后首任西螺镇长，斗南建材公司董事。

廖焕章，云林西螺人，父亲是大地主，廖文毅叔叔。京都帝国大学毕业，医学博士，到上海行医。

廖行生，西螺人，廖焕章之弟。1943年毕业于京都大学经济部。

廖一雄，西螺人，廖文毅堂兄弟。医学博士。

廖英雄，西螺人，廖文毅堂兄弟，生化博士。

廖温仁（1893—1936），西螺人，父亲廖承丕是云林首富、台湾四大地主之一、保正、区长、街协、信用组合长。廖文毅大哥。东北帝大医学部，京都大学文学部，医学博士，留在京都，研究东洋脚气病，曾援助过台湾抗日义士。著有《中国中世医学史》。

廖文奎（1905—1952），原名温魁，西螺人，廖文毅二哥。京都同志社中学毕业，芝加哥大学社会学博士，香港政治大学教授，1946年9月与廖文毅创办《前锋》杂志，批评时政，提出台湾自治乃至台湾独立的构想，把《左传》翻译成英文，被美国一些大学用为教科书。著有《台湾何去何从?》、《人生哲学之研究》等。陈立夫的《唯生论》也出自其手笔。

廖文毅（1910—1986），原名温毅，西螺人，京都同志社大学中学部，浙江大学教授，1946年3月任台北市公用事业管理处长，创办《前锋》杂志，宣传联省自治，参选国民参政员、“制宪国代”都失败，二二八事变时到南京请愿，主张废除行政长官公署而遭通缉，1950年潜赴日本成立台湾民主独立党，1955年9月成立“台湾临时国民议会”，1956年2月28日成立“台湾共和国临时政府”，自任“大统领”，创设机关报《台湾民报》，1965年5月放弃“台独”立场回台，获得特赦。著有《台湾的糖业》、《军需工业论》等。

廖温正，西螺人，廖文毅四弟，同志社大学毕业。

廖温进，西螺人，廖文毅五弟，明治大学商科毕业。

廖春叶，西螺人，廖文毅姐妹。

廖玉梅，西螺人，廖文毅姐妹。

廖史豪（1923—?），西螺人，廖文毅侄子。京都锦林小学、同志社中学、立教大学毕业，1941 年 1 月征入日军炮兵，与李登辉同属于高射 12 期，从事“台独”活动被判刑。

廖金顺，日本大学法科，法院司法官，光复后任职于台电医院。

颜敏卿，彰化人，早稻田大学毕业，1946 年在东北参加国民党军队，阵亡。

颜钦贤（1901—1983），字学渊，基隆人，大实业家颜云年之子。立命馆大学经济、早大经济毕业，1935 年当选民选台北州协议员。战后，台阳合金工业股份有限公司董事长，“国大代表”，工商协进会会员，国际扶轮社社员，省议员，省府委员。

颜德馨（1919—?），台北人，明治大学经济系毕业，三阳金属股份有限公司董事长，该公司 1965 年 8 月创办，资本 1.2 亿元新台币，员工 604 人。

颜朝元（1922—?），明治大学毕业，乐得电子工业总经理，省煤业调节委员会处长。

颜秋山，台中人，日本昭和医专毕业，1945 年 11 月省立台东医院院长。

颜水龙（1903—1997），台南人，东京美校西画科毕业，参与赤岛社，后留法。光复后，任职于台南工专，1956 年任台湾手工业推广中心设计组长。

颜春晖，京都帝大医科，台北市卫生处长。

颜春芳（1901—?），春风，台南人，父亲颜振声是医生，1925 年毕业于明治大学法学部，1932 年归创台南市共荣建筑组合，市协，1935 年民选市会议员，1939 年官选议员，1940 年台南信用组合理事。

颜春和，台南人，颜春芳三弟，明治大学法科毕业。

颜春霖，台南人，颜春芳五弟，学医。

颜春联，台南人，颜春芳六弟，学医。

颜沧海，基隆人，颜国年长子，庆应大学法学部毕业，台湾银行董事，基隆碳矿公司董事，台阳矿业、海山轻铁等公司董事。

颜沧浪（？—1946），基隆人，颜国年四子，1941 年毕业于东京帝国大学，高等文官考试及格。

颜沧溟，颜国年五子，明治大学商学，任职于中台矿业公司、台北客运公司。

颜沧江（1923—1943），基隆人，颜国年六子，明治大学商科毕业。

颜朝邦（1918—1995），基隆人，颜国年七子。1941 年毕业于东京工业大学电气科，1942 年进入台湾电力公司，1968 年与日本新东工业公司合资创立台湾新东机械公司，台湾地区机器工业公会常务理事，台湾科学振兴会干事长，百利达董事长，乐得电子公司董事长。《台湾科学》杂志编辑。

颜德润（1905—1979），基隆人，颜云年之子。小学、中学、京都立命馆大学法科毕业，任职于隆德工业公司和大德建设公司。妻子蓝绵绵。

颜德修（1907—1991），基隆人，颜云年之子，1930 年毕业于立命馆大学经济科，参加家族企业经营。

颜梯子，基隆人，颜钦贤之妹，陈逸松妻，女子大学毕业。

颜梅（1907—1994），基隆人，颜国年之女。东京砾川小学、东京第一高等女校、女子大学毕业。日语教师，授课不领薪，喜欢创作日语“短歌”。1910 年颜云年在小石川区购公馆，捐 2 万元给京都立命馆大学，子弟多毕业自该校。著有《生涯始末记》、《运命》、《两个祖国》等。

阚文仁（1922—?），云林人，东京农业大学农化系毕业，味王股份有限公司厂长。

蔡彩雪，东京女子医专毕业，谢春木之妻。

蔡溪（1897—?）教会资助留学。

蔡智堪（1888—1955），原名扁，苗栗人，早稻田大学毕业，在日经商，来往于日本南洋间。因岳父林英初与陈少白往来甚密，受陈影响加入兴中会，秘密从事革命活动，1927 年盗窃田中奏折交给东北外交委员会王家桢，揭露日本侵华野心，因而被捕入狱，家财没收。台湾光复后出狱，蒋介石颁发“卓行流馨”奖牌。

蔡培火（1889—1983），字峰山，北港人，1920 年毕业于东京高等师范理科二部，兄长因抗日被捕。林献堂资助留日，结识日本开明派政治人物，台湾文化协会重要领导人之一。光复后，参加台湾党务工作，1947 年当选“立委”，“行政院政务委员”，“国策顾问”，国民党中央评议委员。

蔡淑慧，北港人，蔡培火女儿。东京帝国高等音乐学院毕业。

蔡瑟琴，1926 年参加东京台湾青年会。

蔡某某，台南人，蔡培火之子，与高俊明一起去日本。

蔡绣鸾，台中人，廖史豪母亲，清水望族出身，蔡惠如侄女，杨肇嘉外甥，蔡梅溪之妹。同志社大学英文科毕业。

蔡玉麟，台北人，明治大学毕业，参加新民会、台湾议会设置请愿运动，《台湾青年》编辑。

蔡某某，医生之子，蔡娩大哥。同志社中学毕业，任职神学院。

蔡桂林，台北人，九州大学医学院毕业，九州大学医学部教师，台湾大学教师。

蔡咸明，台北人，日本大学医学博士，台北保健馆防治组主任，台北县立结核病防治所所长。

蔡章麟（1908—1988），号麟书，万华人，1934 年毕业于东京帝国大学法学部大学院，大阪地方法院推事，高等文官考试行政司法科合格。光复后，台湾行政长官公署法制委员会委员，台湾省府参议，台湾大学训导主任，“司法院”第一届“大法官”。著有《民事诉讼法》、《论诚实信用原则》、《民事诉讼法》、《论诚实信用原则》等。

蔡章献（1923—?），台北人，在山本一清博士的天文台研习天文，1943 年随日军到安徽。1947 年回台任气象局技佐，中山堂天文台，著有《天文名词对照》等。

蔡友土（1932—），尾道经济专门学校毕业，板桥镇农会、台北县农会、省农会理事长，国民党中委，“立委”。

蔡天赐，明治学院肄业，1946 年转入台北法商学院，二二八事件时参加对抗国军的忠义队，后被判刑。

蔡玉香，高雄人，京都同志社高等女校毕业，丈夫曾维成 1955 年被杀。

蔡芳太（1924—?），高雄人，日本理工大学毕业，丰国水产公司、丰国造船公司总经理，该公司1965年创办。

蔡耀明（1928—　），高雄人，在第六海军燃料厂技工养成所学习3年，东宝工业股份有限公司董事长，该公司1972年2月创办，资本2000万新台币，员工251人。

蔡先于（1893—1950），大甲人，1921年毕业于明治大学，1927年通过高等文官考试司法科考试，1929年返台，参加新民会、台湾议会期成同盟会，台湾文化协会理事，1935年官选台中市议会议员。1946当选首届台中县参议会副议长，省参议员。

蔡汉基（1920—?），高等官蔡伯毅之子，东京帝大医学部毕业。

蔡梅溪，清水人，东京商科大学毕业，清水街协议员，特别着力于日台的融合。

蔡伯汾（1894—?），台中人，字光展，生员、参事、区长、市协蔡莲舫之子。东京帝国大学法学部英法科，《台湾青年》编辑。日本司法省判事、法官，律师。光复后仍为律师，台北市律师公会理事长。

蔡槐墀，台中人，父亲蔡敏庭为区长、街协、轻便铁路董事和制冰厂厂长。法政大学毕业，到南京。

蔡炳耀，大甲人，生员、富豪、区长蔡惠如长子，在东京读小学、中学、大学。

蔡敦曜，大甲人，蔡惠如次子，1912年到东京读书，《台湾青年》编辑。

蔡珍曜（1912—?），大甲人，蔡惠如三子，在东京读中学，《台湾青年》编辑。

蔡景轼，清水人，蔡惠如堂侄。中学、中央大学法律系毕业，大甲郡役所工作，高雄市参议会秘书。

蔡锡琴，台中人，庆应大学医学部毕业，1946年7月任新竹医院长。

蔡坤灿，日本岐埠县陆军航空整备学校奈良教育队，李登辉好友。

蔡爱义，台南人，医生蔡得一之子，大阪医科大学毕业，医生。

蔡丁赞（1908—?），市议员蔡喜树之子。昭和医专毕业，医生，1950年后任市议员，副议长，“二二八事件处理委会员”委员，入狱7个月。

蔡龙（1924—?），台南人，东京名教中学毕业，乃霖中学同学6人同时去日留学。

蔡西坤（1915—?），台南人，黄欣三女婿。京都帝大法律系毕业，任职于伪满洲国锦州省警务处。1946 年回台，台大法律系教授，检察官，因不满国民党而转任律师，晚年主张“台独”。

蔡寿山，嘉义人，日本齿科大学毕业，1947 年 9 月—1948 年 6 月任嘉义市卫生院长。

蔡鹏飞（1908—?），嘉义人，京都帝大农林经济系毕业，二二八事变时任嘉义农校代理校长，参加二二八事件处委会，主张保护外省人，主张和平。

蔡少庭，豪农、区长、街协蔡然标之子，东京大成中学，经营实业。

蔡德本（1925—?），朴子人，在日本读中学，小学教师、中学英文教师，1946 年在台湾师院英语科读书，推动闽南语戏剧活动，1954 年被关 13 个月。著有《台湾番薯仔》。

蔡阳明，朴子人，医生蔡超长子，名古屋医科大学，医生。

蔡阳辉，朴子人，蔡超之次子，1939 年进入庆应大学，医学博士。

蔡阳昆（1921—?），朴子人，蔡超三子，庆应大学医学部，伦敦大学医学博士，1946 年 5 月与庆应大学四校友一起入宜兰医院，3 年后转台南外科医院，基督教长老教会长老。

蔡团圆，澎湖人，药专毕业，与许整景一起接收日军的医疗器材，县议会副议长。

蔡继琨，彰化人，东京艺术大学毕业，1945 年 12 月任公署交响乐团团长。

蔡能（1918—?），字宜达，鹿港人，产能大学毕业，隆乙、隆有、国丰三家公司董事长，1982 年出任台湾纸业公司总经理，台湾区鳗鱼输出公会理事长，参加国际同济会。

蔡枞，员林人，1928 年进入东京医专学习。

蔡咸阳，苗栗人，东京医学专门学校毕业，1954 年 9 月任苗栗卫生院长，1961 年 7 月任苗栗卫生局长。

蔡炳煌，基隆人，日本医学专门学校毕业，1960 年任省府委员。

蔡星穀（1888—?），基隆人，日本医专毕业，医生，区长，保正，

1935年民选基隆市会议员。

蔡英俊，基隆人，日本齿科医学专校，1961年12月任基隆市立医院院长。

蔡式谷（1884—1951），号春圃，新竹人，明治大学法科，中央大学高等研究科毕业，1916年任高砂青年会会长，1923年律师考试合格，在台北市开业律师。台湾文化协会、台湾民众党、台湾地方自治联盟主要干部。1935年11月当选台北市会民选议员。光复后，台北市政建设委员会委员，省文献委员会编纂等。

蔡阿信（1896—1989），新竹人，1920年毕业于东京女子医专，1921年任职台北医院，1924年在台北市开设妇产科医院，1926年在台中开设清信医院，丈夫彭英华，台中州街庄吏员、讲习会嘱托，台湾首位学习西洋医学的女性。二二八事件中受到冲击，1953年定居加拿大。

蔡瑞唐（1912—?），北港人，名医蔡培波之子。日本大学毕业，台电株式会社、台电协理，1945年10月参与接管台电，负责台北区电务工作。

蔡清霖，屏东人，日本医学院毕业，高雄州厅高等官，医生。姐夫曾丰明二二八事件时被杀。二二八事变后和弟弟等移民日本。

蔡瑞月（1921— ），台南人，石井漠舞蹈体育学校毕业，舞蹈家。拜石井漠为师研究芭蕾，毕业后再随石深造。1946年回台，1947年在台北创设“蔡瑞月舞蹈研究社”。她是台湾现代舞最早创始者。创作台湾第一出大型舞剧，首开台湾芭蕾舞风气。

蔡淑媛，石井舞蹈体育学校毕业。

蔡香吟，东洋音乐学校毕业。

蔡添火，1940年毕业于驹泽大学佛专科。

（林）蔡卿卿（1919—?），台北人，千代田女子专校毕业，台丰建设股份有限公司董事长，该公司1964年8月创办，大楼租售，资本7000万元新台币，员工5人。

蔡国礼，台南人，留学日本学医，医生，1950年因参加所谓叛乱组织“麻豆支部”被捕杀。

潘光楷，台北人，1945年11月17日代理七星郡守，随即改为七星区署区长。1946年1月调任新庄郡守。

潘以宏，台北人，京都帝国大学毕业，医学博士，台大教授，著有《木材微生物学及免疫学》。

潘锦淮，新竹人，日本大学毕业，1947 年 4 月底暂代新竹县中坜区署长，1950 年 7 月卸任。

潘建成，高雄人，日本产业能率短期大学，高雄县民政局长，县政府行政室主任。

潘作宏，高雄人，东京东海大学电气科毕业，参加朱昭阳、谢国城组织的新生台湾建设研究会，1946 年 2 月回台任教高雄工业学校，后到台湾水泥公司任职。

潘家钦，高雄人，高雄州会议员潘致祥之子，庆应大学第一名毕业，日本轻银会社会计课长，高雄区中小企业银行经理，二二八事变时被通缉。妻子黄端华。

潘家耀，高雄人，潘家钦二弟，日本齿科大学，医师。

潘家栋，高雄人，潘家钦三弟，慈惠医科大学毕业，哈佛大学医学院教授。

潘家泽（1926—1947），庆应大学肄业，1946 年回台湾转入台北高等商校，二二八事变时参加忠义服务队，和傅少墩、蔡天赐为台大法商学院学生代表，失踪。

潘贯，台南人，东北帝国大学，理学博士，台北大学化学系主任、理学院长，“中研院士”。

潘春源（1891—1972），台南人，留日学习绘画。

潘木枝（1902—1947），嘉义人，出身武师家庭。1932 年东京医专毕业，大学毕业后在东京长谷川医院实习三年，1935 年回嘉义开设向生医院，名医。1946 年 4 月当选首届嘉义市参议员，副议长，二二八事变时被杀。

薛国樑（1917—?）高雄人，中央大学法学部、明治大学法学部毕业，在日本经商，东京中华学校副理事长，“行政院侨务委员”，1989 年 12 月东北亚地区侨选“立委”。

戴良庆，高雄人，明治大学商学部毕业，高雄县议会议长，1964 年当选高雄县长。

戴明福（1908—1992），台东人，传教士之子。金川中学、广岛师范学校毕业，长荣中学教师，台湾数学教育三大泰斗之一，1944 年任宜兰中学教务主任，1945 年 12 月奉台东县接管委员会之命接收省立台东中学，1946 年 2 月任校长。

戴坤明，彰化人，东京农业大学毕业，1949 年 6 月任台中县建设局长。

戴炎辉（1909—1992），屏东人，东京帝国大学法学博士，中国法制史专家，以《唐律通论》一书获得博士学位，1936 年通过高等文官考试司法科，高雄执业律师，皇民奉公会高雄州支部总务班主事，高雄县潮州郡郡守，高雄地方法院推事。光复后，台大法学院教授，“司法院大法官”，“司法院副院长、院长”，“总统府资政”，国民党中央评议会主席团主席。著有《清代台湾之乡治》，联经出版事业公司 1992 年出版。

魏上春，1932 年在东京从事文学活动。

魏廷宽，桃园人，早稻田大学毕业，桃园县民政局长，县政府行政室主任。

魏火曜（1908—1995），新竹人，台湾合会储蓄公司总经理魏清德之子，东京帝国大学医学博士，1945 年在东京参加新生台湾建设研究会，台大小儿科主任兼医学院长，1981 年当选台北市选举委员会委员，“行政院国科委员”。

魏炳炎，新竹人，魏火曜弟，1943 年毕业于东京帝大医学博士，1945 年 11 月任嘉义医院院长，台大教授兼妇产科台大医院院长。著有《生育与节育》。

魏顺治（1917—?），台南人，兽医专科学校毕业，泰亿股份有限公司总务部总经理，该公司 1972 年 7 月创办，资本 750 万新台币，员工 315 人，制鞋业。

魏全城（1930—），台南人，日本初五毕业，凤记铁工厂董事长，该工厂 1953 年 9 月创立，资本 1000 万新台币，员工 135 人，经营铁工、机械。

魏登贤，南投人，东京医科大学，或说京都大学毕业，1948 年医师考试合格，1958 年 10 月任南投县卫生院长、卫生局长，台北县卫生局长。

魏纶洲（1921—?），苗栗人，日本大学毕业，《新生报》董事长，1955 年当选苗栗县议员，1958 年当选县议长，兼任县党部委员，1968 年当选省议员，1972 年任省议会副议长。

参考文献

[1] Claude Geoffroy 著：《台湾独立运动——起源及 1945 年以后的发展》，台北：前卫出版社，1997 年。

[2] Lande, Carl H 著："Introduction: The Dyadic Basis of Clientelism." California: University of California Press. 1977 年。

[3] [日] 升味准之辅著：《日本政治史》（第一、二、三、四册），北京：商务印书馆，1997 年。

[4] [日] 猪口孝著、赖郁君译：《日本经济大国的政治运作》，台北：月旦出版社，1995 年。

[5] [日] 若林正丈著、洪金珠、许佩贤译：《台湾分裂国家与民主化》，台北：月旦出版社，1994 年。

[6] [日] 吉田庄人著、彤云译：《从人物看台湾百年史》，台北：武陵出版有限公司，1998 年。

[7] [日] 实藤惠秀著：《中国人日本留学史》，东京：1960 年。

[8] 王诗琅译注：《台湾社会运动史——文化运动》，台北县：稻乡出版社，1995 年。

[9] 邓孔昭编：《二二八事件资料集》，台北：稻乡出版社，1991 年。

[10] 台湾省文献委员会编：《台湾近代史（社会篇）》，1995 年。

[11] 台湾省文献委员会编：《台湾近代史（政治篇）》，1995 年。

[12] 台湾省文献委员会编：《台湾近代史（文化篇）》，1995 年。

[13] 台湾省文献委员会编：《重修台湾省通志》，卷七《政治志》，选举罢免篇，1992 年。

[14] 台湾省文献委员会编印：《二二八事件文献辑录》，1991 年。

[15] 台湾省文献委员会编印：《二二八事件文献补录》，1994 年。

[16] 台湾省文献委员会编印：《二二八事件文献续录》，1992 年。

［17］台湾省文献委员会编：《抗战与台湾光复史料辑要》，南投市：台湾省文献委员会印，1995 年。

［18］台湾省文献委员会编：《重修台湾省通志》，卷八《职官志》，文职表篇武职表篇，1993 年。

［19］台湾省文献委员会：《台湾近代史（政治篇）》，1995 年。

［20］《台湾史研究会论文集》第二集，台北：台湾史研究会出版，1990 年。

［21］叶荣钟著、李南衡编：《台湾人物群像》，台北：帕米尔书店，1985 年。

［22］司马啸青：《辜振甫家族》，台北：玉山社，1998 年。

［23］刘国深著：《当代台湾政治分析》，九州出版社，2002 年。

［24］“行政院”研究二二八事件小组编：《柯远芬暨彭孟缉回忆录》，台北：1992 年。

［25］“行政院”研究二二八事件小组编：《附录二——重要口述历史（一）》，台北：1992 年。

［26］“行政院”研究二二八事件小组编：《附录二——重要口述历史（二）》，台北：1992 年。

［27］许雪姬访问：《日治时期在“满洲”的台湾人》，台北：“中央研究院”近代史所，2002 年。

［28］许雪姬、方惠芳、吴美惠等：《高雄市二二八相关人物访问纪录》（上、中、下），台北：“中央研究院”近代史所，1995 年。

［29］许雪姬等：《蓝敏先生访问纪录》，台北：“中央研究院”近代史研究所，1995 年。

［30］许雪姬访问：《柯台山先生访问纪录》，台北：“中央研究院”近代史所，1997 年。

［31］许雪姬、吕芳上、黄克吾等访问：《戒严时期台北地区政治案件口述历史》第一辑，台北：“中央研究院”近代史所，1999 年。

［32］许埏著：《许丙许伯埏回忆录》，台北：“中央研究院”近代史研究所，1996 年。

［33］朱江淮口述、朱瑞墉整理：《朱江淮回忆录》（上）、（下），台北：

朱江淮文教基金会，2003 年。

［34］朱江淮口述、朱瑞墉整理：《朱丽传》，台北：朱江淮文教基金会，2004 年。

［35］庄永明著：《台湾名人小札（一）》，台北：自立报社出版部，1989 年。

［36］任育德著：《雷震与台湾民主宪政的发展》，台北：政治大学历史学系，1999 年。

［37］李世杰著：《台湾共和国临时政府大统领廖文毅投降始末》，台北：自由时代出版社，1988 年。

［38］李登辉著：《终战前后两个时代的台湾文化比较》，《台湾史料研究》，2002 年第 19 号。

［39］李达编著：《台籍将领总检阅》，香港：广角镜出版社有限公司，1988 年。

［40］李睦编著：《台籍当今红人》，香港：群伦出版社，1988 年。

［41］李筱峰著：《二二八消失的台湾精英》，台北：自立晚报社出版部，1990 年。

［42］李筱峰著：《快读台湾史》，台北：玉山社，2002 年。

［43］李筱峰、刘峰松合著：《台湾历史阅览》，台北：自立晚报社出版部，1996 年。

［44］李筱峰著：《林茂生陈炘和他们的时代》，台北：玉山社出版公司，1996 年。

［45］李筱峰、庄天赐编：《快读台湾历史人物（二）》，台北：玉山社，2004 年。

［46］李筱峰著：《台湾战后初期的民意代表》，台北：自立晚报社出版部，1993 年。

［47］李庆恭著：《台南帮世纪》，台湾：派色文化出版社，1994 年。

［48］李明辉编：《李春生的思想与时代》，台北：正中书局，1995 年。

［49］李祖基编：《二二八事件报刊资料汇编》，台北：海峡学术出版社，2007 年。

［50］李祖基主编：《台湾研究 25 年精粹——历史篇》，北京：九州出

版社，2005年。

［51］李翼中著：《帽簷述事》，《二二八事件资料选辑（二）》，台北：“中央研究院”近代史所，1992年。

［52］李敖编著：《二二八研究》，台北：李敖出版社，1989年。

［53］吴三连口述、吴丰山撰记：《吴三连回忆录》，台北：自立晚报出版部，1991年。

［54］吴新荣著：《吴新荣回忆录》，台北：前卫出版社，1989年。

［55］吴新荣著：《震瀛回忆录》，台湾：琑琅山房发行，1977年。

［56］吴文星著：《鹿港镇志·人物篇》，台湾：鹿港镇公所，2000年。

［57］吴文星：《日据时期台湾社会领导阶层之研究》，正中书局，1992年。

［58］吴浊流著、林衡哲编：《无花果——台湾七十年的回想》，台北：前卫出版社，1988年。

［59］吴三连、蔡培火、叶荣钟等著：《台湾民族运动史》，台北：自立晚报社出版部，1990年。

［60］吴敦义著：《高雄市发展史》，高雄市文献委员会编印，1995年。

［61］时报杂志编辑部：《台湾地方势力分析》，台北：时报文化出版，1985年。

［62］应大伟：《台湾人档案（之一）》，台北：创意力文化事业有限公司，1995年。

［63］余陈月瑛著：《余陈月瑛回忆录》，台北：时报文化出版部，1996年。

［64］邹律著：《顽将风云榜》，大禹出版社，1988年。

［65］苏瑶崇主编：《最后的台湾总督府（1944—1946年终战资料集）》，台北：晨星出版社，2004年。

［66］苏进强著：《风骨嶙峋的长者—蔡培火传》，台北：近代中国出版社，1990年。

［67］苏新著：《未归的台共斗魂——苏新自传与文集》，台北：时报文化出版公司，1993年。

［68］苏进添著：《日本保守政治剖析》，台北：致良出版社，1992年。

［69］张炎宪、黎光中、胡慧玲：《永不止息的等待——陈炘遗属访问录》，《台湾史料研究》，1998 年第 12 号。

［70］张炎宪、高淑媛：《一位老台共的心路历程—庄春火访问记录》，《台湾史料研究》，1993 年第 2 号。

［71］张炎宪、曾秋美：《一个时代的游侠：刘明——刘心心口述历史记录》，《台湾史料研究》，2002 年第 19 号。

［72］张炎宪、李筱峰、庄永明著：《台湾近代名人志》，第二册，台北：自立晚报出版部，1987 年。

［73］张炎宪、陈美蓉、黎中光编：《台湾史与台湾史料（二）》，台北：吴三连基金会，1995 年。

［74］张良译编：《吴新荣日记（战前）（战后）》，台北：远景出版社，1981 年。

［75］张胜彦著：《鹿港镇志·政事篇》，台湾：鹿港镇公所，2000 年。

［76］张昆山、黄政雄主编：《地方派系与台湾政治》，台北：联合报社出版社，1996 年。

［77］陈鸣钟、陈兴唐主编：《台湾光复和光复后五年省情》（上）、（下），南京出版社，1989 年。

［78］陈明通著：《派系政治与台湾政治变迁》，台北：新自然主义股份有限公司，2001 年。

［79］陈逸松著：《陈逸松回忆录》，台北：前卫出版社，1994 年。

［80］陈三井、许雪姬访问，杨明哲记录：《林衡道先生访问记录》，台北："中研院"近代史所，1992 年。

［81］陈三井著：《台湾近代史事与人物》，台湾：商务印书馆，1988 年。

［82］陈三井著：《台北市发展史》第一册，台北市文献委员会，1986 年。

［83］陈芳明编：《台湾战后史料选——二二八事件专辑》，台北：自立晚报出版部，1991 年。

［84］陈芳明编：《杨逵的文学生涯》，台湾出版社，1986 年。

［85］陈翠莲著：《派系斗争与权谋政治——二二八悲剧的另一面相》，

台北：时报出版社，1995 年。

［86］陈世宏、周琇环编注：《组党运动——战后台湾民主运动史料汇编（二）》，台北：“国史馆”，2000 年。

［87］陈荣儒编著：《FAPA 与国会外交（1982—1995）》，台北：前卫出版社，2004 年。

［88］陈小冲著：《日本殖民统治台湾五十年史》，北京：社会科学文献出版社，2005 年。

［89］中国社科院台湾研究所资料室编：《台湾工商名人录》，北京：时事出版社，1988 年。

［90］林仁川著：《大陆与台湾历史渊源》，上海：文汇出版社，1991 年。

［91］林劲著：《“台独”研究论集》，台北：海峡学术出版社，1993 年。

［92］林忠胜撰、朱昭阳口述：《朱昭阳回忆录》，台北：前卫出版社，1994 年。

［93］林中伟、林明河等著：《名人在台中》，台湾：荷风出版社，1990 年。

［94］林衡哲编著：《二十世纪台湾代表性人物（一）》，台北：望春风文化事业有限公司，2002 年。

［95］林木顺著：《台湾二月革命》，台北：前卫出版社，1990 年。

［96］林金茎著：《战后中日关系之实证研究》，台北：“中日关系研究会”，1984 年。

［97］林德龙辑著：《二二八官方机密史料》，自立晚报文化出版部，1992 年。

［98］杨肇嘉著：《杨肇嘉回忆录（一）》，台北：三民书局，1978 年。

［99］杨玉龄著：《一代医人杜聪明》，台北：天下远见出版股份有限公司，2002 年。

［100］周琇环、陈世宏主编：《组党运动——战后台湾民主运动史料汇编（二）》，台北：“国史馆”，2000 年。

［101］施懿琳著：《吴新荣传》，台湾省文献委员会，1999 年。

［102］施明雄著：《台湾人受难史》，前卫出版社，1998 年。

［103］施正锋著：《台湾民族正义》，台北：前卫出版社，2003 年。

［104］前卫出版社编：《“台湾论”风暴》，台北：前卫出版社，2001年。

［105］欧素瑛编：《地方自治与选举——战后台湾民主运动史料汇编（五）》，台北：“国史馆”，2001年。

［106］郭惠娜、林衡哲编：《郭雨新纪念文集》，台北：前卫出版社，1988年。

［107］徐博东著：《民进党研究——大陆学者眼中的民进党》，台北：海峡学术出版社，2003年。

［108］徐博东著：《透析台湾民进党》，台海出版社，2003年。

［109］翁佳音译：《台湾社会运动史——劳工运动右派运动》，台北：稻乡出版社，1992年。

［110］真相研究小组：《二二八事件责任归属研究报告》，台北：财团法人二二八事件纪念基金会，2006年。

［111］黄朝琴著：《朝琴回忆录》，台北：龙文出版社，2001年。

［112］黄富三、许雪姬等：《口述历史》第四期，台北：“中央研究院”近代史所，1993年。

［113］黄富三主持：《台北市历届市长议长口述历史》，台北市文献委员会，2001年。

［114］黄顺兴著：《走不完的路—黄顺兴自述》，台北：自立晚报社文化出版部，1990年。

［115］黄静嘉著：《春帆楼下晚涛急》，台湾：商务印书馆，2002年。

［116］黄武东著：《黄武东回忆录——台湾长老教会发展史》，台北：前卫出版社，1988年。

［117］黄武忠著：《台湾作家印象记》，台北：众文图书公司印行，1984年。

［118］黄武忠著：《日据时代台湾新文学作家小传》，台北：时报文化出版社，1980年。

［119］黄旭初著：《台湾的天空——名人开讲选集（2）》，台北：月旦出版公司，1993年。

［120］黄敦涵编著：《翁俊明烈士编年传记》，台北：正中书局印行，1977年。

［121］黄俊杰著：《台湾意识与台湾文化》，台北：正中书局，2000 年。

［122］黄颂显著：《台湾与日本关系史新论》，台北：海峡学术出版社，2003 年。

［123］游鉴明、吴美惠等：《走过两个时代的台湾职业妇女访问纪录》，台北："中央研究院"近代史所，1998 年。

［124］崔之清主编：《当代台湾人物辞典》，河南人民出版社，1994 年。

［125］谢汉儒著：《早期台湾民主运动与雷震纪事——为历史留见证》，台北：桂冠图书股份有限公司，2002 年。

［126］谢雪红口述、杨克煌笔录：《我的半生记》，1997 年。

［127］谢东闵著：《归返——我家和我的故事》，台北：联经出版事业公司，1988 年。

［128］谢国兴、陈逢源著：《亦儒亦商亦风流（1893—1982）》，台北：允晨文化有限公司，2002 年。

［129］谢国兴著：《府城绅士—辛文炳和他的志业》，台北：南天书局出版，2000 年。

［130］谢深山监修、续修：《花莲县志・历史篇》，花莲县政府，2006 年。

［131］彭明敏著：《自由的滋味——彭明敏回忆录》，台北：前卫出版社，1989 年。

［132］编辑小组编：《台湾一百位名人传》，台北：力行出版社，1984 年。

［133］编辑委员会：《口述历史：二二八事件专号》，台北："中央研究院"近代史研究所，1992 年。

［134］新华社香港分社：《台湾人物》，1980 年。

［135］赖泽涵总主笔：《二二八事件研究报告》，台北：时报出版社，1994 年。

［136］熊钝生主编：《中华民国当代名人录（四）》，台湾：中华书局，1979 年。

［137］熊钝生主编：《中华民国当代名人录（五）》，台湾：中华书局，1985 年。

［138］廖娟秀、叶翠芬：《胡龙宝传》，台北：月旦出版社，1992 年。

［139］廖忠俊著：《台湾地方派系及其主要领导人物》，台北：允晨文化公司，2001 年。

［140］蔡平立编著：《澎湖通史》，台北：众文图书股份有限公司，1979 年。

［141］蔡培火著：《日据时期台湾民族运动》，《台湾文献》第 16 卷第 2 期，1965 年，第 171 页。

［142］臧士俊著：《战后日、中、台三角关系》，台北：前卫出版社，1997 年。

［143］薛化元主编：《台湾历史年表 · 终战篇 Ⅰ（1945—1965）》，台北：业强出版社，1993 年。

［144］薛化元主编：《台湾历史年表 · 终战篇 Ⅱ（1966—1978）》，台北：联经出版社，1990 年。

［145］戴国辉、叶芸芸著：《爱憎二二八》，台北：远流出版社，1992 年。

［146］戴宝村编：《台湾全志——卷十职官志文职表》，台北：“国史馆”台湾文献馆，2004 年。

后　记

迎春花在京城盛开的时候，在九州出版社和北京联合大学台湾研究院两个单位领导的关怀下，拙著《日据时期台湾留日学生与战后台湾政治》即将出版了，感动之余，还有几句话要说。

这本书是由我的博士论文修改、扩充而成的。2004 年到 2007 年我在厦门大学台湾研究院，跟随林仁川先生攻读中国近现代史专业的博士，在写作博士论文过程中，除了得到林仁川先生的悉心指导之外，还受教于周翔鹤、李祖基、邓孔昭、陈小冲等教授。同时，还得到台湾研究院院长刘国深、书记游泽民，以及全院其他老师和同学们的真诚帮助。因人数太多，不再一一列举他们的姓名。

在修改本书过程中，得到北京联合大学副校长冯虹，台湾研究院名誉院长唐树备，院长徐博东、刘红，书记谭文丛，副院长刘文忠，所长陈文寿等领导的鼓励、指导，在此表示感谢。

在本书即将出版之际，我想到了培养我的父母李文通、高兰英及岳父母林寿山、吴文静，以及支持我读书的妻子林璐；我也想到了带我走上学术道路的扬州大学历史系的周新国、华国樑、刘立人、许卫平等老师，衷心感谢他们。

本书是在北京联合大学台湾研究院资助下出版的。

本书的责任编辑祝松是研究台湾问题的内行，聪明敬业，竭力编辑本书繁琐的细节，在这里表达敬意和感谢！

李跃乾于北京天通苑

2011 年 4 月